U0367186

私募股权

从风险投资到杠杆收购

·原书第3版·

[法] 西瑞尔·德马里亚 著　桂曙光 黄嵩 译
Cyril Demaria

Introduction to Private Equity, Debt and Real Assets

From Venture Capital to LBO, Senior
to Distressed Debt, Immaterial to Fixed Assets (Third Edition)

机械工业出版社
China Machine Press

图书在版编目（CIP）数据

私募股权：从风险投资到杠杆收购：原书第 3 版 /（法）西瑞尔·德马里亚（Cyril Demaria）著；桂曙光，黄嵩译 . -- 北京：机械工业出版社，2022.1

书名原文：Introduction to Private Equity, Debt and Real Assets: From Venture Capital to LBO, Senior to Distressed Debt, Immaterial to Fixed Assets, 3rd Edition

ISBN 978-7-111-69547-9

I. ①私⋯　Ⅱ. ①西⋯　②桂⋯　③黄⋯　Ⅲ. ①股权 - 投资基金 - 研究　Ⅳ. ① F830.59

中国版本图书馆 CIP 数据核字（2021）第 227926 号

本书版权登记号：图字　01-2021-2353

Cyril Demaria. Introduction to Private Equity, Debt and Real Assets: From Venture Capital to LBO, Senior to Distressed Debt, Immaterial to Fixed Assets, 3rd Edition.

ISBN 9781119537380

私募股权：从风险投资到杠杆收购（原书第 3 版）

出版发行：机械工业出版社（北京市西城区百万庄大街 22 号　邮政编码：100037）

责任编辑：顾　煦　殷嘉男　　　　　　　责任校对：殷　虹

印　　刷：北京诚信伟业印刷有限公司　　版　　次：2022 年 1 月第 1 版第 1 次印刷

开　　本：170mm×230mm　1/16　　　　印　　张：33.25

书　　号：ISBN 978-7-111-69547-9　　　定　　价：129.00 元

客服电话：（010）88361066　88379833　68326294　　投稿热线：（010）88379007

华章网站：www.hzbook.com　　　　　　　　　　　　读者信箱：hzjg@hzbook.com

| 致 谢 |

感谢萨拉·德布朗（Sarah Debrand）给我善意的支持，她帮助我把本书新版的内容结集成册。她的投入、耐心、友善和反应都非常有帮助。谢谢。

我还要感谢新兴市场私募股权协会（Emerging Markets Private Equity Association，EMPEA），特别是杰夫·施拉平斯基（Jeff Schlapinski）和萨布丽娜·卡茨（Sabrina Katz），感谢他们为我提供了一些重要数据。

| 关于作者 |

自 2017 年以来，西瑞尔·德马里亚一直担任苏黎世卫理索合伙人有限公司（Wellershoff & Partners）的合伙人及其私募市场部门负责人。这是一家独立的研究和咨询公司，为机构投资者和家族办公室提供服务。他还是领航鱼公司（Pilot Fish）的普通合伙人及总裁，该公司创立于 2009 年，为家族办公室及高净值个人管理一系列的创业投资[⊖]基金。在担任现职之前，西瑞尔·德马里亚曾于 2014～2016 年期间在瑞银财富管理公司（UBS Wealth Management）的首席投资办公室（Chief Investment Office）负责私募市场研究。2009～2012 年，他在苏黎世的一家财富与投资管理公司——逖亚雷投资管理公司（Tiaré Investment Management AG）担任合伙人兼首席投资官。在此之前，他创立了一只专注环境领域投资的多战略母基金。他曾在一家法国保险集团担任私募股权母基金投资经理以及负责私募股权基金投资的投资组合经理，在此期间曾管理 27 项私募股权基金及母基金投资，金额达 6000 万欧元。作为埃克斯特诺（Externall）公司（巴黎）的企业发展主管，他曾负责

⊖ Venture Capital，VC，创业投资，通常被译为"风险投资"，但在当今私募股权市场的行业习惯中则被称为"创业投资"。本书在书名上沿用了历史译法，以便于传播，而在正文中则尊重行业习惯，以便于业界使用。——译者注

完成四起资产收购及债务融资。他的职业生涯始于一家同时拥有混合创业投资和母基金业务的机构（旧金山和巴黎）。

西瑞尔·德马里亚拥有法国和瑞士双重国籍，拥有巴黎政治学院（里昂）政治科学学士学位、货币和金融地缘政治学硕士学位（巴黎）、欧洲商法硕士学位（巴黎），他还是巴黎高等商学院（巴黎）的毕业生，获得了圣加仑大学的博士学位。

西瑞尔·德马里亚是法国北方高等商学院（EDHEC）的兼职教授，他还在巴塞罗那高级管理学院（EADA，巴塞罗那）以及其他大学和商学院讲授课程。作为一名专家，他经常与投资欧洲协会（Invest Europe）、法国投资协会（France Invest）和瑞士私募股权和公司金融协会（Swiss Private Equity and Corporate Finance Association, SECA）合作。他的著作如下：

- 《可持续发展与金融》(Maxima，2003年)；
- 《私募股权概述》(《银行评论》，Revue Banque 编辑，2006年第1版，2008年第2版，2009年第3版，2012年第4版，2015年第5版，2018年第6版)，由 AFIC 前主席、Astorg 资本管理合伙人泽维尔·莫雷诺（Xavier Moreno）作序；
- 《职业：商业天使——成为知识渊博的天使投资人》，与 M. 富尼耶（M. Fournier)(《银行评论》，2008年) 合著，由克劳德·贝巴尔（Claude Bébéar，AXA 公司董事会主席，智库机构蒙田研究中心主席）作序；
- 《瑞士私募股权市场、参与者及业绩》，与 M. 佩德纳纳（M. Pedergnana，SECA，2009年，2012年第2版）合著，由帕特里克·艾比斯彻（Patrick Aebischer，洛桑联邦理工学院总裁）作序。

他的联系方式：cyril.demaria@pilot-fish.eu，+41 79 813 86 49。

|目　录|

第三部分　朝气蓬勃的私募市场：趋势、时尚和责任

第 6 章　私募市场的发展：历史趋势还是昙花一现 / 334

第 7 章　私募股权和道德伦理：文化冲突 / 359

第 8 章　总结：私募市场——现在和未来 / 385

引　言

本书第 1 版是在尚未被广泛研究的私募股权领域作为一项教学实践而诞生的。我当时写道，这是"我阅读现有文献的经历，以及我对这些文献形成清晰理论的能力一再感到不满"的直接结果。我显然不是唯一有这种感觉的人。本书的法文节略版的成功，完全可以证实这一点，其中第 1 版以及更新的重印本都在不到一年的时间内售罄。第 2 版还被翻译成西班牙语、葡萄牙语和中文，受众更广。

后来事情发生了变化。首先，现在有很多关于私募股权的书籍，有些获得了高度评价（Phalippou，2017）。这是一个积极的进展，因为我们都需要多种高质量的信息来源。来自不同学科的很多学者以及金融从业者也试图为公众启蒙贡献力量，他们也取得了相当大的成功。备受赞誉的学者，如美国的乔希·勒纳（Josh Lerner）、安托瓦内特·肖尔（Antoinette Schoar）和保罗·冈珀斯（Paul Gompers），以及欧洲的佩尔·斯特龙伯格（Per Stromberg）、蒂姆·詹金森（Tim Jenkinson）和道格拉斯·卡明（Douglas Cumming），是众多学术界人士的代表，他们扩展了我们对另类资产这一更宽泛的金融类别的认知，这一类别难以理解且很大程度上被误解了。私募股权因他们的付出受益匪浅。英格兰和威尔士特许会计师协会（The Institute of Chartered Accountants of England and Wales，ICAEW）等声名显赫的从业者做了一些令人尊敬的工作，试图描绘私募股权的概貌。

然而，很多学术著作所反复面对的批评是，它们经常被不恰当的理论框架所束缚。这些框架由于使用了一些为分析定量数据而设计的工具，很快就暴露出它们的局限性。学术作者的研究和实践者的经验观察之间的差异，证明了这些著作的不足。前者的调查结果和后者报告的事实之间存在持续的差距。多种不同的来源重复着过时的内容（有时带有偏见），以试图大胆地维持一种与上市市场分析的某些教条一致的错觉。实际上，很多概念，比如有效市场和通过波动性衡量风险，在这里都不适用，特别是因为它们甚至与上市市场无关，这一点现在应该很清楚并且应该得到承认。

现在到了设计新工具的时候了，这项任务早就应该完成。私募股权不能像对冲基金那样简单地通过方程式呈现，它需要特定的工具来分析其业绩表现、风险和流动性。事实上，现在应该直截了当地承认流动性不是风险，而是私募股权投资的一个变量，从而支持具体的分析。这种承认的后果是，有三个方面需要系统地分析，而不是两个方面。这显著地改变了分析私募股权价值创造来源的框架，在私募股权中不存在所谓的"非流动性溢价"（一个仅适用于固定收益的概念）。

另外，该行业增长非常迅速，并发生过多次变化。说私募股权发展迅速都有点轻描淡写了。我们试图跟上这些快节奏的变化，这就是为什么本书第3版不仅仅是简单的更新。私募股权已成为一个更大行业的一部分，这个行业通常被称为"私募市场""私募资本"或"私募金融"。在本书之前的版本中，我们提出了现在被明确定义为"私募债权"和"私募资产"的东西，它们是私募股权领域的一部分。它们现在是独立的概念，我们已经修订了本书以涵盖这一考虑。因此，本书第3版将包括私募债权和私募实物资产的发展。我们还将更详细地描述基金如何运作以及如何对它们进行分析。为了更全面，我们还将提供针对一家初创公司的分析。我们会审视私募市场的每一块拼图，并认识到它们在某种程度上并没有形成一幅和谐而清晰的画面。

0.1　一个移动的目标

一个令人困惑的术语

私募股权不断被重新定义。因此，确立各种交易的类型特别棘手，尤其是在语义混乱的情况下。其中之一是美国对"私募股权"和"杠杆收购"（LBO）的混淆，这两个词在美国可以互换使用。正如我们后面会看到的，杠杆收购致力于公司所有权的转移（收购）。另外，买方利用债务进行收购（因此产生杠杆）。尽管杠杆收购代表了发达市场中私募股权投资的绝大部分，但它们只是私募股权的一个组成部分。美国人的困惑来自这样一个事实，即杠杆收购在那里声誉不佳，因此杠杆收购这一说法实际上已被列入黑名单。历史上这种声誉与资产剥离联系在一起，但它现在正污染着"私募股权"这个词。沃伦·巴菲特（Warren Buffett）被伯顿·马尔基尔[○]（Burton Malkiel）描述为"准私募股权投资者"[○]（Kaczor，2009），他将杠杆收购管理人贬斥为"色情用品商店经营者"，并将私募股权和杠杆收购之间的语义混淆归类为"奥威尔现象"[○]。

由于其不断变化的特性，"私募股权"一词通常只涵盖其行动领域的一部分。事实上，代表"未上市"的"私有"因素不再具有决定性，"股权"也如此。

○ 《漫步华尔街》的作者，美国证券交易所前总裁，普林斯顿大学经济学教授，其著作已经由机械工业出版社出版。

○ 问：我想你已经见过沃伦·巴菲特了吧？
伯顿·马尔基尔：是的。他是聪明人，一位聪明的商人。但他不像通常的资产管理人那样只买卖股票，即购买被低估的证券，并在它们被高估时再卖掉。沃伦·巴菲特说"股票的理想持有期是永远"。从《华盛顿邮报》开始，他所有的巨大成功都来自收购公司，顺便帮助它们，特别是通过在董事会占有一席之地。当他对所罗门兄弟公司的一项投资不起作用时，他担任过一段时间的首席执行官。
问：以一名私募股权管理人的方式？
伯顿·马尔基尔：你几乎可以认为沃伦·巴菲特是一位私募股权管理人。（我们的翻译。）

○ 这里指对语言欺骗性、操纵性的使用。作家乔治·奥威尔认为，语言在塑造思想和意见中起到重要作用。

不仅仅是"股权"

说"私募股权"（仅仅）是"股权"是错误的。根据这一假设，也可以认为用于分析上市股权的工具可以有效地分析私募股权。迄今为止，这已被证明是错误的：与私募股权投资相关的时间框架、风险、所需技能和收益，与上市股权有很大的差异。

最重要的定义性特征是价值创造，这是管理层代表公司所有者（也称为"投资者"）实施发展规划的结果。对价值创造的关注也适用于私募市场的更多最新领域，比如私募债权和私募实物资产。投资者对公司和资产进行分析，以评估它们的发展计划（或特定情况下的重组计划）。在直接贷款等特定私募债权策略的情况下，尽管公司"治理"是通过债权合同构建的，但投资者会监督发展计划的实施情况，并在出现重大偏离时采取行动。

不一定是"私有"

为了有效地实施这个发展计划，公司从私有化中获益。有些公司，比如 2013 年的戴尔（Dell），可以通过退市来实施重大变革。在这个案例中，银湖资本（Silver Lake Partners）和迈克尔·戴尔（Michael Dell）以 244 亿美元的价格收购了该公司，使其私有化，并启动了一系列收购，比如 2015 年以 670 亿美元收购了易安信（EMC）。

因此，如果它不是"股权"，那么"私有"可能会被视为该行业的定义。这又一次被证明是错误的：尽管是私有（即非上市的资产）公司和资产可以更容易地实施计划，但一些私募股权投资者也在证券交易所里参与投资。例如，就上市实体的私募投资（PIPE）而言，投资者向处于盈利中的成长型上市公司注入大量资本，这通常在私募股权中被称为"成长资本"（growth capital）。还有一些投资者通过一个上市架构进行私募股权投资，如商业发展公司（BDC）或特殊目的收购公司（SPAC）。

这些针对私有或上市实体的投资，其共同和决定性的特征是持有期长：私募股权投资者持有公司的平均时间为 3～5 年。这是实施上述发展计划以创造价值所必需的，这将私募股权投资者与激进投资者区分开来。后者属于对冲基金领域，他们从私募股权领域借用了一些工具，并将其应用于上市公司。他们的持有期比私募股权投资者的持有期短。

不仅仅是私募股权：新的"私募市场"领域出现

价值创造和长期持有的标准，可以用于在私募市场中识别额外的细分市场。私募债权长期处于私募股权的阴影之下。毕竟，书本中最古老的两种策略都聚焦于可转换债权：夹层债权和不良债权。在某种程度上，它们是"准私募股权"。夹层债权通常与一家公司的杠杆收购相关联，为该收购行为提供部分债权资金。不良债权旨在通过破产程序获得一家境况不佳公司的债权，并通过将该债权转换为股权来控制该公司。但是，这两种可转换债权的风险–收益情况与私募股权策略有很大的不同。直接贷款（也称为优先贷款）的出现，包括在没有银行参与的情况下通过普通债权（"优先债权"）为公司融资，给私募债权领域带来了足够的资金。现在，它与夹层债权和不良债权一起，被投资者盯上了。这两种策略本身已经相当成熟，也已经发生了变化并扩大了影响范围。例如，夹层债权被重新命名为"混合债权"，以便在低利率条件下为借款人提供更灵活、更全面的融资解决方案。自 2007～2009 年金融危机以来，在极低利率支撑的良性宏观经济环境中，不良企业的情况相距甚远，不良债权已经扩大到"不良贷款"的范围。但是，银行持有的 2007 年前发放的贷款表现不佳，因此对于不良债权专家而言，这是一个有吸引力的目标。

私募实物资产也已成为私募市场领域的另一个子类。投资者通过股权（私募股权实物资产）或债权（私募债权实物资产）投资房地产、基础设施和自然资源。他们在相当长的持有期内将价值创造计划应用在这些资产上，从 3 年（能源）到 7 年（基础设施和林地）不等。

0.2　信息的极度缺乏

"私有"意味着信息很少

在非上市公司领域做投资有一个后果，即信息的持续匮乏。私有公司和资产只提供很少的信息，原因有二。第一，它们没有提供信息的监管义务。投资者和私有公司通常没有义务报告其活动的细节，除非在某些司法管辖的情况下。第二，收集整理这些信息既昂贵又耗时。私募市场投资者的核心目标是中小企业或资产，与其体量和收入规模相比，提供信息的成本有时高得不成比例。其中大多数公司提供信息的能力有限，比如没有真正的企业资源规划（ERP）软件。它们充其量只有一些基本的财务指标（如果有的话），可供分析性的科目已经被视为"高级管理"了。

在投资之前，投资者通常必须自行生成、收集、构建和分析信息，以降低内部人员（比如公司或资产的卖方）与外部人员之间的信息不对称，这是他们投资活动的明确特征之一。在投资过程中，投资者面临的挑战之一，是充分及时了解情况，特别是要确保计划得到执行（Jensen，1989，1997），否则，还要确保实施纠正措施。另外，公司或资产的管理层产生信息，可能是基于不同的利益考虑。因此，投资者面临一项初始和持续的挑战，即促进管理层（他们的"代理人"）与他们自己（"委托人"）之间保持利益一致。本质上，这就是私募市场投资的真正含义：建立并积极实施一个治理框架，主要基于自己收集的信息，实施一项计划，以创造能够在投资退出时实现的价值（例如，出售或在证券交易所上市）。

关于私募市场的信息收集和交流很少，而且参差不齐又不系统

私有公司和资产的信息缺乏，就意味着关于私募市场的信息普遍缺乏。我们基于私募市场上大多数信息提供者的网站的分析表明：信息是非系统的、稀缺、昂贵且难以收集的（见表0-1）。在可预见的未来，这种状况将一直延续。非上市公司和资产不太可能在短期内出现"纯粹和完美的信息环境"，而在特定经济体中，非上市公司和资产占到公司总数的99%。

表 0-1　私募股权的信息来源及类别

		地域覆盖						不同策略普通合伙人的业绩（基准）															活动		来源类型			基金涉及数量
		美国	欧洲	中东	亚太地区	拉丁美洲	非洲	创业投资	成长资本	夹层	杠杆收购	不良债权	优先债	私募股权	母基金	二级市场	能源	林地	农场	基建设施	不动产	指数	一级市场	二级市场	LP/GP后台	自愿	信息自由法及公开数据	
数据库提供方	基金及交易数据层级	PitchBook	P	P	P	P	P	P	P	P	P	P	P	P	P	P	P	P	P	P	P	P	-	P	-	-	YES	YES	42 618
		VentureSource（道琼斯）	P	P	P	P	P	P	P	P	P	P	P	P	P	-	P	P	P	P	P	P	F	P	-	-	-	YES	35 000
		CEPRES	P	P	"ROW"	P	"ROW"	P	P	P	P	P	P	P	P	P	P	P	P	P	P	P	-	P	P	YES	-	-	6 400
		MergerMarket	P	P	P	P	P	-	P	P	P	P	P	P	P	F	P	P	P	P	P	F	F	P	-	-	YES	YES	10 400
	基金层级数据	亚洲创业投资期刊（AVCJ）	-	-	-	P	-	-	P	P	P	P	P	P	P	-	-	-	-	-	-	-	F	P	-	-	YES	YES	12 000
		Preqin	P	P	P	P	P	P	P	P	P	P	P	P	P	P	P	P	P	P	P	-	F	P	-	-	YES	YES	36 000
		EurekaHedge	P	P	P	P	P	P	P	P	P	P	P	-	P	-	-	-	-	-	-	-	F	P	-	-	YES	YES	8 200
		PEI Connect	P	P	P	P	P	P	P	P	P	P	P	P	P	P	P	P	P	P	P	P	-	P	-	-	YES	YES	30 000
		Bison	P	P	P	P	P	P	P	P	P	P	P	P	P	?	?	?	?	?	?	?	F	P	YES	YES	YES	YES	6 200
		Cobalt												平台由 Bison 和 Hamilton Lane 支持															
								基于 Bison 和 Hamilton Land 的数据——平台由 Bison 和 Hamilton Lane 支持																					
		eFront Pevara	P	P	-	P	P	P	P	P	P	P	P	P	P	?	?	?	?	?	?	?	F	P	YES	YES	-	-	3 900
	直接交易数据	Dealogic	P	P	-	P	P	P	P	P	P	P	P	P	P	?	?	?	?	?	?	?	F	P	?	?	?	?	
		标普 Capital IQ	P	P	-	P	P	P	P	P	P	P	P	P	P	?	?	?	?	?	?	?	-	P	?	?	?	?	
		Zephyr（Bureau van Dijk）	P	P	P	P	P	P	P	P	P	P	P	P	P	?	?	?	?	?	?	?	F	P	?	?	?	YES	
		Cliffwater	P	-	-	-	-	-	F	P	P	P	P	P	P	?	?	P	?	?	P	?	-	-	?	?	YES	-	
国家级与地区级协会	基金和交易数据	新兴市场私募股权协会（EMPEA）	-	P	P	P	P	P	F	F	F	F	F	-	-	-	-	-	-	-	-	-	F	F	-	-	YES	YES	3 200
	基金层级数据	机构有限合伙人协会（ILPA）	-	F	-	-	-	-	F	F	F	F	F	-	-	基于剑桥协会的数据	-	-	-	-	-	-	-	F	-	YES	-	-	
		欧洲投资协会（Invest Europe）	-	-	-	-	-	-	P	P	P	P	P	P	-	-	-	-	-	-	-	-	F	F	-	YES	-	-	8 000
		拉丁美洲创业投资协会（LAVCA）	-	-	-	-	P	-	F	-	P	-	-	-	-	-	-	-	-	-	-	-	F	F	-	-	YES	?	?
		美国创业投资协会（NVCA）	F	-	-	-	-	-	F	-	-	-	-	-	-	-	-	-	-	-	-	-	F	-	-	-	YES	YES	?
大学	基金层级数据	私募资本研究机构（PCRI）	P	P	"ROW"	-	-	-	F	F	F	-	-	-	P	P	P	-	-	-	-	-	F	-	YES	-	YES	-	38 641
	直接交易	管理层收购研究中心（CMBOR）	-	P	-	-	-	-	P	P	P	-	-	-	-	-	-	-	-	-	-	-	-	P	YES	YES	-	-	

（续）

中介与信息传递者	基金层级数据	美国洲	欧	中东	拉丁美洲	亚太地区	非洲地区	创业投资	成长资本	杠杆收购	不良债权	夹层债权	优先债	私募股权	母基金	基础设施	能源	二级市场	林业	农地	指数	一级市场	二级市场	LP/GP后台	自愿	信息自由法	公开数据	涉及基金数量
剑桥协会		P	P	P	P	P	P	P	P	P	P	P	P	P	P	P	P	P	P	P	F	-	-	YES	YES		-	7 420
Thomson VentureXpert								该数据库已终止，取而代之的是通过 Thomson Eikon 对剑桥协会的访问																					?
Burgiss		P	P	P	P	P	P	P	P	P	P	?	P	P	P	P	P	?	P	-	-	P	P	YES	YES	YES		?
Hamilton Lane		P	P	"ROW"			P	P	P	P	P	P	P	P	P	-	P	-	P	?	-	P	P	YES	YES			?
StepStone		P	P	P	P	P	-	P	P	P	P	P	P	P	P	P	-	P	-	P	-	YES	YES			?
State Street		-	-	-	-	-	-	P	P	P	P	?	P	P	P	-	P	-	?	?	-	YES	?			?
Greenhill		Global						?	?	?	?	?	?	?	?	?	?	?	?	?	F	F					?

注：
1. "F"表示免费提供，"P"表示付费提供。
2. "自愿"表示客户愿意提供自己基金（LP或GP）的信息。
3. "LP/GP后台"表示实操人员可以从客户那里获取数据。
4. "信息自由法"（Free of Information Act, FOIA）表示信息无法直接从公开网站获得，必须由美国有关方面提出要求。我们已将其归为公开信息数据。
5. 大多数来源提供某种形式的免费指数和付费的详细数据。
6. 标普Capital IQ是一个包含在标普全球市场情报（S&P Global Market Intelligence）产品中的平台，必须与标普全球（S&P Global）、标普全球评级（S&P Global Ratings）、标普全球指数（S&P Global Platts）和标普道琼斯（S&P Dow Jones Indices）区分开来。
7. Preqin和PitchBook根据颗粒度和详细付费指数和详细费的免费数据。
8. 大多数专业协会（比如欧洲投资协会和机构有限合伙人协会）不提供业绩数据，而仅提供活动数据。但是，有些国家级协会，有单独的资产类别用于影响投资，但是只有实物资产的策略包含在实物资产中，没有单独的资产类别。
9. 新兴市场私募股权协会涵盖所有新兴市场区域。农场和林地策略区域，但正在考虑这一策略。
10. Preqin也包含混合投资和含Unquote的数据。
11. MergerMarket的数据提供一个基于创业交易数据的指数，而不是基于基金业绩。
12. VentureSource提供一个基于公开信息的指数。私下讨论和通信，私下讨论和通信。需要澄清，本表不包括未自括未自国家级/区域级的专业协会的数据。

资料来源：作者，基于公开信息，私下讨论和通信。截至2018年12月。

这种信息的缺乏，明显导致了研究与上述事实之间经常出现差距，并且不适用于私募市场的一些理论模型仍在被大量使用。这些模型已经在证券交易所的大数据集上进行过测试，并在某个时间证明了某种形式的相关性和稳健性。

信息缺乏的后果：简单化

这种可用信息的缺乏，导致了一些方法上的简化。例如，观察人士随意将该行业某部分的调查结果（比如针对上市公司实施的大型杠杆收购）作为整个杠杆收购活动的一般规则。这种做法经常被证明是错误的。中小型公司由不同的投资者收购，他们的融资手段和投资目的大相径庭。

还有的简化是将私募市场基金等同于私募市场。尽管基金（本书将会介绍的一种中介）可能是该行业趋势的一个很好的指示，但它们肯定不能用来概括私募市场活动。基金管理人组织成一些有钱有势的国家级协会（如英国私募股权和创业投资协会或法国投资协会）和区域级协会（如欧洲投资协会和美国创业投资协会），这些协会往往掩盖了其他参与者的存在。

例如，创业天使在为初创公司融资方面发挥着重要作用。创业天使也被称为天使投资人，他们是第一批愿意支持新兴公司的人。他们基本上还不为人所知，而创业投资基金参与同样的投资，却往往会引人注目。企业、捐赠基金、基金会、高净值个人、国有机构、银行、保险集团以及一些其他经济参与者也在进行直接投资，而上述协会并不一定能观察到这些投资，因此公众在很大程度上仍然对这些投资不甚了解。影响私募市场的信息很大程度上因这些投资者不受关注而匮乏。

就本书而言，我们主要涉及的是基金和基金管理人的活动，因为这些内容有较多的文献记载。但是，只要有可能，我们就将提供一些额外的信息，以便读者对行业发展有更多的了解。

关于信息的长期观点

长期来看，预计信息将缓慢增长，原因至少有三个。

第一个原因是监管。欧洲法规（另类投资基金管理人指令（AIFMD）、欧盟偿付能力监管Ⅱ号指令）、美国法规（《外国账户税收遵从法》、沃尔克规则、《多德－弗兰克法案》）和国际法规（《巴塞尔协议Ⅲ》和《巴塞尔协议Ⅳ》、养老保险制度）引入了对私募市场产生直接影响的新要求。这些法规可以总结如下：必须给基金投资者提供更快（保险集团要求季度结束后的 45～60 天内完成季度报告）、更全面（加州公务员退休基金CalPERS 与《圣荷西水星报》在 2002 年启动了这一运动）、更客观（另类投资基金管理人指令，有第三方对私有公司和资产的估值）的信息。美国证券交易委员会（SEC）等监管机构也开始调查基金管理人的实际情况，并要求提供更多的信息。为了赢得时间并提供这种程度的细节，基金管理人有必要采用最先进的信息技术系统。因此，如果这样做的压力增加，需要耐心收集的一些信息将更容易获得，而且可能会传达给更多的公众。

第二个原因是基金管理人更频繁地参与基金募集（和沟通）工作。他们必须以持续的方式永久记录他们基金的活动。基金投资者也对基金管理人提供信息的数量和质量要求越来越高。

第三个原因是运营风险管理，这类新风险针对的资产类别往往适用于专业化管理的小团队。2018 年，成立于 2002 年的阿布拉吉集团（Abraaj Group）垮台，该集团是中东最大的私募市场基金管理人，管理着 136 亿美元的资产，这突显了对基金管理人进行彻底尽职调查的必要性。随着这些"资产管理公司"（大型私募股权基金管理人这样描述自己）涉足各种相互关联的领域（私募房地产、不良债权、杠杆收购、公开实体中的私募投资等），涉及潜在利益冲突的案例将大幅增加，但随着杠杆收购越来越多地针对上市集团，潜在的内幕交易案件也将大大增加。这应该有利于先进的监测和报告系统的采用，以便在法律程序下保护普通合伙人自己。

更多信息的后果之一：更多费用

寻求更多信息的合乎逻辑的结果是，作为基金管理公司和基金投资者之间关系核心的管理费[⊖]，至少在短期内不会反常地降低。原因与信息技术系统支出的增加（以满足法规和投资者的要求）、法规的权重（财务和时间方面）以及对基金管理公司全面跟踪记录的需求（主要是因为未来在银行和保险公司中几乎不可能创建专属公司）有关。这些因素将推动基金管理公司的合并，并增加新基金管理公司进入私募市场的障碍。因此，权力的天平将偏向现有基金管理公司的一边——不管它们是好的还是坏的，因此，将继续由基金管理人根据自身优势来设定费用水平。

0.3　良性的忽视，恶性的后果

信息缺乏和简单化会产生严重的后果。第一，"谣言"或"名誉"等伪信息，也就是科学术语中所谓的干扰信息，填补了信息空白；第二，学术发现没有被更多的公众所理解。一些公共行动计划的实施，是为了纠正所谓的市场失衡，这些计划往往不适应市场，因此，私募股权体系不同部分之间的对立日益加剧。

低信息量会导致糟糕的结论

我们知道自己有哪些不了解的事物，这本身就是一条重要的信息。我们应谨慎分析私募股权业绩及活动相关的统计数据，这些通常是私募股权基金管理人定期民意调查的结果，是自愿回答的。这些数字未经审计，根据回答率的不同，涵盖了不同的基金样本，在任何情况下都只适用于私募股权行业的一部分。虽然这些信息很有趣，也很有用，但重要的是要永远记住，数据只反映了现实的一部分。例如，欧洲国家统计的初创公司从创业投资基金那里获得的融资额经常较低。如果没有深入分析，这些信息可能会导致公共当局得出缺乏可用资本的结论。但是，在很多国家，创业投资基金的挤出是因为其他私募融资来源，如天使投资人或家族办公室。这些投资者不在统计范围之内，因此他们的投资活动也不在统计之内。哀叹

⊖　该表述以及大多数其他技术术语和表述在本书及术语表中都有进一步的定义。

欧洲"缺乏初创资本",已成为一种根深蒂固且反复出现的想法,人们对此难以理性分析。

不佳的信息通常转化为(不佳的)公共政策

因此,法国(2007年)和英国(2009年)政府一直将重点放在种子期的初创公司上,因为根据公共统计数据,创业投资基金没有对这些公司进行足够的投资。^㊀这被视为市场失衡,必须加以纠正(以某种方式正确地实施,但仅在特定情况下)。^㊁不管是真是假,这一融资缺口已经被一系列由纳税人资金提供保障的措施盯上了。还有一个例子是美国和英国的联邦创业投资基金(2009年)。创新美国(Innovation America)和全国种子及风险基金协会(NASVF)建议设立一只20亿美元的基金,专门用于支持天使投资人和资助公共项目。这将是小企业管理局(Small Business Administration,SBA)计划的延伸,该计划的持续性遇到了困难。

不幸的是,公共倡议(Lerner,2009)^㊂和母基金(Arnold,2009b)的历史业绩很糟糕,特别是因为它们与地方政治议程接近而影响公共投资结构(Bernstein,Schoar & Lerner,2009),无论它们是主权财富基金还是母基金。在英国,与商业化的同行相比,政府支持的创业投资基金表现不佳。商业化创业投资基金的年化收益率(2002~2004年)为7.7%,而同期英国创业投资基金(商业的和公共的)整体的收益率为1.7%。英国的资本过剩可以解释这些令人沮丧的结果。

㊀ 其他例子包括小型企业投资公司计划(美国,20世纪60年代)、基于信息技术优势的建设(澳大利亚,1999年)、生物谷(马来西亚,2005年);参见 Lerner,2009。

㊁ 勒纳证实了创新与增长息息相关,因为它可以优化投入的使用。参见 Lerner,2009(第9页和第3章)。

㊂ "小企业投资公司最初设计得很差,提出了一些适得其反的要求,然后执行起来却不一致"(第9页)和"政府可以有效地促进创业精神和创业投资的论点是一个更不稳定的假设"(第10页)。

0.4　知难而退

本书（不幸地）将无法完全避免上述简化及信息缺乏的陷阱。我跟我的同行们一样，都受到了同样的限制。如果说本书有一些价值的话，可能是因为它是在考虑到这些限制的情况下写成的，从而以一个批判的视角来看待这些内容，突出其独创性。

独特的动态分析框架，了解行业的快速发展

本书之所以与众不同，有一个原因在于其将私募股权融资视为动态的周期方法，而不是静态的金融实践。这是基于两点原因：

- 在过去的 30 年里，私募股权吸引了越来越多的资本，根据 Preqin 的统计，从 1990 年的大约 1000 亿美元到 2018 年的 3 万亿美元。⊖ 在仅仅六七个商业周期的过程中（即平均 3 年的经济增长和 2 年的经济衰退），这种资本流入就改变了该行业的动态、结构、做法及其对整体经济的影响。随着其知名度的提高，这些资金的源头（尤其是养老基金）也使私募股权行业受到了外部影响（我们稍后当然会再讨论这个问题）。
- 私募股权的参与者在不断快速创新。这些创新可能是学术文献和从业者日常实践之间持续存在差距的原因，学术圈正在努力跟上创新的步伐。不幸的是，缺乏可用数据对学术圈的工作十分不利。

因为私募股权处于持续的快速演变之中，仅仅一本书只能部分窥探到其中的一部分。出于这个原因，本书将侧重于确定的趋势以及实践和理论的对话，并且会引出一些假设来引导你理解即将到来的事件。

第 3 版整合了读者的反馈

我欢迎这方面的反馈。第 3 版将我直接或间接收到的评论考虑了进

⊖　根据同一消息来源，截至 2018 年底，私募市场管理的资产（Preqin 称为"私募资本"）达到了 4 万亿美元。这些数字仅仅是全球估计，基本是由基金管理的金额。

去。有一些读者表示满意⊖（前两个版本合在一起，亚马逊网站的十个评论中有七个好评），也有一些读者提出了进一步的阅读建议。⊜尽管本书提供了参考文献⊜，但我在正文中仍包含了针对特定材料的参考文献，以帮助读者加深他们在特定领域的知识。

针对本书的批评之一，是认为它强调从历史的视角看问题，而缺乏商业案例和实践要素。⑳的确，第 1 章和第 2 章从过去的经历中得出了结论——有一些读者喜欢它。㊄关于创业投资最有趣的图书之一（Lerner，2009）实际上纯粹是建立在过去的经历以及成功与失败的原因上的。我最初的想法，是强调什么因素有助于塑造生动的私募股权环境，以及在特定的地区或国家找到这种环境的先决条件是什么。但是，我没有明确指出这一点。因此，我加入了关于新兴市场的要素（以及它们如何与这一背景相匹配），以正确看待历史。在第 3 版中增加了私募债权和私募实物资产，这证明了这种历史方法不仅有趣，而且是必要的。正因为如此，我们才有可能理解这两个行业的兴起，它们是在一系列长期的公私合作伙伴关系的基础上，随着私募股权的脚步而诞生的。

⊖ "我不是投资银行家，所以购买本书是为了深入了解私募股权，以便能和收购公司的潜在投资者搭得上话。对我而言，这本书非常有见地，并且包含了大量信息。作者以图形和数字的形式为读者提供了私募股权和其他投资之间的各种趋势和比较，如果你从事私募股权销售或企业经纪业务，这将为你带来很大帮助，因为它无疑为你提供了与潜在投资者互动的出色工具，特别是那些可能对上次金融危机过后对私募股权产生怀疑的人。本书在比较美国私募股权与欧洲私募股权时过于详尽，有时可能会让你迷失方向，但你肯定不会被误导。很棒的一本书。"Amazon.com，马扎赫尔评论，2010年 10 月 17 日。

⊜ Amazon.com，M. 里韦拉·拉巴评论，2010 年 8 月 19 日。

⊜ 参见华章网站 www.hzbook.com。

⑳ "……但没有关于如何设立或运营一家私募股权机构的详细信息"，Amazon.com，布兰登·迪安评论，2011 年 5 月 11 日。

㊄ "这是一本宏大且急需的书，但可以更好地呈现。在第 1 章中，私募股权的介绍可以帮助新手了解私募股权的概念。第 1 章是最好的，通过克里斯托弗·哥伦布（Christopher Columbus）的例子，读者建立了私募股权的基本直觉。从这个崇高而富有创造力的开始，后续的章节介绍有限合伙人、普通合伙人和公司的基本架构。书中还描述了创业投资、成长资本和杠杆收购的基本类别。简单的图形和轻松的漫画强化了概念。"Amazon.com，肖维克·巴纳基评论，2011 年 4 月 18 日。

但是，随后的 5 章内容和结论与历史无关，而是记录和讨论私募股权市场的状况。为了提高读者的满意度，我与拉斐尔·萨索（Rafael Sasso）合作开发了一个商业案例，内容涉及一家大型私募股权投资机构阿文特国际（Avent International）对一家位于新兴市场的上市公司克罗登教育公司（Kroton Educational SA）的私募股权投资。我还尽可能多地补充了一些可用于从私募股权基金募集资金或设立基金的文件。

有读者对漫画表示称赞，[一]有些读者提出严厉批评，[二]认为这种做法只会转移读者的注意力。为了更保守的读者能有良好的阅读体验，我删除了它们（因此提高了本书第 1 版的"收藏价值"）。

我的写作风格似乎让读者两极分化：有的读者喜欢，[三]有的不喜欢。[四]我决定保持自己的风格。第一，改变风格可能会使文字非常矫揉造作，导致阅读这本书的体验很痛苦。第二，因为针对本书没有按照"清晰简洁的论点和类似数学的结构"[五]编写的批评，恰恰是本书写作的动机：它不能按照类似数学的论证方式来写作（参见第一点和第二点）。至于缺乏清晰明了的论据，本书实际上已经做了说明（参见第二点）。

总的来说，我会尽量记住一些建议，例如更加强调每章的目的，区分更多特定国家的原则和特点，保证每个图表阐述一条信息，并尽力提供更好的黑白图表。[六]本书的结构将确定构成私募股权行业的关键要素（见第 1 章），以及那些愿意发展这一行业的国家仍然需要的要素（见第 2 章）。分析了这些基本参数之后，我们将看到私募股权行业如何组织成一个以创业者和公司生命周期为中心的生态系统（见第 3 章、第 4 章）。在这方面，投资过程和整个私募股权活动都基于人际关系和正常的互动（见第 5 章）。

[一] Amazon.com，隆尼斯·阿奇基迪斯评论，2010 年 9 月 22 日；安德利亚斯·爵评论，2010 年 7 月 12 日；肖维克·巴纳基评论，2011 年 4 月 18 日。

[二] Amazon.com，HBS2011 评论，2010 年 9 月 20 日。

[三] Amazon.com，隆尼斯·阿奇基迪斯评论，2010 年 9 月 22 日。

[四] Amazon.com，克里斯托福·布思评论，2011 年 12 月 5 日。

[五] Amazon.com，克里斯托福·布思评论，2011 年 12 月 5 日。

[六] Amazon.com，肖维克·巴纳基评论，2011 年 4 月 18 日。

这些结论使我们能够区分影响"青少年时期"(见第 6 章)活动的趋势和潮流,然后再检查该行业必须承担的职责(见第 7 章)。结论部分(见第 8 章)将提供一些前瞻性的分析。

本书第 3 版进行了大幅的内容添加、修改和延伸,特别加入了一些关于新趋势的元素,以及一些实用的文档,还包括一些关于过去(现在已经不存在了)趋势的一些元素,其中一些已被证实,并且看起来即将制度化。

参考文献

图书及手册

Demaria, C. (2006, 2008, 2010, 2012, 2015, 2018) *Introduction au Private Equity* (RB Editions, Paris), 1st, 2nd, 3rd, 4th, 5th, 6th edns, 128 pp.

Lerner, J. (2009) *Boulevard of Broken Dreams, Why Public Efforts to Boost Entrepreneurship and Venture Capital Have Failed – and What to Do about It* (Princeton University Press, Princeton, NJ), 229 pp.

Phalippou, L. (2017) *Private Equity Laid Bare* (CreateSpace Independent Publishing Platform), 205 pp.

报纸及新闻媒体

Arnold, M., 'State-led venture capital lags behind rivals', *Financial Times*, 5 August 2009.

Kaczor, P., 'Les indices n'ont pas été décevants', *L'Agefi*, 16 November 2012.

论文及研究报告

Bernstein, S., Lerner, J. and Schoar, A. (2009) 'The investment strategies of sovereign wealth funds', Harvard Business School Working Paper 09–112, 53 pp.

Jensen, M. (1989, rev. 1997) 'Eclipse of the public corporation', Harvard Business School, 31 pp.

第一部分

INTRODUCTION TO PRIVATE EQUITY, DEBT AND REAL ASSETS

什么是私募股权、私募债权及私募实物资产

　　资本市场是一个充满活力的系统，身处其中的企业必须不断地预测市场的需求与变化。变化的速度似乎有所加快，特别是伴随着20世纪70年代和20世纪80年代的放松管制和自由化浪潮。大型企业集团和垄断企业被迫专注于细分领域，并拆分成一些更小的实体。随后，这些专注于细分领域的实体开始合并，在各自的市场上成为重要的参与者。为了满足新出现的需求，很多新公司诞生了。

　　不过，当时并没有特别适合这种环境的资金来源。实际上，当公司需要融资时，往往会想到两种解决途径：证券交易所和银行贷款。证券交易所提供的解决方案有限，只能为符合特定标准（销售数字、资产负债表中的资产总额、最低生存年限等）

的中型和大型公司提供额外融资。新生的初创公司不符合这些
标准。

这些公司也不会通过贷款来支持自身的早期成长，或用于后
期的跨境发展和收购。贷款的条件有严格的规定。银行有一个评
分系统来评估风险，通过这个系统将一家公司的情况和项目与
类似公司过去的项目进行比较。如果过去的项目不成功（比如为
新成立的公司提供资金），或者因过于复杂而无法获得资金（比
如跨境收购），融资就会被拒绝；即使项目符合评分系统的标准，
公司仍然需要证明其有能力以固定分期付款方式向银行还款。为
此，公司必须展示自己有能力产生稳定而强劲的现金流，而且债
务数额也有限。它还必须为贷款提供某种形式的抵押品。如果不
偿还贷款，银行将没收抵押资产并将其出售，出售所得将用于偿
还贷款。这是假设抵押品的价值足够高，足以覆盖债务、到期利
息和程序成本。⊖

如果证券交易所和银行都不为企业的创立和发展提供资金，
那么由谁来提供资金呢？或者说怎么办呢？举例来说，支持家族
企业传承或接管的资金从哪里来？重组一家境况不佳的企业的
资金呢？如何帮助企业进一步专注并优化其运营和财务结构？从
"私募市场"来说，这就是"私募股权""私募债权"和"私募实
物资产"。

私募股权在公司发展的各个阶段都可以提供支持，从创立
（种子资本）到早期、中期和后期发展（创业投资）、成长（成长资

⊖ 例如，在西班牙就出现了一场辩论，因为自 2007 ～ 2009 年危机之后资产已经折旧，
无法覆盖贷款。因此，借款人失去了作为抵押品的资产，而且仍然欠银行钱。

本）、所有权转让（杠杆收购）和重组（重振资本）。有趣的是，银行是最早通过其"商业银行"活动来参与此类投资的机构之一。

私募债权为银行不给予资助的公司提供融资。贷款实际上正在被重塑，这一变化始于美国从基本上由银行资助的经济模式转向由金融市场资助的经济模式。○现在它已慢慢渗透到其他国家，尤其是欧洲。由于监管的压力（如《巴塞尔协议Ⅲ》）以及上一次金融危机的影响，银行一直在退出一些特定的融资业务，比如向中小型企业提供贷款。这为"非银行金融公司"的崛起铺平了道路（直接贷款）。如果公司从事无法被评分的业务，或其业务超出了日常运营范围，它们就不得不求助于这类融资。有些项目需要比标准贷款更为灵活的融资形式，比如并购。次级债权，如夹层融资，可以支持这类项目。在美国和英国等特定司法管辖区，根据破产程序，收购一家境况不佳的企业并随之进行重组变得更加容易。这就是不良债权投资的目的所在。

由于公司必须重新定位，它们不仅要掌握权益与负债之间的微妙平衡，还要调整资产结构。它们开始出售房地产、基础设施、能源和其他资产，有时还会把它们租回来（例如在出售后回租业务中）。管理团队经常将一份重资产的资产负债表视为更灵活的竞争对手们所面对的移动缓慢的目标。这些资产代表了一种价值储备，可以将资产套现并用于收购或进一步调整公司定位。随着这些资产被出售给私募实物资产专家，针对性的策略应运而生，以处理这些形状和状态各异的资产，包括普通的资产，甚至炫耀性资产以及废弃的资产。

○　根据《经济学人》（2012 年 12 月 15 日），在美国，贷款总额的 25% ～ 30% 来自银行。在欧洲，贷款总额的 95% 来自商业银行。

私募股权是私募市场的主要构成部分，在有记录的私募市场基金投资中占 60% 的份额，私募实物资产占 25%，私募债权占 15%。因此，私募股权将是本书的核心，而增编的内容将尽可能包括私募债权和私募实物资产。我们首先将私募股权作为经济驱动力予以解释（见第 1 章），然后介绍其进一步的发展情况（见第 2 章）。

私募股权作为一种经济驱动力

历史视角

哥伦布：科学家、创业者及创业投资人

经过七年的游说，克里斯托弗·哥伦布说服了西班牙君主们（阿拉贡王国的费尔南多二世和卡斯蒂利亚王国的伊莎贝拉一世）赞助他的西向航海计划。他在"电梯演讲"[○]时一定是这么说的："我想开辟一条去西印度群岛的更短的新航海路线，我将战胜一切困难，为你们带来无尽的权力和财富，并且让你们可以嘲笑东向航线上的葡萄牙人及其盟友。"

哥伦布可能不知道，当时他正在设计一笔创业投资业务。但事实的确如此，因为他的项目具备这些要素：这是一次具有创业精神的探险，资金由外部投资者提供，高失败风险、高潜在收益以及具备进入壁垒的竞争优势。

上述要素在不同程度上构成了所有私募股权交易（创业投资、成长资本、杠杆收购等）的共同点。另外一个要素是"私募"特性，即各方通过私下谈判达成交易，在证券交易所出现之前，交易对象都是非上市公司或项目。

○ 电梯演讲是一种 3 ～ 5 分钟长的介绍性演讲，用来为听众简明扼要地介绍项目并引出稍后更详尽的讨论。

尽管很难想象哥伦布在评估他的项目可行性时，是否以及如何计算项目的风险－收益情况，但是我们可以假设他已经识别了其中的风险，并有降低风险的计划，或者至少已经祈求好运了。风险虽高，但并不是无限的（因此他的冒险与纯粹的赌博是有区别的）。

抵达印度群岛的前景，使人们对金融资助者（西班牙君主和热那亚的私人投资者）的投资收益有了很好的认识。不仅潜在收益远远超过传统投资，而且还能开辟一条对国际贸易可能产生颠覆性影响的新航线，给刚刚统一的西班牙王国带来了急需的商业刺激。

私募股权古而有之，只是与今天的形式不同而已

这个例子说明了一个事实，即私募股权古而有之，在历史上以各种不同的形式存在。历史上的收购案例难以识别，因此本章主要关注创业投资。收购是以现金换取控股权，一般是善意的。通常情况下，收购需要内部信息。收购只是最近才变得重要，因为它需要复杂的金融市场和金融工具。

历史上，大型收购业务是"以物易物"，偏重房地产/商业领域，主要涉及乡村或城镇的互换。今天的纽约州，就是1667年英国人用苏里南（南美洲北部的种植园殖民地）从荷兰西印度公司（WIC）的手里换来的（《布雷达和约》）。[⊖]事实证明，对荷兰人来说是一笔糟糕的交易。

现代私募股权是且必须是宏观变革的产物

私募股权作为充满活力的金融工具而兴起，需要与以下因素相互作

⊖ 1626年，时任西印度公司董事长彼得·米努伊特（Peter Minuit）从当地的印第安人手里收购了曼哈顿岛，并开始建设新阿姆斯特丹。1664年，由于荷兰和英国在商业上的对抗，约克公爵（Duke of York）詹姆斯派一支英国舰队攻击了新荷兰殖民地。由于寡不敌众，西印度公司董事长彼得·史岱文森（Peter Stuyvesant）放弃了新阿姆斯特丹。为表彰詹姆斯爵士的功绩，新阿姆斯特丹被改名为纽约。新阿姆斯特丹的战败导致了1665～1667年的第二次英荷战争（Second Anglo-Dutch War）。这场战争以签署《布雷达和约》（Treaty of Breda）结束，依据条约，荷兰放弃纽约，对应获得苏里南作为补偿。

用：①有利的社会、法律和税收环境；②足够的人力资源；③充足的资本。这三者一起缓慢发展，直至达到代表当前的私募股权专业化和规范化水平。[一]清晰识别和区分构成"私募股权生态环境"的上述三个条件，是一个仍在进行的持续过程。

本章的目的是识别私募股权区别于其他投资类别的关键要素。初期创业公司的私募股权融资是公共政策、创业和融资的复杂结合。欧洲君主对财富和权力的追求是这种结合的象征，它汇集了公共资源和私人资源，以识别及利用有时遥远的资源。（见本章第 1.1 节）。

公共政策、创业和融资的复杂性日益降低，并逐渐独立。公共利益与公共政策从国王的个人利益与意愿中清晰区分开来。一旦建立起基础的法律和税收体系，并适应社会和经济因素的变化，创业者就成为私募股权生态环境中的核心（见本章第 1.2 节）。

私募股权投资者发展了一种能够鉴别创业者的能力，为他们的创业项目提供资本和关键资源，并分享他们的成功。通过这些专门知识和专业技能，私募股权投资者变得更加专业，制定出了降低风险和优化收益的战略（见第 2 章）。

1.1　汇聚利益，以识别和利用财富的来源

所有理性投资者的根本目的都是让自己的财富实现增长。[二]私募股权为投资者提供机会，给私有企业的发展提供资金，并从它们的成功中获益。从历史来看，这些企业存在的理由是能够识别和控制资源，从而通过占用这些资源为创业发起人创造财富。

○ 勒纳（2009）指出，"通常，在渴望发展的时候，公共领导者往往忽略了环境的重要性"（第 12 页）：大学和政府实验室、适合的税收和法律政策、教育（见第 4.1 节的详细讨论）以及有利的退出环境。

○ 有些投资者可能也会有第二目的，比如立足市场或特定的公司（企业投资者）、监控技术发展、取得社会认可等。但是，可持续的投资计划通常都把财务收益放在首位（至少是为了在一个特定时期内实现自我维持）。

私募股权业务需要资助人

主要的金融资助人可能是一位政治领袖，他会为了国王和自己的利益，从法律和金融上降低项目准备和执行的难度。对资源的控制和对土地的征服，刺激了探险项目的出现。为了支持政治事务，企业开始设立，[⊖]从而保证满足对企业产品的需求，以换取企业参与基础设施等公共事业的建设、创建新的市场，以及更普遍地鼓励商业的发展和财富的创造。企业可以利用公共计划，但显然，当时利益冲突的警钟尚未敲响。

私募股权业务与公共计划互利共生

通常，私人投资者对兼具技术竞争力和专门知识、拥有远见和营销天赋的人深信不疑，并投资于这些公共计划。这类人如今被称为企业家 / 创业者，在哥伦布的案例中，营销演讲变成了一场历时七年的布道，因此，这类人也可以看作是电视布道者的前辈。

1.1.1　识别、控制及利用资源

对时间和空间控制的追求，催生了开创性的公共和私人计划，其中的风险巨大，但潜在收益也很高。这些收益通常与地理上发现新资源（土地的控制）和效率（例如前往印度群岛的新航线）相关，它们可以用来优化资产周转和提升收益。

高风险，高潜在收益

相对于传统的东向航线而言，哥伦布的计划风险要高很多。这个计划之所以被认为可能成功，要归功于航海和测绘技术的进步，以及技术和工程上的一些其他发明。在这方面，哥伦布的探险队不仅是技术趋势的象征，也是政治、宗教和科学进步的象征。哥伦布正是掌握了这一切，才提出了他的航海计划。

⊖　结果，直到今天，针对初创公司创业者的公共"计划"最终依然可能会拉拢该国统治者或立法者的亲信（Lerner，2009，第 11 页）。

哥伦布承受的风险主要有以下两个不同的类型：

（1）理论假设的初步验证。从理论体系到实际操作的转化存在巨大的风险。[⊖]哥伦布对地球周长的预测是错误的（他以为是 3700 公里，而实际是 40 000 公里），但他的冒险却取得了成功，他到达了一个未知的新大陆。即便是在今天，这种结果（重新调整"研发"重点而导致不同结果）在获得了创业投资的公司身上也时有发生。幸运的是，不是每家获得创业投资支持的公司的 CEO 都像哥伦布一样把自己的工作产出低估了九成。

（2）连续四次航行的实施，需要哥伦布具备的条件包括有力的风向和海流，正确计算海上航行的时间以运载适量补给品，避开自然灾害（暴风雨），鼓舞船员士气，以及其他操作方面的问题。运营风险通常由后期创业投资和扩张期投资人来资助。[⊜]

基于上述原因，哥伦布的计划在很多方面都具有创新性。该计划以雄心和远见为指导，旨在具体测试一些理论的有效性，如果哥伦布完成了西向航行并踏上了印度的土地，那么这些理论将获得丰厚的收益。

高潜在收益与哥伦布的计算有关。根据他的计算，尽管存在葡萄牙陆地的影响，但从新航线抵达印度群岛可以节省大量的时间（和降低风险）。潜在收益并非从最初的航行本身获得的，而是来自为未来的航程开辟了一条新的线路，以利于收集贵重商品（主要是丝绸和香料）并将其带回欧洲。

还有一个关键因素是，这条新航线为展开其他一系列的探险和获得其他有价值的商品铺平了道路。哥伦布的成功并不是一次性的收益，而是持续的、长期的收入来源。

受有利法律环境保护的长期投资

航行的时间期限以月为单位计算，代表这是一项长期投资，并且收益以年为单位计算。这是哥伦布西向航行可以视为一个私募股权项目的因素之一。

⊖　现在，这被视为从"研发"向"市场"的转化。

⊜　这是约翰逊的"10/10 法则"（Johnson，2010）现象的一个早期例证：用 10 年建设平台，用 10 年找到大规模受众（开发）。

项目的私人资助人将获得使用新航道的合法权利（类似于今天某特定市场的"进入门槛"），西班牙君主对此项权利的保护是评估投资收益的一个核心要素。哥伦布被西班牙君主封为"海军上将"，并被预封为新发现土地的总督。这意味着在完成最初的突破之旅后，他只要坐等利润即可。

作为额外的奖励，哥伦布可以从这条航线上获得一部分利润。具体来说，除了头衔和来自官方的收入之外，哥伦布还要求获得这条西向航线所实现利润的10%。对于任何愿意使用他开辟的航线的商业企业，他拥有购买其1/8股份的期权。如果达到一定数量的目标，这种财务激励措施（已实现利润上的百分比以及股票期权等价物；在私募股权中，这种激励被称为业绩报酬）通常用于奖励公司的管理层。

在这方面，西班牙君主在哥伦布完成航海后给予他奖励所引发的争议，以及难以给热那亚的投资者提供快速和简易的收益（因为在加勒比群岛上几乎没有黄金可开采），是一个可以与典型的私募股权业务相提并论的要点，即结果不同于最初的计划。近年来，互联网创业公司的创始者和管理者与他们的资助者之间的一些纠纷证明，这种情况如今仍然存在，而且就像当年一样在法庭上发生。

汇集资源

来自创业者（哥伦布）、热那亚私人投资者（占资金池的50%）和作为项目联合资助者的西班牙君主的精力及资源的汇集，是哥伦布探险可以被视为私募股权项目的一个标准。商业目的也是鉴别私募股权项目的一个标准，尽管在这个例子中并非唯一目的。

还不是现代创业投资的模板，但相差不远

哥伦布的探险，与典型的私募股权投资不尽相同。他得益于当时的政治和法律支持，而这些在如今公开、公平的交易市场中已不被允许，至少无法如此公开提供。

　　然而，民族国家现在仍然在很大程度上参与创业投资。基础研究主要由公共资源资助，特别是用于军事目的研究（Mazzucato，2015）。此外，这项基础研究的应用也得到针对初创公司的公共契约的资助。1958 年的美国《小企业法》就是一个例子，它将公共采购的一部分保留给中小型企业。这些初创公司也可以由公共资金间接或直接提供资金。欧洲投资基金（European Investment Fund）间接将公共资金投资于风险资本基金。在联邦一级，美国投资了专门为中小型非上市企业提供资助的小企业投资公司（Small Business Investment Corporation）。英国、法国和其他国家也设立了类似项目。直接来说，In-Q-Tel 是一只非营利的创业投资基金，主要由美国中央情报局（CIA）资助。法国、比利时瓦隆等其他国家或地区也有针对非上市公司的直接投资计划。

　　意大利投资者对这个项目"袖手旁观"，但是哥伦布说服了他们，让三艘船只的提供者加入了他的探险。这意味着，即使没有一位相当于"领投投资人"和"投资经理"（见第 2 章）的角色来看管哥伦布的项目，依据有史可依的标准而言，监管也是存在的，也就是说：在现场，每天都可能进行激烈的争论——是冒着变成残骸或更糟的风险继续前进，还是为了保护船队和船员而返航。

1.1.2　利用公共政策和有利的商业环境

　　虽然哥伦布的计划是出于宗教和商业目的，但西班牙君主的政治野心是触发公众承诺的关键因素。[○]政府支持和更普遍的公众支持通过为基础研究提供资金、为关键基础设施提供融资、为创业企业发展提供良好环境，促进了私募股权投资的兴起。然而，类似这种为公共政策提供服务的私募股权项目数量有限，且只靠公共项目是远远不够的。[○]

　　㊀　有趣的是，勒纳（2009）指出："关键的早期投资并非来自国内机构，而是来自成熟的国际投资者。"（第 12 页）
　　㊁　"政府官员往往鼓励在根本不存在私人利益的行业或地区提供资金"（Lerner，2009年，第 13 页）。

1.1.2.1 公共财政和私募融资的分离是独立私募股权行业兴起的关键因素

这源于这样一个事实：作为公共机构的国王与作为个人的国王两者身份分离，项目不再能获得公共补贴的资助，哥伦布启动他的项目所依赖的特定的利益一致性变得越来越罕见。

对公共资金使用的控制不断加强，对公平贸易的日益重视，以及让市场力量尽可能基于私人和公共利益而行动的社会野心，在限制国家直接介入私募股权项目上发挥了重要作用。但这并不意味着国家这一角色已经完全消失：它已经朝着建立适当的法律和税收体系以及更复杂的介入方式，并且混合着公共合同和积极管理公共资金的方向发展了（Mazzucato，2015）。勒纳认为："政策制定者（今天）面临着必须考虑众多不同政策的挑战。人们往往不清楚，政策的变化将会如何相互影响。没有一份明确的'使用说明书'来解释哪一种变化会产生预期的效果。"（Lerner，2009）

1.1.2.2 公共介入的转型：建立法律和税收体系

随着商业、运输和技术的不断进步，创业者可以拥有更多的客户、更大的生产规模，以及更多的资本密集型商品。为了顺应这一趋势，并筹集投资所需的资金，创业者往往不得不寻求外部融资。于是，他们通过与第三方达成协议、签订合同和建立合伙关系，创建正式的公司。

为实施这些约定，必须建立并遵守一套法律和税收体系。法律体系最古老的例子之一是巴比伦国王（公元前 1792 ～ 1750 年；参见 Gompers & Lerner，2006）颁布的《汉谟拉比法典》（Code of Hammurabi）。这部法典共有 285 项条款，展示在公共场所供所有人阅览，这样就可以让人们了解和执行。《汉谟拉比法典》解放了巴比伦文明的商业潜力，特别是为建立合伙关系以及之后的私募股权合伙制铺平了道路。在那以前，大多数公司由家族发起及经营。资金支持往往来自个人和家庭的财富，以及来自在成员加入商业协会后，协会成员之间的互助。

通过合伙关系，美索不达米亚的家族可以汇聚必需的资本来支持一个特定的项目，从而分散风险。但是，这些项目并不是通过股权投资的形式融资的，绝大部分资本以贷款的形式注入，这有时候需要一个人以包括他的妻子和孩子在内的全部身家作为担保。如果不能偿还，他的家人将被卖为奴隶以偿付负债（Brown，1995）。正如莎士比亚在《威尼斯商人》中曾描述的那样（借款人 / 冒险者将自己的一磅肉，实际上是心脏的一部分，作为贷款的抵押品），以支持高风险项目的借贷行为直到 16 世纪仍在流行。这相当于如今的私募债权，只不过抵押品不同而已。

在这方面，《汉穆拉比法典》通过区分权益和债权、创建债权的抵押品和贷款的附加特权（如公司清算时的优先清偿权），开始将创业者和资本家进行区分。

1.1.2.3 公共介入的转型：基础设施融资

但是，私募股权的出现仅依靠这种法律和税收的支持可能还不够。除法律之外，其他的公共行为通常是通过直接或间接的方式为创业者提供帮助，为公司设立创造各种有利条件。但是，正如勒纳所指出的："每次有效的政府介入背后，都会有成百上千次的失败，而大量的公共支出却没有开花结果。"（Lerner，2009）结果，由于高昂的公共预算成本，以及引入的竞争扭曲，直接帮助往往受到各种限制，并逐渐让位于更为间接的介入方式。这种间接介入方式早已被汉谟拉比所采用，他除了是一名军事领导者之外，还投资基础设施以促进其帝国的繁荣。

汉谟拉比在位期间，他还亲自监管和制订航海和水利计划、储备粮草预防饥荒、提供无息贷款来刺激商业。广泛的财富分配和更优质的教育提高了人们的生活水平，促进了所有知识分支的发展，包括天文学、医学、数学、物理学和哲学（Durant，1954）。在这方面，私人能量的解放，以及公共投资与私人投资之间的共生关系，极大程度上激励了国王。与私营部门的这种互动可能是对现代项目的考验：如果公共行为没能起到催化剂作用或提供间接的支持，那么该项目可能根本就没有意义。

实际上，公共行为和私募股权融资在很多方面仍然盘根错节，不过这两个领域之间的关系，已经演进到私募股权行业的独立（在基础设施的特定情况下）以及在公共介入方面更加放手的策略。结果，公共介入通过微妙的互动、合作协议、激励和宽松的监管，已然为私募股权的发展创造了背景。

这并不一定会使合作一帆风顺，在挪威最近出现了一个案例。2011年和2012年，埃克森美孚（Exxon Mobil）、道达尔（Total）、挪威国家石油公司（Statoil）和荷兰皇家壳牌公司（Royal Dutch Shell）将其在挪威的天然气管道运营商格拉斯莱德（Glassled）的48%股权出售给了以下投资财团：安联（Allianz）、瑞银（UBS）、阿布扎比投资局（Abu Dhabi Investment Authority）和加拿大退休金计划投资委员会（Canada Pension Plan Investment Board）。挪威通过一些国有企业持有其余的股份。2013年，挪威单方面决定将管道运输天然气的运输关税降低90%。投资财团估计，到2028年其收入损失将达到18亿美元，并因此起诉了挪威，因为它们认为该法规的变更是非法的。该诉讼于2015年被第一地区法院驳回，于2016年被上诉法院驳回，并于2018年被挪威最高法院驳回（Elliott，2018年）。

1.2 倡导创业精神

但是，如果社会对风险和创新的接受程度很低，那么这种有利的法律和税收环境将毫无用处。这种接受度在创业者身上得以体现，因为他们个人愿意承担企业创立和发展的初始风险，他们在私募股权领域处于中心地位。没有创业者，私募股权就没有任何存在的理由（参见第1.2.1节）。但是，私募股权需要投向非常具体的创业者和公司。创业者的作用是执行计划，并支持价值的创造（例如将产品/服务创新转化为商业成功），从而产生可观的财务收益（参见第 1.2.2 节）。创业精神在一家企业里扮演着不同元素的转换器，使之蓬勃发展，并结出诱人的果实。打个比方来说，私募股权可以被描述为一个自成体系的生态环境（参见第 1.2.3 节）。

1.2.1　没有创业者就没有私募股权

创业者处于私募股权领域的中心地位。他把时间、资本、劳动、创意以及其他元素相结合并加以转化，产生出比单独元素加总后更大的产出。创业者与一般工人区别开的关键点在于他们的创新能力（一般来说）、风险承受能力以及创立和管理企业的能力。但是，并非所有的创业者都能够成功地管理企业。

私募股权的吸引力在于其合理而可靠的前景，投资者有望获得比传统金融市场（比如上市股票和债券）更高的收益。这种收益对应在金融系统的其他领域（银行、个人以及其他资本来源）不会承担的风险。因此，在任何特定的国家，受私募股权支持的创业者实际上都只是所有活跃创业者中的一小部分。

创建公司与颠覆性创新

创业者的主要形象是"公司创建者"。他受愿景引导，由创新支持。获得创业投资支持的典型创业者，在建的是一家更愿意利用颠覆性创新的公司，这可以从根本上改变市场或为特定行业开创新的分支。詹姆斯·瓦特（James Watt，1736—1819）可以看作是这一类型的化身。

这位苏格兰的数学家和工程师改良了蒸汽机，用它取代了水力和人力，这成为工业生产中主要的动力之源（Burstall，1965）。其实，在蒸汽机获得突破性进展之前，蒸汽动力已经存在了将近一个世纪，并经历了多次改进。早在 1689 年，蒸汽动力就已经被用来从矿井中抽水了。1774 年，詹姆斯·瓦特引进了他创造的具有颠覆性的"瓦特蒸汽机"，这种蒸汽机不仅可以应用在采矿业，而且能在许多工业领域得到广泛的应用。蒸汽机的使用，使得工厂能够开设在任何地方，而不必临近水源。由于能够大幅提升燃料效率（少消耗 75%），这一新设计可用于英国全国几乎所有现存蒸汽机的改造。

连续创业者：是文化还是普遍现象

随着时间的推移，另外一个形象即"连续创业者"出现了，这是出现在美国的典型形象，但在欧洲还不常见。这可能与两地的不同文化背景和社会流动程度有关。托马斯·爱迪生（Thomas Edison，1847—1931）发明和改进了许多重要的设备，比如灯泡、留声机和股票报价机。他为第一台产生动态图片的机器申请了专利，并计划用第一套配电系统为房屋供电（Bunch & Hellemans，2004）。"门罗帕克的魔术师"爱迪生是最早将大规模生产原理应用于发明过程的发明家之一。作为最多产的发明家之一，爱迪生在某一阶段申请的专利超过 1000 项。

1878 年，爱迪生说服了约翰·皮尔庞特·摩根（John Pierpont Morgan）、罗斯柴尔德勋爵（Lord Rothschild）、威廉·范德比尔特（William Vanderbilt）等几位投资者，投资 300 000 美元创立了爱迪生电灯公司（Edison Electric Light Co.，EEL），并为他电力照明实验提供资金，以换取他研究活动所获专利的部分份额。摩根通过收购股份持续支持公司的发展，并促成了公司与最大竞争对手汤姆森–休斯敦电气公司（Thomson-Houston Electrical Company）的合并。这一合并的结果是通用电气公司（General Electric）的创立（Frederick Lewis，1949）。

冈珀斯、科夫纳、勒纳和沙夫斯坦认为，创业者的表现具有持续性（Gompers, Kovner, Lerner and Scharfstein，2010）。一位已经"成功"的创业者（其公司已成功上市或者被收购）再次成功的概率是 30%（初次创业者成功的概率是 21%，有过失败经历的创业者成功的概率则是 22%）。

他们因此提升了关键的特定技能。这一点很重要，因为有些创业者一旦取得圆满成功就退休（这对整个经济是一项净损失），而另外一些则会成为商业天使（见第 4 章），进而给其他创业者提供经验和专业知识（有点"创业者素质溢出"的味道）。

这些连续创业者在获得成功的同时，也拥有了良好的声誉。这可能是至关重要的，因为供应商、客户和员工更愿意跟这些成功的创业者合作。另外，如果创业公司获得成功创业者转型的天使投资人的投资，则它们也会"顺带"获得这种声誉。

创意培育（实验室）和公司培育（孵化器及入驻创业者计划）

不是每位创业者都能提出一个可以落地实施的创意。发明家和开发者有时是在实验室中孵化他们的创意，并在创立之前对其进行开发，但大多数人是在车库或者其他不那么正式的地方开发新产品和新技术。为了支持他们所付出的努力，有一些创业投资基金制定了"入驻创业者计划"。一旦创意成熟，投资者可以在公司发展的早期起主导作用，并凭借之前的付出换取大额股份。还有一些其他公司提供孵化器或创业加速器。入驻创业者、孵化器和创业加速器计划为那些拥有有趣创意的创业者提供设施、支持，有时还有资本。

莱昂纳多·达·芬奇（1452—1519）或许是最著名的"入驻创业者"之一。他不仅是发明家，也是雕塑家、建筑师、工程师、哲学家、音乐家、诗人和画家。无论是出于商业目的还是赞助目的，他参与过的这些活动都创造了大量的投资机会。1482 年，达·芬奇会见了一些在这两方面都有追求的投资者，如米兰公爵卢多维科·斯福尔扎（Ludovico Sforza）。达·芬奇在给公爵的一封信中提到自己可以建造便携式桥梁，也了解炮击技术和大炮工程，还能建造船只以及装甲车、抛石机和其他武器。他在公爵的多家军工企业中担任总工程师，并且也是一位活跃的建筑师。他在米兰待了 17 年，直到 1499 年公爵去世后才离开。

在公爵的管理下，达·芬奇设计过武器、建筑和机器。1485 ～ 1490 年间，达·芬奇开展了多个学科的研究，包括自然、飞行器、几何、力学、市政建设、运河和建筑（设计从教堂到城堡的一切建筑）。在此期间，他设计了许多先进的武器，包括坦克和其他战车、各种作战设备以及潜艇。

提供这些示例是为了说明，整个历史上创业投资所支持的创业者形象的连续性。达·芬奇可能对研究的兴趣比创业更高，但今天活跃在硅谷的"入驻创业者"模式，其源头是意大利给那些能够获得突破性发现的杰出人才提供的金融和政治支持。[一]

有意思的是，"入驻创业者"模式在中世纪和文艺复兴时期发展于欧洲，但并没有延续到欧洲大革命之后。只有在美国，入驻创业者计划才能获得成功。这与以下事实有关：大多数入驻创业者都是连续创业者，这在世界其他地方仍然很少见。

最著名的"孵化器"模式的例子包括 Idealab、CMGI、互联网资本集团（Internet Capital Group）和软银，最后这一模式失败了，但是它以"创业加速器"的形式再次出现，比如美国的 Y Combinator 和 TechStars。孵化器和创业加速器的出现往往是创业投资泡沫的前兆。孵化器的数量从 1999 年的 15 家增长到 2000 年的 350 家（Singer，2000；*The Economist*，2000），创业加速器从 2007 年的 4 家增长到 2016 年的 579 家（Gust，2016），这些数据验证了这种现象。美国创业孵化器协会[二]（National Business Incubation Association，NBIA）宣称拥有 2200 家会员，分布在 62 个国家（75% 在美国）。

对孵化器和创业加速器的主要批评在于，它们与美国的创业投资基金掉入了同样的陷阱（见第 4 章及"破碎"的美国创业投资模式），即它们不关心重大突破，而是关注"当前热门"的创业公司，如 2000 年的互联网企业对消费者（B2C）公司，2012 年的移动应用公司，以及 2016 年的

[一] 事实上，根据约翰逊（2010）的研究，创业者的成功与地点相关："一个拥有 500 万人口的大都市居民的平均创造力比一个拥有 10 万人口小城镇居民多 2 倍。"大城市的居民比小城镇的居民拥有更多的创新性。

[二] www.nbia.org。

金融科技公司，以期快速获取收益。它们不会给创业公司投资太多钱，而是像撒胡椒面一样做大量的投资，寄希望于能够从这个池子里获得最高的收益。它们还专注于基金募资和帮助创业者完善演讲，以说服投资者（"电梯演讲"），而不是彻底挑战创业者的计划和创意。因此，它们创造的价值很有限。

实际上，从更全面的角度来看，寻找资本只是创业者面临的挑战之一，他们首先要对自己的能力、授权、业务规划进行自我评估，然后再融资（Trinomics，2018）。他们的主要挑战是如何展现自己的创新、传播自己的愿景，从而说服合作伙伴（员工、管理层、金融支持者、银行家、客户、供应商等）相信他们能够带领公司迈向下一阶段，将他们年轻的创业公司商业化成功。

1.2.2 将商业冒险转化为商业成功

价值创造与创新息息相关，但并非仅仅与此相关。实际上，杠杆收购（LBO）通过明显且持久的销售增长、运营改进或公司其他某些方面的提升来推动公司发展，是可以创造价值的。

但是，创新融资为我们提供了一个模板，阐明了私募股权背后的逻辑。

为了能够实现持续的高收益，私募股权机构必须专注于价值创造和开发特定的专业技能，以应用于特定类型的创新（Guerrera & Politi，2006）。公司的创新可以在提供的产品或服务方面（目的创新），或在工程流程方面（工艺创新），或在对市场结构贡献方面（战略创新），或在管理方面（财务和管理创新）。

技术创新和管理创新：私募股权的基础

在掌控时空的过程中，创业者发现了突破性的技术并发明了新的沟通方式。与之对应的创业投资有助于为这些新技术的开发和部署提供资金。

这类公共行为有助于将创新转化为商业上的成功，其中的一个例子是美第奇（Medici）家族，特别是柯西莫·德·美第奇（Cosimo de Medici）对伽利略（1564—1642）的支持。

伽利略的成就包括证明了自由落体的速度并不是与物体的重量成正比；证明了平抛运动的轨迹是一条抛物线；建造了第一台天文望远镜；提出了牛顿运动定律背后的想法；证实了太阳系遵循哥白尼学说。伽利略将他的科学知识转化为各种技术。1598年，伽利略发明了一种"几何及军用指南针"，适合炮手和勘测员使用。对于炮手来说，他除了提供一种新的、更安全的精确升降大炮的方式之外，还提供了一种快速计算不同尺寸及材料的炮弹火药装药量的方法。1606年左右，伽利略设计了一种温度计，其原理是利用球管内空气的膨胀与收缩来移动连接管中的水。

1609年，伽利略利用了望远镜的发明（他的朋友，一位佛兰德籍的设计师保罗·萨皮拒绝了该专利），他游说威尼斯政府不要从外国人手中购买这种仪器，因为伽利略至少可以完成一项与之媲美的发明。那时，伽利略已经改进了望远镜的原理。威尼斯政府随后将伽利略的收入增加了一倍，尽管他还是认为最初的条件没有兑现（Kusukawa & MacLean，2006）。

但是，公共介入本身并不能为公司的创建和发展提供必需的支持，也不会贯穿公司生命周期的每一阶段。这就是私募股权的介入能够起到重大作用的地方。如果伽利略和达·芬奇通过建立公司来开发自己发明，他们就可以从中获取巨大收益。哥伦布的财富是建立在他的"西向航行"项目上的，该项目与两位意大利天才的发现和发明一样具有风险和理论性。他们与哥伦布的区别在于，他们实际上被视为公务员，能够凭自己的工作领取薪水和一些额外的工作资源，而哥伦布航行所需的资金，有50%来自那些希望从新航线中受益的热那亚投资者。

创业天赋的必要性和开明的金融支持

将颠覆性创新转化为商业的成功，不仅需要创业天赋，还需要一些额外的能力和资源，后者只有私募股权投资者才能提供。这些能力和资源不仅包括资本，还有帮助公司实现近期策略和远期目标的能力。因此，私募股权投资者的专业技能知识，常常是对创业者的有益补充。马修·博尔顿（Matthew Boulton）和詹姆斯·瓦特的合伙关系就是一个例证。如果没有博尔顿的慷慨解囊，瓦特的创新就不可能看到曙光，即便瓦特曾多次几乎放弃了这个项目，但博尔顿还是资助它，并获得了一部分专利权。

他们两人的职责分工很明确：瓦特是发明者，博尔顿提供管理经验和资本。这是二人组合成功创业的最早例子之一，一方是创业和创新，另一方是金融和运营管理。创业者与投资管理人职能的分离，是私募股权行业兴起的一个重要里程碑，也是哥伦布在把项目转化为商业成功的过程中所欠缺的。

创业与金融的关系：富有张力

这种分离的影响不是理论上的，因为它显著地改变了将创意转化为商业成功的方式。仅仅通过一个微小的设计更改就大幅提高了燃料效率，瓦特关于蒸汽机的新设计很快就被推广到英国几乎所有的蒸汽机上。瓦特的设计比当时最成熟的纽科门（Newcomen）蒸汽机节省约 75% 的燃料。由于更改的范围非常有限，因此博尔顿和瓦特将创意授权给纽科门蒸汽机的所有者使用，并分享一部分所节省的燃料成本。

在博尔顿和瓦特正式建立合伙关系（即博尔顿投资 40 000 英镑并独自承担全部金融风险）10 年后，公司开始实现预期的收益。1800 年，这两位非常富有的合伙人退休了，他们将公司移交给了他们的儿子马修·罗宾逊·博尔顿（Matthew Robinson Boulton）和小詹姆斯·瓦特（James Watt Jr.）。这样的组合，虽然能够展示投资者与创业者的分离，但在今天看来也是不寻常的。首先，投资者没有从公司套现，而是采取一种长期持有的方式，且愿意一直留在公司（实际上，这种方式与家族办公室相似，从代际角度来管理财富和公司），这意味着创业者和投资者的利益完全一致。但是，现在的做法并非如此，因为投资者通常在 3 ～ 5 年后就会出售其在公司中的股权。封闭式基金的期限通常为 10 年，他们必须在这个期限内完成投资并从公司退出（本书将在后面详细介绍这一点）。

博尔顿和瓦特所创建的公司在 10 年后才实现盈亏平衡，但是这个事实并不会使公司失去向私募股权投资者融资的资格。投资者可能会在此之前出售其持有的股份，要么通过上市（这经常发生在生物科技公司身上，即便公司还不盈利），要么出售给竞争对手，竞争对手能够因此获得规模经济，并从公司的增长潜力中获利。但是，创业者和投资者都把精力集中在这一家公司上，而且很长一段时间里都无法以此为生。而风险分散原则和尽早产生收益的必要性，不会允许投资者将 100% 的时间花费在一家特定的公司身上，或者等待这么长时间才能获得收益。

这可能是因为博尔顿是用自己的钱进行投资，而现在的私募股权投资者是以专业人士（基金管理人）的身份用他们从第三方（基金投资人）那里募集来的资金进行投资。这是潜在利益冲突的一个来源。基金投资人的压力来自要获得超过一定门槛值的、稳定且持续的收益，这是因为这些基金投资人必须向其股东（公司）提供一定的收益，或者至少能够在一定的时间期限内按照特定的风险 – 收益曲线（银行、保险公司）套现。

这种压力沿着投资价值链传递给基金公司和基金管理人。基金管理人必须处理好这些限制，从而向公司管理层施加压力，要求在给定的期限内实现期望收益。然而，这种压力不应该被视为是负面的。

从历史案例可以看出，事实上，哥伦布和瓦特拥有一些支持他们的投资者的事实，帮助他们取得了成功，并让他们能专注于结果。创新与进入市场的战略之间需要维持微妙的平衡，这可能决定它是失败的或昙花一现的公司，还是持续成长、基业长青的公司。投资者不仅必须拥有真正的专业知识和才能来支持创业者，而且还必须向他们提出挑战并引导创业者走向市场。尽管大企业拥有资金和技术优势，但很少拥有培育创新并将其推向市场的能力。这意味着，私募股权具有其自身的独特性，不仅难以复制，也难以在特定的生态系统之外进行模仿。

1.2.3 创业和私募股权构成了特定的生态系统

创业者和投资者角色的分离，加上合伙关系的出现，为金融界与创业圈更好地合作铺平了道路。但并不是所有合伙关系都是在与瓦特和博尔顿相同的条件下建立的。大多数情况下，合伙关系往往在接触之前彼此并不认识的创业者和投资者之间建立，从而导致投资者有可能对创业者预期的创业进行投资。

创业和金融的冲突：退出方式

除了这些条件，投资项目的退出策略对专业投资者也至关重要。如果一位投资者选择支持一位创业者，那么他通常在脑子里会规划一张路线图。创业者愿意投入全部时间以带领创业公司走向成功，他们自己的预期和可用的资金是唯一的限制。这意味着，从理论上讲，盈利公司的创业者可以在很长一段期限内持续运营下去（可能直到退休）。

投资者的投资往往有一定的期限，他们要在给定的期限内获得收益，因为他们的工作通常是创造利润并进行再分配。从这个角度而言，活跃的私募股权行业能否存在，取决于其退出方式，即是否有机会向第三方出售其投资项目。根据贝恩资本发布的 Dealogic 的数据，2018 年杠杆收购基金完成了 1146 笔退出，总金额达 3780 亿美元（Bain, 2019）。而 2018 年对应的数据是 1063 笔退出，总金额 3660 亿美元（Bain, 2018）。图 1-1 给出了全球范围内杠杆收购基金的退出情况。

Pitchbook（2019）指出，仅在美国，2018 年的杠杆收购就有 1049 笔退出，总金额达 3650 亿美元；2017 年有 1253 笔退出，总金额为 3650 亿美元。作为对比，Pitchbook（2018）统计了 2017 年有 1265 笔创业投资退出，总金额为 670 亿美元。

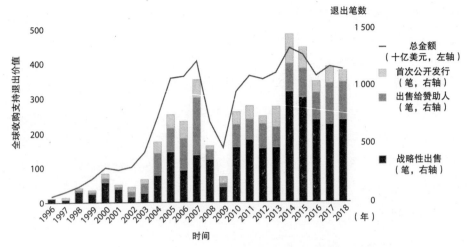

图 1-1　全球杠杆收购基金支持的营利退出的演变和崩溃

资料来源：Bain（2019），根据 Dealogic 数据。不包括破产的项目。

退出方式通常有：

- 将投资项目以营利的方式出售给另一家公司或私募股权集团（也称为"并购"或"战略性收购"）。出售是私募股权投资的主要退出途径，通常占所有退出交易的 50% ~ 70%。举例来说，据 Pitchbook（2018）统计，在 2017 年创业投资的营利退出案例中（不包括失败案例），72.5% 通过第三方收购。对某些行业而言，考虑到参与者数量的集中（反托拉斯法）或行业的特性（银行和保险公司有时禁止被外国投资者收购，并且必须遵守禁止某些业务的特别监管），这种退出方式可能比较困难。

- 将投资项目出售给另一位金融投资者是第二常见的退出方式，占所有退出交易的 15% ~ 25%。这种情况发生在前一笔杠杆收购之后的杠杆收购（二次杠杆收购）中，并且创业投资人将项目出售给杠杆收购投资者的情况越来越多。2017 年，Pitchbook（2018）统计数据显示，营利的创业投资退出交易中的 18.5% 是出售给杠杆收购基金。

- 在证券交易所上市，为私募股权投资者提供了在市场上出售股份的机会。这要求证券交易所能够提供一定的流动性、有吸引力的上市条件，以及有利的监管环境。这种退出路径的发生频率较低，只占所有退出案例的 10% ～ 20%。根据 Pitchbook（2019）的数据，这种退出方式在美国 2018 年营利性杠杆收购退出案例中占 22.5%，2017 年占 30%。2017 年营利性的创业投资退出中，上市退出占 9%（Pitchbook，2018）。

- 出售给管理层，这种退出方式比较少见，因为这意味着管理层必须以自有资本来构建私募股权业务（否则，就属于上述出售退出方式）。不过，在创业投资支持的公司实现盈利的情况下，这还是有可能发生的。因为公司没有债务问题，管理层可以尝试构建一起管理层收购（MBO），在没有其他可行退出方式的情况下，由管理层来收购投资者所持有的股份。

- 停业、破产或出售剩余资产，这意味着投资失败。这种退出方式在创业投资中比私募股权市场的其他领域更为常见。这种非营利性的退出方式占创业投资退出总量的 30% ～ 70%。事实上，成功投资的收益绝对值会更高，从而弥补这些失败投资所造成的损失。在杠杆收购中，这种退出方式的占比为 5% ～ 10%。

证券交易所：有用的指标，重大的影响

从类似私募股权业务实现专业的退出，最早的例子之一发生在托马斯·爱迪生最初创建的公司上。1896 年，通用电气公司成为当时新编制的道琼斯工业平均指数（Dow Jones Industrial Average）里最早的 12 家上市公司之一，并且它是唯一一家如今依然存在的公司。公司的上市使得通用电气的投资者得以退出投资并且获得利润。但是，这种退出方式是一个例外，因为私募股权的大多数退出方式都是股份出售，这种投资的持有期更长。

证券交易所的发展，促进了私募股权作为公司融资的一种金融工具的兴起。私募股权不仅可以通过证券交易所实现退出，还可以在证券交易所找到公司分拆、退市甚至收购上市公司等投资机会。

我们将会看到（见第 4 章），证券交易所的影响也可能非常大。证券交易所是私有公司估值的主要信息来源，也是退出的重要渠道（尽管数量较少），因此私募股权往往会针对证券交易所采取某些行为。这往往造成估值过高、过度自信、繁荣与萧条交替循环等结果，我们将在本书后面看到这些内容。

私募股权还影响了企业的运作模式。具体来说，正如约瑟夫·熊彼特（Joseph Schumpeter）所言，私募股权有助于创建一个真正的创业生态系统，其中有繁荣与萧条，以及颠覆性创新的过程。这一过程具有一定的风险，专业的私募股权投资者的角色就是管理并降低这一风险，并获得与风险相对应的收益。第 2 章将详细探讨这个问题。

1.3 结论：尝试给出定义

到目前为止，引言和本章已经确定了私募股权行业兴起所必需的主要要素。私募股权以及一般的私募市场是非传统的融资方式。因此，它们被称为"另类投资"，其特征是"预期收益机会增加、分散投资和流动性水平降低"（Mercer Management Consulting，2012）。

我们得出以下定义：私募市场投资是：①按公平原则进行的股权或债权方面的协议投资；②长期持有；③承担特定且重大的风险；④有高收益预期；⑤代表合格投资者的利益；⑥通过实施计划和支持创业者来创造价值。这个定义试图抓住一个处在不断演变的行业的主要特征，还有多种其他定义。对于美世管理咨询公司（2012）来说，私募股权基金的目的是"提高相对于公募股权市场的收益并获得新的阿尔法（Alpha，即业绩）来源"。因此，私募股权有别于对冲基金（投机性基金，利用财务杠杆针对流动性资产，并运用特定策略，通常使用期权和金融衍生工具），也有别于"奇异资产"（有时称为"另类资产"；参见 Blessing，2011），比如大宗商品、收藏品和资产抵押贷款。

1.3.1 公平原则下的协议投资

私募市场投资涉及公平原则下的谈判和交易。虽然私募市场投资的过程可能始于竞争，比如拍卖，但是在这个过程中，潜在投资者会获得某种程度的排他性。正如本书引言中所述，获取与公司或资产有关的信息需要一个漫长而昂贵的过程，被称为"尽职调查"，我们将在第 5 章进一步探讨。因此，愿意承担这一过程成本的投资者，必须能证实与卖方达成协议的可能性很大。排他性确保了这一点。

因此，即使在公司退市的情况下，在私募市场上也不存在敌意收购。为了获得和产生信息，与卖方合作是必要的。谈判是一个发现价值的过程，它会导致对交易价格的调整。这是一个持续的过程，直到最后交易完成。

这条规则也有例外。多家投资者联合体可能会一直竞争，直到拍卖流程或初创公司投资的最后阶段。同样，敌意收购也有可能发生。然而，这些仍然是既定规则的例外情况，而既定规则在私募股权、私募债权和私募实物资产投资上会产生不同的后果。

1.3.1.1 股权：优先收益和更多决策控制权（私募股权）

为了解决交易结构和投资需求上日益复杂的问题，更好地掌握投资中固有的风险并调整期望收益，私募股权投资者在不断进行创新。通过公平的协议交易，投资者可以更仔细、更准确地评估自身风险。他们的投资可能采取增加（创业投资、扩张资本）、置换（杠杆收购）甚至重组（重振资本）公司资本的形式。

在创业投资和成长资本中，投资者会与公司管理层就其在投资中的特定权利进行协商谈判，比如获得优先收益和更多决策控制权。这些协商后的权利会落实在股东协议中，投资者还会被授予一些相关的权利，例如其股份附带的额外投票权，以及在公司出售时获得其初始投资额约定倍数的优先收益分配。他们也可使用股票期权等其他工具，以达到降低风险或优化收益的特定目标。

在所有权转让时，无论是对健康的公司进行杠杆收购，还是对境况不佳的公司进行重振资本，基于风险的分析都会设计不同的工具。就杠杆收购而言，关键在于微调债务在收购中的使用。为了达到这个目的，投资者实施一些方案以使债务达到最佳水平和结构。这样做的目的是，即使出现不利的条件，被收购公司支付的分红也能够偿还利息和债务。如果已经识别出了风险，但无法轻易缓解，这可能就需要设置私募保险机制（认股权证），由公司的卖方授予给买方。在重振资本投资者收购境况不佳的公司时，也可以采用认股权证，尽管通常情况下，资产的价格是主要的调整变量。在特定情况下，破产公司的卖方实际上将向接管该公司的买方付款。

1.3.1.2 债权：投资风险的额外保险（私募债权）

有些投资者喜欢降低他们投资的相对风险，即使这意味着降低他们的潜在业绩表现。这就是可转换债权投资的由来，它比纯股权投资的风险更低：夹层债权最终可以得到偿还，往往与在一定条件下转换成公司股份的期权联系在一起。这类债权的风险高于普通债权，因为它劣后于其他优先偿付的贷款，即所谓的"优先级"或"次级"，以及"第二顺位债权"或"优先于夹层债权的次级债"。因此，次级债的偿付取决于交易的完全成功。这就意味着更高的利率，以及债权人通过行使将债权转化为股权并分享公司可能取得的成功，这种做法是合理的。风险贷款相当于创业投资和成长资本交易中的夹层债权。这在美国非常普遍，但在欧洲尚属罕见。夹层债权对应的是杠杆收购投资，理论上具有更高的风险保护。同样，创业投资中也有风险债权。

不良债权是可转换债权的另一种形式。对于已进入破产程序的一家境况不佳的企业，投资者以相当低的价格收购其部分债权。投资者通过深入细致的尽职调查，可以评估这家企业的资产价值。通过这种分析，投资者能够评估最坏的情况，即企业的清算价值。如果在重振期内出售公司资产失败，投资者至少应该能够收回投资成本。尽职调查还支持企业的规划。

最好的情况是投资者与企业的管理层一起制订一份计划，提交破产法庭，将部分债权转化为股权，从而获得企业的控制权。在这个过程中，以前的所有者会被淘汰，境况不佳企业的债务会减少到可控的水平。投资者通常会向企业注入一些现金以支持其重组。如果该计划得以成功实施，不良债权的投资者就可以出售企业并获利。不良债权相当于重振资本，被认为能提供更高的风险保护。

直接贷款还意味着公平谈判。其目的是为通常不属于银行关注范围的业务提供资金。投资者积极评估企业管理层的计划以及企业成功的机会。与依赖评分系统的银行不同，直接贷款投资者采用的是类似于尽职调查的程序。应投资者的要求，获取信息的费用通常由借款方承担。借款的期限、利率、金额及抵押品视具体情况而定，是投资者使用的风险缓释工具。借款方是一家健康、盈利且不断成长的公司，采取变革性的策略。从这个角度来说，直接贷款就是成长资本。

1.3.1.3 收购资产：将股权与债权工具结合起来（私募实物资产）

很多公司一直在缩减资产负债表的规模，并在此过程中出售资产。国家也将房地产、基础设施和自然资源私有化。当资产易手时，其交易是基于公平原则的，因为需要买家进行仔细的分析。这些资产中有一些很普通，它们达到最高标准，维护良好，且只需要很少的管理工作，但它们仍然需要评估和定价。而另一些资产则需要或多或少的大范围提升、改变用途（例如房地产中将办公室改为住宅用途）以及其他管理措施。尽职调查的范围可能很广，需要几个月的努力。私募实物资产投资者通常会按照前面所述的思路，在收购这些资产时将股权和债权工具组合起来。其目的是将可变水平的收入和资本利得结合起来，后者取决于转型计划能否成功实施。有些投资者专门为实物资产提供私募股权，还有一些投资者专门为实物资产提供私募债权，后者是一个相当少见的现象，而且只有近几年才有。

1.3.2　长期持有

无论使用哪类金融工具，私募股权投资的持有期通常为 3 ~ 7 年，私募债权投资的持有期为 4 ~ 8 年，私募不动产投资的持有期为 3 ~ 10 年甚至更久。在投资之初，私募股权投资者必须评估这笔投资何时以及如何才能变现。正如我们将在第 4 章看到的，这受基金协议的约束——基金的存续期为 10 年（最多 12 年）。

1.3.3　隐含特定且重大的风险

在第 3 章我们将会看到，私募股权投资承受着一些特定的风险，因为它们投资的是处于特定环境下的公司及资产，比如初创期或重组期。这是私募股权所有领域的内在风险。此外，作为一类新兴的资产类别，它们还受到私募市场周期以及整体商业周期的影响。

1.3.4　高收益预期

作为对投资者所承受风险的补偿，私募股权投资的收益预期要高于（见第 3 章）可比的上市证券投资。

1.3.5　代表合格投资者的利益

鉴于私募股权基金的期限（通常是 10 年），此类交易所承受的风险、较长的持有周期，以及需要在多只基金中分散投资以实施合理的投资策略，一起决定了私募市场基金主要由机构投资者认购。在美国，这些机构投资者包括养老基金、保险公司、银行、甚至捐赠基金等。

1.3.6　实施计划和支持创业者来创造价值

如果没有对一家公司或一项资产进行重大变革的计划，或者在大多数情况下，如果没有创业者，就不会有私募市场投资。就私募实物资产投资而言，创业更多地局限于项目管理，但仍有一些与设立计划相关的有创造性的工作。摩立特集团[○]（Monitor Group，2010）证实，创业首先是一个本地现象。因此，私募市场投资也主要是一种本地活动。

摩立特集团特别指出，公共政策在不同程度上成功地应对了支持创业所面对的挑战，采取的行动包括减少行政负担、设立孵化器，以及增加获得创业投资的机会等。尽管如此，有一些议题仍被忽视，包括提倡创业精神（价值观、态度、动机）、发展技能、建立功能健全的融资体系（种子投资、天使投资、首次公开发行）以及税收。这些政策的影响程度变化很大，如图 1-2 所示。

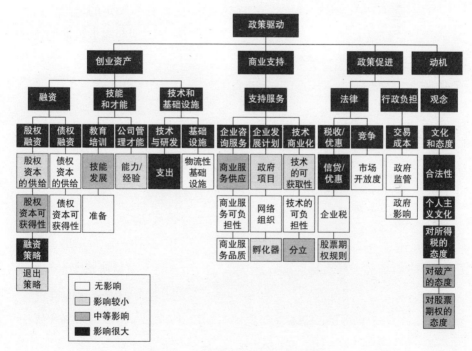

图 1-2　公共政策对创业的影响程度

资料来源：Monitor Group（2010）。

[○]　www.compete.monitor.com/App_Themes/MRCCorpSite_v1/DownloadFiles/NED_report_final.pdf.

在全球现代经济中，创业是经济增长和繁荣最有力的支撑之一。在促进创新、创造就业，以及塑造一个充满活力和竞争力的经济体方面，影响最大的因素莫过于创业。约瑟夫·熊彼得描绘的"颠覆性创新"，就由创业者驱动的创新浪潮所推动。

创业是指创建和管理新的公司，通常是通过在现有市场中发现新的机遇或新的市场需求。毫无疑问，创业推动经济的快速增长以及整个经济和产业的转型，创业是具体的。创业的基础是创新，也就是说，产品和服务的成功商业化是基于新的创意。创业是由具备特定能力、性格和才干的人才驱动，如图 1-3 所示。

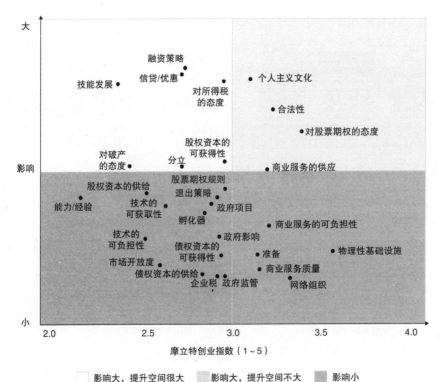

图 1-3 公共政策（及其影响）与摩立特创业指数的关系

资料来源：Monitor Group（2010）。

摩立特集团认为，对于一定的投资额，创业者能够创造出比大公司质量更佳、效率更高的创新产品。摩立特集团定义了四种创业模式：

- "经典"模式，以硅谷为代表：在这种高科技创业模式中，在创业投资的帮助下，大学或政府实验室开发出的知识产权实现商业化。这种模式已经在美国的波士顿和 128 号公路，以及英国的剑桥运行了。但总的来说，这种模式只有与世界级的研究相结合才能成功，而且需要周边有金融中心，还需要学术界和商业界之间形成一种合作文化（这通常很难实现）。由于这种模式取得的成功广为人知，人们采取很多举措试图复制它，但通常难以成功（Lerner，2009）。

- "支柱企业"模式：新公司或是从现有企业中分拆而成，或是那些有经验的员工发现了商机并决定离职、独立创业去把握这一机会。新公司与支柱企业之间通常是共生关系而不是竞争关系，后者通常是前者的第一位客户（不仅仅是融资来源）。这就是为什么这种模式可以催生出一个创业集群。创业者创建公司不是与前雇主对立，而是合作。这种模式更适合传统地区，如沙特阿拉伯西北部、加拿大的温哥华、美国北卡罗来纳州的三角研究园。这种模式更容易复制，特别是在发展中国家。

- "事件驱动"模式：一个重大的产业或经济事件会驱动大量失业人口创办自己的公司，或离开这个行业。由于突然出现了大量有经验的熟练劳动力，创办新公司成为可能，例如冷战结束后的美国圣迭戈和华盛顿特区、1997 年金融危机后的韩国。以色列也可以归为这种模式，苏联解体后，将近 100 万犹太人从苏联前往以色列。

- "本地英雄"模式：一个本地创业者白手起家，最后实现成功并获得国际知名度，进而为本地其他创业者提供创业机会。这种模式的例子包括美国明尼阿波利斯的美敦力公司（Medtronics，发明了植入式心脏起搏器）、华盛顿的微软公司（Microsoft）和印度班加罗尔的威普罗公司（Wipro）。

这四种模式很少孤立存在，往往会彼此重叠，相互作用。例如，惠普、苹果、谷歌和英特尔都是硅谷的支柱企业。

这一定义为探讨私募股权行业兴起所带来的社会经济影响提供了可能。例如，在美国，投资的固定最长期限和预期高收益催生了连续创业者。渐渐地，创业者已经开始专注于特定角色，比如公司的创立、发展、国际化、重组以及重振，等等。

第 2 章将通过对私募股权行业近期历史的分析，来详细探讨私募股权行业的结构、关键要素和推动力。

参考文献

图书及手册

Blessing, S. (2011) *Alternative Alternatives* (Wiley, Chichester), 242 pp.

Brown, D. (1995) *Mesopotamia: The Mighty Kings (Lost Civilizations)* (Time-Life Books, New York), 168 pp.

Bunch, B. and Hellemans, A. (2004) 'Thomas Edison', in *History of Science and Technology* (Houghton Mifflin Harcourt, Boston, MA), 784 pp.

Burstall, A. (1965) *A History of Mechanical Engineering* (MIT Press, Cambridge, MA), 456 pp.

Durant, W. (1954) *The Story of Civilization, Vol. 1 – Our Oriental Heritage* (Simon & Schuster, New York).

Frederick Lewis, A. (1949) *The Great Pierpont Morgan* (Harper & Row, New York), 306 pp.

Gompers, P. and Lerner, J. (2006) *The Venture Capital Cycle* (MIT Press, Cambridge, MA, 2nd edn), 581 pp.

Johnson, S. (2010) *Where Good Ideas Come From: The Natural History of Innovation* (Riverhead Books, New York), 326 pp.

Lerner, J. (2009) *Boulevard of Broken Dreams, Why Public Efforts to Boost Entrepreneurship and Venture Capital Have Failed – and What to Do about It* (Princeton University Press, Princeton, NJ), 229 pp.

Kusukawa, S. and MacLean, I. (2006) *Transmitting Knowledge: Words, Images, and Instruments in Early Modern Europe* (Oxford University Press, Oxford), 274 pp.

Mazzucato, M. (2015) *The Entrepreneurial State* (PublicAffairs, Philadelphia, PA), 260 pp.

Mercer Management Consulting (2012) *The Roles of Alternative Investments*, 18 pp.

报纸及新闻媒体

Elliott, S., 'Norway's Supreme Court rejects appeal over Gassled natural gas transportation tariff reduction', S&P Global Platts, 28 June 2018.

Guerrera, F. and Politi, J., 'Flipping is a flop for investors', *Financial Times*, 19 September 2006.

Singer, T., 'Inside an Internet incubator', *Inc. Magazine*, 1 July 2000.

The Economist, 'Hatching a new plan', 10 August 2000.

论文及研究报告

Bain, Global Private Equity Report 2018, 2018, 80 pp.

Bain, Global Private Equity Report 2019, 2019, 88 pp.

Gompers, P., Kovner, A., Lerner, J. and Scharfstein, D. (2010) Performance persistence in entrepreneurship, *Journal of Financial Economics*, No. 96, pp. 18–32.

Gust, Global Accelerator Report 2016 (http://gust.com/accelerator_reports/2016/global/, last accessed 21/4/2019).

Monitor Group, Paths to Prosperity, 2010, 88 pp.

Pitchbook, 2018 Annual VC Liquidity Report, 2018, 12 pp.

Pitchbook, 2019 Annual US PE Breakdown, 2019, 15 pp.

Trinomics, The Entrepreneur's Guide to Growing and Financing Innovative Energy Technology Companies, 2018, 45 pp (https://ec.europa.eu/energy/sites/ener/files/documents/building_the_investment_community_for_innovative_energy_entrepreneurss_guide_0.pdf, last accessed 21/4/2019).

现代私募股权

法国人的发明

人类的需求随着历史进程不断增加并变得多样化，公共部门和私营部门都在努力满足这些需求。私营部门的工作成果取得了重大进步，尤其是农业革命和工业革命以来，它们催生了初创公司的蓬勃发展。其中有些公司的资金源于创始人自己（白手起家），而有些公司的资金源于外部，特别是源于创业投资的资金。

随着创业精神的发展，随着专门的架构和基金的推出，创业投资本身也变得更加规范。在现代正规创业投资的早期发展阶段，创业者、投资管理人和投资者是明显不同的三个角色。特别是现代创业投资见证了资本提供者（投资者）和投资管理人之间的差异。

私募股权投资者的专业化

通过进一步推动角色的分化，创业投资行业的不同参与者为其专业化铺平了道路。投资者监控投资管理人，前者基本上采取"非参与"的方式，把工作交给后者。投资管理人挑选创业公司，并与创业者一起制订计划，对投资项目进行监控。创业者创建公司，执行计划，设计公司架构并使其高效运行。

每家创业公司都是独一无二的，创业者在很大程度上都是在实践中学习。对每家创业公司和每位创业者来说，这是一个不断更新的过程。随着时间的推移，投资管理人通过投资不同的创业公司积累知识。他们拥有的知识，使他们可以为创业者提供的永久性帮助。这些知识可能涉及改变其所投资公司的管理。要做到这一点，他们必须建立自己的方法论和投资哲学。而这一切之所以成为可能，是投资者给了他们资源和机会，让他们全心投入创业投资。

欧洲人走在这一实践的前沿。正如哥伦布是第一个发现美洲的欧洲人一样，在第二次世界大战之后将现代创业投资正规化的是前往美国的一个欧洲人：法国将军乔治·多里奥（Georges Doriot）。他在 1946 年开始了这项工作（Gupta，2004）。除此之外，1945 年英格兰银行（Bank of England）和英国各大银行决定成立工商金融公司（Industrial and Commercial Finance Corporation），为中小型公司提供资金。1959 年后该公司开始对外融资，1983 年成为 3i⊖公司，并于 1994 年在伦敦证券交易所上市。

不过，受银行贷款萎缩的影响，多里奥关注的是初创公司，而非整体的中小型公司，这使得他的工作成果与众不同。这是否意味着，现代创业投资是法国人的发明呢？"创业者"一词无疑是法国人发明的，而且从很多方面来说，法国拥有发展创业投资所需的资产。然而，在美国，在哈佛商学院，"现代创业投资之父"多里奥与拉尔夫·弗兰德斯（Ralph Flanders）、卡尔·康普顿（Karl Compton）一起，创办了美国研究开发公司（ARD）。我们在本章中将会看到，美国研究开发公司成为很多成功的创业投资项目的大本营，最具象征意义的是数字设备公司（Digital Equipment Company），这家公司后来被合并形成了康柏公司，并最终与惠普合并。

适合美国的创业投资模式

法律框架尽管非常重要，但如果经济和社会环境是风险厌恶型的，就

⊖　即 ideas（建议），impulses（激励），initiatives（主动性）。——译者注

不足以保证投资架构的成功。经济史学家戴维·兰德斯（David Landes）指出："如果说我们从经济发展的历史中学习到什么，那就是文化几乎导致了全部差异。"（*The Economist*，2009）。在这方面，环球透视（HIS Global Insight）发现，2005年创业投资支持的公司为美国贡献了约17%的国内生产总值（GDP），提供了私营部门9%的就业岗位（*The Economist*，2009）。特定的美国文化是创业投资行业的一个成功因素，但不是唯一的因素。

事实上，新兴市场尽管在社会和文化上渴望冒险，但仍然缺乏一些基本要素，比如法治及其有效实施，以及公平的商业行为——包括经济政策和法规的应用。为此，调整后的经济政策（见第1章和Mazzucato，2015）和对移民的开放也很重要（参见Lerner，2009，关于外派人员的重要性，以及本书第4章）。这些进展对于营造长期的私募股权环境以及从其影响中获益至关重要。

过去20年间，新兴市场（尤其是中国）争相投资私募股权，已经预示了这种演变。但是，当地的情况仍有待完善。美国创业投资业是在本土环境中诞生并与之相适应的。每个国家各不相同，不一定要发展创业投资行业才能成功地进行创新。在创新融资方面，日韩两国成功地为创业投资行业提供了可供选择的模式，这两个国家都是研发和创新方面的领军者，并催生了一波又一波的技术创新。

2.1 美国：现代私募股权的奠基者

从很多方面来说，20世纪之前的工业革命属于第1章所述的几种类型，也就是结合了政治和金融资助者的创新。铁路、运河和其他基础设施项目都属于这一类。但是，政治利益与私人利益错综复杂的交织，导致了金融丑闻，这与西方社会的民主制度越来越格格不入。巴拿马运河项目是法国一起重大金融贿赂丑闻的例证，它将公共利益与私人利益有害地结合在一起。这种丑闻在当时的欧洲绝不是个例。

2.1.1 公共政策和公共财政的严格分离

为了避免丑闻的进一步发生，公共政策的实施从公共财政支持中分离出来，公共财政管理因而得到了控制。1918 年由美国国会创立的战时金融公司（War Finance Corporation，WFC）就是一个例子。战时金融公司最初是为支持战争相关产业而设立，后转为支持农业和铁路行业（Cendrowski，Martin，Petro & Wadecki，2008）。

2.1.2 公共事业与私人活动的分离：前者为后者提供支持

这开辟了为公共利益目的向私人公司提供公共支持的传统（Mazzucato，2015）。1932 年在美国创立的复兴金融公司（Reconstruction Finance Corporation）是另一个例子。第二次世界大战催生了另外一个方案。1942 年，美国国会创立了战时小企业公司（Small War Plants Corporation，SWPC），顾名思义，它是专门为小企业服务的。这是第一个认识到为了国家和公共利益，需要扶植创业者和小企业的方案。

这种扶持包括金融、培训与法律方面的帮助。战时小企业公司不仅推动了通过贷款向小企业提供融资支持的趋势，随后成立的小企业办公室（Office of Small Businesses）还创建了培训项目。朝鲜战争期间，小企业可以申请参与政府项目的资格。这为 1953 年设立小企业管理局（Small Business Administration，SBA）铺平了道路。

2.1.3 政府投入：SBA、DARPA 和 ERISA

为促进和保护小企业利益而专门设立一个政府部门，这是美国早期对公司重要性认识的一个体现。有趣的是，小企业管理局的一项主要活动是为企业家提供培训项目和金融支持。在很多方面，政府部门都把发展企业的能力放在政策的核心地位。

为进一步支持创业者，且不局限于公共支持，小企业投资公司

（Small Business Investment Companies，SBIC）于 1958 年成立。[⊖]这可视为美国现代创业投资行业的非官方诞生日。因此，"政府在硅谷的发展中扮演了关键角色"，尽管在过去 20 多年里，"政府的资助模式是'断断续续'的，但它自此戳破了'瞬时产业化'的神话"（Lerner，2009，第 34、8 和 33 页）。

小企业投资公司的诞生源于美联储的声明："简而言之，小企业无法获得信贷……需要跟上技术进步的步伐。"（Cendrowski，Martin，Petro & Wadecki，2008）。这种说法至今依然正确，2007 ～ 2009 年金融危机时，中小型企业突然的流动性枯竭，让这种情况更为明显。通过允许中小型企业进入公共市场以促成订单，小企业管理局不仅支持新兴企业的创立，还支持其成长。欧洲在这方面还很欠缺。

新技术是小企业投资公司关注的核心，进入公共市场是帮助小企业创新以及与大企业竞争必不可少的重要支持。在冷战的背景下，武器装备与国防工业占了公共支出的大部分，因此美国在研发方面处于领先地位。美国国防高级研究计划局（Defense Advanced Research Projects Agency，DARPA）领导美国取得相对于苏联的技术优势。为应对苏联 1957 年发射的第一颗人造卫星，ARPA 于 1958 年创立。该机构 1973 年更名为 DARPA，并产生了许多重大技术创新，如超文本、计算机网络和图形用户界面。

从基础设施和设备的预算转向国防预算，对创业者的想法产生了显著的影响。这表明，不仅是商业创意，市场（即便是很小的或高度专业化的市场）对创业者也非常重要。政治决策与公共资金的分离，是政府行为的第一步转型。人们越来越多地期待公私合作，特别是因为公共预算达到极限的时候。因此，公共介入主要激励并扶持初创和早期创业投资机构；或者在市场方面，支持中小型企业在政府订单中享受《平权法案》的平等

⊖ Draper，Gaither & Anderson（DGA）是第一家有限合伙企业，成立于 1958 年（Draper，2011）。成立于 1972 年的 Kleiner，Perkins，Caufield & Byers（KPCB）是最早的参与者之一，并塑造了硅谷和创业投资行业（Perkins，2008，第 108 ～ 109 页）。

地位。

不是所有公共措施都有利于创业投资行业。20 世纪 70 年代市场严重衰退，IPO 寥寥无几，很多投资者的投资项目无法变现。私募股权投资遭遇极大困难，投资收益也受到极大影响。金融衰退导致美国国会于 1974 年投票通过了《雇员退休收入保障法案》（Employee Retirement Income Security Act，ERISA），以防止养老基金管理人承担过高的风险。私募股权被视为高风险、高收益类的投资，养老基金于 1975 年停止了对私募股权的投资（创业投资基金当年仅募集了 1000 万美元）。1978 年，当局对《雇员退休收入保障法案》进行了澄清，明确允许养老基金管理人投资私募股权。

扶持创业生态系统的第四个要素是资本利得税率的调整，从 49.5% 降低至 28%（后来又降低至 20%）。帮助创业投资机构募集基金的途径之一，是展示可观的净收益，而降低税收对机构投资者和个人投资者的收益有直接和显著的效果。

在直接和明确的公共介入所开创的新空间里，逐渐出现了一系列新角色，如大学、大集团的衍生公司以及职业创业投资人。

2.1.4 大学、国防和颠覆性创新

1946 年，曾经的军人、当时正在哈佛大学任教的多里奥，决定在那里设立自己的投资机构。地点对美国研究开发公司（ARD）的活动及成功举足轻重。多里奥选择了他所移民到的美国，而不是当时本可以返回的法国。另外，他选择设立在哈佛，而不是在欧洲工商管理学院（INSEAD）——这所欧洲顶级商学院是由多里奥于 1957 年联合创办的。

事实上，ARD 最成功的投资是投向由两位麻省理工学院（MIT）的工程师所创办的一家公司——数字设备公司。麻省理工学院和哈佛大学都位于美国波士顿地区，这有助于公司建立坚实的关系网络。1970 年数字设备公司的 IPO 具有里程碑式的意义，意味着通过给新兴的初创公司提供

资金并引导其上市，创业投资可以在新技术领域取得成功。

多里奥的传奇

受 20 世纪 60 年代股市繁荣的推动，多里奥所采取的举措，成功地促进了创业投资行业的发展。一些由 ARD 前高管组建的团队有了自己的业绩。在这方面，多里奥的方法和小企业投资公司系统的培训，以及与大学体系的紧密联系，在美国西海岸的硅谷催生了一个更具活力的创新中心。硅谷的优势在于它跟当地各行业巨头的联系，这里的巨头比波士顿周边地区更加多元化，也不那么依赖于军事合同。

大学与创业投资之间的关系非常紧密，不仅可以给创业投资机构提供大量的项目源，还会投资它们。校友网络是非常有价值的资产，创业投资机构可以利用它来拓展投资组合公司、招募人才、评估投资机会、推荐投资机会，更普遍来说，校友网络可以为大学及其合作伙伴提供大量的良好声誉。

因为大学与国防工业之间有合同，特别是在研发方面，创业投资机构与国防工业之间也有着紧密联系。美国政府有自己的投资机构（In-Q-Tel 公司），但创业投资机构热衷于投资最终可转化为民用的技术。这方面模式最先进的是以色列。根据 2019 年以色列风险投资研究中心（IVC Research Center）的数据，这个国家仅有 870 万居民（截至 2017 年），却有 1212 家活跃的本地投资机构，有 162 只基金和 8005 家活跃的高科技公司。这些公司在很多方面都与以色列的国防工业有关，特别是信息技术安全保护（Check Point 软件技术有限公司，纳斯达克上市）、通信（ICQ[⊖]，先后被美国在线和 Mail.Ru 集团收购）、地理定位（Waze，被谷歌收购）、机器视觉（Mileye，被英特尔收购）和半导体（迈络思，被英伟达收购）。

但是，以色列的市场太小，当地融资资源仍然有限。结果，一种独特

⊖ 一款即时通讯工具，由以色列公司 Mirabilis 于 1996 年 11 月 16 日推出。

的以色列创业投资模式出现了。从历史上看，国际条约促进了以色列初创公司向美国市场转移。一旦达到试点 / 原型阶段，这些公司就重新注册成为美国公司。之后的策略是找美国的创业投资基金，寻求"市场推广"阶段的融资，并最终在纳斯达克上市。美国创业投资基金管理人通过在以色列开设办事处的方式，去寻找投资当地初创公司的机会，或者直接发掘当地的投资机会。然后，他们可以在美国为公司后期阶段的增长和发展提供资金支持。

公共部门和私营部门的举措，通过教育，特别是大学教育，推动了以色列走在创新前沿。前途无量的学生拿到硕士学位，在部队服完义务兵役（在那里他们可以从事 2 ～ 3 年的高科技工作），然后带着出色的理论和实践背景重返平民生活。他们在部队开发出的创新的知识产权甚至可以保留。当他们启动创业时，可以获得来自特拉维夫的创业投资机构的资金支持。

以色列的博士、工程师、科学家占总人口的比例是全世界最高的，在信息技术和医疗行业拥有非常有影响力的机构，比如以色列理工学院（Technion）（*The Economist*，2009）。以色列没有照搬美国的创业投资行业，而是开发出了自己的模式，并在需要的时候将其纳入美国的框架，从而创造协同效应。这与欧洲的观点完全不同。

2.1.5　挑战

尽管取得了成功，但 ARD 主要是由一个人创立的，1972 年多里奥退休后，该公司不得不与德士隆（Textron）合并。在私募股权行业经常面临的一个问题，是基金管理人很难处理好从创始合伙人向继任者的过渡，迄今为止，该行业基本上一直由个人主导。但就 ARD 而言，问题还涉及结构僵化：ARD 在法律组织上仍采取过时的结构（Hsu & Kenney，2004）。用于投资的资本与用于经营的资本没有被正式区分（这在永续经营的控股公司中很普遍，见第 4 章）。公司治理在很大程度上受到《公司法》的限制，但《公司法》在控制投资方面的设计存在不足。

为了解决公司结构的不足，投资管理人转向了基金结构（Draper，2011，第2章），尤其是有限合伙制，它在很多方面都比典型的工业控股结构更吸引投资者。首先，有限合伙结构将资本提供者（基金投资者）与资本管理人（基金管理者）分开；其次，有限合伙结构设置了投资结构的期限，而不需要解雇基金管理人。此外，有限合伙企业也会分配利润，但存在税赋差异，特别是比股息的税率要低。最后，通过将基金管理人的投资管理与基金的资本拨备分开，有限合伙企业可以对这两个结构进行单独审计，并能够检查基金的管理是否依据基金的合同规章（有限合伙协议）执行。

20世纪60年代为创业投资行业的出现提供了支持，美国证券交易所的繁荣为其增长提供了支撑，证实了创业投资的成功。同时期也见证了杠杆收购行业的发展。1964年，刘易斯·卡尔曼（Lewis Cullman）带领的团队对Orkin除虫公司（Orkin Exterminating Company）的收购，大概是历史上首例杠杆收购（Cendrowski，Martin，Petro & Wadecki，2008）。因此，现代私募股权行业诞生于第二次世界大战之后，一系列法律和监管的变革，尤其是20世纪80年代金融领域的自由化，加速了其发展。

美国的重大挑战：知识产权法

尽管私募股权行业在美国发展迅速，但也面临着诸多挑战。比如法律和税收体系过于复杂和繁重。制裁措施难以预测与衡量，特别是通过惩罚性赔偿来承担产品责任。美国的专利制度阻碍创新，也过度保护专利持有人，是很多常规诉讼的源头。⊖

⊖ 这种专利制度产生了"专利流氓"，他们专门囤积专利以起诉其他公司侵害其专利权。根据圣塔克拉拉大学法学教授科林·奇恩（Colleen Chien）的研究，在美国，2012年专利流氓提起的诉讼占专利诉讼的大部分（61%），而2011年为45%，2007年为23%。融资金额在5000万美元到1亿美元的初创公司中，35%遭遇了专利诉讼，融资金额在2000万美元到5000万美元的初创公司中，20%遭遇了专利诉讼。提起权利主张（有些在进入诉讼阶段之前达成和解）与诉讼的比率在100：1到307：1之间（McBride，2012）。

当涉及创新、投资与收益时，知识产权是一个重要的问题。在奖励创新和对微小改进的过度保护之间取得平衡尤其困难。更糟糕的是，专利制度可能被不公平地用来保护集体创新，或者某些行业必需的技术要素，而这些创新或技术要素后来可能被用来对付创新者。这可能会大幅降低或抵消投资收益。

知识产权本身并不创造任何价值，它们为产品和服务的生产提供保护。为了实现对知识产权的投资，专利制度仍然有其存在的必要。但在这方面，当创业投资人想要支持渐进式创新时（这是他们的核心业务），有些人会激活一些未使用的专利来起诉公司，这是他们所要面对的一个重要问题。

创业成本上升

与美国创业投资相关的一个挑战，是创立一家初创公司的成本在不断上升。这是有悖常理的，尤其是随着"精益创业"（Ries，2011）理念的兴起，出现了一种旨在通过推出所谓的"最简可行产品"来快速构建低成本信息技术（IT）初创公司模式。按照这种模式，初创公司在推出产品之后，可以根据客户的接受程度，随后调整产品（或服务），并在必要的时候调整商业模式。但现实要微妙得多。首先，这一理论可能仅适用于非关键产品和服务。比如，医疗技术、基础设施服务和目标关键型软件就不适合推出最简可行产品。即便从短期来看，这种模式的成本似乎较低，但它的整体成本可能会更高。尽管避免了测试造成的时间和资金的损失，但准备和计划都很昂贵。在开放的环境中，尝试和测试意味着竞争对手可以从你失败的尝试中学习。没有获得成功的初创公司，将需要更多的资源来处理这一遗留问题，并受益于溢出效应所带来的竞争优势，即从其他公司的创新中学习。

无论短期还是中期，不仅固定成本高昂，可变成本（办公场地、工资等）也是如此。像美国硅谷和波士顿地区这样的能力中心，是初创公司成功的决定因素，特别是因为这些地方能够吸引人才，并能从当地的社会经济环境中获益。但是，为了吸引和留住稀缺人才，以及争取足够的空间，运营成本越来越高。合乎逻辑的解决方案，是对初创公司进行异地布局，将它们设立在成本较低的地区。但问题是，创业投资首先是一项地域性很强的业务，创业投资基金通常只投资该机构所在地区的公司，特别是跟志同道合的投资人一起联合投资的时候。基金管理人需要与被投的创业者频繁交流，而且这种互动往往还是非正式的。这与杠杆收购投资者不同，它们通常在全国范围内寻找目标公司。

创业投资模式及其限制

美国的创业投资模式已经经历了四次累积式挑战，导致在 2000 年 IT 投资崩溃之后，这种模式本身受到了质疑。第一，现有的和新兴的创业投资基金管理人募集的资金增长非常迅速。这对投资组合公司的估值产生了影响，其结果是估值也增加了。第二，由于缺乏合适的人才和空间，在美国创立公司的成本增长相对较快。第三，创业投资越来越依赖 IPO 来实现退出，但最终未能实现。第四，由于前三项影响，投资收益率显著下降。这导致了 2001 年以后相当长一段时期，创业投资基金的收益平平。事实证明，金融危机后的投资收益要高得多，从而催生了一个新的周期。人们可能想知道，2019 年的情况是否类似于 2000 年科技投资崩盘前的情况。这将导致新一轮的市场萎缩，以及长期普普通通的收益，在此期间，导致崩盘的估值和过度投资将从创业投资基金的投资组合中清除。

以色列在成本方面的优势有助于培育早期阶段的公司，并在后期阶段转移到美国。这一模式是上述重大成功的源头，导致以色列被描述为一个"初创公司的国度"（Senor & Singer，2010）。但是，这一模式依赖于三个基本支柱：国防工业的重大公共投入，对应用这种军事方面技术的需求，以及将成功的初创公司转移到美国并发展壮大的能力。最后一个取决于美以双边条约和协议，而这些条约和协议可能会因政治和外交因素而改变。

因此，美国和以色列的"创业投资模式"在很大程度上取决于更广泛的努力和公共措施。

2.2 欧洲：采用一种成功的模式还是创造自己的模式

打造一个"欧洲的硅谷"一直是很多国家的梦想，这些国家包括英国、法国、德国、斯堪的纳维亚半岛上的国家以及一些其他国家（Lerner，2009）。尽管有公共政策推动这种模式，也有公共资金支持这些政策，但这个梦想一直未能实现。[⊖]欧盟（EU）的问世和泛欧市场的出现，使得欧洲进一步确信应采用国外的成功模式。但是，欧洲与美国和以色列背道而驰。文化在创新过程中起着重要作用。加利福尼亚州和以色列风险偏好型的人，无法与欧洲风险规避型的人相提并论。

这引发了两种可能的结论。一种结论是，欧洲可能不需要美国或以色列的"创业投资模式"。与以色列一样，欧洲在人才和空间方面拥有成本优势，而且它也在创新。根据"2016 年创新晴雨表——欧盟商业创新趋势"报告（欧洲委员会，2016 年；2019 年发布了最新版本），在 2013 年1 月至 2016 年 2 月期间，2/3 的欧盟公司至少引入了一项创新，40% 引入了新的或显著改进的产品或服务，34% 引入了新的或显著改进的组织方法，33% 引入了新的或显著改进的市场策略，30% 引入了新的或显著改进的流程。

目前，欧洲创业投资行业的组织形式就出现了这种情况。当地的创业投资机构急切地想发掘机会。但是，这些基金只在本国范围内设立和投资。这可能引发欧盟范围内的创业投资高效配置问题。鉴于创业投资在国家增长中的作用，这种分配对促进今后 15 ～ 20 年的经济增长十分重要。

另一种结论是，欧洲需要一个有组织的泛欧洲创业投资行业。这一点

⊖ 勒纳在第 9 章提供了一个可行公共计划的推荐清单，这可能是私募股权公共计划"准则"的最好示范（Lerner，2009）。

仍有待仔细论证。如果是这样的话，欧盟必须将四个具体的地方特色转化为有竞争力的资产，就像以色列为本国所做的那样。

第一个特点是，其人口的风险厌恶不同于美国和以色列。这会导致几种后果。其一，创业者一旦启动，初创公司的复原力可能会高于创业较多的国家。其二，欧洲创业者可能在国际价值链的不同部分进行创新，例如在企业对企业（B2B）的解决方案方面逐步进行创新。获得重大成功的往往是在证券交易所上市的企业对顾客（B2C）公司，但是，这在国民经济总体创新中所占的比例很小。欧洲创业者，以及日本和韩国等不那么引人注目的创业者，本可以采取与当前经济环境更具共生关系的战略和商业模式，而不是试图"扰乱"市场，与以色列和美国的初创公司展开正面竞争。在这种情况下，资本的需求可能大相径庭，需要的创业投资也较少。

第二个特点是，相比于美国，欧洲愿意接纳的创业移民较少，无法指望外国创业者的投靠。不过，欧洲可以依靠土生土长的创业者，他们也是一大群人才。尽管如此，美国的移民在很大程度上仍然在引领该国在 B2C 方面的创新。

更重要的是第三个特点，即欧洲是一个分散的市场。尽管各国在努力创造一个一体化和协调的市场，但消费习惯、语言、法规、边界和文化限制了它们以简单的方式推出泛欧的产品和服务。但是，美国也有很多不同的州和地方法规，以色列也没有一个大的市场。因此，虽然缺乏一个真正的泛欧市场是一个限制因素，但它不能单独被视为欧洲与美国及以色列的主要区别。尽管如此，2016 年的创新晴雨表指出，65% 的受调查者提到，市场由成熟的竞争对手主导，这给创新商品和服务的商业化造成了困难。报告还提到缺乏金融服务（58%）、符合法规和标准的成本及复杂性（57%）以及人力资源欠缺（49%），特别是缺少营销（28%）、技术（24%）和金融（22%）等技能的人才。

第四个特点是，缺乏行业方向。尽管已经制定了一些议程来促进特定的研究行业（地平线 2020 就是其中之一），但欧洲的产业政策仍然有限。

欧洲公司提到公共支持的增加，特别是对员工进行创新产品和服务的推广及营销方面的培训，因为这可能对公司的活动产生重大影响（29%）。还有对获取或加强网络销售（26%）以及参加会议、交易洽谈会和展览会（24%）的公共支持。

这些欧洲特有的特征是根深蒂固的，没有简单的方法可以改变，以转换为外国的模式。因此，问题是：欧洲是否需要一个不同于今天的模式？如果需要，要实现什么目标？这个问题实际上与其他国家或地区有关，它们愿意探索建立自己的创新创业投资模式，并承担代价高昂的失败风险（Lerner，2009）。

2.2.1　政府投入：法律变革、退税、基础设施和泛欧市场

与硅谷相比，欧洲的创业公司成本仍然相对较低，特别是考虑到基础设施和教育体系的质量 – 成本比等因素之后。人才和空间并不缺乏，且便宜得多。在欧洲，创业投资支持的初创公司很少进行 IPO，并购出售（也被称为企业战略收购）是创业公司投资者的主要退出途径。因此，欧洲的初创公司似乎更具吸引力。

有限合伙结构的普遍采用

欧洲现代创业投资行业的兴起，源于采用相当于有限合伙 / 普通合伙结构所带来的重大变化。英国有其本土（不列颠和苏格兰）版本的美国结构。法国通过设立风险共同基金（Fonds Commun de Placement à Risque，FCPR），后来又改为专业创业投资基金（Fonds Professionnel de Capital Investissement，FPCI），使这一结构适应当地的法律。瑞士和卢森堡也建立了自己的版本，后者设立了特别投资基金（Special Investment Fund，SIF）和限制性替代投资基金（Restricted Alternative Investment Fund，RAIF）。在西班牙，监管创业投资实体的法律承认基金和基金管理机构的结构，允许"发行本公司一般类别以外的其他类别的股份，前提是其持有

人获得的任何优惠待遇，以及获得这种待遇的条件在本公司的章程中得到充分反映"。⊖这样做的一个动机是，给本土创业投资机构提供与离岸结构一样的优势。在很多方面，欧洲国家对资本利得制定了具体的税收政策以及明确的条款，以鼓励投资者投资于创业投资机构。

尽管整个欧洲范围都采用了美国的最优法律实践（这在欧洲范围内是不同寻常的做法），但欧洲创业投资行业直到最近才成为私募股权的一个重要角色，能够吸引国际上的有限合伙人。其原因在于，直到2000年，美国的创业投资基金的表现看起来远比欧洲的创业投资基金更有吸引力。2000年的股市崩盘，主要影响了IT初创公司，进而也影响了创业投资行业，并重新调整了两者的对比情况。欧洲创业投资基金管理人迅速积累了经验和专业知识，他们的收益现在相当可观（见图2-1）。尽管如此，欧洲创业投资基金的募资额仍然只有美国基金的一小部分，这引发了一个反复提及的问题，即是否对欧洲经济可能造成有害的不平衡，或是否存在其他融资方式。

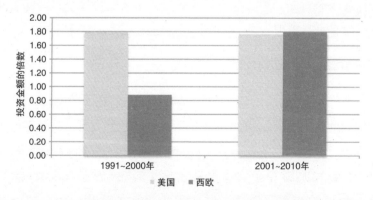

图 2-1　美国与西欧在互联网泡沫破灭前后的创业投资基金业绩情况

注：美国创业投资基金的业绩按美元计，西欧创业投资基金的业绩按欧元计。基金按其设立的时间归类（年份）。

资料来源：作者，基于"剑桥协会"数据。

⊖ 2014年11月12日第22/2014号法律第26.5条，（与其他条款一起）对创业投资实体进行监管。

泛欧统一市场的双重影响

欧盟经济和金融联盟的出现，不仅降低了欧洲本土公司进入更大市场的壁垒，同时也向那些在欧洲拥有分支机构的外国公司开放了更大的市场。由于欧洲当地公司的成本比美国低，而且美国的初创公司更容易上市，美国快速成长的公司可以在非常有吸引力的条件下进入欧盟。雅虎、易贝（eBay）以及其他大型公司都在 1997 ～ 2003 年这一期间脱颖而出，并选择以这种方式进入欧盟。上述方法同样适用于创业投资，最早的泛欧创业投资机构均来自美国，它们主要集中在后期阶段的投资，比如美国国际数据集团风险投资（IDG Ventures）、标杆资本（Benchmark Capital，现在的 Balderton）以及其他来自硅谷的著名普通合伙人。对于美国巨头而言，了解欧洲市场运作的一个方式是跟随欧洲本土机构，并发现有潜力的收购对象。

在这方面，美国创业投资基金管理人已经展示了他们的适应能力和务实态度。在以色列，投资的基本原则是为更大的美国市场带来创新；在欧洲，它是为了帮助当地公司征服邻国市场，并为潜在的美国买家提供一个发展平台。因此，如果有一种泛欧洲创业投资模式可供分析，那么它就是由那些愿意利用欧洲机会的外国投资者开发的。

培育"欧洲式"创业投资行业的国家努力

欧洲已经采取了大量的举措来打造一个可行的创业投资行业。每个国家都采纳了一些来自美国的想法，比如有限合伙制和小企业投资公司（SBIC）体系，以获得国家对初创公司的支持。这些举措难度很大，过程曲折且成本很高，最重要的是，它们基本上仍然是国家层面的行为。英国将自己标榜为欧洲市场的领导者，这主要归功于其很早就推出了创业投资工具，比如早在 1994 年就推出了 3i。凭借这一点，再加上其金融中心的影响力、与美国类似的文化和语言以及创新的传统，英国成为设立私募股权机构的首选地点。区域性和泛欧杠杆收购基金管理人都将伦敦作为其总部的首选之地。随着英国退出欧盟，这一角色将需要重新评估，未来合作的条款仍有待明确界定。

法国试图探索自己的发展模式，将公共措施和半私募融资结合起来。法国于1955年创立了地区开发公司（SDR），旨在培育本土公司，并帮助它们在全国范围内发展壮大。尽管这是一种耗资巨大的举措，且最终以失败告终，但为法国的创业投资人和杠杆收购投资者提供了一个获得专业知识的机会，从而为独立基金的出现做好了准备（其中一些基金最初结合了欧洲和美国双边的结构，如索芬诺瓦合伙公司和安佰深法国）。

英国和法国甚至采取了更进一步的措施，鼓励个人投资者参与创业投资。英国创建了创业投资信托（VCT），这是一种专门为投资初创公司而设立的信托基金，最终在有效启动时上市。法国设立了创新共同投资基金（FCPI）来投资初创公司，然后又推出了代理投资基金（FIP）投资于更为广泛领域的私有公司。就收益而言，这两种零售工具的成功与否还有待认真评估和对比，但是它们已经吸引了大量资本进入创业投资这一新兴行业。这种吸引力的一个来源是，个体投资者在给这些基金投资时可以享受退税。

主要障碍是缺乏合适的证券交易所和统一的法律标准

欧洲没有可供有潜力的创业投资支持公司上市的参照性金融市场（类似于纳斯达克），因此，欧洲创业公司缺乏对投资者来说最有希望和最能获利的退出渠道。欧洲风险资本投资者的风险–收益状况与美国不同：初创公司规模较小，给市场带来的颠覆性创新较少，而更多的是渐进式创新，最终的退出途径主要是并购出售。在这种情况下，风险资本投资者为帮助其投资的公司发展而投入的资金有限。实际上，要想实现高额的收益，初创公司必须具备很高的资本效率，并聚焦于有限的国内市场。这种做法扭曲了投资组合的结构和欧洲风险资本投资者的投资策略。

尽管欧盟的法律日益趋同，但每个国家的法律仍然是进入该国市场的障碍。因此，初创公司主要还是首先瞄准本国市场（见图 2-2）。专利制度就是一个例子，这种制度在欧盟仍然昂贵且烦琐。[○]另外一个例子是《公司法》缺乏通用惯例，尽管欧洲公司（Societas Europaea，SE）自2001 年以来就已经正式存在，并逐渐被成员国采用。欧洲公司增长缓慢的主要原因，是在欧洲其他国家扩大销售时遇到问题，其中最大的挑战是语言和文化的差异。

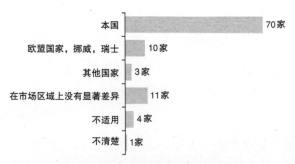

图 2-2　公司的领先市场所处的位置

资料来源：2009 年欧盟创新晴雨表。

由于欧洲有其特定的历史遗留问题，其创新过程是共同的文化背景和国别差异的结果。很大一部分创新没有被统计出来，无法被明确识别到，特别是因为风险资本在相当长的时间内，主要来自富裕家庭（家族办公室）、企业、公共财政（直接或间接地）和银行（直接或通过被动结构），尤其是基于人脉。根据各国的具体情况，除了独立的创业投资机构这一融资来源之外，不同国家的风险资本的主要来源也存在差异：瑞士是企业创业投资和家族办公室，法国是公共财政和企业，德国是银行和企业，意大利是家族办公室和人脉，斯堪的纳维亚半岛的国家是家族办公室和企业，西班牙是国家和地区公共部门和家族办公室等。

[○]　然而，从 2012 年开始，这一体系显著地向泛欧专利制度的方向发展。尽管细节仍在探讨之中，但是由于欧盟内部对专利的相互承认，以及将有效语言缩减为三种，欧洲专利保护的成本可能会从 36 000 欧元下降到 5000 欧元（Barker，A.，2012）。

2.2.2　国家领军企业、信息技术和渐进式创新

在欧洲，大型企业在创新中的作用仍至关重要。它们的创新更多，尤其是如果它们规模更大，并且是企业集团中的一部分。企业巨头有分拆业务单元的传统，尤其是创新业务。大企业可能会产生一些很难在其内部获得发展的创新想法，原因可能在于这些想法不符合公司战略，或者它们太消耗资源。大企业会让这些创新团队走出自己的圈子，同时保留其在企业中的股份。

大企业可以直接投资初创公司，并将其置于资产负债表之外，但这可能会对这些初创公司产生一些负面影响，原因有很多。首先，由大企业直接投资的初创公司可以被视为大企业本身的一部分，该企业的竞争对手可能会对与初创公司合作持谨慎态度。其次，一家初创公司可能会担心，如果该企业想进入这个市场，它会通过在初创公司的董事会中占有席位而获得不正当优势。最后，一个反对观点认为，大企业在管理初创公司时，可能会采取官僚主义和烦琐的报告流程，类似于对子公司和业务单元所采用的程序，不仅增加了成本，同时也降低了初创公司的灵活性和敏捷性。

表 2-1　"自 2012 年以来，你的企业推出了任何创新吗？"

	至少一项创新	没有创新
欧盟 28 国[①]	72%	28%
公司规模		
员工 1～9 人	70%	30%
员工 10～49 人	79%	21%
员工 50～249 人	89%	11%
员工 250 人以上	95%	5%
行业领域		
制造	76%	24%
零售	74%	26%
服务	72%	28%
工业	64%	36%

（续）

	至少一项创新	没有创新
企业属于集团的一部分		
是	83%	17%
否	70%	30%
企业 2014 年的收入		
小于 10 万欧元	61%	39%
10 万～ 50 万欧元	71%	29%
50 万～ 200 万欧元	78%	22%
大于 200 万欧元	82%	18%
企业自 2012 年的收入增长		
增长超过 5%	80%	20%
维持大致相同水平	68%	32%
下降超过 5%	67%	33%

①英国脱欧后，欧盟现有 27 个成员国。——译者注
资料来源：European Commission（2015）。

因此，一些大企业设立了企业创业投资计划，以在创新领域保持立足点。企业创业投资（Corporate Venture Capital，CVC）使得大企业可以投资初创公司，同时还能与它们保持一定距离。勒纳详细阐述了设立此类计划时面临的挑战，以及企业的动机，这些动机包括财务收益、接触新创意和新概念、战略联盟以及一旦这些初创公司得到证实，为未来收购创造机会（Lerner，2009）。

CVC 仍然具有与企业直接投资相关的一些负面特征，特别是在声誉关联和报告要求方面，但有所弱化。初创公司接受 CVC 来为它们提供资金，还因为大企业是初创企业在欧盟市场的关键客户，初创公司在欧盟市场获得公共订单很困难，这意味着它们要有 3 ～ 5 年的历史和盈利活动。尽管欧盟 56% 的大企业赢得了公共采购合同（见图 2-3），但这些合同的价值在 2009 ～ 2011 年间仅占公共采购总额的 39%（见图 2-4）。

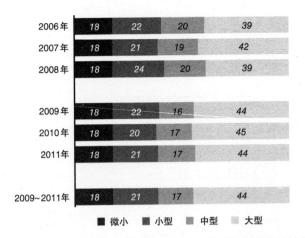

图 2-3　欧盟 27 国中小企业在公共合同中的份额（按合同数量计算，%）

注：由于四舍五入，百分比加总后可能不为 100%。

资料来源：PWC, ICF GHK and Ecorys（2014）。

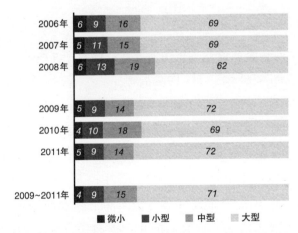

图 2-4　欧盟 27 国中小企业在公共合同中的份额（按合同累计金额计算，%）

资料来源：PWC, ICF GHK and Ecorys（2014）。

更糟糕的是，政府非常反对创新产品和服务，这种态度降低了初创公司去争取此类合同的兴趣（见图 2-5）。

因此，大企业在这些公共采购中获得了最大份额（见图 2-3 和图 2-4），与大企业合作可以为初创公司打开公共采购的大门；大企业通常也会设立在每一个重要的欧盟国家市场，这对小公司涉足海外市场很有帮助。在欧盟大陆市场开设分支机构很复杂，包括开设银行账户、开业、了解法律和税收制度以及当地企业和商业惯例等很多困难的事情。因此，与一家大企业建立密切的合作伙伴关系是在欧洲获得成功的一个重要因素，而这在美国可能并不那么重要。

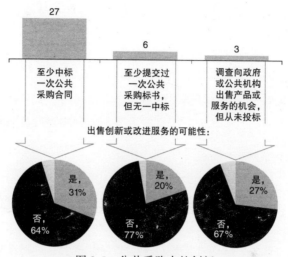

图 2-5　公共采购中的创新

资料来源：2009 年欧盟创新晴雨表。

　　欧洲的初创公司必须适应各个国家以及整个欧盟的创新过程，创业公司设计的产品或服务要么是对企业巨头业务线的补充，要么是企业巨头的业务上游。这意味着不管怎样，创业公司将会和这些大企业活跃于相同的行业领域，比如瑞士的生物医药、法国的基础设施、斯堪的纳维亚半岛的移动通信、英国的服务业。

　　信息技术领域的工业革命已经在一定程度上改变了上述格局。欧洲现在受益于高质量的电信基础设施，"信息时代"的到来为那些愿意在自己国家开展业务的初创公司打开了大门，尽管它们在该行业缺乏传统和经验。原因在于信息技术产业已经成为公司内部和公司之间的黏合剂。罗杰·麦克纳米（Roger McNamee）对这种观点做了概括（AlwaysOn，

2005）：

> 20世纪90年代的特征是出现了三次巨大的应用浪潮，发达国家的每家企业都同时经历了……我们正处于巨大的浪潮之间，下一个巨大的机会是企业网络服务，这需要创造最佳实践……人们甚至还不懂业务流程是什么，所以我认为我们应该花费资金在自主研发上，而不是买现成的。由此，这些资金被分散，有了广泛的用途。

这为欧洲的创业公司开辟了一个广阔的视野，因为突然之间，公司的规模并不是那么重要了，相反，重要的是一家公司是否有能力满足客户需求和适应当地的具体情况。事实上，信息技术革命的影响因行业而异。像旅游业这样的信息密集型行业，已经完全被重新定义，航空公司的数据显示，90%的机票预定现在是在网上完成的。然而，劳动密集型产业在很大程度上没有受到什么影响，但可能成为下一波企业和消费者信息技术趋势的目标。普及性、现有基础设施的利用、业务流程自动化的需求，可能会使信息技术在整个经济中进一步普及，从而在传统行业创造新的机会，同时使信息技术满足这些行业的需求。欧洲的风险资本将在投资机会的挑战性评估中占据相当大的份额。行业之间的差别将会越来越模糊，企业巨头正在制定行动方针来适应这种变化。创业投资人的困难在于，为那些能够提供必需产品和服务的创业公司提供融资，同时超越利基市场，以适应这一变化。

欧洲在很多行业已经确立了领导地位，比如汽车和运输、航空航天和国防以及医疗健康（见图2-6和图2-7）。这些都是创新密集型产业，但研发的产出往往不太能受到广大公众的关注。这些产业对创业投资的需求也较少，因而导致了一种普遍的误解，即欧洲"落后"了，美国比中国以外的任何国家都强。事实上，就创新而言，中国仍然是比较弱小的国家（见图2-7和图2-8）。虽然美国在信息通信技术（ICT）研发方面的支出确实超过了其他国家（见图2-6），但其他行业的情况就完全不同了。

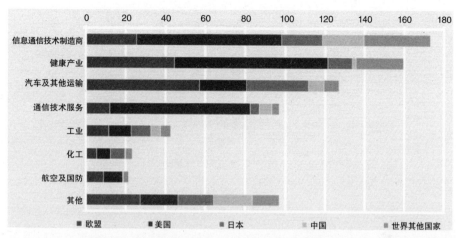

图 2-6　按行业和主要国家 / 地区的 2500 家代表公司的研发投入（十亿欧元）
资料来源：European Commission（2017）。

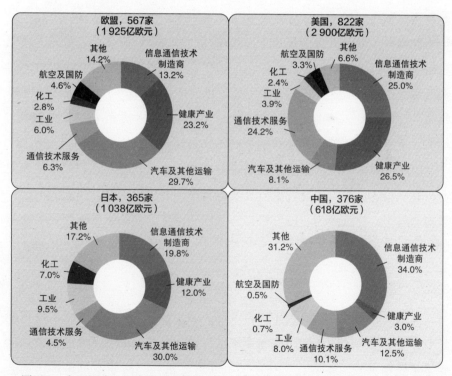

图 2-7　主要国家 / 地区按行业领域的研发所占比例（代表公司数量，研发金额）
资料来源：European Commission（2017）。

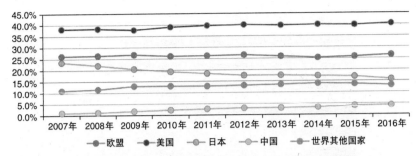

图 2-8 2007 ～ 2016 年主要国家 / 地区的研发比例变化

资料来源：European Commission（2017）。

欧洲在运输、能源和医疗健康等各种劳动密集型行业处于领先地位，这些行业愿意整合信息技术、组织生产虚拟化，让自己与竞争对手有所差异，并为客户提供创新产品。它的核心竞争力主要在于渐进式创新，这种创新可以提高现有产品或服务的价值，紧跟国家领军企业的发展步伐。尽管不太明显，但渐进式创新是常规和长期经济增长的源泉。这种渐进式创新的能力，可以解释为什么欧洲在创新领域赶上了美国。与欧盟相比，美国公司在 2012 ～ 2015 年间不太可能推出新的或显著改进的服务（32% 对45%，见图 2-9）。商品（23% 对 42%，见图 2-10）、流程（17% 对 32%）、组织方法（26% 对 38%）和营销策略（26% 对 36%）也是如此。

因此，美国和欧洲创业投资机构的风险 - 收益状况不尽相同。美国创业投资机构的目标是通过首次公开发行实现部分投资收益，因此只关注少数初创公司，但欧洲创业投资机构的目标是以更稳健的速度培育更多的初创公司，并尽量避免失败。

2.2.3 挑战

在很多方面，欧洲在创业投资市场的专业化上已经达到了第一层级的成熟度。但是，不同市场的发展水平还存在差异。英国、法国和斯堪的纳维亚半岛最发达，拥有众多活跃的创业投资机构，而其他市场较为落后（见图 2-11）。

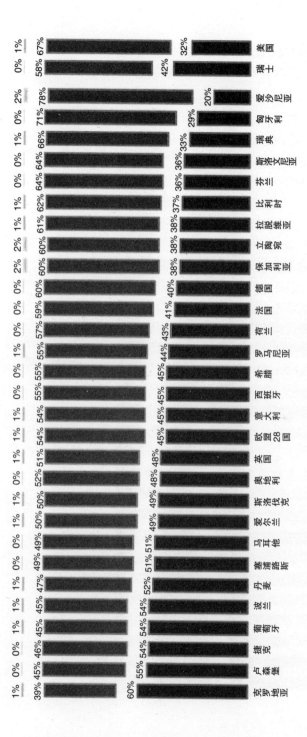

图 2-9 "2012 年 1 月以来，你们公司推出过新的或显著改进的服务吗？"

资料来源：European Commission（2015）。

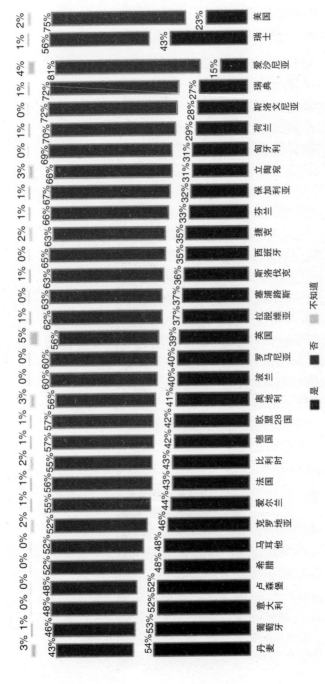

图 2-10 "2012 年 1 月以来，你们公司推出过新商品或显著改进的商品吗？"

资料来源：European Commission（2015）。

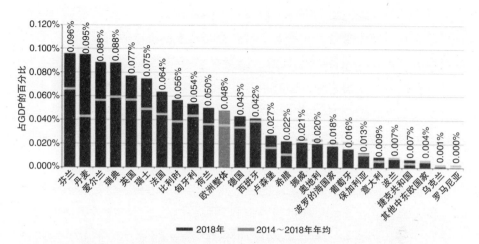

图 2-11　创业投资在 GDP 中的占比（按投资组合公司的地域）

注：其他中东欧国家包括波斯尼亚 – 黑塞哥维那、克罗地亚、马其顿、摩尔多瓦、黑山、
　　塞尔维亚、斯洛伐克和斯洛文尼亚。

资料来源：国际货币基金组织（IMF）、世界经济展望数据库（GDP）、欧洲防务集团
　　（EDC）、Invest Europe（2018）。

因此，当前面临的挑战包括两个方面：一是要提供一种途径，让落后市场能赶上发达市场；二是要开发出一个欧洲的平台，以获得在某些行业的竞争优势和领导地位。

2.2.3.1　分割的市场：障碍还是资产

打造一个活跃的欧洲创业投资行业，特别是针对种子期和后期融资，意味着减少后期参与的障碍，使得泛欧领军企业的成本能够与美国领军企业相当。至于种子期投资，就必须依靠国家（甚至是地方）的举措，因为它们最接近需求，但需要控制资金成本，特别是在涉及公共融资的时候。

然而，分割的市场也可以成为一种优势。在一定程度上公司可以通过国家壁垒（语言、法律等）在竞争中受到保护，并达到一定的发展阶段。那些能够开拓欧洲市场的公司具备实力，并证明了它们在逆境中发展的能力。对于产品或服务适应不同消费者需求的能力而言，分割的市场也是一种检验方式。创业投资人的困难来自创业公司不同阶段的融资。美国公司的融资是线性的，在每轮融资中，融资规模会增加，公司的估值也会提高，但欧洲的情况却不同。国有企业被认为遵循相同的趋势，但没有那么成功。未来的泛欧公司或国际化公司需要第二轮融资。这通常会延长初始投资者的持有期（种子期和早期轮次的融资），并稀释其所有权（从而降低财务收益）。

从很多方面来说，真正的欧洲创业投资市场的出现，将会与活跃的直接二级市场联系在一起。当公司发展到一定的成熟度时，应该允许国内投资者退出，以保持创业投资价值链的活力，且不妨碍投资组合公司的发展。过早进入证券交易所的公司在成长和取得预期结果方面遇到了困难。允许早期投资者退出，同时在私有的状态下继续扩大公司的规模，是欧洲有能力挑战美国的重要一步。

2.2.3.2　强风险厌恶

大家对欧洲的通常看法，是认为那里缺乏美国特有的创业精神。戴维·兰德斯指出，各国"可以建立尽可能多的孵化器，但如果像芬兰那样只有 3% 的人口想成为创业者，就很难创造创业经济"（*The Economist*，2009）。但是，情况可能并不像我们想的那样简单。

根据欧盟排名，芬兰在欧盟有利于创新的国家中排名前五（见图 2-12）。芬兰政府当局也为此创建了适合本国居民的环境：芬兰受益于欧洲最先进的创业环境（见图 2-13）。如果不考虑每个国家的具体情况，对每个国家不加区别地采用创业活力水平作为标准来分析某一特定国家的成功（如芬兰），可能会让人产生误解。

换句话说，不同国家关于创业成功的概念可能千差万别，就像私募股权投资策略的类型一样（见表 2-2）。这并不是说一个国家与另一个国家相比更厌恶风险，而是说这个国家的居民不愿意承担某些风险，却更愿意承担另外一些风险。正如前面提到的，在欧洲大陆，企业创业投资和国家领军企业（如芬兰的诺基亚）的作用，决定了创业者与其特权合作伙伴共生发展的能力。市场的规模也限制了成长：像美国这样的快速成功，不太可能发生在只有几百万人口的经济体中。

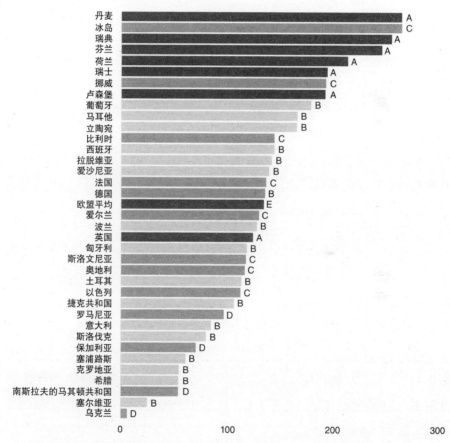

图 2-12　有利于创新的环境（截至 2017 年相对于 2010 年的欧盟的情况）

注：A 表示"创新领导者"，C 是"强创新者"，B 是"中等创新者"，D 是"普通创新者"。"欧盟平均值"是 E。

资料来源：2018 年欧洲创新记分牌（网络互动工具）。

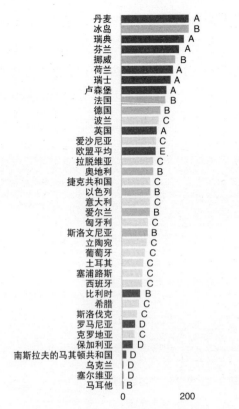

图 2-13　机会驱动型创业精神（截至 2017 年相对于 2010 年的欧盟的情况）

注：A 表示"创新领导者"，B 是"强创新者"，C 是"中等创新者"，D 是"普通创新
者"。"欧盟平均值"是 E。

资料来源：2018 年欧洲创新记分牌（网络互动工具）。

表 2-2　私募股权投资的风险与收益

	直接投资 独立的公司	投资一只 或多只基金	投资一批基金
投资组合中公司数量	1～5 个	15～20 个	300 个左右
投资分散度	低	中	高
期望收益	非常高	高	高
失败风险	非常高	低	极小

　　此外，欧洲的创业者可能不想为了出售他们的公司而推动公司快速发展，而是希望公司更慢、更持久地成长，并传给下一代。这意味着公司的所有者 – 经理人将会在几十年的时间里为公司设定一条可持续增长的

路径，而在美国，更常见的是所有者－经理人将控制权交给外部经理人，并最终将公司出售（可能是为了去创建另外一家公司）。因此，连续创业者在美国比在欧洲更为常见，根据阿克塞尔森和马丁诺维奇（Axelson & Martinovic，2015）的数据，美国连续创业者的比例是 35%，欧洲是 15%，这解释了欧洲与美国之间的表现差异。他们的研究特别适用于创业投资支持的初创公司。我们应当对由此推断出更广泛的结论保持谨慎。

事实上，即便连续创业者是特定经济体里初创公司实现成功的一个因素，那也不一定是公司业绩出色的唯一原因。第一，创立一家公司的成功（或失败），可能并不能给创建另一家公司积累有用的经验。原因在于，每家创业公司都与之前的公司不同（创建公司的环境也不同），并且在较小的地域市场复制技能几乎是不可能的。第二，拥有一个长期经营的所有者－经理人对公司来说可能更有积极作用：决策更注重长期影响，这种团队将在长期创造比短期更多的价值。

连续创业意味着所有者－经理人在相对较短的时期（5～7年）后会离开公司，这就是说美国的创业公司必须承担招聘、机会和变动等方面的成本，这也意味着，美国初创公司在高管的不确定性方面比欧洲公司承受更高的风险。由于创始团队长期留在公司，欧洲公司不需要承担上述成本，尽管这并不意味着公司肯定会更成功。

2.2.3.3 缺少移民

教育体系可能是差异的一部分。美国的教育体系注重实用知识和专业化，而欧洲的教育体系为个人提供更广的背景和自我学习能力。这有助于应对不断变化的环境，对不可预料的事件做出快速反应，并应对能力不足的情况（尤其是欧洲人口的流动性较低）。

教育体系也在经济与创业环境中制造了一定的黏性。如果他们的教育使其确信，在创业之初不具备所需的一些特定要素，他们就不太可能获得成功，那么个体就不太容易被吸引去创业。从这个角度来说，他们全面的能力也是一个制约因素：欧洲创业者能够预见障碍，并在心理上把它们联系起来。但是，欧洲创业者的这种文化和教育背景，可以帮助他们的公司更好地适应环境、融入环境，并参与其中。

如果欧洲想要提高其颠覆性创新的能力，超越日常的心理、文化和社会障碍，就必须改变其移民政策，并向潜在创业者开放边境。2009年，美国52%的初创公司由移民创立，这一数字在10年前还仅有15%（*The Economist*，2009）。2016年，这一比例为30%，而1996年为13.3%（Fairlie，Morelix & Tareque，2017）。一个特定国家的移民政策不仅表明其从外来人口的涌入中获益的意愿，而且也表明它准备接纳他们，并促进他们的发展。同时，这也给了外来人口一个信号，即国家准备给弱势群体一个机会，这反过来可能会引发一些竞争和成功的动力，尽管他们缺乏初始资产。根据《2018年全球创业生态系统报告》（Startup Genome，2018），全球20%的科技初创公司的创始人是移民，而移民约占全球人口的4%。

移民与教育息息相关。因为美国的大学受到高度认可，所以外国人想从那里毕业并在美国创业，以便充分利用他们的知识和个人经验。外国人会弥补本土知识的不足，移民也不怕失败。因此，欧洲必须增强其吸引力，或许可以设定一个不同的侧重点。欧洲可以促进其公共研究，并根据候选人的能力进行公平的选择，而不是基于他们的资金情况，或在语言和资格考试中取得的成功。在很多方面，移民都梦想着实现"美国梦"，他们工作更为努力，同时也承担更大的风险。

2.2.3.4 欧洲的下一个创新源是什么

公共研究和私人研究决定着欧洲创业投资的成功。大学研究经费的经常性匮乏，通常被认为是缺乏新创意和创业公司的主要原因之一。这种所谓的经费匮乏基本上是一个普遍持有的错误想法。一个国家投资于研发的金额似乎不是主要问题，因为有些欧洲国家在研发上投入的金额处于领先地位（见图2-14）。

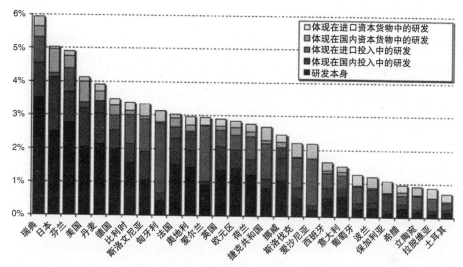

图 2-14　国民经济中研发总量的比例

资料来源：2008 年欧洲创新综合报告。

事实上，最重要的因素是创新是如何产生的，更重要的是，创新是如何在整体经济中扩散的。对于通过创新实现增长的经济体来说，重要的是技术转让。基础研究和应用研究需要转换机制转化为创新产品和服务，创业投资是其中之一，它使得创业者能够为商业经济带来理论和实践上的创新。创业投资跟实验室与项目团队之间的其他中介相结合，比如大学里的技术转让部门，以及跟项目团队与初创公司之间的中介相结合，比如孵化器和加速器。

尽管已经取得了一些进展，欧洲的公共研究仍然缺乏系统的技术转让方法，而且这些方法在很大程度上是定制的、分散的。有些国家正处于领先地位，比如德国的弗劳恩霍夫协会（Fraunhofer Society）和法国的国家信息与自动化研究所（Institut National de Recherche en Informatique et en Automatique，INRIA）。再加上相对缺乏对风险的偏好，这种方法使欧洲在创新方面具有未开发的潜力。

而且，欧洲的大学缺少能够聚集大量科学家和创业投资的领导者。每个国家都在复制与邻国相同的体系，但协同效应有限。在欧洲委员会及其方案的支持下，欧洲的大学研究合作正在改善，但任何特定学科都没有明确独特的能力中心。

对欧洲而言，大学格局的这种分化是一个挑战，尤其是因为下一波的创新源于信息技术与生物技术的融合、纳米技术与其他行业的融合、新材料与其他行业的融合。打造跨学科团队，不仅是学术所需，也是实际需要，以利用共同的校园设施来建立项目团队并开展前瞻性项目。

因此，欧洲的创新在很大程度上仍然是无形的，但这并不意味着没有创新。欧洲每年授予的专利数量（见图 2-15）比任何其他国家或地区都多，而每个国家的贡献度各不相同。大学开发的知识产权所有权，以及谁有权从创新中收益，必须非常明确，特别是有助于创业者对知识产权的开发利用。在这方面，如果团队来自一个有明确参与领域的机构，并且只属于一个类别，则从大学分拆出来后会比较容易管理。

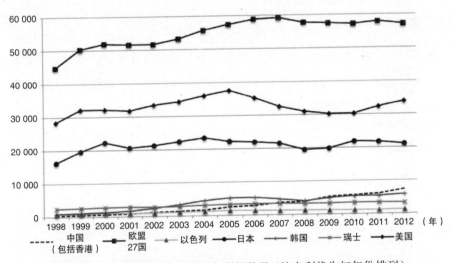

图 2-15　根据发明人居住地的专利的数量（按专利优先权年份排列）

注：所有专利都在欧洲专利局（EPO）、美国专利局（USPTO）和日本专利局（JPO）申请。

资料来源：经济合作与发展组织（OECD）和 2019 年专利数据库。

这些专利的相对创新程度及专利的利用情况仍有待分析。第一个指标可以是这些专利从国外获得的收入（见图 2-16）。瑞士和荷兰是例外，但仍可以看到有些国家在将创新转化为创业公司方面的能力更强。

国家	占GDP的比重	分数（2013年）	年复合增长率（2006~2013年）	领先/落后于欧盟28国年复合增长率	趋势线（2006~2013年）
EU-28	**9.3%**	**0.64%**	**9.6%**	**N/A**	
组1	9.3%	0.03	18.3%	12.5	
组2	29.5%	0.01	9.0%	3.3	
组3	61.2%	0.00	−17.6%	−23.4	
组4	N/A	N/A	N/A	N/A	
组1					
荷兰	4.5%	3.72%	17.5%	11.7	
瑞士	3.6%	3.07%	8.6%	2.8	
爱尔兰	1.2%	2.23%	28.8%	23.1	
组2					
芬兰	1.4%	1.38%	16.8%	11.1	
卢森堡	0.3%	1.29%	5.3%	−0.5	
瑞典	3.0%	1.08%	1.7%	−4.0	
冰岛	0.1%	0.90%	:		
匈牙利	0.7%	0.89%	10.6%	4.9	
德国	19.5%	0.77%	18.6%	12.8	
丹麦	1.8%	0.71%	1.8%	−3.9	
比利时	2.7%	0.64%	8.2%	2.4	
组3					
英国	14.1%	0.46%	−3.0%	−8.7	
法国	14.6%	0.43%	6.7%	0.9	
奥地利	2.2%	0.25%	7.4%	1.7	
意大利	11.1%	0.19%	18.2%	12.4	
捷克共和国	1.1%	0.13%	17.3%	11.5	
挪威	2.7%	0.08%	−11.7%	−17.4	
罗马尼亚	1.0%	0.07%	−13.2%	−18.9	
西班牙	7.1%	0.07%	−0.3%	−6.1	
波兰	2.7%	0.05%	8.0%	−2.3	
希腊	1.2%	0.00%	−100.0%	−105.8	
马耳他	0.1%	0.00%	−100.0%	−105.8	
葡萄牙	1.2%	0.00%	−100.0%	−105.8	
斯洛伐克	0.5%	0.00%	−100.0%	−105.8	
保加利亚	0.3%	0.00%	0.0%	−5.8	
爱沙尼亚	0.1%	0.00%	0.0%	−5.8	
克罗地亚	0.3%	0.00%	0.0%	−5.8	
塞浦路斯	0.1%	0.00%	0.0%	−5.8	
拉脱维亚	0.2%	0.00%	0.0%	−5.8	
立陶宛	0.2%	0.00%	0.0%	−5.8	
斯洛文尼亚	0.2%	0.00%	0.0%	−5.8	
黑山	0.0%	0.00%	:		
马其顿	0.1%	0.00%	0.0%	−5.8	

图 2-16 2006 ～ 2013 年特许和专利的国外收入（占 GDP 的百分比）

注：临时的：2011 ～ 2013 年（欧盟 28 国）；2013 年（比利时、保加利亚、捷克、丹麦、德国、爱沙尼亚、爱尔兰、法国、克罗地亚、意大利、塞浦路斯、拉脱维亚、立陶宛、卢森堡、匈牙利、马耳他、荷兰、奥地利、波兰、葡萄牙、罗马尼亚、斯洛文尼亚、斯洛伐克、芬兰、瑞典、英国、挪威、黑山、马其顿）；2011 ～ 2013 年（希腊）；2012 年、2013 年（西班牙）。

可能的异常值：2013 年（德国、荷兰）。

参考年份的例外：2012 年（荷兰、冰岛、瑞士）。

参考期的例外：2006 ～ 2012 年（荷兰、瑞士）；2009 ～ 2013 年（捷克）；2008 ～ 2013 年（罗马尼亚）。

无法获得数据：阿尔巴尼亚、塞尔维亚、土耳其、波斯尼亚和黑塞哥维那、以色列、法罗群岛、摩尔多瓦、乌克兰。

（:）= 数据缺失。

资料来源：2016 年欧洲统计局的监控手册。

因此，欧洲的创新在很大程度上是渐进式的、B2B 类型的，并且比较集中。这可能就是欧洲不一定能出现大型 B2C 类型的信息技术公司的原因。欧洲也出现了自己的大公司，比如爱思普（SAP）、诺基亚、爱立信、达索系统（Dassault Systems）和 Sabre，但这些公司本质上是为了满足企业的需求。当然也有例外情况，比如颇特女士（Net-a-Porter）、声田（Spotify）和 Skype（现在是微软的一部分）等公司，但基本上，重点仍然是企业类客户所采用的深度技术。

2.3 结论：新兴市场是易被摧毁的沙雕城堡吗

在很多方面，私募市场接近"淘金热"的局面，私募市场基金募集的资金在 2017 年达到历史最高水平（见图 2-17），这主要是由于私募股权基金募集的金额大幅增加，占到了私募市场基金募集总额的大约 50%～60%；私募实物资产基金紧随其后，占到了 30%～40%；私募债权基金以 10%～15% 排在最后。

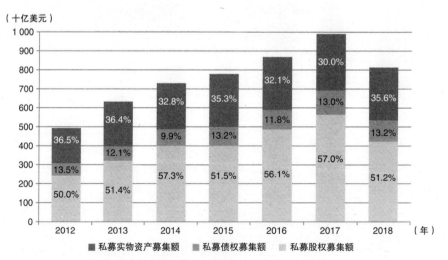

图 2-17　全球私募股权、私募债权及私募实物资产基金募集额（2012～2018 年）

注：本图中的金额与图 2-18 中的金额不匹配，因为 Preqin 似乎在 2019 年发布的报告中调整了基金数量和募集金额。——译者注

资料来源：作者，基于 Preqin（2019）。

就私募股权而言，基金数量较少，但募集到的金额较大（见图 2-18）。因此，基金的平均规模有所增加。这一趋势是由专门从事大型杠杆收购业务（针对企业价值超过 50 亿美元的公司）的基金推动的，这些基金的交易规模显著提升了。

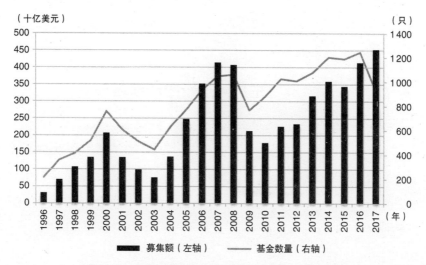

图 2-18　全球私募股权基金募资（1996 ~ 2017 年）

注：此图中的金额与图 2-17 中的金额不匹配，因为 Preqin 似乎在 2019 年发布的报告中调整了基金数量和募集金额。——译者注

资料来源：作者，基于 2018 年 Preqin。

所募集的资金仍然主要分布在发达市场（见图 2-19 和图 2-20），2018年私募股权基金所募集的资金中，北美约占 56%，欧洲占 21%，亚洲占 19%，世界其他地区占 4%。从设立的基金数量来看，百分比分别为54%、17%、21% 和 8%。2007 年似乎达到了一个转折点。2001 ~ 2006年期间，新兴市场基金在全球募资总额中所占比例在 3%（2002 年）至11%（2005 年）之间；从 2007 年至 2018 年，这一比例为 12%（2007 年和 2009 年）至 24%（2011 年）。

有趣的是，2009 ~ 2013 年间，这一比例有所上升，而全球范围内的募资金额却大幅下降。合乎逻辑的解释是，新兴市场基金利用了更具弹性的投资者群体。这可能是因为新兴基金投资者相对偏向于将资金投资给本地私募市场基金。假设这种解释是正确的，那就意味着新兴市场基金可以依靠本地的投资者群体完成250亿～350亿美元的募资，并且从更善变的国际投资者群体中募集550亿～650亿美元。

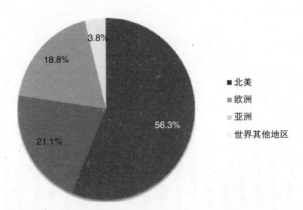

图 2-19 不同地区的私募股权基金募资金额（2018 年）

资料来源：作者，基于 2019 年 Preqin。

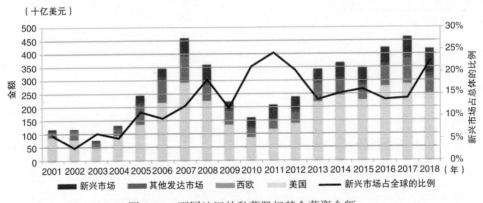

图 2-20 不同地区的私募股权基金募资金额

资料来源：作者，基于 2019 年新兴市场私募股权协会。

这在表 2-3 中特别明显。非洲私募市场基金 2009 年募集了 11 亿美元，2015 年募集了 45 亿美元。在这两个极端数据之间，非洲似乎每年吸引大约 25 亿～30 亿美元的资本。人们可以假设，本地投资者和国际开发机构组成了经常性资本的主体，可能是在外国基金管理人推出本地策略时，国际投资者会准时进入。2008 年后，中东欧和独联体似乎也是如此：募资金额在 9 亿～ 22 亿美元之间波动，仅 2012 年（52 亿美元）除外。假设这些变化的一部分原因是汇率变动，那似乎本地基金每年募集额大约是 15 亿至 20 亿美元。

表 2-3　不同地区的私募股权基金募资（2001 ～ 2018 年）

（单位：十亿美元）

年份	2007	2008	2009	2010	2011	2012	2013	2014	2015	2016	2017	2018
非洲	2.27	2.87	1.06	2.31	2.50	2.75	1.89	3.67	4.50	2.48	2.28	2.90
亚洲新兴国家	26.40	40.66	15.60	19.06	35.58	29.76	31.03	35.58	38.46	45.26	53.00	78.27
中东欧和独联体	9.87	5.90	1.50	1.10	2.16	5.20	1.63	2.00	0.93	1.66	1.23	1.56
拉丁美洲	5.66	5.85	3.00	8.58	9.20	6.31	5.99	11.47	8.86	4.52	4.53	9.21
中东	5.06	2.38	0.67	0.85	0.36	0.23	0.89	0.96	0.45	0.45	0.20	0.09
多区域	7.50	7.85	3.97	2.00	0.74	3.83	5.19	1.67	2.54	3.38	3.63	0.90
新兴市场	56.75	66.52	28.79	33.89	50.54	48.08	46.63	55.35	55.56	57.75	64.87	92.93
全球	459.66	359.81	219.58	160.44	207.91	237.87	341.57	365.99	346.74	422.19	463.34	418.12

资料来源：2019 年新兴市场私募股权协会。

新兴市场需要时间构建其私募股权行业

在透明度、法律规则、经济政策、大学和大公司、文化的重要性方面，本章和第 1 章得出了很多结论。不幸的是，很多新兴市场根本不具备能让专业创业投资机构活跃的条件。达维多夫（Davidoff，2010）提供了几个国家的例子：俄罗斯（IESE 私募股权吸引力指数⊖排名第 39 位）、中国（第 18 位）、泰国（第 27 位）、印尼（第 37 位），以及韩国（第 24 位）

⊖　IESE 排名（https://blog.iese.edu/vcpeindex/ranking/）是对不同国家吸引力的一种评价。基础分数是 100（美国），其他国家根据不同的标准对自己进行定位。尽管该评分方式可能会受到批评，因为美国远非投资私募股权的理想之地，但评分可以表明与该行业的领先国家相比，基金管理人可以在哪些其他国家投资。对比有其优点，特别是本章和第一章提供了如何打造一个可发展的行业领域的指导方针和背景，使得每个国家能够建立一个可发展和持久的私募股权生态系统（见本书第二部分）。

和澳大利亚（发达市场，IESE 指数排名第 7 位）。

日本（IESE 排名第 5 位[⊖]）、韩国和南非（IESE 排名第 36 位）在法律和经济发展方面与欧洲接近，但仍在寻求发展自己的创业投资活动。不幸的是，正如本书到目前为止所展示的那样，这并不是能够输出的技能，而是需要通过全国最活跃和最具创新力的经济主体在当地发展。因此，投资者对新兴市场配置的意图仍然相当谨慎（见图 2-21）。最具吸引力的地区是亚洲（见图 2-22 和表 2-3）。

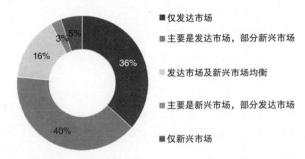

图 2-21　未来 12 个月私募股权投资者的意向目标市场（2018 年 12 月）
资料来源：Preqin（2019）。

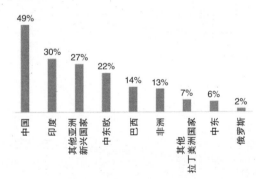

图 2-22　投资者看好的私募股权新兴市场（2018 年 12 月）
资料来源：Preqin（2019）。

根据这些结论，欧洲、非洲和拉丁美洲新兴市场的私募股权在不到一代人的时间内成长为成熟的专业活动（即达到美国和欧洲的标准），这几

⊖　尽管创业精神不足，参见 Karlin（2013）（http://knowledge.wharton.upenn.edu/ article. cfm?articleid=3145，上次查看是在 2013 年 1 月 7 日）。

乎不可能。美国用了 40 年才达到这个结果，欧洲用了 30 年才赶上。在不到 20 年的时间里（至少），新兴市场似乎不太可能达到同样的标准（尤其是在法律和文化上）。

新兴市场的私募股权要发展到最发达阶段（例如重振资本、不良债务和杠杆收购[⊖]），两代人的时间可能是必要的，因为欧洲尽管发展水平高，但仍需要这么长时间来建立一个专业化的创业投资活动以及完整的杠杆收购生态系统。此外，欧洲得益于各国情况的多元化，可以从中学习和发展自己的模式。其他新兴市场国家未必如此。不出所料，事实上成长资本在新兴市场的投资类型中占据了首要地位（见图 2-23）。在投资者的意图中，创业投资占据了主导地位（根据 Preqin，2018b 的数据，有 70% 投资者关注新兴市场，有 64% 的投资者关注发达市场），其次是成长资本（分别为 67% 和 42%）和并购资本（分别为 41% 和 59%）。大多数投资者计划维持目前的配置水平（58% ～ 64% 取决于基金投资者的地理位置），而 30% ～ 36% 的投资者计划增加配置（Preqin，2018b），只有 6% ～ 7% 的投资者计划减少配置。

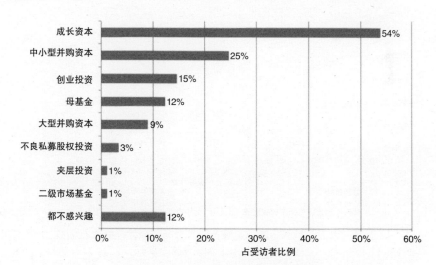

图 2-23　亚洲最受投资者欢迎的策略

资料来源：2012 年 Preqin。

⊖　根据 Cumming & Fleming（2012），只在日本、韩国和澳大利亚才能见到。

新兴市场的当前状况：从繁荣到衰退？

有人可能会说，新兴市场已经吸引了大量的关注和投资意愿，并催生了数额巨大的投资（见表 2-3）。但这并不足以证明这些市场结构合理、运行高效。正如勒纳（Lerner，2009）在谈到中国创业投资行业时所说的那样："20 世纪 90 年代末至 21 世纪初期的繁荣主要是由美国和西欧的投资者推动的，尽管该行业还不成熟，创业投资专业人士也缺乏经验，但这些投资者被中国市场巨大的发展潜力所吸引。"

因此，如果国际投资者的介入是建立可发展的私募股权行业体系的一部分（见第 1 章），就可能事与愿违。鲍尔指出，即使亚洲继续引起关注（2018 年占国际投资者配置的 18.8%，而 2010 年占 17.9%），那也是因为高收益预期的驱使（Power，2012）。新兴市场的历史收益和当前风险敞口之间存在着直接而紧密的联系（见图 2-24）。

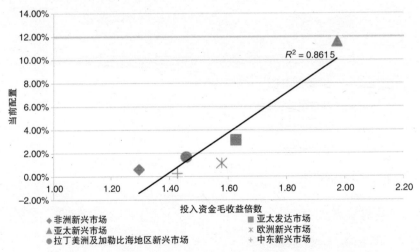

图 2-24 当前在新兴市场的配置及新兴市场基金的投资收益倍数
资料来源：作者，基于剑桥协会数据（截至 2018 年第二季度）。

事实上，如果因为交易机会更少或者价格过贵（Datarajan，2012，关于中国的论述）使得投资收益没有达到预期（见表 2-4），或者因为本国

IPO 市场关闭导致退出变得更为困难（Deng[一]，2012，关于中国的论述），那么国际投资者（通常是区域性的，见图 2-25 关于亚洲的情况）可以很快将他们的注意力转移到一个市场（见表 2-3）。

表 2-4　中国私募股权投资的内部收益率（根据交易完成年份）

年份	内部收益率（%）	年份	内部收益率（%）
1998	−5.9	2003	21.3
1999	−8.3	2004	32.6
2000	16.1	2005	31.3
2001	8.2	2006	25.9
2002	8.6	2007	5.2

资料来源：亚洲私募股权研究中心（*The Economist*，2010）。

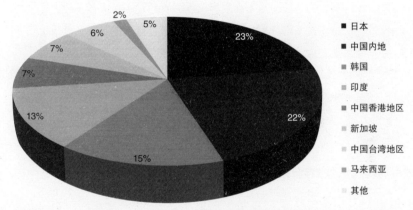

- ■ 日本
- ■ 中国内地
- ■ 韩国
- ▨ 印度
- ■ 中国香港地区
- ▨ 新加坡
- ▨ 中国台湾地区
- ■ 马来西亚
- ▨ 其他

图 2-25　设在亚洲的国际投资者按地区分类

资料来源：2012 年 Preqin。

国际投资者可能毫无阻力地离开本土市场（见图 2-26 的拉丁美洲）。因此，非常重要的一点是，在控制资本流动的同时，采取必要的措施来构建市场体系，以应对国际投资者因流行的投资趋势（特别是在新兴市场）和从众心理（"金砖四国"[二]的主导动机被证明是危险的导向）而

[一] 主要引用自亚洲私募股权研究中心（Center for Asia Private Equity Research）。
[二] 巴西、俄罗斯、印度和中国。

造成他们未来的萧条及资金投入的不稳定。实际上，有些国家（比如中国、墨西哥、巴西、哥伦比亚和智利）已经开始将自身的资源（尤其是养老金、主权财富基金的资金）转向国内市场（包含缺乏多元化所带来的风险）。

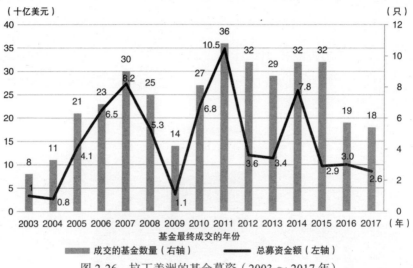

图 2-26　拉丁美洲的基金募资（2003～2017 年）

资料来源：2012 年和 2018 年 Preqin。

新兴市场现代私募股权行业的常见障碍

根据 Preqin（Preqin，2018b）的数据，2008～2017 年间，新兴市场的私募股权基金平均每年募资 827 亿美元。最低的是 2009 年（310 亿美元），最高的是 2014 年（1200 亿美元）。在新兴市场，现代私募股权行业的出现面临的障碍是多重的。首先是政府的支持，它们仍然非常重要。还有其他需要注意的限制因素，其中一些详述如下。

2.3.1　新兴亚洲

Preqin（Preqin，2018b）统计了活跃在亚洲的 2809 名基金管理人和 640 名当地基金投资者。2008～2017 年期间，每年平均有 394 只基金募集 658 亿美元（见图 2-27）；同期，每年平均完成了 271 笔成长资本交易和收购交易，交易金额为 233 亿美元；每年平均完成了 2040 笔创业投资交易，交易金额为 259 亿美元。新兴亚洲越来越像是两个"市场"的故事：中国和亚洲其他地区。根据拉丁美洲创业投资协会和剑桥联合公司 2018 年的一项调查，中国是最具吸引力的新兴市场，仅 6% 的受访者认为它不具吸引力，66% 的人认为它有吸引力。相比之下，东南亚对 10% 的受访者没有吸引力，对 50% 的受访者有吸引力；印度对 11% 的受访者没有吸引力，对 49% 的受访者有吸引力。

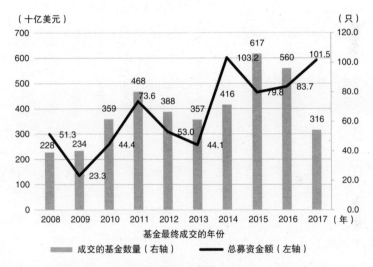

图 2-27 新兴亚洲的基金募资（2008 ～ 2017 年）

资料来源：2018 年 Preqin。

■ 中国（IESE 排行榜第 18 位）的政治对商业影响较大。这个国家已经受到了很大的关注（尤其是设立本土创业投资机构方面）。当地初创公司在不断复制国外的创新，并对其进行专门的调整，以满足当地的需求（Bain，2019b）。中国政府决定收紧私募股权投资的规则（Bain，2019a），可能是为了控制贝恩资本所说的"泡沫"（Bain，2019b）。中国（包括台湾地区）基金募集的总资本从 2013

年的约 300 亿美元增加到 2017 年的 930 亿美元（Preqin，2018a），
2018 年下降至 130 亿美元（Weiland，2019）。

- 印度（IESE 排行榜第 28 位）是一个有裙带关系和繁文缛节的民主
  国家，存在官僚主义，并且腐败严重（Kurian & Zachariah，2012，
  "印度也许是最缺乏吸引力的新兴私募股权市场"，因为增长缓慢、
  公司治理不善以及收益不佳）。印度必须解决监管制度、税政制度
  以及总体"不作为政府"的问题（David Bonderman TPG⊖创始人，
  Kurian & Zachariah 转引，2012）。中国也许存在类似的问题，但
  是投资人已经在那里看到了利润（Rahul Basin, of Baring Private
  Equity Partners，Kurian & Zachariah 转引，2012）。结果是，印度
  基金吸引的资金额在 10 亿美元（2014 年）至 36 亿美元（2017 年）
  之间，平均每年约 23 亿美元（Preqin，2019）。

2.3.2 拉丁美洲

Preqin 统计了活跃在拉丁美洲（包括加勒比地区）的 382 位基金管理
人和 184 名当地基金投资者（Preqin，2018b）。2008 ～ 2017 年期间，每
年平均有 26 只基金，募集额为 47 亿美元（见图 2-26）；同期，每年平均
完成 78 笔成长资本交易和收购交易，交易金额为 41 亿美元；每年平均完
成 113 笔创业投资交易，交易金额为 4949 亿美元。根据拉丁美洲创业投
资协会和剑桥协会（2018 年）的一项调查，拉丁美洲是仅次于中国的第
二大最具吸引力的地区，仅 7% 的人认为它不具吸引力，64% 的人认为有
吸引力。

- 巴西一度成为拉丁美洲私募股权投资的热点国家。根据新兴市
  场私募股权协会（Emerging Markets Private Equity Association，
  EMPEA）2018 年的数据，巴西 2006 年私募市场基金募集额为 16

⊖　即德太资本，是全球领先的另类资产管理公司。

亿美元，2008 年上升到 38 亿美元，但 2009 年大幅下降至 9 亿美元，随后在 2010 年（30 亿美元）和 2011 年（73 亿美元）出现强劲反弹，并达到顶峰。从那以后，这个国家在政治上出现了相对的不满情绪，主要是由于宏观经济因素。巴西平均每年募资金额约 24 亿美元，2016 年触底至 7 亿美元，2014 年最高到 44 亿美元；投资金额平均为 27 亿美元，2012 年的高点为 46 亿美元，2015 年的低点为 19 亿美元。该国的投资活动依然活跃，巴西仍是拉丁美洲最大的私募市场，但该国在 IESE 私募股权吸引力指数中仅排在第 54 位。原因是公司估值高，缺乏基础设施，通胀挥之不去，监管非常复杂，官僚作风严重，总体而言，经济中的政治环境仍然太过复杂并且不稳定。还有一个担忧是，70% 的巴西初创公司正在复制国外的创新，因此引发了人们对该国培育颠覆性初创公司的能力表示担忧（Sreeharsha，2012）。这导致基金投资者对巴西的看法截然不同。根据拉丁美洲创业投资协会和剑桥联合公司 2018 年的一项调查，23% 的调查受访者认为巴西私募股权的风险 – 收益状况正在恶化，而 45% 的人认为情况正在改善。这两个数字都是所有拉丁美洲国家中最高的。

- 墨西哥（IESE 排名第 42 位）是拉丁美洲第二大私募股权市场，占到该地区投资总额的 22%。根据墨西哥私募股权投资与风险投资协会（AMEXCAP）的数据，2016 年，私募市场基金募集了 43 亿美元；相比之下，2008 年为 1.52 亿美元，2015 年为 21 亿美元（Goebel，Arangua，Valadez & Gonzalez，2019）。该国共有 177 位活跃的基金管理人（其中 119 位是本土的）。2016 年完成了 269 笔交易，投资金额 27 亿美元（2015 年为 238 笔交易，投资金额 65 亿美元），截至 2017 年 10 月，可投资金额预计为 250 亿美元。墨西哥也没有幸免于批评。凯雷集团（Carlyle Group）创始人兼首席执行官大卫·鲁宾斯坦（David Rubenstein）说，这里的经济很好，但可以购买到的东西很少。当地的商业文化和墨西哥创业者对公司管控及治理的观点是批评的主要目标。根据拉丁美洲创业投资协会和剑桥联合公司 2018 年的一项调查，6% 的调查受访者认为墨西哥私募股权的风险－收益状况正在恶化，而 32% 的人认为情况正在改善。

- 哥伦比亚（IESE 排名第 40 位）已迅速成为拉丁美洲第三大最具活力的市场。私募股权基金 2014 年募集了 1200 万美元，2015 年 1.02 亿美元，2016 年 1.06 亿美元，2017 年 4900 万美元（Padilla & Arango，2019），有 111 只活跃的私募股权基金。此后，募资金额不断上升，这一成功显然与政治稳定和一些结构性变化⊖有关，但这仅仅是开始。其中有 20 只基金处于活跃状态（管理的资产总额为 22 亿美元，包括通常不在私募股权范围内的自然资源）。面临的挑战（Boscolo，Shephard & Williams 引用，2013）⊜是基金业绩记录有限，潜在的交易相当少（墨西哥也面临同样的挑战），创业者缺乏对私募股权的了解⊜，以及退出仍然很困难。尽管如此，哥伦比亚政府还是启动了一项促进和发展该行业的计划（即 Bancoldex Capital），并于 2018 年颁布了新的法规，以使私募股权基金的做法符合国际标准。⊗根据拉丁美洲创业投资协会和剑桥联合公司（2018 年）的一项调查，4% 的调查受访者认为哥伦比亚私募股权的风险－收益状况正在恶化，而 38% 的人认为情况正在改善。这使它成为该地区最有吸引力的国家。

⊖ 第 964 号法令（2005 年），确立了少数股东权利，并提高了公司治理的透明度。第 2175 号法令（2007 年）实际上建立了相当于有限合伙企业的本地机构，并允许养老基金将其至多 5% 的资产投资于本地私募股权基金。

⊜ http://knowledge.wharton.upenn.edu/article.cfm?articleid=3154.

⊜ 参见 Blohm，Fernandes and Khalitov（2013，http://knowledge.wharton.upenn.edu/article.cfm?articleid=3153）。

⊗ 第 1984 号法令（2018 年）。

2.3.3 新兴欧洲（中东欧和独联体）

Preqin（Preqin，2018b）统计了活跃在新兴欧洲的 413 位基金管理人和 62 位当地的基金投资者。2008 ～ 2017 年期间，每年平均有 25 只基金，可以募集 59 亿美元（见图 2-28）；同期，平均每年完成 96 笔成长资本交易和收购交易，金额为 46 亿美元；平均每年完成了 141 笔创业投资交易，金额为 3868 亿美元。

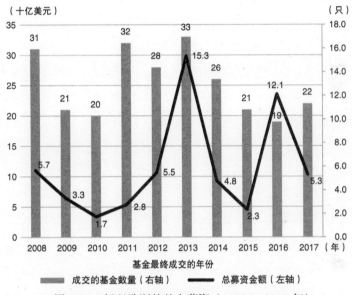

图 2-28　新兴欧洲的基金募资（2008 ～ 2017 年）

资料来源：2018 年 Preqin。

- 中欧可能是最有潜力的新兴市场之一，这主要归功于欧盟法律的趋同、与其他欧盟经济体的紧密联系以及活跃的私募股权市场的发展。但是，其缓慢增长让它在吸引基金投资者方面更接近拉丁美洲，2010 ～ 2018 年间平均募资金额为 7 亿欧元。尽管创业精神不如西欧，但 Skype（总部设在爱沙尼亚，由一名瑞典人和一名爱沙尼亚人共同创建）等例外情况推动了创业投资作为一项潜在的制胜策略。波兰是该地区最大的私募股权市场，其次通常是匈牙利、捷克共和国和罗马尼亚。波罗的海国家作为私募股权投资的接受者，通常显得很活跃。

■ 俄罗斯也未能免于责难（Primack，2012）。对大卫·鲁宾斯坦来说，作为一名游客去俄罗斯游玩可能很有吸引力，但在那里很难赚大钱（因此，环境、法律、税收和政治问题都受到了批评）。地缘政治和政治紧张局势，尤其是俄罗斯与美国之间的紧张局势，进一步降低了该国的吸引力。西方针对俄罗斯代表和公司的制裁向潜在的基金投资者发出了一个信号。俄罗斯的当地法院起诉俄罗斯最知名的私募股权公司之一 Baring Vostok 的一名美国领导人，在私募股权界发出了令人不寒而栗的信号。根据拉丁美洲创业投资协会和剑桥联合公司 2018 年的一项调查，土耳其、俄罗斯和独联体国家是对私募股权最缺乏吸引力的市场，19% 的调查受访者认为它们非常不具吸引力，39% 认为它们不具吸引力，仅 4% 认为它们具有吸引力。

2.3.4 非洲和中东

Preqin（Preqin，2018b）统计了活跃在非洲和中东的 532 位基金管理人，其中 73 位在北非，202 位在中东，257 人在撒哈拉以南的非洲。Preqin 在该地区统计了 248 名基金投资者。2008 ～ 2017 年期间，每年平均有 17 只非洲基金，募集金额为 19 亿美元（见图 2-29），中东地区的数字分别为 8 只基金和 12 亿美元（见图 2-30）；同期，非洲每年平均有 77 笔本地成长资本交易和收购交易，以及 42 笔创业投资交易；同时期内，中东地区每年平均有 19 笔成长资本交易和收购交易，金额为 5.77 亿美元，创业投资交易有 25 笔，金额为 1.48 亿美元。该地区在吸引投资注意方面存在困难。根据拉丁美洲创业投资协会和剑桥协会（2018 年）的一项调查，49% 的受访者认为撒哈拉以南的非洲没有吸引力，只有 15% 的人认为有吸引力。至于中东和北非，这两个数字分别为 42% 和 9%。

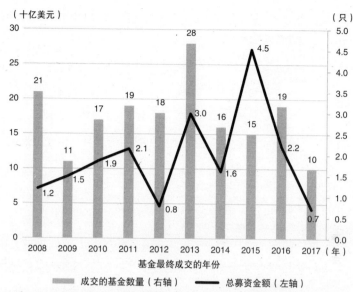

图 2-29　非洲的基金募资（2008 ～ 2017 年）

资料来源：2018 年 Preqin。

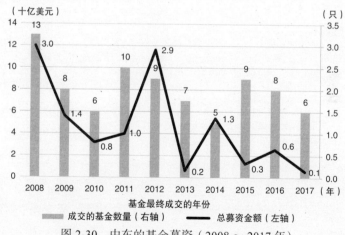

图 2-30　中东的基金募资（2008 ～ 2017 年）

资料来源：2018 年 Preqin。

这种不满有多种原因。第一，政治影响和动荡的环境对当地的私募股权从业者没有帮助；第二，一些国家对公司所有权的限制，以及繁文缛节和官僚作风也限制了业务的开展。即使当地的国内生产总值在很长一段时间内一直保持强劲的增长，但相对缺乏投资机会和艰难的退出环境也限制了私募股权的发展。

参考文献

图书及手册

Cendrowski, H., Martin, J., Petro, L. and Wadecki, A. (2008) *Private Equity: History, Governance and Operations* (Wiley, Chichester), 480 pp.

Draper, W. (2011) *The Start-up Game* (Palgrave Macmillan, New York), 261 pp.

Gupta, U. (2004) *The First Venture Capitalist* (Gondolier, Calgary), 240 pp.

Lerner, J. (2009) *Boulevard of Broken Dreams, Why Public Efforts to Boost Entrepreneurship and Venture Capital Have Failed – and What to Do about It* (Princeton University Press, Princeton, NJ), 229 pp.

Mazzucato, M. (2015) *The Entrepreneurial State* (PublicAffairs, Philadelphia, PA), 260 pp.

Perkins, T. (2008) *Valley Boy* (Gotham Books, New York), 289 pp.

Ries, E. (2011) *The Lean Startup: How Today's Entrepreneurs Use Continuous Innovation to Create Radically Successful Businesses* (Penguin Books, London), 336 pp.

Senor, D. and Singer, P. (2010) *Start-Up Nation: The Story of Israel's Economic Miracle* (Little, Brown & Co., New York), 320 pp.

报纸及新闻媒体

AlwaysOn, 'Build rather than buy – competitive advantage', 12 January 2005.

Barker, A., 'Europe votes for a single patents system', *Financial Times*, 11 December 2012 (www.ft.com/intl/cms/s/0/cf2e8746-439e-11e2-a68c-00144feabdc0.html#axzz2GFV9QgeJ, last accessed 29 December 2012).

Blohm, M., Fernandes, A. and Khalitov, B., 'Entrepreneurship in Colombia: "Try fast, learn fast, fail cheap"', Knowledge@Wharton, 2 January 2013.

Boscolo, R., Shephard, B. and Williams, W., 'The private equity landscape in Colombia', Knowledge@Wharton, 2 January 2013.

Davidoff, S., 'Private equity looks abroad, but may be blind to the risks', DealBook, *New York Times*, 21 December 2010.

Deng, C., 'Finding an exit from China gets harder', *The Wall Street Journal*, 24 July 2012.

Karlin, A., 'The entrepreneurship vacuum in Japan: why it matters and how to address it', Knowledge@Wharton, 2 January 2013.

Knowledge@Wharton, 'Risky business: private equity in China', 26 January 2011.

Kurian, B. and Zachariah, R., 'Global investors put Indian private equity story on hold', *The Times of India*, 26 July 2012.

McBride, S., 'US patent lawsuits now dominated by "trolls" – study', CNBC, 10 December 2012.

Natarajan, P., 'China's private equity market sees fewer deal options', *The Wall Street Journal*, 15 October 2012.

Power, H., 'Is bigger better?', *Private Equity International*, March 2012.

Primack, D., 'Carlyle's Rubenstein: where we're not investing', The Term Sheet, *Fortune*, 12 December 2012.

Sreeharsha, V., 'Brazil steps up investments in overlooked tech start-ups', DealBook, *New York Times*, 5 December 2012.
The Economist, 'Special report on entrepreneurship', 14 March 2009.
Weiland, D., 'Chinese private equity funding hit by sharp downturn', *Financial Times*, 15 March 2019.
The Economist, 'Barbarians in love', 25 November 2010.

论文及研究报告

Axelson, U. and Martinovic, M. (2015) 'European venture capital: myths and facts', London School of Economics, 61 pp.
Bain (2019a) India Private Equity Report 2019 (www.bain.com/insights/india-private-equity-report-2019/).
Bain (2019b) Spotlight on Private Equity in China: The Case for Caution (www.bain.com/insights/private-equity-china-global-private-equity-report-2019/).
Cumming, D. and Fleming, G. (2012) 'Barbarians, demons and hagetaka: a financial history of leveraged buyouts in Asia 1980–2010', Working Paper, SSRN 2008513, 36 pp.
EMPEA (2018) 'The shifting landscape for private capital in Brazil', EMPEA Brief, May, 12 pp.
European Commission (2015) Innobarometer 2015 – The Innovation Trends at EU Enterprises Report, Flash Eurobarometer 415, 200 pp.
European Commission (2016) Innobarometer 2016 – EU Business Innovation Trends Report, Flash Eurobarometer 433, 209 pp.
European Commission (2017) The 2017 EU Industrial R&D Investment Scoreboard, 118 pp.
Fairlie, R., Morelix, A. and Tareque, I. (2017) The 2017 Kauffman Index of Start-Up Activity, 52 pp.
Goebel, H., Arangua, H., Valadez, A. and Gonzalez, M. (2019) The Private Equity Review, Mexico (8th edn), June (https://thelawreviews.co.uk/edition/the-private-equity-review-edition-8/1190961/mexico).
Hsu, D. and Kenney, M. (2004) 'Organizing venture capital: the rise and demise of American Research & Development Corporation, 1946–1973', Working Paper 163, 51 pp.
Invest Europe (2018) European Private Equity Activity – Statistics on Fundraising, Investments and Divestments, 72 pp.
LAVCA and Cambridge Associates (2018) Latin American private equity Limited Partners Opinion Survey, 12 pp.
Padilla, H. and Arango, P. (2019) The Private Equity Review, Colombia (8th edn), June (https://thelawreviews.co.uk/edition/the-private-equity-review-edition-8/1190924/colombia).
Preqin (2018a) Special Report: Asian Private Equity & Venture Capital, 24 pp.
Preqin (2018b) Special Report: Private Equity in Emerging Markets, 16 pp.
Preqin (2019) Preqin Markets in Focus: Private Equity & Venture Capital in India, 12 pp.
PWC, IFC GHK and Ecorys (2014) 'SMEs' access to public procurement markets and aggregation of demand in the EU', 170 pp.
Startup Genome (2018) Global Startup Ecosystem Report 2018 – Succeeding in the New Era of Technology, 242 pp.

第二部分

INTRODUCTION TO PRIVATE EQUITY, DEBT AND REAL ASSETS

私募市场的生态系统

　　私募市场必须被视为一个生态系统，它建立在基金投资者与基金管理人的互动之上，后者负责将资本配置给具体的公司（见第3章）。私募市场覆盖公司发展的整个周期，为公司的所有活动提供解决方案（包括困难时期，见第4章）。聚焦私募股权，其核心是人际关系和信任。投资的过程，尤其在处理信息不对称（见第5章）的时候，是基于建立这种信任和人际关系。

私募股权

商业系统的视角

　　我们都是私募市场的投资者（见第 3.1 节），尽管可能不是直接的或有意识的。金融机构（"机构投资者"）通过各种渠道从所有个体那里募集资金，比如保险收入或养老金储蓄（Davidoff，2012），并将这些资本重新注入金融体系，尤其是非上市公司。

　　为了从每种投资类别的风险 – 收益状况中受益，通常将投资的资金区分开并分配到不同的投资类别（"资产类别"）中。根据其所处行业、投资资金来源以及经济和监管约束的不同，私募市场投资者对投资的风险及收益的期望也存在差异。因此，金融机构本身不一定直接投资于私募市场。它们将投资非上市公司的工作委托给专业人士（代理人），以它们的名义（委托人）来进行投资。对这些基金管理人的业绩进行评估可能会比较微妙，有时与其说是科学的风险 – 收益计算，不如说是信念的飞跃（见第 3.2 节）。

3.1　我们都是私募市场的投资者

　　机构（比如银行、保险公司和养老基金）、公司、个人以及其他营利或非营利组织（比如捐赠基金、基金会和协会）是私募市场的主要资本来源。

非机构投资者是一些高净值人士（high net worth individual，HNWI），基于其个人财富，他们被认为对私募市场基金有所了解，并且能意识到选择私募市场基金所带来的风险。他们可以将其一部分或全部资产的管理委托给私人银行或家族办公室，这些组织为他们选择基金。

在欧洲所募集的资金中，来自个人投资者的比例不足 10%。他们可以投资上市的私募股权工具（"常青"基金或控股公司）或专门为个人投资者设计的基金，比如英国的创业投资信托（VCT）或法国的创新共同投资基金（FCPI）和 FIP。在美国，散户投资者无法参与私募市场基金。唯一的选择是直接投资私有公司（见第 3.1.1.1 节），或者通过商业发展公司（BDC）或特殊目的收购公司（SPAC）等上市架构进行投资，这些架构实质是私募资产或私有公司的上市控股公司。

在本书中，我们将聚焦于机构投资者（如保险公司、养老基金和银行），并将其称为"有限合伙人"（limited partner，LP），同时将基金管理人称为"普通合伙人"（general partner，GP）。

3.1.1　资本来源

资本的来源分三个维度。

首先，投资者可能会受到法规的约束，也可能不受约束。保险集团、养老基金和银行属于第一类；第二类是管理家庭财富的家族办公室、高净值人士和公司；介于两者之间的是基金会和捐赠基金，它们大多是不受约束的投资者，每年花费一定数量的收益来维持其免税状态。政府机构和主权财富基金是公共实体，它们的约束条件可能非常多变。

其次，投资者可以将投资事务委托出去，也可以自己执行实施。例如，被保险人和未来的养老金领取人委托他人投资。如上所述，高净值人士可以委托或自己实施投资。

最后，投资者可能获得全方位的投资机会。在图 3-1 中，投资者可以参与母基金、基金和私有公司的投资，因为法规认为它们足够复杂。实际上，许多投资者并不直接投资于私有公司，因为这需要高水平的专业知识和大量的资源，并且涉及很大的风险。

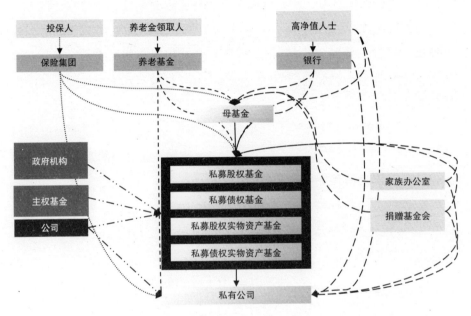

图 3-1　资本来源及私募市场价值链参与者

资料来源：Demaria（2006，2008，2010，2012）。

投资者有三种主要的渠道直接或间接投资非上市公司（见图 3-1）：直接（见第 3.1.1.1 节）、通过基金（见第 3.1.1.2 节）和通过母基金（见第 3.1.1.3 节）。

西方的机构投资者在 2007 年将其管理资产的 4.6% 配置给了私募股权，这一比例在 2009 年回落至 3%，2011 年又增至 3.6%（Russell Research，2012）。根据 Preqin 的资料，2010 年欧洲养老基金平均将其管理资产的 3.7% 的配置给了私募股权。截至 2018 年，根据投资者类型的不同，全球配置的比例在 0.4% ~ 3% 之间（见图 3-2）。

在此排名中，主要的缺席者是银行。它们的审慎比率[⊖]（"巴塞尔协议Ⅲ比率"）已经被证明不适合私募股权，欧洲的保险集团也采用了相同的策略（欧盟偿付能力监管Ⅱ号指令）。计算其偿付能力比率的方法增加了私募市场投资相关的风险权重。在过去十年中，私募市场的资本来源已经从银行和保险集团转向了养老金计划（见本书引言）。

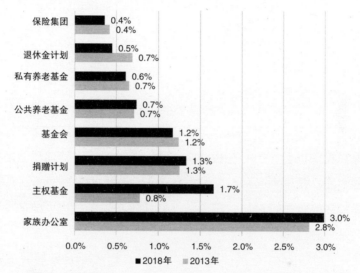

图 3-2　按照投资者类型划分投资给私募股权的总资本比例
资料来源：Preqin，2018。

3.1.1.1　直接投资于私有公司（因此跟私募股权基金处于同一投资层次）

越来越多的投资者，尤其是散户投资者（个人）开始将他们的储蓄直接投资于非上市公司（这一趋势还没有反映在专业组织的统计中，因为它们只跟踪其成员即机构投资者和基金管理人的活动）。股权众筹就是直接投资的一种方式，它将个人与想要融资的公司联系起来。天使投资者俱乐部是另一种方式。有些国家（比如法国和美国）已经制定了税收优惠政

⊖　银行在其资产负债表为弥保其风险而保留的金额。

策，以促进个人直接投资于非上市公司（见第 4 章）。

尽管这些做法或许满足了这些私有公司一项至关重要的经济需求，但是直接投资的风险可能被低估了（Davidoff, 2012b）。 事实上，投资于这类透明度非常低的公司需要专业知识、技能、时间和资源，因为公司的治理必须直接与其他股东协商，投资监控必须是积极、系统且提前规划的。个人投资者很难具备单独承担这些任务的条件，因此需要有法律来保护他们进行此类风险性的投资。美国股权众筹合法化相关的延迟，表明在平衡对个人投资者的保护与他们对高风险公司投资的需求之间存在困难。

相对而言，投资专业人士在分析投资机会和优质项目来源方面，具备必需的时间、经验和专业知识。为此，私募市场投资者不仅需要有洞察力并积极寻找投资机会，还要有相关的人脉，此外还要有管理尽职调查和投资的金融手段。投资者必须对投资机会进行全面和彻底的分析，并对投资的风险和潜在收益进行评估。最后，投资者还必须能够积极推动投资项目的发展。

对非上市公司进行直接投资（尤其是初创公司），应该尽可能地仅限于有经验的投资者。他们通常具有运营经验和行业专业知识。有些已经在工业或服务业中有所成就的富人可以指导那些想要创立自己公司的创业者，或帮助新创立的公司，并成为这些公司的天使投资人。这就是为什么一些个人 能成为谷歌公司神话故事的一部分。

大多数时候，创业者投资自己领导的公司。在初创公司的情况下，创始团队投入初始资本来启动项目（"自力更生"），有时也有朋友和家人的帮助（"爱心资本"）。通常，他们的股份会随着每轮融资而稀释，因为会

⊖ "退休基金在任何方面的运用都在增加，除了退休者本身。401K 计划和个人退休账户正在变成投资初创公司、投资黄金和认购私募股权基金的钱袋子。不利的一面是，当企业失败时将没有钱给退休者。而且有很多证据表明，这类企业绝大多数都失败了。"

⊖ 太阳微系统公司（Sun Microsystems）的联合创始人、思科公司（Cisco Systems）副总裁安迪·贝希托尔斯海姆（Andy Bechtolsheim），以及 Junglee 前总裁、亚马逊业务发展副总裁拉姆·施里拉姆（Ram Shriram）。

有新的投资者投入资金并获得公司的股份。

而通过杠杆收购（LBO）转让公司所有权时（见后文说明），公司的管理层可能是投资辛迪加的成员，有时会占很大比例，甚至跟金融投资者持平。这种情况下的杠杆收购就是管理层收购（MBO），也就是说公司的管理团队组织整个操作流程，并联系投资者帮助他们为该操作融资。在有些情况下，管理层收购由管理团队单独操作完成，此时，该管理层收购是"无资助"的。如果其中牵扯到一只基金或一家金融机构，那么该管理层收购就是"受资助"的。

直接投资可能是风险最大的私募股权投资方式，也有着最高的预期收益率。失败概率取决于公司的性质。初创公司总体来说有非常高的死亡率，而杠杆收购和成长资本的风险较小。

3.1.1.2 投资于私募市场基金

设立私募市场基金，使得投资者能够把投资管理工作委托给专业人士。从理论上而言，专心致力于此工作的专业人士能够发现最好的投资机会、达成最佳的交易，并帮助被投公司成长。有些多样化的基金管理公司为投资者提供覆盖私募股权领域大部分谱系的投资机会，属于"多合一"的逻辑。为此，基金管理公司的投资中会涵盖创业投资、扩张资本和杠杆收购的机会。尽管初看上去很有吸引力，但这种策略由于许多障碍而日趋衰败。

实际上，投资私募股权是一个长期的过程，在此过程中，投资者的经验和专业技能逐渐得到累积。基金的管理团队规模通常有限，团队成员的个人人脉决定了基金能否成功。这也是为什么最好的基金都专注于特定类型的公司，比如指数创投（Index Ventures Partners）专注于欧洲的创业投资，CVC 资本和殷拓集团（EQT Partners）专注于欧洲的杠杆收购；有些基金甚至专注于特定的行业，例如弗朗西斯科资本（Francisco Partners）专注于美国技术类的杠杆收购，红杉资本专注于 IT 行业的创业投资（在美国为其主要创业投资基金）。作为一位多样化的基金管理公司，需要跟一大批专业的基金管理公司竞争，这是非常困难的。

在欧洲，基金可以是全欧洲范围的，例如从事后期创业投资的 Accel 基金欧洲（Accel Europe）和 Balderton 资本欧洲（Balderton Capital Europe），以及从事大型收购的珀米拉集团（Permira）和 BC 资本（BC Partners）。但是，考虑到本地市场的特殊性，团队往往会覆盖区域或本地市场，例如苏格兰股权资本（Scottish Equity Partners）专注于英国的创业投资；MBO Partenaires 专注于法国的小型收购；德国的 Halder 覆盖了德语国家（即奥地利、德国和瑞士德语地区）的中型收购。一只多样化的基金，需要昂贵的基础设施，以及本地的办公室和团队。

有些基金管理人实施了品牌战略，试图在国外复制其成功定位（红杉资本以色列和红杉资本中国），或者进入传统定位以外的其他业务，实现多元化（红杉成长资本）。其他基金管理人，比如黑石集团（Blackstone）、阿波罗（Apollo）、科尔伯格·克拉维斯·罗伯茨集团（KKR）或凯雷（Carlyle），转型成为"私募股权集团"，投资专注在房地产、对冲、基础设施和私募债权等领域的基金（见图 3-3 和 *Financial Times*，2010）。

如果纯粹的基金（比如专注于创业投资或杠杆收购）关注的领域过窄，风险会更大一些，同时也意味着投资者要对基金所专注的行业比较了解。如果基金投资者想参与涉及环境、信息技术、生物科技和其他行业的创业投资，这可能非常棘手。要想在所有这些投资领域建立专业知识，基金投资者必须投入大量资源。

因此，多样化基金和专业化基金的区别，取决于基金投资者的投资金额和投资策略。考虑到必须分散投资至少 5 ～ 10 只基金，如果基金投资者的投资不超过 2000 万～ 3000 万欧元，那么投资涉及私募市场所有谱系的多样化基金可能是一个适当的策略，因此投资者分散了运营风险，让基金管理人在行业和领域的层面进行分散投资。

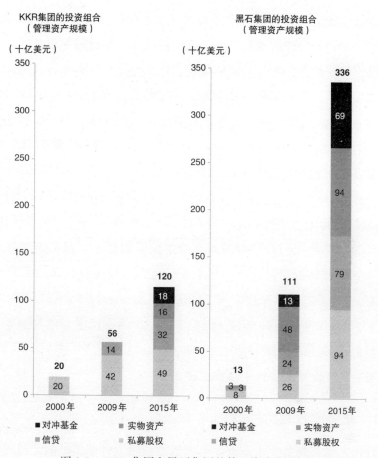

图 3-3 　KKR 集团和黑石集团的管理资产额构成

资料来源：Favaro，Neely（2011）；作者。

3.1.1.3 　投资于"负责挑选顶级专业化私募市场基金"的基金（母基金）

母基金（见第 4.4.1 节）为投资者提供了分享专业技能的渠道。理论上而言，投资者可以实现其投资上的地域多样化，获得绝佳的投资机会，并在私募股权投资方面得到专业人士的帮助。技术上而言，母基金处于私募股权和资产管理的边界。比如，HarbourVest 和合众集团（Partners Group）为机构投资者提供母基金计划。

母基金计划为投资者提供的投资机会还包括联合投资私募股权基金，有时甚至是标的公司的直接投资。这使得投资者用有限的或者很低的成本就能获得投资机会，并有可能调整他们的风险敞口、提高收益。但是，母基金增加了一个管理层级，也增加了一层成本和费用。

有些被称为"看门人"（gatekeeper）的中间机构，为投资者选择基金并设立特定的计划（"委托"或"独立账户"）。这些"看门人"也可以管理母基金，它们只为那些愿意投资 2500 万欧元以上的投资者开设独立账户。这些计划的设计目的，是为客户提供特定的风险敞口。Hamilton Lane 和剑桥协会就是其中两个例子。

母基金管理公司与"看门人"的主要区别在于，前者通常将自有资金投入到所管理的产品之中（基金管理公司的资金投入至少占基金规模的 1%，但是，有些母基金管理公司的投入资金不到基金规模的 1%）。而"看门人"是单纯的咨询机构，因此，它们的激励仅限于作为服务提供商对质量的承诺，通常跟业绩无关。但是，因为投资者的委托经常会更新，业绩也会在更新后的委托中被考虑进去。

3.1.2 私募股权投资原理

任何愿意将部分资本配置于私募股权的投资者都出于两个目的：分散投资和提高收益。

波动性与衡量风险无关

金融理论通常以资产价格的波动性来衡量风险。因为私募市场的资产没有上市，所以价格相差甚远。这意味着要么私募市场是低风险投资，要么波动性与衡量投资风险无关。其中的诱惑在于，要"重建"私募市场资产价格的衡量机制。这种方法已经通过所谓的"激化"私募市场价格而进行了一些尝试。但由于多种原因，这远远不能令人信服。

第一，这种方法认为，参与投资躲不开为上市资产开发的框架。这并没有得到证明。上市资产为投资者提供了一项特殊的功能：假设有买家，他们能够相当快地出售其资产。这通常被称为"流动性"。这一功能会根据市场情况，随着时间推移而变化，并且有一定的成本。有人可能会说，标准框架实际上是具有强制性的积极投资和中长期目标的私募市场，而证券交易所是一个例外，资产在交易所受到监控、频繁交易，因而被有规律地定价。

第二，上市资产容易受到人为波动的影响，这主要是由于资产价格波动会蔓延。无论资产的内在价值如何，任何重要信息都会影响其价格，因为其他资产的价格会波动。这意味着，证券交易所的风险可能被夸大了。这一点确实如此，因为波动性意味着，任何波动，包括价格呈上升趋势，都是一种风险。

第三，将波动性作为衡量风险的一种方法，并试图将私有资产纳入这一框架，这是假设证券交易所是资产价格的有效监控者。实际上，证券交易所是一个粗糙的、不完美的代理。上市资产可以在证券交易所之外换手，例如在暗池中。此外，如果一项资产必须全部出售，其交易价格将与市值有很大出入，市值是每股价格与股份数量的乘积。原因在于，采取溢价还是折价，要根据所有者是大股东还是小股东，该股东是否拥有特定权利，以及交易的背景决定。

风险来源：理论

合乎逻辑的结论是，波动性并非衡量投资风险的相关指标。一个更好、更相关的风险度量指标应该同时考虑资本损失的概率和损失金额。一个指标是在特定时间内达不到目标收益的概率，或未得到分红的概率。这更接近于风险价值的框架，因此适用于组合统计和概率数据。

但是，很多投资组合以波动性作为风险衡量标准。由于私募市场资产的波动小于上市资产，因此它们之间的相关性较低。例如，私募股权基金主要投资于非上市公司，由于它们的投资周期长得多（平均为 3～5 年，而某只特定的基金投资上市公司的周期不到 6 ~ 12 个月），私募股权基金有自己的周期，持续时间约为 5 年。这些周期与证券交易所指数的演变没有直接关系。它们似乎是投资者建立不同资产组合（上市和未上市）以降低风险的直接来源。

但是，私募市场基金与上市交易市场有关联，至少基于两个原因。第一，对资产的估值通常是参照上市资产的估值方式进行的，这通常在投资时（进场）完成，然后在投资持有期和报告时会定期进行估值。第二，投资退出（"套现"）主要是通过股份出售或 IPO 的方式。如果证券交易所不景气，上市公司将减少收购或提出更低的估值报价。

私募市场还会受到宏观经济因素的影响：其中之一是利率，通过两种方式产生影响。一种是大公司通常从私募市场基金那里借钱进行收购。利率越高，公司越难将收购私募市场基金的标的转化为利润，从而降低其收购的报价。另一种方式是通过杠杆收购影响所有权的转移，因为它们决定了交易中财务杠杆的影响。利率越高，杠杆收购基金的资产就越难产生预期业绩，因为转移给贷款人利益将是巨大的。

还有一个宏观经济决定因素是 GDP 的增长。被收购的公司必须成长并兑现价值，成为未来收购者的一个有吸引力的潜在目标。如果整体经济本身在增长，那么一家公司就更容易实现成长。国内生产总值的增长对私募市场策略会产生不同的影响。例如，创业投资和成长资本利用了强劲的经济增长。杠杆收购基金在更具挑战性的环境中苗壮成长，此时公司必须变革。不良债权（见第 4 章）收购一些受到经济衰退影响的稳健企业，对它们进行重组，并在经济复苏时出售，其业绩表现不错。这些投资策略是投资者分散投资的源泉，因为它们有助于建立一个"全天候"的投资组合，也就是说，不受宏观经济条件影响的投资组合。

分散投资以降低风险：实践

实际上，基于多种原因，私募市场在投资组合层面提供了风险分散：

与上市股票相比，它们提供了更广泛的行业和地理位置的风险敞口。它们还提供了处于不同成熟阶段、处于不同状态的公司（从初创到重振）和资产的选择。因此，基金管理人是积极的所有者这一事实，是风险降低的主要动力。

广泛的投资领域

私募市场为进入新的投资领域提供了机会。创业投资使人们能够接触到一些新兴领域，例如信息技术、纳米技术、清洁技术、生物技术、金融技术、新材料以及其他创新领域。除了具有研发能力的企业集团，这些领域通常不会将上市公司列为参与者。因此，创业投资在新兴领域提供了多元化的载体。杠杆收购涵盖了广泛的行业领域，其中有些目标行业根本没有或者没有充分地被证券交易所覆盖，比如化工行业、航空航天业和制药行业等非常狭窄的、非专业人员难以理解的，以及殡仪馆和丧葬、烟草、博彩或采矿等不受欢迎的行业。

分散的投资地域

分散投资也包括地域上的分散。私募市场基金管理人瞄准了成熟程度足以提供退出前景的新兴市场。例如，投资者应在拥有经验丰富的收购团队的新兴国家进行中长期投资，而不应仅以当地上市公司为目标，事实证明，这些公司可能非常棘手且难以管理。一些本地基金由知名的企业集团提供资金，在中欧、印度、中国和其他一些市场开展业务。

风险分散：投资阶段

投资阶段也有所不同。私募市场通过创业投资、成长资本和中小型收购，提供了投资高成长公司的机会。一些公司愿意重新设计其运营模式（如放弃硬件，从事软件）、实施新的战略（从软件授权到基于云的软件）、改变商业模式（从软件订阅到提供计算服务）、收购供应商或分销商并整理部分价值链、多元化或重新聚焦、实施国际化运营及其他更多的活动等，杠杆收购提供了投资这些公司的机会。不良债权提供了投资一些陷入困境但有可能扭转局面的公司的机会。相对而言，证券交易所只接受超过最低营业额门槛、存续了一定年限并且通常显示出一定成熟程度的公司。

提升收益：基金选择

私募市场基金分散风险的来源也可以成为提升收益的来源。通过瞄准效率较低的市场，投资者可以受益于基金管理人专业工作所创造的价值，即通过分析、选择、投资、管理、监控私有公司及资产并实现退出。因此，投资分散的来源和价值创造并不直接与低收益画等号。

但是，通过简单的算法，投资多只基金可能会使投资者恢复到私募市场基金的平均业绩水平。但如果投资者具有出色的基金选择技能，那么通过选择多只基金进行的分散投资不应该是平均业绩水平。图 3-4 通过母基金说明了这一理论。使用基于投资倍数的蒙特卡罗模拟（Monte Carlo Simulation），资威私人有限公司（Capital Dynamics）生成了这个应用程序。通过选择 30 只基金，一只母基金可以实现显著提升 1.5 ～ 2 倍收益的可能性。

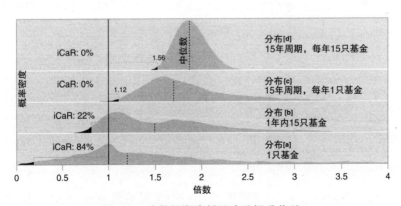

图 3-4　分散投资降低风险及提升收益

注：样本为 1 755 只美国基金。

资料来源：Capital Dynamics 的分析，随机选择的蒙特卡罗模拟，基于截至 2007 年 6 月 30 日 Venture Economics 的数据，包括欧洲和美国基金以及 1983 ～ 2003 年募集的创业基金和收购基金（2 699 只）。

　　根据 Capital Dynamics 的分析, 与上市市场的金融理论相反, 私募股权基金的选择显著提升了整体期望收益。优秀私募股权基金管理人的业绩稳定性, 就表明了这一点 (Kaplan & Schoar, 2003)。如图 3-4 所示, 母基金管理人的选择并不会趋同于私募股权指数, 他们在最好的一半样本中进行系统选择, 因而导致了积极的选择。

　　但是, 蒙特卡罗模拟假设给定的样本满足特定参数, 例如数据点的正态分布。但在私募市场中情况并非如此。此外, 很少有投资者具备出色的基金选择技能。因此, 实际分布是如图 3-5 所示的情况。直接投资美国的初创公司存在风险, 有 30% 的可能会损失投入的全部资金。但收益的潜力也很大, 有 25% 的机会产生 5 倍甚至更高的投资收益, 直接投资的收益情况不是正态分布。这意味着在这种情况下, 蒙特卡罗模拟是不相关的, 也意味着只有积极的投资者才能获得良好的收益: 对多家公司进行大量投资, 不会使收益率降到平均收益水平, 因为不存在这样的平均收益水平。

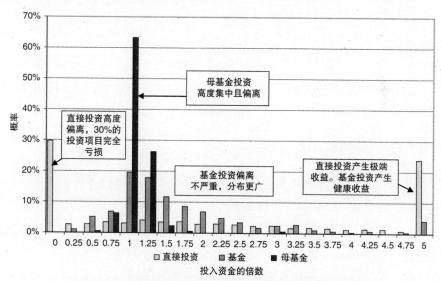

图 3-5　直接投资、基金投资和母基金投资的收益分散情况

注: 样本为 5 000 笔美国直接投资, 300 只欧洲创业投资基金和 618 只母基金

资料来源: Weidig and Mathonet (2004), 基于 Thomson VentureXpert 的数据; Wellershoff
　　　& Partners, 基于剑桥协会数据。

基金的投资也没有遵循正态分布，其收益倾向于更高的收益，在倍数1的右边有一条"胖尾巴"。这清楚地表明了基金管理人创造价值和控制损失的能力。没有任何基金会产生绝对的损失。理论上而言，母基金是同时实现风险分散和提升投资组合收益的工具，这种情况在金融领域并不常见。但是，它们并没有按照 Capital Dynamics 的计划发展。原因可能是三个因素的综合影响：管理费，这会降低母基金的业绩；基金的选择能力不及 Capital Dynamics 的描述；大量收益不佳的投资所产生的统计效应，这最终会稀释业绩优异基金的收益。

然而，由于私募市场透明度的增加，如我们在本书之前几版中所预测那样，母基金的角色发生了变化。基金管理人的业绩正在被更多人知晓，这一事实降低了母基金作为精明的私募市场基金投资者的优势。此外，随着对这一资产类别和基金管理人业绩更好地了解，基金投资者也能够单独实现风险分散。由于母基金不一定能提供经过更好调整后的风险 - 收益组合，它们要么发展，要么消失（见第 4.4.1 节）。母基金主要的发展方向之一就是与它们参与投资的基金一起，直接对私有公司进行联合投资。这会减轻母基金管理费在所投资本中的比重，还为它们提供了在底层被投公司中加大对潜在赢家投资的机会。这种情况是假设母基金管理人能够经常接触并识别潜在的赢家。

提升收益：主动的所有权

在评估私募股权业绩时，最常见的错误之一，是将道琼斯工业指数（DJIA）、标准普尔 500 指数（S&P 500）、富时指数（FTSE）等上市证券指数的变化与私募市场基金的中位数业绩进行比较。尽管这种对比可能比较吸引人，但会导致严重混淆，不利于对私募股权的理解。

第一，上市证券指数是基于对股票的一种随机选择，通常包括一些具有充足流动性的大公司的证券。私募股权却大为不同，这是一类流动性不佳（相对于上市证券市场）的资产类别，主要为成长型的中小企业提供融资。

第二，上市证券指数是一种非选择（anti-selection）的证券，即"非参与型"，也就是说不存在主动的管理。相反，私募股权基金基于"参与型"选择和管理的理念（见表 3-1）。

表 3-1 私募股权基金的结构

	创业投资	中型杠杆收购	大型杠杆收购	母基金
基金规模（亿欧元）	1	3	30	5
投资项目数量（个）	15 ~ 20	10 ~ 15	5 ~ 10	>20
员工数量（个）	10	20	75	25
管理费率	2.5%	2.0%	1.5%	1.0%
管理费（每位员工，万欧元）	25	30	60	20
管理费（每年，万欧元）	250	600	4 500	500

资料来源：Demaria, Pedergnana（2009, 2012）。

私募市场不存在这样的被动管理。但是，需要提及上市私募股权指数，如路易斯安那太平洋公司（LPX）或摩根大通公司（JP Morgan）编制的指数。在此基础上，出现了交易所交易基金（ETF）。投资者可以利用被动管理工具来投资底层资产：精选的类似于银行或资产管理公司的上市基金管理公司。交易所交易基金不会直接且明确地披露私募市场基金所持有的大量私有公司或资产。

实际上，上市的私募股权基金可以作为即将到来的创业投资和杠杆收购泡沫的早期指标。在市场达到顶峰时，它们很受欢迎，而在市场崩溃时，它们会受到不成比例的惩罚（见图 3-6）。原因有很多。

- 上市的私募股权基金让投资人可以有效地接触中介机构：基金管理公司。它们的健康发展取决于收集新基金和执行交易的能力。基金管理公司所收取的管理费大部分都分配给了它们的员工。
- 与大多数上市主体相比，这些组织结构的透明度较差，因为它们的业绩收费取决于难以了解的私募公司和资产的发展，并且这些公司或资产的信息有限，甚至信息缺失。

- 根据法规，这些组织结构的信息往往只满足其最低要求，而这些法规是为其他类型的业务所设计的。

- 由于这些组织结构相当小，在指数中与较大的金融机构捆绑在一起，因此分析师并未明确涵盖它们，也没有很好地理解它们。

- 由于它们的规模、缺乏透明度以及很大程度上被误解，其交易量很低。

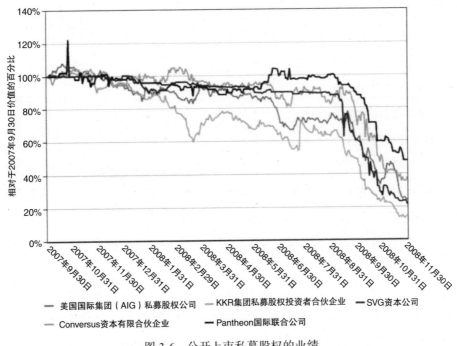

图 3-6　公开上市私募股权的业绩

第三，证券交易所的市场趋势仍在很大程度上独立于私募股权。尤其是，选股者（stock picker）的业绩很快就为人所知，而私募股权投资者的业绩及年化收益率只能在投资组合公司出售后才能计算出来。这意味着短期分析（短于 3 ～ 5 年）是没有意义的。

第四，指数并不代表平均市场业绩，只是一个象征性的指标。将指数的业绩与私募股权的平均业绩做比较非常复杂。严格来讲，这需要根据股票指数所运用的标准, 来选择一组标志性的私募股权交易, 然后跟股票指数进行比较。如果所选的私募股权交易可以代表私募股权市场行为, 那么就可能产生有意义的比较结果。

私募股权的收益及其持续性

有一种方法可以将私募市场基金的业绩与上市指数的业绩进行比较: 指数比较法 (Index Comparison Method, ICM), 通常也称为公开市场等价物 (Public Market Equivalent, PME)。此方法将在第 3.3 节中深入地介绍。按照这种方法, 理论上而言, 相对于股票基金和交易所交易基金, 私募股权基金能够提供更高的收益率。罗维内兹指出, 私募股权基金的业绩比上市指数高 300 个基点 (Rouvinez, 2007)。因此, 尽管还有很多学术争论, 但迄今为止的主流结论是: 私募股权业绩超出股票指数 (尤其是标准普尔 500 指数) 500 ~ 800 个基点 (Higson & Stucke, 2012)。至于针对公司的直接投资, 年化收益率大约为 12% ~ 20%。如果共同基金的长期收益率为 8% ~ 12%, 机构投资者在私募股权上的目标业绩应设定在 11% ~ 15%。

由于私募股权吸引了更多的资本 (根据 Preqin 的数据, 从 1990 年的约 1000 亿美元, 到 2011 年的 1.7 万亿美元, 再到 2018 年的 3.2 万亿美元), 其边际收益率已经下降。根据摩根大通的研究, 在金融危机之前, 基金投资者预期他们的私募股权投资可以获得 12.6% 的长期净收益率 (JP Morgan, 2007)。根据科勒资本 (Coller Capital) 的《2017 ~ 2018 年全球私募股权晴雨表》, [⊖]82% 的基金投资者期望在未来 3 ~ 5 年内, 其私募股权投资组合的年净收益率能达到 11% 或更高, 其中只有 17% 的投资者期望获得 16% 或更高的净收益率。同时, 60% 的基金投资者预计, 随着私募股权市场的成熟, 收益率将会进一步下降。

⊖ www.collercapital.com/sites/default/ les/Coller%20Capital%20Global%20Private%20 Equity%20Barometer%20 Winter%202017-18.pdf. 样本是 100 位私募股权基金投资者, 40% 在北美, 40% 在欧洲, 20% 在亚太地区。

投资者特别关注历史业绩表现，与其他金融领域不同，历史业绩表现之所以很重要是因为一种被称为"基金管理人的业绩持续性"的现象。卡普兰和斯考尔首次记录了私募股权基金管理人的业绩持续性（Kaplan & Schoar，2005）。○森索伊、王、魏斯巴赫指出（Sensoy，Wang & Weisbach，2014），在 1999～2006 年间，"私募股权的表现继续优于公开市场的平均水平"，尽管该行业已经日趋成熟，但还是与 1991～1998 年的情况一样；也有研究指出（Korteweg & Sorensen，2015），业绩的持久性实际上对业绩优异者和不佳者都是适用的。

上文提到的基金选择技能，对业绩的持续性非常重要。随着这类资产成熟度的提升，基金选择技能会更为关键。森索伊、王、魏斯巴赫将私募股权行业的成熟描述为前 25% 区间的基金与后 25% 区间基金之间的业绩差距越来越小。

随着差距的缩小，以及随着基金管理人开始采用策略优化其内部收益率（IRR），学术文献的分析框架已经发生了变化，并且没有对这些策略进行解释。因此，基金管理人可以从一个业绩区间下降（或升级）到另一个业绩区间，而不会在价值创造和业绩实现方面真正失去（或获得）优势。在基金业绩区间分析的基础上（Braun，Jenkinson & Stoff，2013；Harris，Jenkinson & Kaplan，2014；Korteweg & Sorensen，2015），业绩持续性可能看起来在不断下降，但实际上可能通过其他措施仍然维持不变。

基金投资者的特征及其业绩表现

基于基金投资者的技能和资源，他们能够凭借资产配置（Swensen，2009）和基金管理的选择（见本书引言）创造更好的业绩，这一事实证明

○ 鲁宾逊和森索伊（Robinson & Sensoy，2013）确认了这一点，而哈里斯、詹金森和施图克（Harris，Jenkinson & Stucke，2012）发现 2000 年之后杠杆收购基金管理人的业绩下降了。但是，这存在争论。比如，李发现杠杆收购基金管理人的收益持续性比创业投资管理人更强（Li，2014）。但是哈里斯、詹金森和卡普兰发现了创业投资基金管理人业绩持续性以及 2000 年之后收购基金业绩持续性下降的额外证据（Harris，Jenkinson & Kaplan，2014）。

基金管理人的收益持续性仍然是私募市场投资的一个基本特征。仅仅通过研究杠杆收购基金管理人的底层交易情况 (Braun, Jenkinson & Stoff, 2017) 就可以发现, 由于特定基金管理人的特征, 其收益存在持续性, 并且随着时间的推移而下降。研究人员将这一发现归因于杠杆收购行业的逐渐成熟、金融和运营工具在该领域的广泛使用, 以及基金管理机构之间专业人员的流动 (或设立新的管理机构)。他们还指出, 拍卖水平的提高让大部分的自营交易和交易竞争消失, 导致了估值的上升 (以及估值的降低和持续性降低)。

除了共同的风险 – 收益方法, 各种类型的投资者都有自己的标准和预期, 它们彼此之间可能差异很大。有限合伙人所投资基金的资金来源, 决定了可接受的期望收益和波动性。在这方面, 家族办公室、高净值个人、大学捐赠基金和基金会参与私募股权投资的方式, 都以获得绝对收益为目标。因此, 它们在私募股权上的资产配置偏重创业投资。有行业知识、想参与底层标的公司发展的高净值个人, 有时会担任公司的顾问、董事会成员甚至高管。

私募股权日益被视为一种收益来源, 这有助于养老金平衡其长期负债。事实上, 学术研究 (Lerner, Schoar & Wang, 2008) 表明, 尽管该研究仅限于 2002 ~ 2005 年, 但美国常春藤大学捐赠基金的收益一大部分 (约 45%) 来自私募股权⊖和对冲基金。耶鲁大学和哈佛大学已经将 15% 以上的资产配置于私募股权, 目前配置于私募市场的比例超过了 25%。

保险集团采取的方式则不同。理论上而言, 它们通过保费所筹集的资金可能在任何时候因为客户发生损害而用来承担赔偿。根据统计数据, 保险集团基本上能够估算一个特定风险事件在一个特定年份的损害赔偿占所筹集资金的比例, 从而能够推断出短期、中期和长期可以投资的金额。为避免投保人每年所缴纳保费的波动, 保险集团必须在账户上保持一定数量

⊖ 这可能跟它们强大的校友人脉有关, 要了解具体情况, 请访问 www.cbinsights.com/blog/venture-capital/university-entrepreneurship-report。

的资金（偿债比率）。保险集团已经积累了专业技能，可以将潜在收益保留在资产负债表中，并在发生大事件需要大额赔付时能够随时调动。

毫不奇怪，保险集团喜欢"J形曲线"中J的底部（下面会解释"J形曲线"），因为这种方法可以记录即时的"亏损"（尽管是理论上的），将非税利润留在账户中，以应对未来可能的支付。所以，保险集团对在募资时提供现金流预测的基金感兴趣，如果可能的话，最好能够避免特定年份的大额收益分配，因为这些收益需要缴税，不能用于未来的损害赔偿。因此，保险集团是杠杆收购和成长资本的常见投资者，从而以最优节奏持续利用"J形曲线"。大中型保险集团也已经积累了内部技能来设立和运作母基金，使得私募股权产品的"J形曲线"与自身需求相协调。它们可能不会把绝对收益作为主要目标。

银行已经积累了基金选择、产品设计和向第三方提供自己的专业技能的能力。银行必须遵守《巴塞尔协议Ⅲ》所规定的偿付比率。有些银行已经在内部设立了基金，比如杠杆收购基金，因为它们具有投入资本和设计债务的能力。但是，这也导致了大量的利益冲突（见第3.2.3节和第7章），不仅发生在某一银行在同一交易中贷款人角色和投资者角色之间，还发生在贷款人/投资者角色与财务顾问角色之间。大多数投资银行已经不再进行私募股权活动了，因为它们想扮演财务顾问的角色（这不需要任何额外的审慎资产以覆盖风险）。少数银行通过设立联合投资基金来参与大型收购辛迪加，此时它们作为投资者获得利益与财务顾问的角色并不冲突。

在美国、英国乃至拉丁美洲等新兴市场存在一种对"谨慎人"规则的有利解释，因此私募股权成了养老基金资产配置的组成部分。这些养老基金处于一种微妙的状况，即在给定的时间期限内定期从未来的养老金领取者那里收取款项，然后在一个确定的日期之后，它们必须开始无限期支付养老金。因此，养老基金是在做长期投资，目标是尽可能获得最高收益，但同时养老基金也受到一些长期人口趋势的限制，比如在大多数发展中国家，养老金领取者数量不断增加，而养老金计划的净缴付人数却是有限的。因此，养老金计划将不得不更积极地重复利用其所管理的资金。

即使在私募股权上的配置有时仍然相当适度（特别是在拉丁美洲），但由于需要花费一定的时间来部署所配置的资本，所以到目前为止，信息的相对不足限制了对此类资产的配置。

私募股权基金管理人的业绩通常基于两个指标：投资收益倍数和IRR。第三个指标已经逐渐出现，即公开市场等价。就养老基金而言，决定是否对某一基金进行投资，这些财务指标只是整体考虑中很小的一部分。众多的其他考虑因素可以归纳为两大类：普遍所有者相关的隐性成本，以及私募股权投资相关的隐性成本。

普遍所有者相关的隐性成本

养老金计划特殊性的一个例证是其"普遍所有者"的身份（Hawley & Williams，2007）。这类基金投资者面临着其他大多数人都将要面临的未来挑战：他们的资产池太大，以至于将某些资产从投资组合中排除出去会增加投资风险，但没有任何相应的潜在收益。美国和欧洲的大型公共养老基金和私人养老基金就属于此类。主权财富基金（Sovereign Wealth Fund，SWF）也是如此，尽管它们在资产配置上没有受到与养老基金一样的限制（Bernstein，Lerner & Schoar，2009）。

对这些投资者而言，很难跑赢基准收益，因为从技术上而言，它们的每次行动都会极大影响市场。正因为如此，它们已经开始重视对所投资公司（尤其是通过证券交易所的投资）的管理施加影响，对气候变化问题和公司治理采取积极措施，以及尽早进行有针对性的另类投资，以便从其高收益潜力中获益。

在私募市场上，普遍所有者是重要的基金投资者。他们不仅提供大额资本，还对其他投资者起着信号作用，即如果加利福尼亚州公共雇员养老基金（CalPERS）投资了某只基金，那就意味着该基金已经通过了养老基金详尽的尽职调查程序，因此具有一定的品质。

普遍所有者面临的一个金融问题是，一旦某家公司进入其私募市场投资组合，则极有可能会被转移到其投资组合的另一部分（如上市股票）。比如，一旦私募股权基金从一家投资组合公司中退出，很可能是将其出售给上市公司或是在证券交易所上市，在这种情况下，普遍投资者也有深度的参与。

因此，只要这些公司创造了价值并且继续增长，它们在普遍所有者投资组合中的持久性就不一定是个问题。实际上，在其投资组合中，私募市场基金是金融资产轮换的加速器。

当私募市场基金采取对其他金融利益相关者有害的行动时，就会出现问题，例如：

- 快速转手[注]（Henry & Thornton，2006），即杠杆收购基金利用高杠杆收购一家公司，并在其投资组合里持有 1～2 年，然后再出售。这种做法的问题在于，基金管理人通常没有足够的时间创造价值。不管基金自身产生的利润如何，所创造的价值都不足以弥补收购和出售策略所产生的成本以及所收取的费用。因此，对普遍所有者而言，这意味着衰竭，因为基金管理人的报酬与其价值创造不一致。普遍所有者和经济一样，在这种情况下都是净输家。

- 杠杆资本重组（也称为"股息重组"），即增加杠杆收购基金收购一家投资组合公司的初始杠杆，并分配新旧杠杆率之间的差额。除非公司的业绩大大超过其商业计划，并且基金管理人对此贡献很大，否则杠杆资本重组事实上是非常冒险的业务。杠杆资本重组通过在

　　⊖　参见 Winfrey（2012）和《国际私募股权》杂志（*Private Equity International*，2012b），其中介绍了 2011 年 Castle Harlan 收购 Norcast Wear Solutions（以下简称 Norcast）的案例。2011 年，瑞士的 Pala 通过二次杠杆收购，以 1.9 亿美元将 Norcast 出售给 Castle Harlan。七个小时后，Norcast 就以 2.02 亿澳元出售给了 Bradken（在澳大利亚上市的工业集团，Castle Harlan 获得 2700 万美元的利润）。Pala 起诉了 Bradken 和 Castle Harlan。但是，Bradken 可能有充分的理由利用 Castle Harlan 作为中介（Aidun & Dandeneau，2005）。

投资过程中再次使用杠杆，不仅增加了杠杆收购的整体风险，而且还降低了基金管理人实现出色业绩的激励。激励减少的原因在于，杠杆资本重组往往是为了通过新旧债权之间的差额来偿还基金的资本投资（并且可能分配预期收益）。资本重组时，基金将锁定其业绩。无论交易完成后的业绩如何，基金的 IRR 都会更高（见第3.3.1 节）。实际上，杠杆资本重组已经停止了投资的脚步，并为该基金提供了人为提高其 IRR 的一种选择。

■ 连续的杠杆收购（也称为"二次杠杆收购"或"后续杠杆收购"），即便是通过初次、二次、三次等杠杆收购基金实现了基金层面的收益，对普遍所有者来说可能也是净亏损。普遍所有者必须承担基金设立的成本以及基金投资时的现金管理成本、投资成本（包括尽职调查和可能的终止交易成本）、基金管理人的费用、退出成本、业绩报酬、分配时的现金管理成本。对于每一次杠杆收购而言，基金投资者都要面对这一惊人的成本清单，以期能在抵消这些成本之后获得收益。

　　因此，不难理解，一旦基金 A 将一家投资组合公司出售给基金 B，如果这两只基金有相同的基金投资者，那就很难抵消这些双重成本，因为事实上，只有通过按市场价格对公司进行估值，才能实现这一目标！该公司仍将是普遍所有者的底层投资组合公司，但在此过程中，它会让所有者付出巨大的代价。

■ 退市再重新上市，这是潜在的高成本杠杆收购操作的又一种实例。要让一家公司退市，需要在限定的时间内收购公司一定比例的资本（通常以高于其股票价格 30% 或更高的溢价），以合法的方式挤出剩余的少数股东，接管该公司并最终退市。杠杆收购基金管理人随后通常会尽力使公司重新上市，因为考虑到退市成本和为投资组合公司支付的价格，这是获得收益的最佳方法。考虑到上市取决于总体经济形势和金融市场的走势，这种上市的成本也是很高的，并且涉及多种风险，从这个角度来说，退市再重新上市的风险很高。一些成功的案例，说明了此类操作的动机，比如磁盘驱动制造商希捷科技公司（Seagate Technology）。该公司在 2000 年以 20 亿美元的价格被银湖资本（Silver Lake）收购（Poletti，2006），然后于 2002 年在股票交易所重新上市，市值约为 58 亿美元。

除了这些成本，普遍投资者还需要考虑摩擦成本。假设普遍投资者在证券交易所和私募市场投资，每次企业转手时都会产生摩擦成本，而普遍所有者必须承担这些成本。这些成本主要包括募资、并购（M&A）、首次公开发行（IPO）以及其他中间成本。

最糟糕的情况可能是，与信息不对称相关的成本增加，并导致不良的并购操作。一个例子是 eBay 收购 Skype，导致前者产生了高达 17 亿美元的减值。如果一位普遍所有者持有 eBay 股票，并且投资了为 Skype 提供融资的创业投资基金，那么他不仅要承担所有创业投资相关的成本、待缴资本的成本和机会成本，还要承担摩擦成本（投行咨询费）和 eBay 在 Skype 收购中超额支付所带来的最终损失。

另一个例子是沃尼奇公司（Vonage）的 IPO（参见第 8 章的总结），如果一位普遍所有者通过专门参与首次公开发行的基金投资了 Vonage，并且之前已经通过创业投资基金投资了该公司，那么他将承受 90% 的股票价格减值。在这里，除了上述所有成本之外，普遍所有者还要承担首次公开发行的成本，甚至可能承担共同基金的成本。

为了证明这些成本的合理性，杠杆收购基金管理人必须关注真正的价值创造，从而能够证明所有的机会成本和实施成本对基金投资者而言是合理的。他们还必须最大化其投资业绩，而事实并非一定如此。事实上，大多数杠杆收购基金管理人出售投资组合公司的时机都提前了6 ～ 12 个月（Cao & Lerner，2006），这样造成了业绩的显著差别，因为如果基金持有这些投资组合公司股票的时间更长的话，它们本可以平均获得其投资价值 18% 以上的额外收益。如果额外增加持有投资组合公司的时间，导致基金的 IRR 降低，那么基金投资者的绝对业绩会更高，因为这降低了摩擦成本。因此，基金投资者在对杠杆收购基金的投资与创业投资基金、成长资本基金、重振资本基金的投资进行比较时，必须进行全面的成本分析。

通过对这一股权价值链上投资相关的成本清单粗略分析后，我得出了一些结论。第一个结论是，仅使用基金 IRR 和投资收益倍数（参见第 3.3.1 节）来分析私募股权基金的业绩是非常不恰当的，价值创造才是最重要的。这可以通过投资退出后的业绩分析以及每笔私募股权投资前后公司状况的分析来评估。

第二个结论是，机构投资者应该为其私募股权基金投资设立一个（现实的）收益目标，并不仅要关注业绩不佳的基金，也对业绩过好（尤其是 IRR 方面）的基金保持警惕。高资产循环率事实上会损害机构投资者的整体收益：它提高了待缴资本的成本[⊖]、机会成本和摩擦成本。收益目标的计算，应该权衡普遍投资者在投资链上所承担的整体成本和每次参与所产生的额外收益。

第三个与直觉相反的结论是，认为私募股权基金的持续期应该被设计得更长些。在金融危机之前的欧洲，一家公司从创立到上市至少需要 7 年（最近平均为 12 年）。

这就意味着，如果一位普遍所有者想要降低其现金管理成本、机会成本、摩擦成本和信息不对称成本，就应该鼓励创业投资人设立期限更长的基金，并延长其持有期。

随着收益可能在中期呈下降趋势，普遍所有者对改变私募股权行业的经济模型也非常感兴趣，对业务相关的费用和成本采取措施符合他们的利益，尤其是在杠杆收购领域。这也意味着基金管理人的激励结构应该被彻

⊖ 如下所述，随着投资机会的出现，私募市场基金会逐步配置它们所募集的资金。这意味着，在完成所有项目投资之前，基金的部分资金仍处于"待缴"状态。这种待缴资金让基金投资者产生了一些成本，因为它必须在很短的周转时间内恢复可用状态，并且只能投资于利息极低的短期货币工具（如果有的话）。

底审视。除了目前基金管理人费用水平的争议外，真正的挑战是，设计一个能够更好地让基金管理人利益与机构投资者利益保持一致的激励体系。超额业绩报酬随着投资收益倍数的增加而增加，并控制管理费的上限（或预算），这可能是朝着正确方向迈出的第一步。

大型机构投资者已经开始进行调整，尤其是通过购买它们已大额投资的基金管理机构的股权。这使得它们能够获得相应部分的管理费，而不必迫使基金管理人降低管理费（主要是通过运用"最惠方"条款）。有些投资者则要求设立联合投资计划，或者要求基金管理人设立独立账户，并分别收取管理费。其中的一个问题是，联合投资并不能保证获得最佳的投资机会。独立账户可能会导致某种形式的逆向选择，也就是说，投资者参与的可能是吸引力较低的项目。

所以，预先制定预算（McCrum & Schafer，2012）和递进式超额业绩报酬（随着实现的业绩而增加）是发展趋势，而按管理资产额比例收取费用的做法偏离了这样的趋势。基金管理人如果想要吸引基金投资者，就要适应这种趋势。另外，最优秀的基金管理人已经吸引了足够多的资本，且会继续设置有利于他们的条件。其结果可能是私募股权基金管理出现双系统。

私募股权相关的隐性成本

事实上，私募股权可以参与公司的整个生命周期的投资，从创立期到重振期，甚至更后期（见第 4 章）。私募股权基金承担了大量的直接和间接成本，这些成本可以归类为设立成本、管理成本、尽职调查成本和业绩报酬（见第 3.2.2 节）。通常，私募股权基金管理人所说的收益是扣除这些成本的，而这些成本已经很高了。不幸的是，成本清单可能还不止这些内容（还可能包括母基金或咨询费用）。

基金投资者必须要考虑到额外成本。首先就是待缴资本成本（现金管理）。一旦对基金承诺出资，私募股权基金的管理人可以在任何时候向基金投资者催缴承诺出资。从技术上而言，承诺的资金也可以配置到货币市场以外的其他地方，但是资本催缴在时间上的不确定性，使得基金投资者很难实现时间的再平衡（再加上在公开股权市场的出售）。那些冒险将待缴资本投入对冲基金而不是货币市场的基金投资者，在 2007 ～ 2009 年金融危机期间遭遇了严重的流动性问题。

然后是机会成本。基金投资者无法规划私募股权基金的收益分配，这意味着在找到新的投资机会之前，这些资金将被闲置（或进入货币市场）。事实上，私募股权基金分配的收益，通常会大大增加机会成本。当私募股权基金的业绩呈现出高 IRR、低投资收益倍数的特点时，我们尤其应该考虑机会成本，原因在于资产的循环加速了，但这对基金投资者来说未必是最优的，因为高 IRR 的好处会被缺乏相同收益水平的投资机会而抵消。

流动性是除风险和收益以外私募股权投资的第三个维度

在资产选择套利中，除了常见的风险 – 收益权衡之外，私募市场还增加了另外一个维度：时间 / 流动性。所考虑的时间期限、投资时点以及创业投资、杠杆收购和其他私募股权策略的权重，都会对私募市场投资者的整体业绩产生极大影响（见表 3-2）。

表 3-2　不同类型基金投资者的私募股权基金平均净收益（IRR）

投资者类型	总样本	期限		地区（1991 ～ 2003 年）		
		1991 ～ 1998 年	1999 ～ 2003 年	美国	欧洲	世界其他地区
母基金	14.62%	20.39%	13.00%	13.64%	14.77%	22.39%
公共养老金	14.55%	19.26%	10.94%	14.27%	18.29%	17.48%
公司养老金	15.05%	16.40%	14.47%	13.29%	18.83%	13.44%
银行	16.85%	14.38%	17.91%	10.70%	21.97%	18.21%
保险公司	18.26%	23.77%	15.85%	16.38%	20.79%	17.64%
捐赠基金	16.00%	24.42%	12.26%	16.01%	18.62%	8.05%
家族办公室	14.60%	19.50%	12.49%	14.33%	20.18%	−3.60%
政府机构	11.80%	8.09%	14.66%	−2.19%	4.80%	19.36%
合计	14.88%	19.44%	12.46%	14.28%	16.52%	16.68%

资料来源：Hobohm（2010）。

但是，对养老金管理人来说，看待这一问题的角度是不一样的。考虑到养老金投资的长期性，更长时间的非流动性不是风险，而只是通常风险－收益模式的第三个维度。事实上，私募股权已经证明，其收益的波动性低于上市股权指数（见图3-7）。因此，与私募股权收益相比，证券交易所存在额外风险，根据2007～2009年金融危机的教训，这种风险必须被考虑在内。

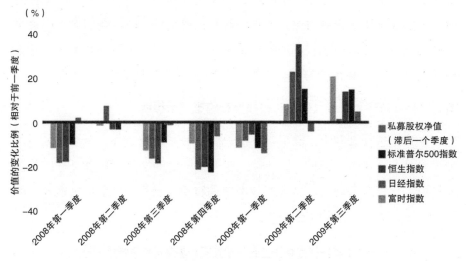

图 3-7　市场指数变化和私募股权净值变化的比较
资料来源：Bain（2010），基于 Preqin 和 Bloomberg。

这种额外风险后果的一个例证是，长期投资者在2008～2009年期间必须面对的"分母效应"（denominator effect）。长期投资者通常是按总资产管理额的比例来制定其资产配置策略。如果总资产管理额减少（主要源于股票市场的大幅下跌），而私募股权没有变化（由于这类资产的低波动性，见图3-7），则显然会出现对私募股权的过度投入（"分母效应"）。

除非投资者每3～5年对资产配置进行一次评估，否则就必须撤出部分投资以符合目标配置要求，或者将私募股权的配置比例暂时性提高（这是一些美国养老金所采取的策略）。私募股权基金份额的二级市场的规模不大（大约占私募市场基金总规模的 8% ～ 10%），流动性也不高。由于私募股权基金缺乏透明度，这些份额通常折价（基金净资产价值的 10% ～ 30%）进行交易。另外，据估计，对于 10 年期的私募股权封闭式基金，在设立后的 6 ～ 7 年时有必要对其潜在业绩进行如实的评估。

这对养老金管理人意味着什么呢？流动性作为投资私募股权的第三个考虑维度，养老金管理人应该反思其资产配置的评估方式（比如，通过采取比 1 年期更长的时间期限），或者提前规划一个流动性解决方案。在金融危机之前，像新加坡淡马锡（Temasek in Singapore）这样的主权基金决定不出售私募股权资产，而是将其证券化。这一解决方案已经被证明是成功的，养老金的项目达到一定成熟度后也可以加以借鉴。

当然，这些投资实践并不互相排斥。比如，养老金计划可以对其所在地区的公司进行直接投资，也可以通过本国的基金进行投资，还可以通过母基金投资，以解决专业技能不足（如投资海外）和资源不足的问题。但是，基金仍然是投资私募股权的最佳途径。

3.2 私募股权基金的组织和治理

直接参与私募股权投资的业绩不可靠，使得机构投资者委托中介机构来进行投资。因此，它们专注于基金和母基金的选择。当然，这并不相互排斥，机构投资者可以投资母基金以覆盖行业和地区，因为自身缺乏相应专业技能和金融资源；也可以投资于基金，以专注于特定策略，并从直接的联合投资机会中受益。这要求具备基金评估和选择方面的专业技能，而进行这些评估和选择所需要的信息存在结构性的缺陷，相关数据也难以获得。

3.2.1 私募股权基金管理人是金融中介

私募股权基金的存续期通常是 10 年，但也有一些例外。如果私募债权基金为公司提供普通债权融资（直接贷款），则基金年限通常设置为 8

年。对于母基金而言，其存续期通常是 13 年，基础设施基金的存续期是 15 年。这些 10 年左右的存续期又分为投资期（通常为 5 年[⊖]，可能展期 1 年）和退出期[⊜]（剩余的 5 年以及可能的展期）。为基金运营提供咨询服务的是基金管理人（如果是一家普通合伙企业，则称为"普通合伙人"，如果是其他基金架构，则称为"管理公司"），基金管理人由一些专业人士组成，他们负责分析和投资推荐。因此，管理团队是永久性的，而基金则是一些设置了时间期限的投资工具。

基金管理人通常是唯一具有法人资格的实体，而基金没有企业法人资格。这意味着基金是不需要纳税的。如果不享受税收豁免待遇，基金投资者要对基金的潜在收益纳税。但是也有例外，比如基金管理人和基金混在一个单一架构（如控股公司）的情况，上市的投资实体或者卢森堡风险资本投资公司（Luxembourg SICAR）就是如此。另外一种架构是开放式基金，也被称为"常青基金"。这些架构都需要纳税，基金投资者必须在运营中考虑这些纳税额，也有可能要求退税。

基金和基金管理人的区别，使得分析和报告职能与投资职能严格分离开来。理论上而言，基金管理人的出资（通常为基金规模的 1%，根据 Preqin 的数据，现在超过 3%）保证了基金投资者与基金管理人之间的利益一致性。因为存在代理成本，所以基金管理人给基金出资就会增强他们与基金投资者的利益一致性，这一假设广受质疑（Tirole，2005）。特别是，基金管理人很明显可以通过大量管理费来收回对基金的出资。1% 的出资额通常可以在 6 ～ 9 个月的投资期收回，3% 的出资额通常可以在 9 ～ 24 个月的投资期收回。保持双方利益一致性的另一种方式是设置超额业绩报酬（carried interest，见下文）。

基金管理人通过一个或多个步骤，即"交割"（closing），来为自己设立的基金募资。交割的次数可以是一次到四次甚至五次不等，这取决于基

⊖ 对于直接债权基金和母基金，可以是 3 年。

⊜ 有时也称为"收获期"（harvesting period）。

金管理人的过往业绩、募集基金的数额、基金投资者的胃口水平以及与基金管理人募资策略有关的其他特定因素。募资期从几周到 18 个月甚至 24 个月不等，基金在最终交割之后，就不会接纳新的投资者。基金投资者通过签署认购协议对基金做出承诺，该文件表明他们愿意遵守基金的管理规则。

基金投资者对于协议几乎没有谈判空间，或者空间很小，因为基金管理人通常不想对基金的条款和投资策略进行重大修改。基金投资者持有基金份额，并要求基金管理人运营基金。因此，理论上如果基金投资者愿意，他们可以更换基金管理人。他们这么做可以基于某个原因，也可以没有原因（通过一项"无过错解约"条款），但是通常必须获得约定的多数赞成票（大多数情况下是约定的多数票，有时甚至需要通过包括基金管理人在内的一致同意）。这些约定都体现在基金的管理规则中（见本书后附的文件模板 2）。在投资实践中，基金投资者很少更换基金管理人，因为基金管理人在谈判和权利方面占据上风。

基金管理人负责所管理资金的投资，他们分析投资机会、筛选项目、谈判投资条款，然后向基金投资者提请缴款进行投资。一旦完成一笔项目投资，基金管理人就要负责投后管理，监督发展计划的执行，并采取所有可能的行动获得投资收益。他们负责基金的汇报，即定期与基金投资者沟通基金的运营情况。最后，基金管理人负责对投资项目进行处置（通过公司出售、IPO、出售股份给其他投资人或清算），并对处置收益进行分配。

如果一只基金在其存续期结束时还没有出售其所有资产，会发生什么？有四种主要的选择可以尝试。

第一，大多数基金约定可以展期。私募股权基金通常可以展期两次，每次一年，展期有时由基金管理人决定，有时由基金投资者投票决定（简单多数或约定的多数）。

第二，可能尝试不惜一切代价在直接二级市场上出售基金的剩余资产，甚至象征性地低价出售给投资组合的管理团队。

第三，可以通过所谓的"由一般合伙人领导的重组"，对基金进行重组，以将其资产转移到新的基金。在这种情况下，即将到期的当前基金的管理人会创建一只新基金，其目的只是收购旧基金的资产。旧基金的投资者可以选择转移到新基金中，也可以选择获得现金，此时新基金的新投资者将取代现有的投资者，并提供现金让他们退出。设立新基金时，会考虑到资产是有价值的，只是当时无法以良好的状态出售。尽管这种情况看起来是双赢的，但可能会产生利益冲突。资产的买方和卖方是同一位基金管理人，因此很难设定一个客观的价格将资产从旧基金转移到新基金。例如，假设以当前的资产净值（net asset value，NAV）完成转移，从旧基金退出的投资者可能会认为价格太低，不能反映资产的全部价值，因为基金管理人在评估投资组合中的资产时会倾向于保守。新投资者可能会认为价格太高，因为资产在二级市场交易时都会打折。这可能会引发诉讼。

第四，这是最常见的情形，即超出基金约定的期限（包括展期）之后，基金管理人继续管理基金。这种做法通常不会受到惩罚，而基金投资者的替代方案（折价出售或象征性价格出售）也是不利的。因此，基金可以持续 15 年或 20 年，远远超过其设立时的预期存续期。对于持有大量僵尸公司的创业投资基金来说，尤其如此。

3.2.2 激励和费用

图 3-8 给出了私募股权基金现金流的一个概览。

基金投资者和基金管理人向基金承诺出资，合计的出资金额就是基金的规模。

基金管理人获得的报酬称为"管理费"（management fee），是基金因其提供的服务（建议、分析、基金管理和报告）而支付的费用。直接投资基金的管理费率通常是每年 1.25%[⊖]到 2.5%[⊜]，根据基金规模不同而不同

⊖ 比如，对基金规模超过 10 亿美元的基金（承诺出资）。

⊜ 比如，对基金规模低于 5000 万美元的小基金。

（母基金是 0.5% ~ 1%）。投资期的管理费根据基金规模计算[⊖]，一旦投资期结束，管理费通常根据投资组合的资产净值计算。

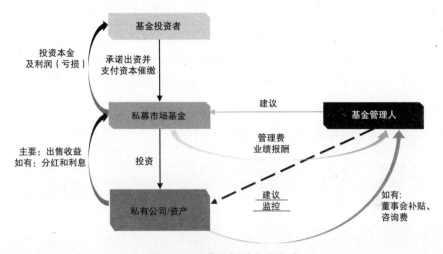

图 3-8 私募股权基金现金流

资料来源：Demaria（2006，2008，2010，2012）。

基金的资产净值由基金管理人来计算，以便给基金投资者提供投资组合中资产价值的最佳估计。这种"公允价值"[⊖]（fair value）必须真实地反映资产的当前价值，就像它们要在当日出售一样。

由一些主要的专业私募股权协会制定和认可的《国际私募股权和创业投资估值指南》[⊜]（IPEV），为基金管理人提供了如何计算投资组合中资产价值的指导。截至 2018 年 12 月，IPEV 定义了以下几种资产估值方法：市场法，即使用诸如销售额或息税（折旧）（摊销）前利润 EBIT（D）（A）、行业估值基准或可用市场价格（也称为上市可比公司）之类的乘数、收入

⊖ 计算的基准可能有所不同，但通常按照承诺资本（基金规模），或投资期间的投资资本和退出期的基金净资产价值（基金剩余价值），管理费率或随承诺资本规模下降不断下降。在最后一种情况下，管理费率从每年 1.5% 下降到 1.25%，然后是 1%、0.75% 等。管理费通常由基金管理人每季度提前收取。

⊖ 定义为"在主要市场中或在缺乏资产最有利市场的情况下""市场参与者之间在计算日进行有序交易时出售资产所接受的价格"。

⊜ www.privateequityvaluation.com/.

法（现金流折现），以及重置成本法（净资产）。估值的结果必须根据特定因素进行调整，比如所使用投资工具的性质以及这些工具所赋予的权利（否决权、投票权和清算优先权等）。在欧盟，评估工作必须由第三方独立完成，或者由基金管理公司内部独立运作的部门负责。

关于管理费的争论越来越多，因为管理费实质上损害了基金投资者的净收益。贝恩资本（Bain Capital）等一些基金管理人开始采用一些不同的机制，比如更低的管理费、更高的业绩报酬（参见下一段落的定义）。[⊖]

另外，基金还承担额外费用和成本，比如：

■ 初始开办成本，通常是基金总规模的 1%[⊜]（最多）。

■ 基金的行政管理和托管费，如果有的话，通常为每年 0.05% ～ 0.1%。

■ 运营成本，差异很大，包括新项目投资时的审计费、律师费、专家费以及尽职调查费用。如果新项目投资没有完成，这些费用就是损失，即"终止费用"（abort fee）。

为了协调基金投资者与基金管理人之间的利益，后者有权获得业绩费用，即业绩报酬（carried interest，或 carry），通常为所创造利润的 20%[⊜]（母基金为 5% ～ 10%）。有些基金管理人已经开始根据特定业绩指标设置递增的业绩报酬了。

比如，如果基金的 IRR 不到 8%，业绩报酬为 0%；如果基金的 IRR 在 8% ～ 12.99% 之间，业绩报酬为 10%；如果 IRR 在 13% ～ 16.99% 之间，业绩报酬为 15%；如果 IRR 在 17% ～ 19.99% 之间，业绩报酬为

⊖ 根据 Primack（2012a），贝恩资本第十一期基金的有限合伙人有以下三项选择。
- 市场标准：1.5% 管理费，20% 业绩报酬，7% 优先收益；
- 1% 管理费，30% 业绩报酬，7% 优先收益；
- 0.5% 管理费，30% 业绩报酬，没有优先收益。

⊜ 对于法国的 FPCI 和 FIP 等零售基金，这一比例可以高达 3%。

⊜ 有些基金管理人收取更低业绩报酬，比如高级债或林地投资。有些过往业绩优异的基金管理人收取 25% 甚至 30% 的业绩报酬。

20%；如果 IRR 在 20% ～ 24.99% 之间，业绩报酬为 25%；如果 IRR 高于 25%，业绩报酬为 30%。这可能会造成某些偏差，因为 IRR 作为一项指标受到了大量批评（见第 3.3.1.2 节⊖）。另一种选择是采用投资资金或者公开市场对等指标的倍数来设定门槛，并确保最佳的利益一致性。

但是，由于投资者所承担的风险要大于基金管理人，为了给投资者提供一个有保证的收益，常见做法是，基金投资者有权获得优先收益率，即"门槛收益率"（hurdle rate），通常在 6% ～ 8% 之间。如果基金业绩表现良好，而且基金协议有约定，基金管理人也会获得一定比例的优先收益，即"追赶金额"（catch-up）。除此之外，业绩分配根据业绩报酬的约定规则执行。

因此，基金的资金流动次序如下（见图 3-9、图 3-10 和图 3-11）：首先，承诺出资并投资；接着，将承诺资本全部返还给投资者，并且支付门槛收益率（如果基金约定有的话），比如 8%；然后，支付追赶金额，即门槛收益率的 25%；⊖最后，80% 的收益分配给基金投资者，20% 的业绩报酬归基金管理人。这个次序可能按照两种不同的方法来操作：欧洲瀑布式和美国瀑布式。

全球 80% 以上的基金采用的是欧洲瀑布式分配，这种方式规定分配次序应该在基金层面。在将任何利润分配给基金管理人之前，基金管理人必须向基金投资者全额偿还本金，还必须支付门槛收益率（如果有的话）。这种方式的优点是谨慎，分配的任何利润都是已明确实现的。但是，这就意味着基金管理人通常必须等待 6 年或更长时间，才能获得追赶金额（如果有的话）和业绩报酬。

⊖ 参见 Kocis, Bachman, Long & Nickels（2009），第 7、9、11 章。

⊖ 追赶机制重新平衡了基金管理人的分配额。如果业绩报酬为 20%，则意味着基金管理人应收取基金利润的 1/5。如果门槛收益率已完全分配给基金投资者，而基金管理人必须赶上这块分配额，则基金管理人有权收取已分配额的 1/4 作为追赶金额。在分配了门槛收益率和追赶金额之后，基金投资者得到了 8% 的收益，基金管理人获得了 2% 的收益，这分别是当前已分配总额的 80% 和 20%。

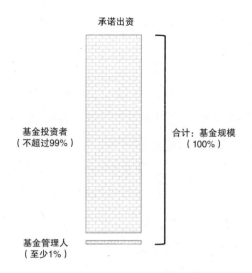

图 3-9 基金设立时的现金结构

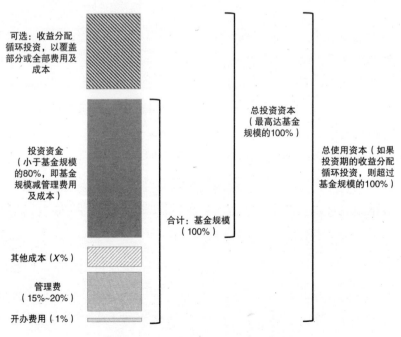

图 3-10 基金投资期的现金结构

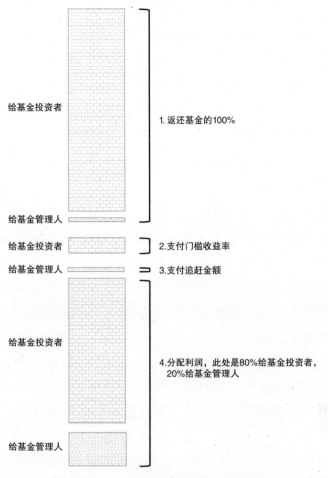

给基金投资者

1. 返还基金的100%

给基金管理人

给基金投资者　　　　　2. 支付门槛收益率

给基金管理人　　　　　3. 支付追赶金额

给基金投资者

4. 分配利润，此处是80%给基金投资者，20%给基金管理人

给基金管理人

图 3-11　基金清算时的现金结构

　　只有最优秀的基金管理人才会采用美国瀑布式分配，他们可以把它强加给基金投资者。美国瀑布式分配的处理方式是逐笔分配。如果一笔投资被出售，基金管理人必须偿还用于这笔投资的资本，确保分配门槛收益率，然后按照业绩报酬的条款分配利润。这种方法使基金管理人能够更早地获得业绩报酬。然而，这也意味着，如果后续投资出现亏损时，基金管理人必须偿还已收取的业绩报酬以弥补亏损，这被称为"回拨"（claw back）条款。因此，基金管理人必须确保从早期项目撤资中所获得充足的业绩报酬，以备偿还基金随后出现的任何损失。

图 3-9 显示了基金设立时的资金构成。通常来说，基金管理人承诺出资 1%（有时更多⊖），而基金投资者承诺提供其余的绝大部分出资。

图 3-10 显示了投资期基金投资和费用的明细。基金向管理公司支付管理费并承担费用（审计、法律等）。因此，这些金额并没有用于投资，除非有条款规定基金管理人有权将基金的部分收益进行循环投资，以使投资总额达到基金规模的 100%。

图 3-11 显示了欧洲瀑布式基金分配的明细。作为一个例子，我们假定基金规模（1 亿欧元）翻了一倍，这意味着投资的金额所产生的利润足以弥补费用，并能够产生 1 亿欧元的利润。

有些基金管理人有权向投资组合公司收取费用、佣金和其他收入⊜，这些收入与基金管理人积极支持投资组合公司的管理团队有关。在欧洲大陆，大多数基金规则（有限合伙协议）约定，这些费用部分⊜或全部支付给基金，而不是基金管理人。从技术上讲，基金管理人会收取这些收入，并按照所谓的"费用抵消"（fee offset）机制按比例减少基金的管理费。这是符合逻辑的，因为事实上管理团队已经因这一服务获得了报酬。

不管怎么处理这些收入，重要的是要向基金投资者告知。向投资组合公司收取咨询费或其他费用，会导致利益冲突（见第 3.2.3 节）。费用退还在美国基金中可能不那么普遍，但趋势可能正在改变。一些团队自愿将这些费用的一部分或全部退还。监管机构越来越倾向于为这些费用制定明确的规则。自 2015 年以来，当涉及由投资组合公司向基金管理

⊖ 根据 Preqin 和 MJ Hudson 提供的行业统计数据，2018 年的平均值为基金规模的 3% 左右，有些基金管理人出资 1%，有些承诺提供高达 15%。

⊜ 但是，该定义的范围特别大，可以包括私人飞机。

⊜ 通常至少是 80%，剩余的归基金管理人。

人[⊖]及其附属机构[⊜]支付费用时，美国证券交易委员会（SEC）一直在积极执行对基金规则的严格解释[⊜]。

3.2.3 利益冲突

理论上，基金和基金管理人之间的分离，为管理团队最初的诚信提供了诸多保证。但是，基金管理人并不能避免利益冲突，基金协议通过规则约定尽量减少这种利益冲突（如果可能的话）。

有限合伙协议（LPA，见文件模板 2）规范了有限合伙人（基金投资者）与普通合伙人（基金管理人）之间的关系，这份文件提供了基金管理的基础。理论上，投资者对其所投基金拥有一定的参与权。但是现实中，大多数情况是投资者签署了有限合伙协议之后，就没有话语权了。因此，有限合伙人的权利仅限于由基金管理人按季度提供信息，并附以经审计的年度报告。基金年度股东大会使有限合伙人可以获得投资组合公司和基金投资进展方面更确切的信息。

事实上，有些基金管理人对投资者名单保密，这限制了投资者之间信息的交换，从而也限制了治理权的实际行使。因此，投资者在基金治理机制中成为正式的代表就显得非常重要。但是，投资者的作用可能只是通过咨询委员会（Advisory Board）向基金管理人提出关于潜在利益冲突的建议。由于基金的性质和基金为投资者提供的责任保护，

⊖ 举例来说，KKR 集团在 2015 年因错误分配交易费用而被罚款 3000 万美元。2017年，德州太平洋集团（TPG）因在退出投资组合中的公司时收取加速监控费而被罚款1280 万美元。黑石集团因 2015 年未正确披露而被罚款 3900 万美元，阿波罗管理公司因同样的原因在 2016 年被罚款 5270 万美元。2016 年，WL Ross 公司因未披露某些费用的分配方式而被罚款 1040 万美元。2018 年，THL 管理公司因同样原因被罚款 500万美元。第一储备管理公司因在 2016 年未披露与费用和开支相关的利益冲突而被罚款 350 万美元，而育才帕主管理公司（Yucaipa Master Manager）因同样的原因在 2018年被罚款 300 万美元。

⊜ 例如，2015 年 KKR 集团附属的顶点公司退还了向投资组合公司收取的费用，但没有适当披露这些费用。

⊜ 参见 Anderson，Gray，Browder & Tincher（2019）。

基金投资者并不活跃。由基金管理人撰写，并且与投资者协商而定的基金规则，必须提供清晰的运作框架和报告。监管机构，如美国的证券交易委员会和欧洲的监管机构，对私募市场基金规则的监督越来越多，确保它们符合一般监管规定、得到有效应用，并在一定程度遵循公平原则。

私募市场基金透明性的缺乏（甚至对基金投资者）已经产生了一些问题，特别是在美国。《圣荷西水星》（*The San Jose Mercury News*）已经要求公共养老金公布其私募股权基金投资业绩的细节。这引发了一场审判，法院命令这些公共养老金，如加利福尼亚州公共雇员养老基金和马萨诸塞州退休金储备投资管理委员会（MassPRIM），履行信息披露责任，并遵守《信息自由法》(Freedom of Information Act，FORI）。实际上，这引发了发布和传播的热潮，显著增加了公众关于私募市场方面的信息。

但是，基金管理人正在抵制信息披露和透明性。他们截至目前相当成功，因此私募股权仍是一个很不透明的世界。有些基金管理人不愿将其投资组合公司信息做进一步的发布，因此将公共养老金，以及其他可能需要遵守信息自由法的基金投资者从其投资者名单中剔除了。他们的理由是，这一法律决定在将来可能不仅限于基金整体业绩的披露。法院可能会要求强制披露投资组合公司的信息。基金管理人不愿意披露这类信息，并尽可能想将其保密，尤其是避免让这些投资组合公司的竞争对手或潜在收购方获得这些信息而获得不公平的优势。这也使基金投资者陷入困境，并限制了他们对基金进行对比。

迄今为止，欧洲及世界其他地区还没有任何强制披露的迹象。信息披露的争论显示了信息获取的难度，甚至是关于基金业绩的信息。不仅基金的投资和业绩是这样，就连费用和激励机制也是如此。

最常见的利益冲突涉及基金投资者没有参与分配基金管理人收入，即如上所述的费用和成本。其他利益冲突可能与以下情况有关：

■ 同时管理几只不同年份的基金[⊖]，即"平行基金"（parallel fund）处理，产生如何在不同基金之间分配投资机会的问题。要处理这一利益冲突，可以对先设立的基金赋予优先权，或者对同年份基金按比例分配机会。

■ 对基金管理人管理的其他基金的投资组合公司再投资。因为基金管理人熟悉该公司并已经从事过投资工作，该基金管理人管理的其他基金可以被视为"自然投资者"（nature investor）。这在创业投资中被称为"交叉投资"（cross investment，也称后续轮次投资），在杠杆收购中被称为"循环交易"（deal recycling，一只基金将公司出售给另一个公司），这可能会导致对某一个基金投资者群体更有利。决定公司估值的是基金管理人，其身份是一只基金的买方，同时又是另一只基金的卖方。这就是为什么有限合伙协议通常会禁止交叉投资和循环交易。

■ 从基金的管理及投资组合公司的管理中实现收入最大化。例如，将没有实际成功机会的公司（僵尸公司）留在投资组合中，以使得退出期的管理费（按基金的剩余价值计算）最大化，或收取额外费用。

■ 为夸大业绩而给投资组合公司过高的估值。尚未退出的投资能够被用来制造人为的高额未实现业绩。这些高额未实现业绩，有助于管理人募集新基金，也有助于管理人获得退出期的高额管理费。所以，估值方法由历史成本法向市场公允价值法的转变，引起了许多争议。通过根据可比上市公司即"比较法"（comparable method）和内在业绩即"现金流折现（discount cash flow）法"对组合公司进行估值，基金管理人可以操控信息，即使这些信息是经过审计的。因为审计师确认的只是所使用的方法，而不是最后的结果。即

⊖ 这种利益冲突跟联合投资中的利益冲突接近，即普通合伙人是优先将其管理的资金配置给投资机会，还是给享有权利的有限合伙人提供联合投资机会。在母基金层面，当热门的私募股权基金在某些有限合伙人委托管理的资金（或独立账户）和普通合伙人管理的母基金之间分配份额时，这一利益冲突就会出现。

使一些私募股权协会鼓励采用市场公允价值法（见上文）作为评估资产净值的参考，一些基金管理人还是有理由决定采用历史成本法。历史成本被认为更为保守且波动性较小，但也可能准确性较低。这种方法可能更适用于初创公司、陷入困境的企业和异常情况。为保护有限合伙人的利益，欧盟另类投资基金管理人指令规定，由第三方对私募股权基金投资组合进行估值。这个规定能否改进现状并改善基金投资者的知情权还有待观察。⊖

- 从技术上来讲，第三方估值会发生在基金的二级市场交易中。基金份额的潜在买方报价被称为"市场价格"（market price），这是当前投资者与潜在新进入者之间的谈判基础。

- 基金管理人在其所管理的不同基金上的时间分配。对基金管理人团队在现有基金上的时间投入以及之后将如何分配时间进行评估，符合基金投资者的利益。

- 业绩报酬不足以激励基金管理人尽全力管理基金。如果投资组合公司的估值低于成本，而基金管理人为此付出的努力只能收回基金的初始本金和支付门槛收益率，但无法获得业绩报酬，那么可能导致基金管理人在该基金的服务上仅花最少的精力。不幸的是，基金投资者在这方面可以做的事情有限：

　　要么，基金投资者将投资组合公司视为低期望值投资而予以注销，此基金管理人以后的基金募集与其无关；

　　要么，基金管理人就基金管理条款重新谈判，并将当前的资产

⊖　其实，大多数基金管理人会使用不同的估值方法以满足不同基金投资者的要求。有些基金管理人给基金的投资组合公司提供了"保守看法""公允观点"或"最佳预测"，以及他们自己的期望结果（或高额的最终价值）。这使得基金的估值变得更为模糊。由于季度和年度报告是基金投资者和基金管理人之间主要的沟通渠道，基金投资者必须面对一个困难的任务——为他们的投资项目选定一种估值方法。再增加一种估值方法只会对基金投资者增加干扰信息，因为第三方的估值只能基于跟基金投资者一样多的信息。因此，第三方的加入只会增加私募市场基金的操作成本，且对基金投资者没有任何实质性的好处。事实是，这一价值只有在基金被清盘时，也就是基金存续到期以后才能确定。

净值作为成本，在此基础上建立新的激励结构，在收益超过门槛收益率时计算业绩报酬。这会让基金投资者付出代价，因为即使在基金不能完全收回本金的情况下，基金管理人也能够实施这一激励结构。因此，基金投资者最好是先发制人，并确保基金处于基金管理人的积极主动管理之下，以避免出现上述情况。富有经验的基金管理人凭借其长期积累的技能和专业知识，能够避免这种情况，在早期斩仓或者采取重振措施，以避免投资组合公司的估值螺旋式下降。

■ 基金管理人操控基金信息。基金投资者的信息完全由基金管理人控制，基金管理人提供季度和年度报告。这些文件可能引发投资者采取行动，但文件的细节程度和时间滞后削弱了采取行动的可能性。基金投资者必须尽力分析信息，并可能要求"公平意见"（fairness opinion），以确保基金的价值反映其真实价值（尽管有第三方估值相关的限制）。

3.2.4 权力制衡

根据定义，基金投资者在私募市场基金中是一个受限制的角色。[一]他们将管理委托给基金管理人，只是对后者进行控制和最终约束。因此，基金投资者最好是尽可能精确地定义有限合伙协议，并对基金存续期内（即 8～15 年加上可能的展期）维持良好关系所必需的条款进行谈判。

另外，除了有限合伙协议的书面条款，与基金管理人建立私人关系，对基金投资者也非常重要。成为咨询委员会成员是基金投资者更多地参与到基金运营事务的一种方式，但委员会的名额有限，并且通常仅预留给那些对基金有帮助的专业人士。

对特定基金管理人的约束，更多地取决于是否有机会投资其下一只基金，而不是试图改变其当前的投资方式。基金投资者与基金管理人之间的

[一] 尽管基金投资者是"有限合伙人"，但是他们"并非权力有限"（Private Equity International，2012）。

互动有赖于建设性对话，其目的是评估投资组合公司的发展情况。据此，基金投资者才能够计算自己的估值，并决定是否继续参与下一期基金的投资。

因此，严密监控基金的运作情况，并向基金管理人提供反馈和可能的建议，符合基金投资者的最佳利益。基金投资者与基金管理人之间仍存在很大的预期和资源差距。大多数基金管理人仍把基金投资者视为不能提供任何额外资源的钱袋子。真实情况可能确实如此，但基金管理人最好还是评估一下，他们能否从基金投资者池子里为投资组合公司寻找潜在客户或合作伙伴。基金管理人和基金投资者专业化水平的提高，会让双方对话的质量随之提高，这对双方都有利。但是，权力制衡的变化取决于市场是更有利于基金投资者（在经济衰退的情况下，投资者不愿意将更多的资本投入到此行业），还是更有利于基金管理人（在经济繁荣的情况下，现金流入量超过了私募市场基金的吸收能力），因此双方在实践上难以达成真正的共识。美国在法律层面要求更多的披露和更多可能的监管，这种压力也产生了一些不利影响。有些基金管理人已经改善了它们的透明度，但行业的共识是认为过多的公开只会对业务有害。因此，基金投资者要能够理解各位基金管理人的利害关系，并建立特定的沟通方式。

在私募市场行业，利益冲突是非常不明智的，尤其走上法庭上的冲突。这不仅会损害后续基金的运作能力，也会伤害本应该维持多年的关系。这也是为什么替换基金管理人的事情很少发生，且大多是作为最后的手段。如果真的发生了，基金投资者将不得不重新挑选一位基金管理人，并与其就现有投资组合公司的管理进行谈判。这不仅是一个既耗时又艰难的过程，也是一个代价高昂的过程，因为新的基金管理人必须获得足够多的激励，才会重振投资组合，并投资一些新的、有收益潜力的项目。

为了做出投资选择，基金投资者必须建立一套标准，用以反映其优先事项，并根据这些标准衡量其投资业绩，以管理与私募股权投资相关的不确定性。

3.3　业绩衡量、风险管理和收益优化

投资者在评估投资私募股权的兴趣时，其中一个主要困难是评价私募股权基金的业绩。因为没有公开的数据，也没有真正的基准可以用来比较基金的业绩。

这意味着业绩评价必须在不确定的情况下进行，将信息不足和不同衡量规则结合起来。然而，除了对基金进行"正确的"业绩衡量，基金投资者可能更感兴趣的是弄清楚所产生业绩的性质，调整标的基金的风险－收益结构，从而优化投资收益。

3.3.1　衡量不确定环境下的业绩

评价私募股权团队的业绩，没有绝对可靠的方法。基金业绩通常根据两个标准来评价：①投资收益倍数，即总价值比投入资本（total value to paid-in，TVPI），尤其是已实现投资收益倍数，即收益分配额比已缴资本（distributed to paid-in，DPI）；② IRR。第三个标准——公开市场等价物（PME）正在普及中。在这些投资业绩衡量中，可以扣除费用，也可以包含费用。只有衡量净业绩即扣除所有费用和业绩报酬，才对投资者有意义。但是，这又会因为基金规模而产生偏差。事实上，基金规模越小，固定成本的影响就越大，使得净业绩与同行相比也会偏低。

3.3.1.1　TVPI 是某一资产（比如一家公司或一个投资组合）的当前价值与投资时所支付价格之间的比率

净投资收益倍数（multiple of investment，MOIC）也称为 TVPI，反映了一只投资基金的整体业绩。净投资收益倍数计算如下：

■ 必须将投资组合公司的所有收益（包括出售所得）加总到基金中（"收益分配额"，distributed）。如果资产仍然在投资组合公司中，则使用资产净值，即"剩余价值"（residual value）；

■ 然后减去基金所承担的成本（包括费用）和支付给团队的业绩报酬；

■ 上述两步操作后的总值除以对被投公司的总投资额。

因此，可以计算 DPI 比率和留存价值收益倍数（residual value to paid-in，RVPI）比率，两者之和就是 TVPI。

积极的方面

这个比率能让投资者知道，他的每一分钱投资获得了多少收益。它是现金支付的，而且是真实发生的，并且很难操纵（RVPI 除外）。该比率对于确定一项投资所产生的绝对价值很重要。为了用 TVPI 来衡量投资的业绩，得到费用和业绩报酬后的净价值很重要。这是获得同质样本以及真实评估投资业绩的唯一方法。

这一业绩衡量方式在投资者层面很容易计算（现金流入/现金流出），但还远不够完美。

局限性

TVPI 没有考虑时间对投资的影响，因此必须将其与 IRR 分析结合起来使用。它也没有考虑投资的背景情况，因此必须与 PME 分析结合使用。很难对基金业绩进行定量的比较和分析，尤其是未经风险调整的业绩。最后，它关注的是有效投入的资本（而不是承诺资本），这对机构投资者有重大影响（见下文）。

关于基金的估值

倍数是不可靠的，因为它只有在基金清算、所有费用支付后才能精确算出，也就是说在 8～15 年的基金存续期之后。如果必须在基金存续期内预测其业绩，则估值很困难的，因为投资组合公司尚未全部变现。因此，基金的期间估值，取决于管理团队对未变现投资组合公司价值的选择。估值技术会影响投资者对基金业绩的看法。有些管理团队可能有动力保留僵尸公司，以便在募集基金的时候展示有吸引力的（尽管未实现的）

收益。

因此，有必要考察其他的比率，比如 DPI，反映已实现的业绩。还有RVPI，反映尚未实现的业绩。

关于投入的金额

当投资者承诺对基金支付一定金额时，他并不需要在签字时就支付全部的承诺出资。相反，当基金对外投资和支付管理费时，基金管理人才会催缴部分承诺出资。这意味着大多数情况下，投资者承诺一定金额，但由于一些早期投资收益的分配，从技术上来讲实际不需要支付 100% 的金额。通过早期投资退出所分配的收益再投资，投资者通常仅需要支付其承诺出资的 60% ~ 80%。但是，对机构投资者而言，承诺出资是由固定在谨慎比率（银行）和偿付比率（保险公司）中的资本组合转换而来的。

要真实计算私募市场基金投资的总收益，必须将未支付的出资承诺计入投资收益倍数，然后减去谨慎比率和偿付比率所要求的资本成本。

这一问题对个人投资者和母基金没有影响。个人不需要遵守谨慎比率和偿付比率（他们只需保留一定的资产流动性以履行义务）。母基金事实上是私募市场基金与机构投资者之间的缓冲器，平稳现金流并分散风险。但是，对母基金审慎处理的不足，引发了争议。《巴塞尔协议 II》《巴塞尔协议 III》和偿付监管规定，使得母基金处于不利地位，尽管它们的主要作用之一是避免私募股权基金偿付违约的可能性（Weidig & Mathonet, 2004）。投资收益倍数是业绩衡量的一个有用工具，但是没有考虑时间对于投资业绩的影响。由于在基金需要时基金投资者才出资，而在投资组合公司出售时就可以分配，相同的投资收益倍数可能反映的是不同的投资情况。

一个在很短时间内实现的较低的投资收益倍数，可以比一个在较长时间内实现的较高的收益倍数更具有吸引力。不过，这暗含着随着时间推移其他投资机会能够提供固定收益，并且没有交易成本和机会成本（事实并非如此）。

因此，在其他条件相同的情况下，对短期小倍数和长期大倍数的业绩评估，必须用一个包含各种情形下的总成本和风险的函数来评价。不同机构投资者之间的评价会不同，有些倾向于绝对收益（即高倍数，而对时间不敏感，如养老金），还有一些则倾向于相对收益（即低倍数，但期限较短）。

3.3.1.2　IRR 通过一个考虑了时间对投资的影响的公式进行计算

年化 IRR 是在考虑季度现金流的情况下计算的，然后加上年末的基金留存价值（经审计），它是当现金流入净现值和现金流出净现值相等时的折现率。

IRR 公式如下：

$$折现率 = (第\ n\ 年现金流\ /\ 第\ 1\ 年现金流)^{1/n} - 1$$

IRR 弥补了投资收益倍数分析方法的不足，能够更好地理解基金业绩的本质。时间维度对收益和业绩的影响是显而易见的，如表 3-3 和图 3-12 所示。

表 3-3　不同投资收益倍数和投资期限下的 IRR（%）

年	倍数											
	1.25 倍	1.5 倍	1.75 倍	2 倍	2.5 倍	3 倍	3.5 倍	4 倍	5 倍	6 倍	8 倍	10 倍
2	12	22	32	41	58	73	87	100	124	145	183	216
3	8	14	21	26	36	44	52	59	71	82	100	115
4	6	11	15	19	26	32	37	41	50	57	68	78
5	5	8	12	15	20	25	28	32	38	43	52	58
6	4	7	10	12	16	20	23	26	31	35	41	47
7	3	6	8	10	14	17	20	22	26	29	35	39
8	3	5	7	9	12	15	17	19	22	25	30	33
9	3	5	6	8	11	13	15	17	20	22	26	29
10	2	4	6	7	10	12	13	15	17	20	23	26

资料来源：Coller Capital。

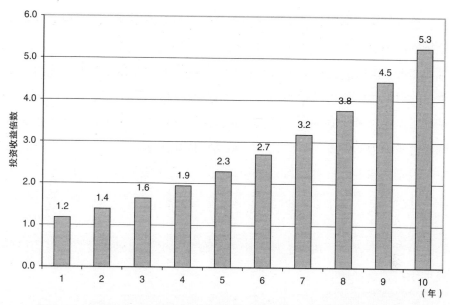

图 3-12　获得 18% 的 IRR 所需要的投资收益倍数，取决于基金的持有期

积极的方面

通过 IRR，可以比较基金管理人运作资本和组织资产循环的能力。然而，高的 IRR 并不一定就代表出色的业绩，必须结合 TVPI 来评估基金管理人如何创造价值。因此，某项投资的持有期是有用的信息，有助于真正理解基金管理人参与被投公司的情况，以及是否有时间和机会采取建设性的措施。有些基金管理人可能倾向于快速出售公司以获得较高的 IRR，即使通过更长的持有期能够创造更多可观的价值。优先考虑 IRR 意味着重视投资的快速退出，甚至不惜以更好的投资业绩为代价（*Financial Times*，2005a）。

本质上这并不糟糕，但是，这种操作很难复制，也很难作为能重复使用的运作方式。（这是有限合伙人尽职调查的一个重点，见本书后附文件模板 3）。当投资者想要评估一个管理团队的内在业绩，特别是其复制业绩的能力时，IRR 就很重要。投资节奏和退出时机很关键，尤其是在最大化业绩的时候。因此，IRR 是理解业绩的有用信息要素，但不是唯一的。

投资的快速退出，并不能证明投资团队的价值创造能力。中欧就是一个例子：私有化和公司重组为有线电视、电话以及其他基础设施行业（能源、水务）提供了大量的机会。有些私募股权基金获得了出色的 IRR，尽管可能只是暂时的。但很难对这一业绩进行分析，因为这类投资机会已经枯竭了。投资团队必须通过其他方式在不同环境下证明自己，而不仅仅是构建有吸引力的投资项目。这里，业绩评估是关键。

根据风险偏好和收益预期的不同，投资者可能会重点把 TVPI 或 IRR 作为业绩的主要指标。以高 IRR 为目标的基金可能采用高资产循环率的策略，但这意味着基金管理人将不得不更加频繁地寻找高质量的投资机会。但这并不容易，因此有些投资者宁愿进行更长期限的投资，以获得更高的绝对收益金额。

局限性

IRR 受到多种限制，[一]特别是因为该公式是为了对比简单的投资项目而开发的。例如，它假设任何收益分配都可以在相同的收益水平下无成本地再投资。私募市场并非如此。IRR 也有一些与 TVPI 相同的问题，因为它没有考虑到投资的背景（PME 考虑到了，见下文）。它只考虑有效投入的资本（而不是承诺的全部出资）。IRR 没有进行风险调整，难以进行定量比较和分析。

IRR 可以通过基金延期缴款或快速分配的方式来操纵。当基金管理人使用信贷额度（也称为"股权过桥融资"）时，情况尤其如此。其中的原理是，当基金进行投资时，基金管理人从专业贷款人那里借入相应的资本，然后延迟给基金投资者发出缴款请求。这时才开始计算 IRR。通过使用信贷额度，基金管理人实际上提高了投资的 IRR。在欧洲，大多数信贷额度受另类投资基金管理人指令约束，最长期限为 12 个月（否则，基金可以像对冲基金一样被重新认定为"杠杆基金"，并接受更高级别的监

[一] 有关对 IRR 的详细批评和分析，参见 Kocis, Bachman, Long & Nickels（2009），第 7、9 和 11 章。

管控制）。如果一笔杠杆收购交易在发达市场平均持有期为 4 年，这意味着基金投资者的资本减少了 25% 的使用时间。这可能看起来很有吸引力，但未使用的资本会让基金的机构投资者付出代价，这些资金会闲置在它们的资产负债表上，并在审慎比率和偿付能力比率下产生资金成本。同时，机会成本很高，但最终获得的绝对收益会很低，因为这些信贷额度会让基金承担利息。因此，通过这些工具，基金管理人可以提高他们的 IRR，但同时会降低他们的业绩。如果仅根据基金的 IRR 进行比较，他们也可能表现得比同行更好。一些基金管理人甚至利用信贷额度来预测投资组合公司的退出，以便缩短 IRR 公式中的时间，并进一步推高 IRR。

除了主动操纵之外，IRR 还可以通过简单的现金流顺序来提高。如果两只基金的投资收益倍数相同，均为 2.75 倍，但一只基金先记录其收益最好的交易，后记录其收益次好的交易，另一只基金记录交易的顺序完全相反，那么第一只基金的 IRR 会比第二只基金高得多。在我们的例子中（见表 3-4），第一只基金的 IRR 为 54%，第二只的 IRR 为 29%。修正后的 IRR（modified IRR，MIRR）可以帮助解决这个问题，因为它考虑了从第一年开始的每笔现金流，并计算了明确的再投资率。在我们的例子中，再投资率为 0%，两只基金的 MIRR 均为 16%。但是，私募市场基金 MIRR 的基准要求有一个共同再投资率，这个数据很难收集。因此，它们也更难进行比较。

表 3-4 不同退出次序下的 IRR

	基金 1	备注		基金 2	备注
第 1 年	-10	投资 1	第 1 年	-10	投资 2
第 2 年	0		第 2 年	0	
第 3 年	0		第 3 年	0	
第 4 年	40	出售交易 1	第 4 年	15	出售交易 2
第 5 年	-10	投资 2	第 5 年	-10	投资 1
第 6 年	0		第 6 年	0	
第 7 年	0		第 7 年	0	
第 8 年	15	出售交易 2	第 8 年	40	出售交易 1
TVPI	2.75 倍		TVPI	2.75 倍	
IRR	53.53%		IRR	29.25 倍	

3.3.1.3 PME 提供了私募市场投资的背景

PME 复制私募市场基金的现金流模式，它在基金缴付资金时购买上市（或非上市）资产的指数，并在基金处置资产时出售该指数。PME 可以用于 IRR 或 TVPI 的计算。

积极的方面

PME 是唯一可以考虑投资背景的业绩指标。作为比较参照的业绩指数，PME 为评估基金管理人创造的实际价值提供了一个视角。一个完美的 PME 实际上会将每笔现金流入与相应的现金流出相匹配，以对每项投资进行基准对比，但是大多数 PME 的计算都将这些现金流混合起来与基金进行基准对比。PME 的一个积极方面是，它消除了投资期限的问题，从而避免了 IRR 与上市资产指数的年度业绩之间的类似比较。

局限性

但是，PME 也存在一些局限性。首先，有时很难找到一个指数来对特定的私募市场投资策略进行基准对比。例如，新兴行业的初创公司可能没有任何可比的上市竞争对手（因此也没有追踪它们的指数）。给处于经营困难的公司设定对比基准也很困难，因为破产或准破产的公司可能已被排除在证券交易所之外。至于实物资产，这个问题更具挑战性，因为上市实体通常是经营资产的公司，而它们不是资产本身。

PME 的自身方法也存在局限性，尤其是在基金未完全清算时，应用公式的时候需要特别小心。事实上，指数可能会被高估：基金分配的收益通常无法区分多少属于原始投资的返还金额，多少是分配的利润（或损失）。因此，评估者必须计算分配额与剩余资产净值的比例，并相应调节分配额（Rouvinez，2003）。

PME 也没有解决它未进行风险调整的问题，并且仅考虑了已投资的资本（而非承诺资本）。

3.3.2 风险管理和收益优化

基金的业绩通常在基金设立后的 5 ～ 7 年内表现出来，如图 3-13 所示。私募股权基金的业绩特征非常特殊，即呈 J 形曲线。

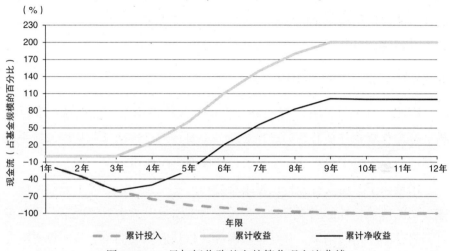

图 3-13 一只杠杆收购基金的简化现金流曲线

资料来源：Demaria（2006，2008，2010，2012）。

基金的投资期通常为 5 年，在基金设立 3 ～ 4 年后，第一批投资组合公司会被出售。基金必须在没有任何收入的情况下负担费用支出和初期投资。因此，现金流一开始是负的；然后，随着投资取得成果，曲线逐渐反转，基金达到收支平衡点。在图 3-13 中，收支平衡是在第 5 年实现的。此时，初期投资的退出收益（以及最终的额外收入）从理论上来讲能补偿投资成本和投资金额。然后，后续退出收益将补偿投资组合公司清算及剩余退出相关的费用和成本。

TVPI 和 IRR 主要用来对比基金管理人为基金建立的投资组合的业绩。为了对比业绩，基金按照设立年份排序。[一]基金的设立年份是指基金

[一] 封闭式私募市场基金的设立年份是指创建时间，这可能存在争议：它或指基金首次割的日期（即基金管理人决定以最低的临界资本量有效、合法地设立基金时），或指基金第一项投资的日期（即基金有效时），或指最终交割日期（即基金不再接纳任何新的投资者时）。根据不同的数据源，人们会保留这三个日期中的一个。

首次交割的时间。为了恰当地对比基金的业绩，也必须取得基金的净收益数据。同时，也有必要区分基金覆盖的地域、基金的投资类型（创业投资、杠杆收购、夹层等）、基金关注行业（信息技术、生物科技、消费品和服务等）以及其他特征。有些数据源按投资策略、地域、设立年份以及关注行业提供可比基金的净业绩。这就大大减少了建立对比基准的样本数量，并最终得出结论，即给定的基金缺少对比基准。

业绩分析：除了 TVPI 和 IRR 之外

因此，基金投资者最好能够分析基金业绩的细节，逐项投资进行分析。基金投资者评估基金的过往业绩，主要目的是确认基金管理人能否在后续的基金中再次取得这一业绩，以及如何再次取得。

困难在于，还没有分析投资组合公司的统一方法；另外也难以评估一家公司的成败是外部因素所致还是投资管理所致。大多数情况下，这是多种因素共同作用的结果，并且难以准确评估到底怎么回事。某一投资组合可能业绩平平，但如果考虑到市场状况和投资组合结构，事实上基金管理人可能做得非常出色。

面对同样的市场状况，投资管理人的反应可能千差万别。有些团队专注于最优秀的公司，并努力将其推向卓越。另一些团队专注于问题公司，并尽可能地减少损失。在理想情况下，基金管理人应该既支持他们的"明星"公司，同时与遭遇困境的公司一起寻找出路。但大多数时候，由于时间和资源的缺乏，他们无法这么做。

在评估基金管理人业绩和决定投资哪个团队时，其经验是至关重要的。因此，判断业绩集中于数量有限的投资交易是正常（创业投资）还是不正常（成长资本），取决于对各个细分市场模式的理解。同样关键的是要确认市场时机，以及业绩不佳的投资组合是市场崩溃的牺牲品（2000 ～ 2003 年关注 IT 行业的创业投资，2007 ～ 2009 年的杠杆收购），还是由糟糕的投资决策导致的（对互联网创业公司的过度投资，公司收购时过度使用杠杆）。

量化分析

一个要素是对产生的业绩按投资交易逐笔进行分析。就杠杆收购而言，产生的利润可以来自营业收入的增长（有时通过收购）、运营能力的提升、杠杆的作用、公司估值倍数（EBIT 或 EBITDA 倍数）的提高以及其他因素。基金投资者最好能够理解利润产生的驱动因素。

因此，过去的业绩只是投资者决定参与新基金投资所需的一个信息因素。基金投资者必须首先评估团队的定位、核心优势和创造价值能力。这不仅适用于过去的投资组合管理，也适用于项目背景调查和确定团队的市场情绪。得到的反馈往往不尽相同，但有助于基金投资者了解一个团队的特色以及是否符合他们的期望。

从很多方面来说，基金管理人处于持续募资的状态。为保持最佳的投资能力、活跃的市场参与能力以及把握投资机会的能力，基金管理人必须维持一个连续不断的投资期。为了实现这个能力，基金管理人平均每 2.5 ～ 3 年会募集一只基金。这样，基金管理人所管理的所有基金的投资期就能连接起来。事实上，下一期基金的募集在上一期基金交割后 3 年就开始了。因此，基金管理人一直在准备下一只基金的募集，因为需要 9 ～ 12 个月时间才能完成一只基金的交割，而在正式认购之前的 1 年就要开始营销工作。大多数基金都在合伙协议中约定，基金管理人在募集下一只基金之前，必须完成当前基金 70% 资金的投资。

尽管机构投资者认为，经验和业绩是选择私募股权基金时最重要的因素，但是它们必须能够评估一个团队的业绩而无须全面了解其投资成功情况。

基金管理人面临的挑战是确定合适的基金规模。2007 ～ 2009 年金融危机之后，基金的募集变得非常困难，有些基金的规模小于之前的基金。近年来，基金规模一直增长迅速，而且基金募集的频率也大大增加，原因在于基金投资者对私募市场基金及其实现收益的胃口越来越大。学术研究表明，对于创业投资基金，最佳规模是 1.5 亿～ 3 亿欧元，对于中型杠杆收购基金，最佳规模是 3 亿～ 5 亿欧元（见图 3-14）。

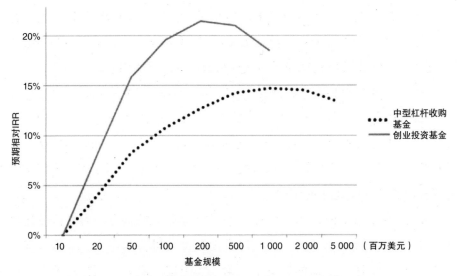

图 3-14　创业投资基金和中型杠杆收购基金的规模及收益

资料来源：Lerner, Leamon & Hardymon（2012）。

由于市场环境在不断变化，基金投资者不得不评估目标基金所关注的市场，以及基金管理人发掘投资机会、设计投资架构、管理投资项目以及出售投资组合公司并获得超额利润的能力。在此过程中，投资者可能得到母基金管理人和看门人的支持。

基金投资者的尽职调查

想要在私募股权上配置资本的基金投资者，需要投入大量的资源来评估团队，并且必须在一段较长的时期内定期这么做。因此，新加入者最好与有经验的投资者合作，比如母基金（对于小额投资者）和看门人（对于 2500 万～ 5000 万欧元以上金额的投资者），以帮助自己了解市场动态，并制定投资策略。

尽管这意味着成本，但基金投资者通过充分了解市场、团队和过去的业绩，将会从这些成熟专业人士的经验中获益匪浅。他们也能从基金份额交易以及其他一些不在市场广泛传播的机会中受益。

为了理解基金所产生业绩的情况，基金投资者有权获得尽职调查材料。这套材料呈现了对基金管理人过去的活动、投资策略以及为适应市场状况所做的改变、目标基金及其策略、团队组成、市场定位、竞争优势、市场状况和投资机会的分析，以及有助于基金投资者了解此投资机会的其他因素。这些文件通常由基金管理人编写，有时会得到募资代理人的帮助。后者是提供基金募集服务的外包机构，帮助基金管理人发掘潜在的基金投资者，并协助他们将基金销售给这些投资者。

不管这些文件的内在质量如何，为了管理相应的风险，基金投资者已经建立了相应的程序，有时还包括需要募集基金的基金管理人填写的尽职调查问卷。这些调查问卷是有问题的，因为它们仅意味着大量的书面文件，却并不真正提供对投资机会的深入看法。这导致基金管理人批评养老金和母基金是官僚作风的投资者，制作书面文件只是为了证明其费用和工作是合理的。

大多数私募股权专业人士有他们自己的尽职调查程序，包括支持文件（见文件模板 3 中的范例）。私募股权是一个很小的领域，因此有必要同募资代理人和私募股权生态系统中的其他中介建立良好的关系。这在评估新兴的管理团队时尤其有用。这个非正式的部分很重要，因为基金管理人的构成可以改变，而团队状况对于理解风险性质和业绩创造都很关键。

将一只基金与同类基金进行比较时，有必要明确其投资行业、覆盖地域、设立年份和投资策略。为了确定基金的内在业绩乃至其管理团队的质量，有必要比较 IRR 和投资收益倍数（减去费用和成本后的净收益倍数）。如果投资团队一直保持稳定，没有大幅改变其投资策略，投资地域和投资行业也没有变化，业绩分析也只是对未来潜在业绩的参考（Kaplan

& Schoar, 2003）。

对于市场融资而言，过去的业绩并不代表未来的业绩，但私募股权并非如此。事实上，多项科学研究已经表明，一个投资团队的业绩会在较长时间里保持稳定，其主要原因在于团队质量、吸引有趣投资机会的能力以及帮助连续创业者的能力。所有这些因素一旦结合，就会创造一个有利于复制高水准业绩的环境。

业绩波动性

由于缺乏稳定和一致的评估框架，出现了很多问题，因为要在不同的资产类别中（股票、债券、私募股权、大宗商品、对冲基金、艺术品等）做出选择，必须要有对比的基础（见图3-15）。

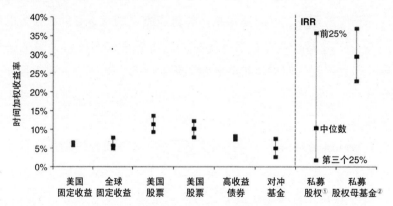

图 3-15　不同资产类别之间的收益与波动性对比（1995～2005 年）

① Venture Economics 跟踪的 1995 年设立的创业投资基金和杠杆收购基金。
② Venture Economics 跟踪的 1995 年设立的投资于创业投资基金和杠杆收购基金的母基金。
资料来源：Capital Dynamics, FI, P&I, Bloomberg, Venture Economics。

图 3-16 展示了美国杠杆收购和夹层基金的情况。这个图必须谨慎使用，原因有三点。首先，20 年期的数据提供了一些过时的历史条件信息，当时的市场不那么成熟，基金管理人可以更多地利用市场的无效性；其次，这张图是在 2011 年制作的，也就是说，是在 2008～2009 年金融危机刚刚结束之后，业绩数据可能仍会受到影响；最后，10 年期的数据仅

部分可靠，因为它涵盖了一些仍然活跃、资产估值偏于保守的基金。

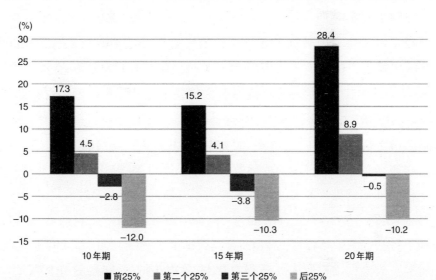

图 3-16　按四分位数区分美国杠杆收购基金和夹层基金的年化收益率：10 年期、15
　　　　年期和 20 年期（截至 2011 年 9 月 30 日）
　　　资料来源：Credit Suisse, VentureXpert, IDC 2011。

　　但是，这张图很有趣，因为它展示了业绩的分散性。根据四分位数区
分，使用 IRR（与该指标相关的所有注意事项，请见上文）衡量的业绩存
在很大差异。设立年份不同的基金之间，业绩的波动性也很高。这些现象
应该予以考虑，以正确评估与私募股权基金和母基金业绩有关的风险。

　　此外，基金投资者可获得的数据不完整，并且与基金管理人的交流也
是不系统的（见引言），这都给基金投资者带来了额外的困难。另外，基
金架构不同，业绩计算本身也存在差异。因此，投资者在管理其投资时，
必须要面对这种不确定性，即数据本身也需要解释。

　　私募市场的发展与一般市场的发展之间的相关性问题依然没有定论。
有分析认为相关系数估计在 0.6% 左右（Markewicz & Partners，2004），
但是根据投资项目的性质和使用的分析方法不同，结果在 0.3%（即没有
可证明的相关性）到 0.9%（高相关性）之间变化。当涉及创业投资时，相

关度很低；对于成长资本和杠杆收购基金，随着被投资公司的成熟度增加，相关性也升高了。

根据剑桥协会的数据，如果投资者可以对设立年份在 2000 ～ 2009 年（已实现收益或已实现大部分收益）的全球所有私募股权基金（创业投资、成长资本、夹层基金）按照基金规模进行等比例投资，可以获得 10.9% 的净 IRR，也就是 1.69 倍的投资收益。作为对比，对应摩根士丹利资本国际指数（MSCI World）的 PME 获得了 6.3% 的 IRR 和 1.35 倍的投资收益，对应标准普尔 500 指数（S & P 500）的 PME 获得了 8.4% 的 IRR 和 1.54 倍的投资收益。此样本夸大了互联网泡沫和金融危机的影响。1995 ～ 2009 年的样本获得了 11.9% 的 IRR 和 1.69 倍的投资收益，对应摩根士丹利资本国际指数的 PME 分别获得了 5.8% 的 IRR 和 1.32 倍的投资收益。对应标准普尔 500 指数的 PME 分别获得了 7.6% 的 IRR 和 1.48 倍的投资收益。

但是，私募股权市场与证券交易所的主要区别在于，最优秀的团队和其余团队之间的业绩差异。投资者必须非常挑剔，以确定最优秀的投资团队，并获得高额收益，同时仍然要保证其投资组合的充分多元化。

投资由前 25% 的投资团队管理的最好的基金，是保证与市场业绩保持最低相关性并取得高收益的最佳办法。但是，除了少数因超额认购而难以获得份额的基金之外，很难确定哪些基金在未来是最好的。母基金试图为其投资者提供最好的基金和最佳的分散化，但是除了分散投资之外，它们的价值增值依然有待验证。设立年限在 2000 ～ 2009 年的母基金，其净业绩为 8.9% 的 IRR 和 1.64 倍的投资收益，摩根士丹利资本国际指数 PME 分别获得了 6.8% 的 IRR 和 1.45 倍的投资收益，标准普尔 500 指数 PME 分别获得了 9.4% 的 IRR 和 1.71 倍的投资收益。这些数字与设立年份在 1995 ～ 2009 年的母基金相似，即 8.6% 的 IRR 和 1.61 倍的投资收益，摩根士丹利资本国际指数 PME 分别获得了 6.4% 的 IRR 和 1.42 倍的投资收益，标准普尔 500 指数 PME 分别获得了 8.4% 的 IRR 和 1.64 倍的投资收益。

每只基金的业绩实现过程都必须经过仔细审查，目的是了解每位投资团队成员的知识和经验是什么、投资节奏如何、有哪些成功和失败、对这些事件的分析是什么以及在未来如何复制或避免。

3.4 陷阱和挑战

评估基金管理人的投资纪律

如上所述，基金管理人在与基金投资者的谈判中占据上风。这与他们过去的优秀业绩和其收益的相对持久性有关。因此，基金管理人面临的诱惑是让自己的收入最大化，特别是通过增加其基金规模。这里的逻辑是，无论是小额投资还是大额投资，工作强度都是一样的，但是如果基金规模增加，管理费和业绩报酬的收入就会增加很多。

但是，这种逻辑的负面影响对基金投资者来说是非常明显的。即便工作强度不变，但专业能力变化很大。基金规模和单笔平均投资金额之间有直接关系。一只基金的团队通常会投资 10～25 个项目，具体情况要看团队成员的数量。如果基金规模为 1 亿美元，团队计划进行 10 项投资，平均投资金额应在 800 万美元左右（10 乘以 800 万美元，再加上成本和管理费，约等于 1 亿美元）。如果基金规模增加到 2.5 亿美元，那么平均投资金额应该是 2000 万美元。更大金额的单笔投资，需要不同的技能来评估投资机会，但更重要的是创造价值。在第一种情况下，如果团队由创业投资人组成，他们可能会参与早期投资，也就是说，投资那些处于初创期的公司，他们会参与公司的早期招聘、原型开发和产品或服务的初始发布。在第二种情况下，他们会重点通过公司的商业化、工业化和架构调整甚至国际化来提供帮助。这需要基金管理人拥有完全不同的人脉、专业知识、专业技能以及最终的企业治理技能。

增加基金规模的第二种负面影响是，更大型交易的竞争正在加剧。投资机会的数量并不受提供资本（需求）的显著影响，而是受到项目来源

（供应）的影响：比如，宏观经济混乱、企业集团的重新定位和退市正在推动大型和超大型杠杆收购项目的供应。不管提供的资金来源，这些交易都通过中介进行，将以这样或那样的方式实施。有更多的基金争夺这些项目，最终会导致价格的上涨。竞争也加剧了，因为不仅大企业竞相收购同样的公司，主权财富基金和养老基金等大型基金投资者也参与其中。大型杠杆收购的剧本已变得越来越广为人知，并且已经商品化了。

基金管理人多元化的诱惑

为了应对大型杠杆收购商品化的趋势，成功的基金管理人尝试使其收入来源多元化。⊖最初的尝试不太成功，当时杠杆收购基金管理人涉足互联网初创公司，在世纪之交投资互联网初创公司以期获得额外的业绩。随着这些投资项目的恶化，基金管理人决定在重返市场筹集下一只基金时，专注于他们历史记录中的"核心交易"。他们将互联网投资排除在他们的投资记录之外，因为这个领域正式被他们从投资策略中剔除。这种做法是否合理，取决于基金投资者的评估。事实上，基金投资者需要在这方面进行调查，以了解团队遵守投资纪律、从错误中学习以及在未来避免同样错误的能力。

最近，基金管理人开始尝试其他策略。随着所管理基金的规模不断变大，特别是杠杆收购基金，有些基金管理公司（黑石集团、KKR集团、凯雷集团、阿波罗）已经推出了私募实物资产基金、私募债权基金，也包括母基金、私募股权能源基金和对冲基金等，结果好坏参半。它们用品牌来说服投资者，它们可以在其他领域复制其核心战略的成功。结果可能令人失望：收费水平很高（这是品牌所期望的），但是业绩并没有像从事单一资产类别投资的基金管理人那么高。其中的原因在于，推出新策略的团队可能风险偏好较低，以避免高风险交易损害品牌，而最优秀的基金管

⊖　大型和超大型杠杆收购基金机构投资者市场的饱和，事实上已经迫使一些普通合伙人瞄准个人投资者市场。这可能意味着这一细分市场已经达到一定的成熟度，行业集中度将会提高，管理费率将会降低，并在特定策略、行业或地域专业化运作。

理人不需要在他们的关注领域之外建立一个品牌。因此，知名的基金管理人资助的新兴团队可能不具备与投资单一资产类别的基金管理人相同的资质，因此业绩表现不佳。

基金投资者可能会问的一个问题是，这种多元化是否能保证最佳的利益一致性，因为这些私募股权巨头不仅收取更多的管理费，从而降低了为基金创造利润的动力，同时还加剧了利益冲突的风险。当杠杆收购机构不仅在资本方面活跃，而且在债权方面也活跃，有时还管理杠杆收购基金和夹层基金时，我们可以推测，如果一个项目破产，那么基金管理人可能很难做出套利决定。在这种情况下，咨询委员会无法发挥作用，因为它只从属于特定的基金，而非基金管理人本身，并且实际上也没有什么投票权和约束权。对失败项目的分析是基金投资者分析中的重要一环，不仅有助于理解基金管理人的背景和行为，也有助于理解基金管理人从中所获得的经验和技能。

为了证明其多元化的合理性，杠杆收购大机构宣称多元化可以在不同业务线之间产生协同效应，并在没有附加成本的情况下为基金管理人提供额外的技能，如果不通过多元化，这一点无法实现，并会导致低效的投资决策。尽管这种逻辑在一定程度上成立，但对冲基金和私募股权之间的协同效应被认为是有限的。这可能就是从事对冲基金的索罗斯集团（Soros Group）与从事私募股权的陶尔布鲁克公司（Towerbrook）分立的原因：乔治·索罗斯（George Soros）的两条业务线之间的协同效应，本质上仅限于后台部门的规模经济，以及就潜在的交易进行有限的信息共享。

这一动向还突显了 2008～2009 年金融危机之前的一场争论：私募股权和对冲基金的融合。尽管大型杠杆收购基金在上市证券交易所更为活跃，接管公司并运用其技术获取价值，但对冲基金和私募股权基金的投资逻辑存在很大差别。有些对冲基金采取搭便车策略，先收购价值较低、管理不善的公司的大额股份，然后等待杠杆收购机构来接管这些公司并做出必要的改进，进而获利。过去几年，对冲基金一直是私募债权基金的大额投资者，也是私募股权交易的联合投资人。流动性相对较好的基金参与流动性较差的投资，在投资者赎回的情况下产生了一些困难。

除了这种重叠之外，对冲基金的投资基于套利和市场波动。一些被称为"激进投资者"的对冲基金管理人试图将私募股权技术应用于上市集团，他们取得了不同程度的成功。这个想法是首先获得一家上市集团相当大的少数股权，比如 5%；下一步是联系管理层，对公司的战略和管理进行一些变革。如果管理层的回应不能令这些激进分子满意，后者就会发起一场公开的沟通，以获得其他投资者对其计划的支持；然后，要求改变公司董事会的构成，以便激进分子能够加入董事会，并最终影响集团的治理，以及可能调整管理层。激进主义与杠杆收购的主要区别在于，前者利用公众监督来推动进程，而后者利用董事会的完全控制权和私人所有权的保密性来实施变革。

对冲基金和私募股权基金的融合，在另外一个层面也有所体现，即基金架构。私募股权基金管理人羡慕对冲基金管理人的年度分红，而对冲基金管理人羡慕私募股权管理人长达 10 年的锁定期。基金投资者抱怨私募股权基金投资于 10 年期的投资工具，并且退出方式有限。对于需要资金的基金投资者来说，缺乏流动性是一个潜在的问题，母基金在这个问题上甚至更为严重（期限通常为 13～16 年）。通过锁定期后的流动性条款，对冲基金解决了这一问题。但是，这种做法在一定程度上是有效的，因为投资者的赎回是有限的，而且时间间隔甚远。

在美国，私募股权基金份额黏性的解决方案，是通过推广特殊目的收购公司（SPAC）和企业发展公司（BDC）来实现的。SPAC 工具采取信托模式，其策略和投资目的必须得到受托人的批准。一旦信托成立，SPAC 成为一个公开上市的工具，其股票就可以由所有者随意出售（流动性机制由其发起人管理）。

有研究人员（Jenkinson & Sousa，2009）对 SPAC 的可行性提出了担忧，他们指出，超过一半批准的交易会立刻破坏价值（主要是因为

"SPAC 的创始人面临的过度激励会产生相应的利益冲突"）。金融危机之后，BDC 的价值已经重挫了 20%（Kahn，2011）。因此，它们与上市私募股权行业一起，不断与资产净值折价相抗衡，因为这种折价影响了大多数的上市私募股权资产。

金门资本（Golden Gate Capital）提出了一种解决方案，即创立一种每年分红的常青基金。这可能会引发私募股权投资工具的结构创新浪潮，并进一步扩大流动性的范围。

评估新兴的或过渡期的基金管理人团队

由于每只基金的架构基本都是全新的，唯一能够评估的确定因素只有基金管理人。但以下两种情况下的评估非常棘手：团队处于换代时期和与新兴的基金管理人团队合作。当基金管理人团队的老成员退休时，影响将会非常重大，因为项目资源和执行能力与团队中每一位成员的个人能力和人际技巧高度相关。因此，这种团队过渡必须小心准备和应对，即便如此，仍然不能保证继任者能够复制出同样品质的、需多年积累的人际关系和专业技能。因此，基金投资者必须确认基金管理人团队的每位成员的素质，以及普通合伙人作为一家机构的价值，包括它的形象、信誉以及是否能承受关键成员的离任。

有学术研究表明（Lerner，Schoar & Wang，2008），新兴基金管理人团队的业绩要明显高于其成熟的同行，但收益的分散性更高（因此基金管理人的选择风险更高）。然而，评估新兴基金管理人团队的基金投资计划依然是一项艰巨的任务。除非这个基金管理人团队是从一家现有的管理机构中分拆出来的，拥有业绩记录和合伙人之间的合作历史，否则很难对团队进行评估。基金投资者可以审查每位团队成员的背景和业绩记录，并通过面谈确认其素质。但是，对于他们作为一个团队开展工作的能力，以及建立寻找、执行和退出私募股权项目的能力，仅凭这些还不足以全面了解。

操作风险的重要性被忽视

除了对基金管理人本身的素质进行评估，基金投资者还面临着操作风险，因为架构设置对保证基金按照市场标准和专业方式操作至关重要。这就是为什么新兴的基金管理人团队有时会将自身置于一家"资助人"公司的保护之下，享受其提供的高质量基础设施和后台的支持。

由于评估新兴的基金管理人团队困难重重，基金投资者很可能会仅参与成熟的管理机构所发行的新基金。然而，越来越多的潜在基金投资者在争抢那些成功的管理机构，从而降低了新投资者参与这一群体的机会。但实际上，几乎每只基金都可以根据不同的基准，标榜自己属于"前1/4"或"前1/10"。

俱乐部交易

随着私募股权行业越来越专业化，投资纪律已成为一个关键标准。在大型杠杆收购中，卖方几乎都会采用系统性拍卖来处理其资产。这导致基金管理人联手参与"俱乐部交易"（club deal），尤其是针对超大型公司的收购，这样可以分散特定业务的风险，避免不必要的竞争。这种联合投资的方式导致SEC对其进行调查，理由是这可能被视为反竞争行为（Lattman，2011，2012a；Lattman & Lichtblau，2012）。迄今为止，SEC已经驳回了其中的一些指控，另外一些还在调查之中（Primack，2012b）。但是，俱乐部交易的做法已经减少了，尤其是在2008～2009年的金融危机之后。

联合投资

有些基金管理人不参与俱乐部交易，而是与他们的基金投资者合作，让他们与基金联合投资。这种做法引起了极大的关注。基金管理人喜欢这种做法，以避免与竞争对手勾结的指控，同时他们仍然可以收购一家比一般规模更大的公司。在这个过程中，他们可以奖励投资金额较大的基金投资者，或者通过向新投资者展示自己所做的工作，说服他们参与下一只基金。

基金投资者喜欢联合投资的想法，因为这样可以降低他们参与基金的整体费用和成本。尽管基金投资者必须参与基金的投资（从而支付成本和费用），但跟基金一起参与直接投资时，他们可以节省一些成本。在实践中，联合投资不是免费的（可能仍然需要支付一些费用和业绩报酬），并且可能在金额上受到限制（比如，当基金投资者投资 1 美元基金时，可以联合投资 1 美元）。联合投资是具有挑战性的，因为当基金管理人完成项目的所有尽职调查，并确定投资金额时，基金投资者的投资时间窗口相当短。基金投资者必须做出决定，因此他们对项目进行分析的机会很有限或根本没有机会分析。与联合投资一样，直接投资的责任也必须仔细权衡。

SEC 也开始调查联合投资的做法，因为这种做法对那些不参与联合投资的基金投资者不利，并以不适当的方式奖励了参与联合投资的基金投资者。事实上，当基金管理人分析一个投资机会时，他最终会向基金收取相应的成本。无论交易是否发生，这些成本都由基金支付。联合投资者不会支付与最终未能实现的交易相关的成本，可能会支付一小部分与交易相关的成本。这种不平衡对纯粹的基金投资者不利，并引发了监管机构的调查。

这么麻烦地参与联合投资值得吗？除了会增加直接风险敞口，从而增加基金投资者这样做的风险外，还有一个重大的逆向选择风险，即基金管理人不能保证系统地给予所有投资机会。基金投资者可能无法参与最好的投资项目。即便他们有这样的机会，也可能没有资源做出及时和明智的决定。总体而言，学术和实证研究表明，联合投资并没有提供比基金投资更高的收益（Fang, Ivashina & Lerner, 2015）。

项目和成本竞争加剧

拍卖和日趋激烈的竞争（包括来自产业公司）导致大量的交易终止，也就产生了交易终止费（break-up fee），由此增加了基金的成本且没有相应投资能够予以弥补。拍卖使得私募股权机构更加激进，并提高其报价。采用杠杆的情况越来越多，有时甚至因过于激进而得不到贷款人的支持。这可能导致拍卖失败，从而为一场典型的私募股权谈判铺平道路，其中涉及排他条款和公平交易条款。因此，了解项目确切的来源，以及如何进行谈判，是符合基金投资者的利益的。

基金投资者集中化的风险增加

俱乐部交易和联合投资使得基金投资者难以做到分散投资。基金投资者希望基金通过用成功的投资项目来补偿失败的投资项目，并实现利润。选择参与多只基金的基金投资者，增加自己避免（或降低）损失的机会。但是，参与俱乐部交易会降低基金的分散效应。想要参与联合投资的基金投资者也大大减少了自己分散投资的机会。为了应对这种风险，基金投资者必须仔细制订其投资计划（见第 3.5 节）。

3.5 制定投资方案：投资组合构建

3.5.1 自下而上和自上而下视角的交汇：投资组合构建

愿意投资私募市场的投资者必须协调两种方法：自上而下（top-down）的方法和自下而上（bottom-up）的方法（更多内容，请参见 Demaria，2015）。基金投资者设想未来，并着眼于过去，以评估金融资产在特定条件下的表现。在此基础上，他们制定了一项投资策略，并将其转化为对不同资产的配置，从上市公司股票及债券到私募市场。以此为基础，他们对私募市场有了一个自上而下的视角，根据他们在特定时间（存续期）内保持投资的能力，为他们分配预期的风险水平（更多内容，参见 Demaria，2019 及 Demaria *et al.*，即将发表），从而获得相应的收益水平。然后，他们寻找可能符合他们愿景的基金投资机会，也就是寻找市场并筛选机会。当遇到这种情况时，自上而下和自下而上的方法导致了私募市场基金投资的构建和管理。

3.5.1.1 自下而上的风险

到目前为止，我们已经在本书里从自下而上的角度讲述了基金投资者所承担的一些风险。基金投资者必须评估基金管理人及其基金投资建议（文件模板 3 提供了一份尽职调查清单）。这就是管理人的选择风险。对私募市场领域的深刻理解（见第 4 章）有助于基金投资者的分析，他们必须理解哪些可以获得，哪些不能。他们期望的一些策略可能不存在，例如针对新兴市场的杠杆收购，因为在高通胀的市场中缺乏可以承受的杠杆；或美国和英国之外的不良债权投资，因为缺乏适当的破产法。因此，了解市场是一项重大工作，需要资源和时间。基金投资者按照一个循序渐进的过程（见图 3-17），寻找基金，对基金进行选择，对一些条款进行谈判（只要可能），并对基金实施监管，然后在基金管理人筹集下一只基金时再启动相同的流程。

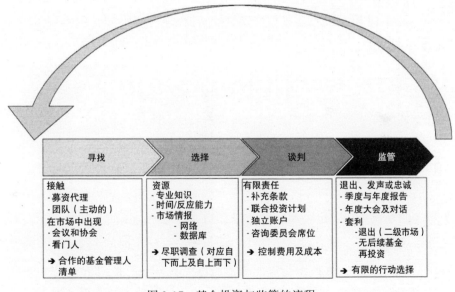

图 3-17　基金投资与监管的流程

3.5.1.2 自上而下的风险

基金投资者必须关注私募股权的周期和宏观经济的变化（见第 3.1

节），也就是说，也要采取自上而下的视角。基金投资者必须应对的风险包括：

- 市场风险——由于如杠杆收购的利率，或新兴市场投资的外汇汇率等宏观经济变量的不利变动而造成损失的风险。
- 流动性风险——私募市场基金的投资者可能无法轻松清算头寸，并重新平衡投资组合。
- 承诺风险——由于流动性不足，投资者可能无法回应基金管理人的缴款请求。
- 传染风险——基金投资者可能会受到同一只基金的其他投资者无法回应缴款请求的影响（因此基金可能错过一项投资，使其投资分散度降低）。
- 资本损失——投资者在私募市场上的投资冒着损失资本的风险。图 3-18 展示了私募股权母基金的情况。

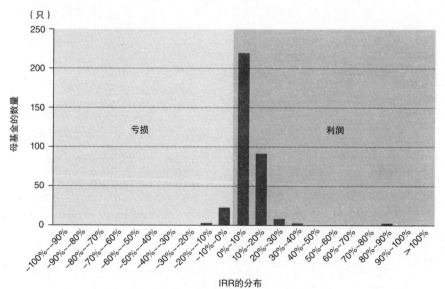

图 3-18　私募股权母基金的 IRR 区间分布

注：数据截至 2016 年 6 月，346 个基金样本。

资料来源：Wellershoff 资本、剑桥协会（2017 年）。

此外，基金投资者积极管理私募市场投资组合和重新平衡其投资配置的工具有限。他们仅有的两个选择是在基金份额所在的二级市场进行投机性的投资或出售，以及联合投资以增持一些私募市场资产。

3.5.1.3 方案成本

基金投资者不仅要承担基金管理人向基金收取的费用和成本，还要承担一些特定的成本。他们必须制定和实施自己的私募市场投资方案，从而承担对应的运营成本。当私募市场基金分配投资收益时，他们还要承担机会成本。基金投资者通常要等到一只新基金设立并发出缴款请求才支付缴款，而常青基金将这些机会成本内置了。常青基金要承担那些已经承诺但尚未缴付的资金成本，这是另一种形式的机会成本。这些资金需要在很短的时间内（通常是 10 ～ 30 天）被调用。

3.5.1.4 投资组合构建

自上而下与自下而上这两种方法的碰撞，催生了一种投资方案（见图 3-19），该方案是一个网格，将与未来 5 ～ 7 年即将募集的基金相匹配，不仅使图 3-19 中的标准分散化，而且在设立年份上进行分散化，以避免不合时机的风险敞口。事实上，基金投资者不应该试图在私募股权市场把握时机（Brown *et al.*，2019）。私募市场及其不同细分市场的行为特别难以预测，就像证券交易所等金融市场的行为一样。因此，要正确地制定一个方案，有必要部署至少 5 年以上的时间，然后每年定期进行投资，以保持风险敞口的恒定。

因此，评价一个私募股权方案的成败，必须等待一定的时间。如图 3-20 所示，仍然处于 J 形曲线（5 年期限）中尚未产生业绩的方案，其业绩随着方案的成熟而出现起色。⊖

⊖ 但是数据的幸存者偏差（即只有成功的有限合伙人能够在私募股权领域存续超过一定期限，这意味着长期计划的业绩可能反映的仅仅是最成功有限合伙人的业绩）可能会使得 30 年期限计划的业绩解释不够准确。

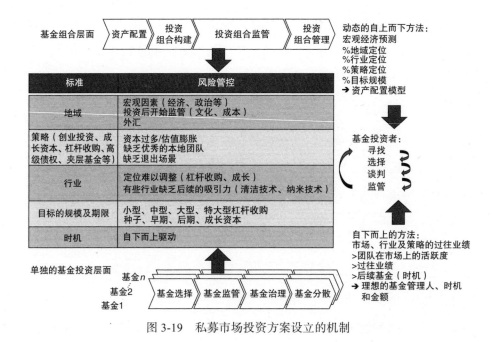

图 3-19　私募市场投资方案设立的机制

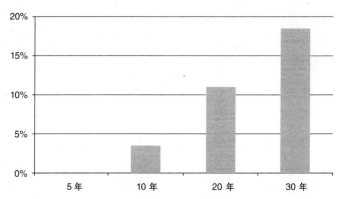

图 3-20　私募股权方案的年限与方案的 IRR 净值之间的关系

资料来源：Lerner, Schoar & Wongsunwai（2007）。

因此，投资私募股权是一项长期项目，即与基金管理人一起连续投资至少 2～3 只基金，并且抵御套利和机会主义行为的诱惑。例如，经济衰退的年份是杠杆收购基金业绩优异的一个来源。这意味着基金投资者必须在经济繁荣的时期挑选基金管理人，为最坏的情况做准备。要做到这一点，他们首先需要充分了解基金管理人如何投资（见第 5 章）、如何寻找投资机会、如何分析机会，以及如何为他们的投资组合公司创造价值（见文件模板 3 中的尽职调查分析范例）。

只有对私募市场的特殊机制有深入的了解，机构投资者才能评估投资机会，并承担诸如支持新团队的风险，或投资给坚持初始策略的基金的风险。事实上，用过往业绩和稳定的市场来评估投资团队的传统方法，已不再适用于后一种情况。这可能是用来确定一位投资者、母基金管理人或看门人仅仅是跟从其他投资者，还是能够创造价值的一种标志。这与私募市场的另一特点有关：其业务、逻辑和功能的核心，是人（见第 3.2 节）。人际关系，以及投资团队在评估经营管理层方面的能力和找到合适的人来发展企业方面的能力是至关重要的。这些都是投资团队的日常工作。这些非常相似的人际关系决定了业绩的好坏。

这一业绩是过去的决策和环境的结果，未来可能难以复制这种业绩，因为经济环境将会在以下方面发生变化：

- 私募股权生态系统中利益相关者的风险偏好；
- 融资成本；
- 杠杆效应；
- 经济的稳定性。

3.5.1.5 特殊限制

这种投资方案还取决于任何基金投资者都必须遵守的特殊限制。一些基金投资者只有操作上的限制，基金会和捐赠基金必须每年花费一定的资金来保持其免税地位，而家族办公室和高净值人士可能需要为他们的开支支付特定的费用。

一些基金投资者不得不遵守监管限制，因此约束了他们在某些策略上进行配置的能力（更多详细信息，参见 Demaria，2015）。养老基金可能会对分配给私募市场基金方案的资金规模有所限制，保险集团的投资期限可能会受到限制，银行可能必须处理与特定策略相关的偿付能力成本。根据期限和承担风险的资本，监管机构给资产进行打分，银行和保险集团必须采纳这些分数（除非它们能从统计上证明自己的投资中与这个通用分数不符）。

因此，基金投资者的业绩可能差异很大（见图 3-21；更多内容，参见 Hobohm，2010）。这种业绩主要依赖于他们对某些类别基金的兴趣。根据设立年份和选定的细分市场的不同，业绩波动可能会非常大。例如，捐赠基金渴望投资创业投资基金（这类基金在 1992～2001 年间表现出色），而银行传统上热衷于投资杠杆收购基金。另外，时机对业绩有影响。支持新兴的基金管理人团队和新的策略是美国捐赠基金和基金会的成功因素之一（见第 3.3.4 节）。获得捐赠基金会的校友网络等独特资源也很关键（Lerner，Schoar & Wang，2005）。对于失败的容忍度、投资团队的相对自由以及投资策略的相对灵活性，也是其他的一些成功因素。

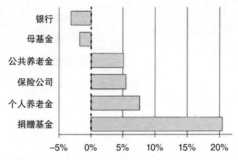

图 3-21　美国不同类型基金投资者的业绩（1992～2001 年）
资料来源：Lerner，Schoar & Wongsunwai（2007）。

参考文献

图书及手册

Demaria, C. (2006, 2008, 2010, 2012, 2015, 2018) *Introduction au Private Equity* (RB Editions, Paris), 1st, 2nd, 3rd, 4th, 5th, 6th edns, 128 pp.

Demaria, C. (2015) *Private Equity Fund Investments* (Palgrave Macmillan, Basingstoke), 276 pp.

Demaria, C. and Pedergnana, M. (2009, 2013) *Le marché, les acteurs et la performance du private equity suisse* (SECA Editions), 1st, 2nd edns.

Demaria, C., Debrand, S., He, R., Pedergnana, M. and Rissi, R. (2000) (forthcoming) *Asset Allocation and Private Markets* (Wiley, Chichester).

Hobohm, D. (2010) *Investors in Private Equity, Theory, Preferences, Performances* (Springer Gabler, Wiesbaden), 199 pp.

Kocis, J., Bachman, J., Long, A. and Nickels, C. (2009) *Inside Private Equity, The Professional's Handbook* (Wiley, Hoboken, NJ), 262 pp.

Lerner, J., Leamon, A. and Hardymon, F. (2012) *Venture Capital, Private Equity, and the Financing of Entrepreneurship* (Wiley, New York), 464 pp.

Tirole, J. (2005) *The Theory of Corporate Finance* (Princeton University Press, Princeton, NJ), 640 pp.

报纸及新闻媒体

Davidoff, S., 'The risks of tapping your retirement fund for an alternative use', DealBook, *New York Times*, 30 October 2012.

Favaro, K. and Neely, J., 'The next winning move in private equity', *Strategy + Business*, Summer 2011, Issue 63.

Financial Times, 'Lex: Internal rate of return', 1 June 2005.

Financial Times, 'Private equity groups diversify', 20 December 2010.

Henry, D. and Thornton, E., 'Buy it, strip it, then flip it', *BusinessWeek*, 7 August 2006.

Kahn, R., 'Please don't freeze in August', *PEHub Wire*, 19 August 2011.

Lattman, P., 'Judge widens antitrust suit against private equity firms', *New York Times*, 8 September 2011.

Lattman, P., 'Private equity industry attracts S.E.C. scrutiny', *New York Times*, 12 February 2012.

Lattman, P. and Lichtblau, E., 'E-mails cited to back lawsuit's claim that equity firms colluded on big deals', *New York Times*, 10 November 2012.

McCrum, D. and Schäfer, D., 'Investors urge equity funds to reveal budgets', *Financial Times*, 23 January 2012.

Poletti, T., 'Going private starts to make sense', *San Jose Mercury News*, 10 April 2006.

Primack, D., 'Bain Capital raising USD 8 billion', *Fortune*, 30 May 2012a.

Primack, D., 'Conspiracy theories', *Fortune*, 11 October 2012b.

Private Equity International, 'When a flip too quick?', 9 November 2012.

Winfrey, G., 'Mining company sues Caste Harlan', *Private Equity International*, 6 June 2012.

论文及研究报告

Aidun, C. and Dandeneau, D. (2005) 'Is it possible to sell a portfolio company for too much?', Private Equity Alert, Weil, Gotshal & Manges, November, 3 pp.

Anderson, J., Gray, E., Browder, J. and Tincher, J. (2019) 'SEC enforcement against private equity firms in 2019: year in review', Willkie Farr & Gallagher, Client Alert, March 1, 7 pp (www.willkie.com/~/media/Files/Publications/2019/03/SEC_Enforcement_Against_Private_Equity_Firms_in_2018_Year_in_Review.pdf).

Bain (2010) Global Private Equity Report, 76 pp (https://www.bain.com/insights/global-private-equity-report-2010/).

Bernstein, S., Lerner, J. and Schoar, A. (2009) 'The investment strategies of sovereign wealth funds', Harvard Business School Working Paper 09-112, 53 pp.

Braun, R., Jenkinson, T. and Stoff, I. (2017) 'How persistent is private equity performance? Evidence from deal-level data', *Journal of Financial Economics*, 123(2), pp. 273–291.

Brown, G., Harris, R., Hu, W., Jenkinson, T., Kaplan, S. and Robinson, T. (2019) 'Can investors time their exposure to private equity?', Kenan Institute of Private Enterprise Research Paper No. 18-26 and SSRN Working Paper 3241102, 38 pp.

Cao, J. and Lerner, J. (2006) 'The performance of reverse leveraged buyouts', Boston College, Harvard University and National Bureau of Economic Research, 48 pp.

Demaria, C. (2019) 'Measuring private markets risks in practice', Wellershoff & Partners, 22 pp.

Fang, L., Ivashina, V. and Lerner, J. (2015) 'The disintermediation of financial markets: direct investing in private equity', *Journal of Financial Economics*, 116(1), pp. 160–178.

Harris, R., Jenkinson, T. and Kaplan, S. (2014) 'Private equity performance: what do we know?', *Journal of Finance*, 69(5), pp. 1851–1882.

Harris, R., Jenkinson, T. and Stucke, R. (2012) 'Are too many private equity funds top quartile?', *Journal of Applied Corporate Finance*, 24(4), pp. 77–89.

Hawley, J. and Williams, A. (2007) 'Universal owners: challenges and opportunities', *Corporate Governance: An International Review*, 15(3), pp. 415–420.

Higson, C. and Stucke, R. (2012), 'The performance of private equity', Working Paper, Coller Institute of Private Equity, London Business School, 49 pp.

Jenkinson, T. and Sousa, M., 2000 'Why SPAC investors should listen to the market', Unpublished Working Paper, University of Oxford, SSRN 1331383, 35 pp.

JP Morgan Asset Management (2007) The Alternative Asset Survey 2007, 40 pp.

Kaplan, S. and Schoar, A. (2003) 'Private equity performance: returns, persistence and capital flows', MIT Working Paper 4446–03, 46 pp.

Korteweg, A. and Sorensen, M. (2015) 'Skill and luck in private equity performance', SSRN Working Paper 2419299, 69 pp.

Lerner, J., Schoar, A. and Wang, W. (2005) 'Smart institutions, foolish choices? The limited partners performance puzzle', Harvard University, 58 pp.

Lerner, J., Schoar, A. and Wang, J. (2008) 'Secrets of the academy: the drivers of university endowment success', Harvard Business School Finance Working Paper No. 07-066, MIT Sloan Research Paper No. 4698-08, 39 pp.

Lerner, J., Schoar, A. and Wongsunwai, W. (2007) 'Smart institutions, foolish choices: The limited partner performance puzzle,' *The Journal of Finance*, 62(2), pp. 731–764.

Li, Y. (2014) 'Reputation, volatility and performance persistence of private equity', Federal Reserve Board of Governors, Working Paper, 56 pp.

Mackewicz & Partners (2004) 'Institutional investors and their activities with regard to the alternative asset class private equity: An empirical European survey', 84 pp.

Robinson, D. and Sensoy, B. (2013) 'Do private equity managers earn their fees? Compensation, ownership and cash flow performance', *Review of Financial Studies*, forthcoming and NBER Working Paper 17942, 50 pp.

Rouvinez, C. (2003) 'Private equity benchmarking with PME+', *Venture Capital Journal*, 43(8), pp. 34–39.

Rouvinez, C. (2007) 'Looking for the premium', *Private Equity International*, June, pp. 80–85.

Russell Research (2012) Russell Investments' 2012 Global Survey on Alternative Investing, 18 pp.

Sensoy, B., Wang, Y. and Weisbach, M. (2014) 'Limited partner performance and the maturing of the private equity industry', *Journal of Financial Economics*, 112(3), pp. 320–343.

Swensen, D. (2009) *Pioneering Portfolio Management* (Free Press, New York), 408 pp.

Weidig, T. and Mathonet, P.-Y. (2004) 'The risk profile of private equity', QuantExperts/European Investment Fund, 33 pp.

第 4 章

投资领域

私募市场属于金融领域，但它远不只是一种金融资产类别。对投资领域的分析揭示了私募市场的特殊性质：私募市场是唯一能够跟踪一家公司或一项资产从成立到扭亏为盈的每个生存阶段的金融技术。此外，私募市场的独特之处在于，无论是投资过程、投资方法还是投资监控，定性分析都比定量数据重要。在这方面，人为干预实际上是私募市场的核心组成部分（见第 5 章）。

私募市场投资通过债权或资本的方式，投资私有（即未在证券交易所上市的）公司或资产（见图 4-1）。私募市场投资以权益、可转换债券或债权的方式，投资于私有公司或资产的全部权益或负债类别。对私有公司的股权投资被归类为"私募股权"，对私有公司的债权投资被归类为"私募债权"，为私有资产融资而提供的资本和债权被归类为"私募实物资产"投资。

图 4-1 展示了私募市场投资的一系列工具，这些工具可以成为创新的源泉。例如，可转换债权（夹层债权）结合了债权（用于风险管理）和股权（用于创造业绩）投资工具的相关特征。这些工具可以根据具体的投资项目进行调整，但要依赖于一个充分的、可实施的法律环境（见第 1 章和

第 2 章)。其他私募市场工具，尤其是实物资产领域的工具，是相当新的，有些仍在开发之中。

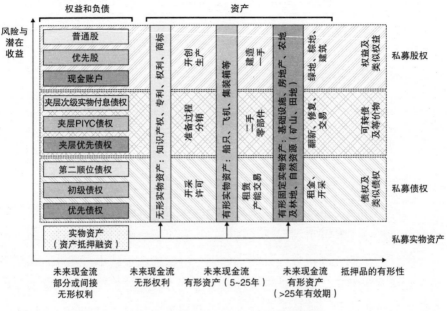

图 4-1 私募市场：工具及其底层资产

正如我们将会看到的那样，不同投资领域之间的界限是漏洞百出的。例如，在企业重组中，通常有可能以象征性的金额收购一家公司的股权（重振资本），或者收购该公司的部分债权，然后将其转化为资本（不良债权）。可转换债权本身处于股权投资和债权投资之间。一些已上市的投资资产最终将被收购和退市（公开转私有型杠杆收购）。完成私募股权融资的公司最终可能会上市。在某些情况下，一家完成私募股权融资的公司现在和将来都是上市公司，比如 PIPE[⊖]。这些公司往往是小型或中型公司，每天的股票交易量非常低（甚至零交易）。在很多方面，这些"上市"公司与同类的私有公司相当。

⊖ 更多 PIPE 的相关信息见第 4.1.2 节。

为了降低风险，可以使用不同的投资工具（见图4-2）。例如，私募股权投资人可以使用普通股和优先股，这取决于他们对公司的分析结果。优先股可以嵌入不同的政治和经济权利，这些权利由投资人进行协商，取决于他们对投资机会所带来的风险和利润潜力的看法。因此，股份之间不一定是等价和可互换的，例如，基于某些事件的实现与否，某些股份可能比其他股份价值高得多。

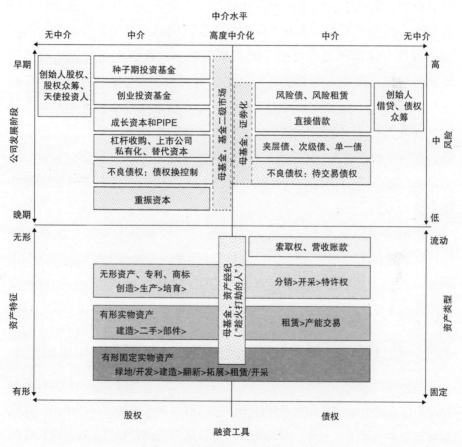

图 4-2　私募市场：投资策略的分类

注：此图不包括投资者自己的直接主动投资。

因此，投资人有很大的选择余地，可以根据自己的需求和对投资机会的分析来微调自己的投资工具设计。但情况也并非总是如此。在很长一段时间里，投资工具仅限于股权和某种形式的债权。

从图 4-2 可看出，在高风险的一端，债权策略是不存在的。债务必须通过支付利息（即使可以延期）、偿还本金（也可以延期）及对可靠抵押品的索取权来偿还。这对处于种子期的公司不适用。

除了主动型的直接所有权，还有一些工具可以通过相对间接的方式进行投资，同时也不需要中介，比如股权众筹和债权众筹。这两种工具都专注于帮助个人投资者或专业投资者通过网站或电子平台参与初创公司的投资。这两种投资渠道仅限于规模较小、投资人相对容易评估和理解的项目，投资人不需要进行彻底的审查和分析（即所谓的"尽职调查"）。这两种投资工具都是近期推出的，而且大多都未经证实，尤其是缺乏强有力的公司治理规则，加上投资人保护规则不严格、信息要求有限、监测和控制有限（或没有）等，给它们蒙上了很大的阴影。当融资的公司面临经济衰退的压力，并且必须应对其挑战时，这些工具的可行性将会受到考验。

根据剑桥协会和 Preqin 的数据，我们估计私募市场基金投资领域中，私募股权占 55% ～ 60%，私募债权占 18% ～ 20%，私募实物资产占 25% ～ 28%。私募市场基金投资中，美国占 67%，欧洲占 20%，世界其他地区占 13%。私募股权基金大约占上市公司总市值的 5%。

4.1 私募股权：创业投资、成长资本、杠杆收购和重振资本

私募股权基金几乎可以在公司发展的每个阶段参与投资。私募股权基金管理人旨在解决影响公司的具体问题，这应该会显著增加公司的价值。投资人通过资本、建议、人脉、经验和专业知识来为创业者提供支持。他们在所支持公司的治理中，扮演着陪练的角色。为了收获公司的成长，基金管理人在实施计划之前收购这些公司的部分或全部股份，然后在公司实施计划且价值增加后出售股份。私募股权基金主要执行两种操作：注资及所有权转移。

这两种操作可以结合在具体的策略之中。数据库提供商 Preqin 估计，截至 2017 年 12 月，私募股权基金管理的资金超过 3 万亿美元，其中 1.1 万亿美元的承诺资本尚未投入（"干粉"，dry powder，具体解释见术语表）。

4.1.1 创业投资：为公司创立提供融资

尽管美国在历史上一直被视为现代创业投资的发源地，并因此为海外潜在投资者和基金管理人建立了某种模板，但每个国家都开创了自己的创业投资模式。创业投资基金投资的公司从启动（种子资本）到打造原型（早期）再到实现产业化（中期）和商业化，直到具备盈利能力或被收购或在证券交易所上市（后期，也称为扩张期）。创业投资在私募股权基金投资领域中约占 19%，在私募市场投资领域中约占 11%。

4.1.1.1 创业投资的投资目标

创业投资是特定类型公司的创建和早期发展的主要融资提供者。这些公司承受着巨大的技术风险、高昂的研发费用，往往在设备、知识产权和固定资产方面进行重要投资。

创业投资是医疗健康（HC）、生命科学（LS）和信息技术（IT）投资的同义词（见图 4-3），这样的理解主要出现在美国和西欧（见图 4-4）。其他行业有时会挑战这几个行业的优势地位，比如清洁技术和纳米技术，但前两个行业仍然是投资的主体。然而，没有哪个行业能够成功地建立起足以媲美以色列或美国的创业投资集群。

新兴市场的投资机会尚未被完全开发利用。事实上，很多国家和地区仍然需要独立的基金，比如东欧和中欧。结果，很多创业者移民到了发达国家，将他们的创新推向市场，因而破坏了其本国的市场。满足当地特定需求的一些初创公司无法离开本土，也很难脱颖而出。要建立具有完整融资链的创新集群，这是打造充满活力的创业环境的重要一步。要建立成功的集群，必须将多种因素结合起来（见前面的章节）。

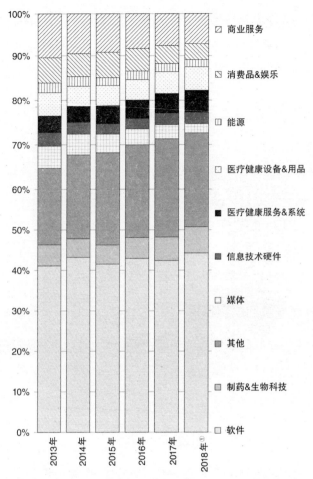

图 4-3 创业投资所支持公司的全球融资趋势（按交易数量及行业占比）

①截至 2018 年 12 月 31 日。

资料来源：KPMG Venture Pulse 2019，基于 PitchBook 2018 年 12 月 31 日的数据。

健康的创业投资行业所必需的要素

除大型和超大型杠杆收购基金之外，VC 投资人（Venture Capital Investor）与任何其他私募股权策略一样，通常活跃在特定的地理区域，这些区域由共同的商业文化和一套特定的规则定义。VC 投资人的特殊之处在于，他们需要一个或多个行业专业知识中心。很重要的一点是，投资人要在共同的文化基础上交流和理解管理团队（*The Economist*，2009）。因此，文化的类型（见表 4-1）也影响投资的性质和在特定国家融资的公司的类型。

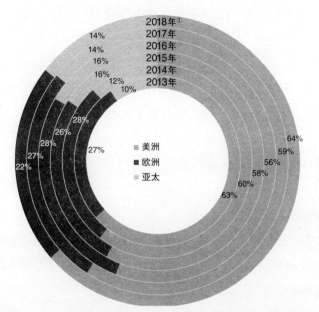

图 4-4　创业投资所支持公司的融资（按交易数量及地域占比）

①截至 2018 年 12 月 31 日。

资料来源：2018 年毕马威《创业脉搏》，基于 PitchBook 2018 年 12 月 31 日的数据。

表 4-1　有关创新的欧洲社会文化环境类型

僵化的社会文化环境	封闭的社会文化环境	强大的社会文化环境
捷克共和国	奥地利	比利时
法国	塞浦路斯	丹麦
匈牙利	德国	爱沙尼亚
立陶宛	希腊	芬兰
拉脱维亚	西班牙	爱尔兰
葡萄牙	意大利	卢森堡
斯洛伐克	马耳他	荷兰
	波兰	瑞典
		斯洛文尼亚
		英国

资料来源：2008 年欧洲创新综合报告。

要支持一个国家的创新能力，有三个要素至关重要：对基础研究的支持、知识和技术转让的有效流程，以及在创新领域创建公司的合适环境。

投资欧洲协会，以前称为欧洲创业投资协会（EVCA，2010），列举了在宏观经济层面有助于增强创业投资市场活力的几个因素：

1. 打破欧洲证券交易所的割裂状态，由于泛欧交易所与纽约证券交易所（Euronext-NYSE）的合并和欧洲的进一步行动（瑞士证券交易所与奥斯陆证券交易所的合并），这一问题目前得到了部分解决。然而，证券交易所的格局仍然相当分散，而且对有前途的初创公司在泛欧交易所上市充满敌意。

2. 扩大与中小企业相关的税收减免范围，这在欧洲是一个普遍的问题。

3. 减少国际创业投资的壁垒。

4. 减轻初创公司的行政、社会和税收负担（见图 4-5），尤其要采取与其情况相适应的措施。这类措施（比如，法国的研发费用退税⊖）帮助公司推迟了某些费用的影响，或者返还了某些研发费用。但是，并非所有的税收优惠措施都是有效或正面的，也存在一些扭曲的激励措施和道德风险。⊖

5. 提供一个高效、清晰和综合的系统来保护知识产权。

6. 修订国际会计标准并适应中小企业。该措施的重要性在于理解投资人和领导者之间的阅读、理解和沟通。

7. 修订金融风险条例。《巴塞尔协议Ⅱ》《巴塞尔协议Ⅲ》、欧盟偿付能力监管Ⅱ号指令（European Solvency Ⅱ Directive）以及其他一些规则束缚了创业投资的资产配置。这些法规，即使在超国家层面通过，也可以在国家和泛欧洲层面进行修改和调整。

⊖ 研究税费抵免政策（Crédit Impôt Recherche）。

⊖ Lerner（2009）指出，"对法国计划 OSEO-Garantie 的研究表明，小企业借款人在贷款后四年内破产的概率从 9%（无政府担保贷款）上升到 21%（有政府担保贷款）"（第 80 页）。

8.将商业化纳入中小企业融资计划。事实上,大多数公共政策都是为了支持研发,但商业化是一个关键因素,必须得到支持。现有企业的竞争非常激烈,因此中小企业在将有吸引力的产品进行商业化时,需要得到支持。

9.避免采用约束和限制的形式进行公共干预(见图 4-5)。这与我们在第 1 章和第 2 章中看到的情况是一致的。这产生了重大影响:在法律体系运行良好的国家,活跃的私募股权基金的平均收益倍数比同类型、同年份设立的典型基金高 19%,而其他国家的基金收益倍数比基准低 49%(Lerner,2009,p.95)。

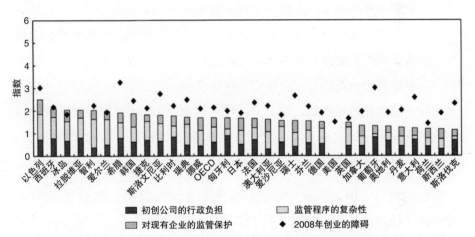

图 4-5 2018 年和 2013 年的创业阻碍,包括创业公司的行政负担

注:0= 限制最少,6= 限制最多。对美国而言,2013 年的观察数据不可用。

资料来源:2017 年 OECD。

创业:抵制与神话

围绕这些努力的神话也可能加剧对创业的抵制。瓦德瓦(Wadhwa,2011)⊖通过回顾以下事实打破了其中一些神话:

⊖ www.boston.com/business/technology/articles/2011/08/02/when_it_comes_to_tech_
entrepreneurs_and_their_successes_legends_abound.

- 技术创业者是经验丰富的高管。[一]杜克大学 2009 年对 549 名公司创始人调查后发现，与"典型的美国技术创业者都是 20 多岁"的想法相反，这些创始人年龄的平均数和中位数是 40 岁。50 岁以上的人数是 25 岁以下的两倍，而 43.5% 的创始人有两个或两个以上的孩子。

- 创业者是培养出来的，而不是天生的。52% 的创业者是他们家族中第一个创业的人。仅 39% 的创业者的父亲也是创业者，母亲也是创业者的占 7%。只有 25% 的创业者是从大学开始创业的。

- 成功与高等教育息息相关。"大学辍学生"的神话只是不错的睡前故事。那些出生于美国的工程和技术企业创始人往往受过良好的教育。平均来说，大学毕业生创办公司的销售额和员工数量是没上过大学的人所创办公司的两倍。出人意料的是，读名牌大学并不能为创业提供显著优势，重要的是获得学位。

- 创业投资追随创新，而不是"创造"创新。仅有不到 5% 的创业投资流向早期公司，这些公司承担创新产品开发的风险。"事实是，创业投资追随创新。"

布拉德肖（Bradshaw，2012）阐述了文化的阻力，比较了美国人的心态（拥抱风险并渴望将事情做大）和英国人的心态（谨慎管理现金，尽可能减轻负面影响，并将成功目标限制在可实现的事情上）。这些说法频繁出现，几乎已经成了一种根深蒂固的集体认知。内德勒曼（Needleman，2012）指出，OECD 也已确认（见图 4-6），美国的创业在经历了 2008 ~ 2011 年的下滑后已经企稳。2009 年后，英国的创业大幅上升（见图 4-6）。

[一] "年轻创业者"的神话相当有影响力，参见 Pfanner（2012）。

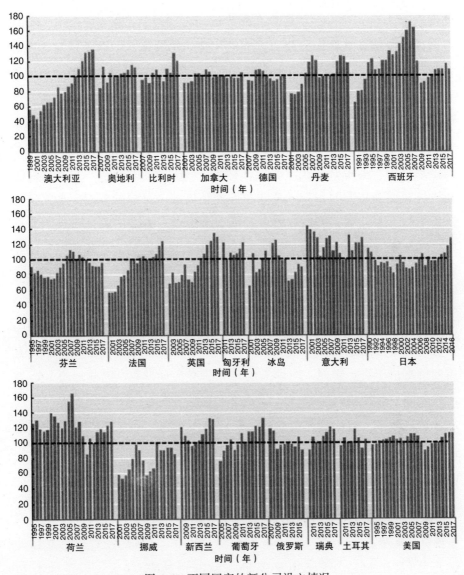

图 4-6 不同国家的新公司设立情况

注：2012 年的新设立数量为基数 100。

资料来源：2018 年 OECD。

美国创业投资模式及其成果

虽然美国经济确实受益于一些特定的资产类型，但假设其成功只有一种方式（即"一飞冲天"）是存在误导的。索罗维基（Surowiecki，2011）解释说，美国在培育初创公司方面的成功，部分来自"敢于冒险的消费者"（包括个人和企业）。在企业对消费者（B2C）类的信息服务中，美国人往往做好了接受新技术的准备，并且愿意充当免费服务的测试者，这使得美国经济拥有生产力上的优势。"从这个意义上说，（美国）创新文化既依赖于创业者，也依赖于消费者。"虽然这对于一些B2C的创新可能是成立的，但未必适用于企业对企业（B2B）类的创新，尤其是与基础设施和标准相关的创新。美国在处理手机的多种标准方面，今天仍然落后于日本和欧洲，美国创业者长期忽视短信、移动即时通信等消费创新。在互联网宽带应用和光纤到户（FTTH）方面，美国也落后于韩国和欧洲。

创业成功其实有多种模式。美国模式侧重于"精益创业"（lean ventures），[○]致力于B2C的服务。公司的早期资本消耗有限，[○]随着公司的发展，需要大规模的资本去吸引大规模的用户，目标是在证券交易所上市或以高价出售。实现一飞冲天的目标需要大量投资，因此需要IPO上市或大规模收购来获得投资收益。西欧初创公司专注于不太引人注目的B2B信息技术，目标是实现盈利，然后以5000万～1.5亿欧元的估值出售给商业买家。

以色列的创业投资模式

根据毕马威（KMPG）的《创业脉搏》（*Venture Pulse*），2017年全球创业投资金额超过2500亿美元（见图4-7）。其中，美国的投资金额为1300亿美元（高于2017年的830亿美元），欧洲为240亿美元，以色列为47亿美元。

○ Schonfeld（2011）。

○ Arrington（2010）因此描述了"超级天使"（成为基金管理人的天使投资人）寻找下一个"大项目"的压力，以及随后创业公司的估值增加，在种子期达到400万美元的投资前估值（即注资之前）。

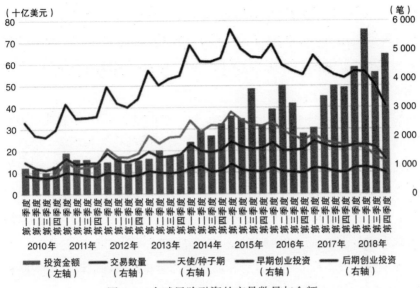

图 4-7　全球风险融资的交易数量与金额

资料来源：2019 年毕马威《创业脉搏》。

有研究（Bloch、Kolodny & Maor，2012）指出，在 2003～2011 年期间，创业投资机构给以色列的高科技公司投资了 110 亿美元，给欧洲投资了 450 亿美元，给中国投资了 260 亿美元，给印度投资了 70 亿美元。该研究报告的作者认为，"以色列拥有的不仅仅是技术，这是一个小型的、高度网络化的国家，受过教育的工人高度集中。跨学科的技能十分普及，大多数工作人员会说多种语言"。这是一个清晰的例子，展示了创业投资集群的特定模式，并且已经成为一个原始模板。

在以色列，初创公司融资与军事技术开发密切相关。通过采纳"军事变革"（Revolution in Military Affaires，RMA）的例子，格拉德威尔（Gladwell，2011，引用迪马·亚当斯基的话）举例说明了各国是如何接受创新的，RMA 是指"军队利用数字时代的工具，完成自己转型的路径"。根据格拉德威尔的说法，"亚当斯基一开始就认为不可能确定是谁发明了 RMA。首先想象到数字技术将如何改变战争的人，是 20 世纪 70 年代苏联的一批高级军事知识分子；首先发明高科技系统的国家是美国；首先使用它们的国家是以色列，用于 1982 年与叙利亚空军的冲突中"。这当中运用了互联网技术，而互联网技术部分是在美国（互联网协议）和欧洲（万维网）发明，后来由美国、以色列和欧洲的初创公司付诸应用。

格拉德威尔指出，这是"三次变革，而不是一次。亚当斯基的观点是，每一次变革都必然是不同的，依靠的是不同的技能和环境。苏联有一个强大的权力集中的军事官僚机构，有着悠久的理论分析传统。但是它们什么也没做，因为有着浓厚知识传统的权力集中的军事官僚机构很难做到言行一致"。这种说法适用于很多创新，无论是来自公共领域（如欧洲核子研究中心）还是私营的研究中心（如施乐帕克研究中心）。

哪种创业投资模式适合这种创新环境（主要指欧洲大陆、俄罗斯和日本）？达西、克里莫－艾斯、德邦德和盖莱克（Darcy, Kreamer-Eis, Debande & Guellec, 2009）通过描述技术从公共机构转移⊖到私营部门的必要条件，试图解决这一问题。他们特别描述了三种选择：分拆（这不符合欧洲尤其是更多公共研究实验室的风险厌恶文化）、大学和私营机构之间的合作（迄今为止尚未被广泛采用）和知识产权许可（这看起来更有希望，但缺乏一个匹配供求关系的平台）。

格拉德威尔继续指出，"美国有一种分散的、自下而上的创业文化，这种文化历来都具有依靠技术解决方案的强烈倾向。军方与高科技界的紧密联系，使美国在此背景下毫不意外地会获得技术应用"。

最后，"以色列的军事文化是在资源限制和持续威胁的背景下成长起来的，因此，那里的人变得有非常强的即兴发挥能力和创造性"。然而，正如亚当斯基指出的那样，"这种建立在紧急、短期基础上的'灭火式'军事力量是不会被反思性理论予以区分的"（Gladwell, 2011）。

值得注意的是，这解释了为什么在西欧或多或少的长期宏观经济危机，以及美国 2007 年后的危机背景下，以色列的"创新模式"受到推崇，

⊖ 是指"从发明和形成知识产权到商业概念、概念验证阶段以及第一位客户"（第 9 页）。

但又难以在不同的经济体中进行推广和采用。

欧洲新兴的创业投资模式

欧洲的增长模式受到多种货币、语言、法律、商业实践和文化的制约。因此，与具有整个北美洲大陆市场的美国不同，欧洲以分阶段、渐进的方式发展初创公司是有意义的。

例外情况是存在的，比如 Skype 或 Spotify，但这并不能否定以下的结论：如果一种商业模式是有效的，它就会在其他国家被复制，多家公司将在欧洲市场共存，从而产生一种健康和持久的竞争（美国市场可能缺乏这种竞争，因此产生了后果⊖）。

欧洲有谷歌的竞争对手（在俄罗斯：Yandex）、有 eBay 的竞争对手（在德语国家：Ricardo）、有雅虎的竞争对手（在德国：Gmx）、有领英（LinkedIn）的竞争对手（在德国：Xing）。低估这些成功就会忽略来自这些初创公司的一些经验教训，这些公司利用了不同的技能，实际上可能比它们的美国对手活得更长久。

心理学家迪恩·西蒙顿（Simonton）指出，这些行为的一个令人放心的结论是，"质量是数量的概率函数"。他认为创造力不存在什么简洁、高效的问题。他说，"成功越多，失败也越多"。

因此，目前还没有任何欧洲的创业投资模式，但是各个国家的一系列举措可能会形成一种融合模式。在英国，创业投资形成了集群的架构，领先的大学处于创新的核心；在法国，某些行业领域享有特权，因为税收减免体现了政治选择；在瑞士，创业投资显示出特殊性：企业创业投资是初创公司融资的主要来源。

或许可以从挖掘以色列的潜力开始，因为其精益创业的公司适应小市场，并具有国际潜力。这是布洛赫、科洛德内和马奥尔（Bloch, Kolodny

---

⊖ 涉嫌或法律证实的反竞争行为（微软、谷歌、亚马逊）、对个人隐私的不当行为（Facebook、谷歌）、掠夺性策略（Facebook）。

& Maor，2012）的建议，特别是在半导体、电信、医疗器械、水处理和农业等领域。在所有这些领域，欧洲在与以色列初创公司合作时都有资产可以开发和利用。

布洛赫、科洛德内和马奥尔（Bloch，Kolodny & Maor，2012）强调的模式是：

- 分担风险及共享资源的典型合作伙伴关系；
- 投资当地初创公司；
- 设立企业创业投资部门；
- 在以色列建立孵化器；
- 建立当地研发中心；
- 收购本地的初创公司。

这六个选项其实是学习和适应本地环境的一种创新方式。它们可能是其他创业投资模式的模板。

创业投资的其他"模式"：智利的举措

采取不同举措打造创业投资行业所产生的结果，是成本高昂的，需要长期投入大量资金以及创新和创业投资行业诸多参与者之间的合作。

这些努力（无论成功与否）的溢出效应实际上是创业投资生态系统建设的一部分。这些外部性（经济学家称之为外部性）会结合在一起，改造它们的环境，类似创业投资集群的现象将会逐渐出现。有些国家，比如智利（*The Economist*，2012a），已经开始相当务实地试图吸引那些被美国拒绝的移民创业者（主要是由于严格的签证政策）。

因此，"创业智利"项目会挑选有前途的初创公司，为它们提供大约25 000美元（种子前阶段）或80 000美元（种子期）的资金以及一年的签证。2010～2012年，来自37个国家的约500家公司和900名创业者提出了申请。该项目的目标是到2013年底支持1000家公司。2019年，该项目宣布支持了来自 85 个国家的 1616 家初创公司（其中 54.5% 当时仍然处在运营之中）和 4500 多名创业者。

该项目已经引起了关注，但它是否会创造一个自我维持的创业投资行业，并显著推动当地国民开始创业呢？至少文化背景似乎开始演变：更多的创业公司申请种子融资，一些大学开始探索设立创新中心，报纸报道了更多的初创公司，最重要的是，具备了经验和知识的分享机制，以及与对当地创业者的辅导机制。

正如《经济学人》（*The Economist*，2012a）所指出的，智利仍然需要更多的 VC 投资人，需要更多具备创新精神的创业者，更令人担忧的是，智利的平台可能会把他们引向另一个硅谷。行政负担、僵化的官僚主义和惩罚性破产制度也在削弱"创业智利"的成绩。

总的来说，如果能像新加坡一样持续下去，智利的举措是有可能成功的（硅谷的建设历时 30 年）。前微软高管内森·麦沃尔德（Nathan Myrhvold）认为，只要持续下去，"当你在一个足够宽广的平台上和一群聪明人共事时，你总能从中获益。这是你能参与的最好的投资之一，但前提是你选择以成功来衡量它。创新是一件桀骜不驯的事情，总会有一些你无法抓住的创意，但这场游戏的意义并不在此。关键是你得到了什么，而不是你漏掉了什么"。（Gladwell，2011）。

《经济学人》（*The Economist*，2012c）指出，经济理论认为，有四个主要的原因可以解释为什么同一行业的机构最终会集中在同一个地方。第一，有些机构可能依赖于自然资源；第二，机构的集中会聚集专业人才，对员工和雇主都有利；第三，附属交易会涌现，以提供专业投入；第四，创意会从一家机构传递到另一家机构。

威尔逊（Wilson，2012）解释说，大多数潜在的创业集群（印度的班加罗尔、上海的高科技中心、首尔的数字媒体城）从未实现它们的目标，"大多数创建集群的努力都集中在一两个要素上……由于缺乏可持续累积的一系列创新，实际没有什么成效。要产生层出不穷的突破性技术发展，创新必须植根于长期的社会机构和网络中。政府、企业、民间团体（非营利组织）和学术界四个不同的部门必须要联系在一起"。这种环境就不再需要碰运气的巧合了，它会孕育持续不断的创新火花。

威尔逊认为，下面三项措施对于支持这四个部门之间的合作至关重要：

1. 建立比以往更丰富、更多样和更有条理的跨部门网络；

2. 领导者必须不断改革其组织，构建创新氛围，调整激励机制和组织结构，以对创造力和协作予以奖励；

3. 领导人应投资有才能、有创新精神的个人，要吸引、留住和赋予权力给那些可以促进系列创新的人才。

最后一条建议实际上是"创业智利"的关键所在。这个文化、语言和宗教上都是同质的国家能够留住并赋予权力给那些寻求机会的人吗？这将意味着当地居民之间出现严重摩擦（因为这里通常拒绝差异），以及需要付出巨大的努力，来为这个地理上与世隔绝、沿着安第斯山脉延伸的一个1800万人口的国家，打造一种多文化、多语言的丰富环境。在其认为可能赶上硅谷和以色列的潜在创业中心名单中，《经济学人》（*The Economist*，2012c）提到了纽约、伦敦和柏林，因为它们更大、更活跃，因此对年轻人更有吸引力；同时它们还有更广泛的产业基础，以及创业公司可以借鉴的技能。

4.1.1.2　参与者和结构

种子期融资还是自力更生，这是个问题

根据摩立特集团（Monitor Group，2010）的调查，52%的创业者宣称高成长公司能获得足够多的资本，但只有37%的人同意"在创办公司时有足够多的资本"这样的说法。投资欧洲的一项研究（EVCA，2002）指出，95%参与调查的创业者表示，如果没有创业投资就无法创办自己的公司[⊖]（或者公司的成长会慢得多）。60% 的受访者表示，如果没有创业投资，他们的公司根本不会存在。

初创公司的资金来源相当有限（见表 4-2）。创业者的大部分资金来自他们自己的积蓄、他们的朋友和家人，以及他们的关系网络。只有在公司展示出达到关键里程碑的一定能力之后，潜在金融支持者的圈子才会扩大。

表 4-2　美国股权资本的来源

私有公司的资本来源	初创阶段	成长阶段
创始人自己的积蓄	是	可能
朋友和家人	是	是
天使投资人（富有的个人）	是	可能
专业 VC 投资人	是	是
小企业投资公司（仅限美国）	可能	是
企业	否	可能
员工持股计划	否	可能
公开发行股票	否	是
个人及商业协会	可能	可能
商业银行（债务）	否	是
储蓄和贷款机构（债务，仅限美国）	否	可能
人寿保险公司（债务）	否	可能
商业信贷公司（债务）	否	是
保理商（债务）	否	是
租赁公司（债务）	可能	是
公共计划、研发计划	可能	可能
税收庇护	可能	可能
基金会	可能	可能
供应商融资	可能	可能

资料来源：耶鲁大学管理学院。

因此，初创公司通常分阶段融资，因为这有助于将融资额分成更小的

⊖　这是一个反复出现的问题，正如勒纳（Lerner，2009）指出的："到 20 世纪 30 年代大萧条时期，人们普遍认为，给快速成长的年轻公司投资的现有方式是不充分的。不仅很多有前途的公司没有被发现，而且高净值的投资者经常没有时间或技能与年轻的公司合作，来解决其明显的管理缺陷。"（第 36 页）

部分，从而减少创业者因融资而导致的所有权稀释（见表 4-3）。

表 4-3　一家典型 IT 公司的融资步骤

创业阶段	投资额（美元）	投资人类型	新投资人股权（%）	投资后估值（美元）	创始人股份[1]（%）	创始人的价值（美元）
公司创立	25 000	创始人	100	25 000	100	25 000
产品研发	75 000	家人	35	215 000	65	140 000
产品测试	150 000	朋友	15	1 000 000	55	550 000
产品上市	300 000	天使投资人	10	3 000 000	50	1 500 000
扩张轮	2 000 000	创业投资机构	33	6 000 000	33	2 000 000
后期轮	5 000 000	创业投资机构	25	20 000 000	25	4 000 000
上市（IPO）	10 000 000	公众	20	50 000 000	20	10 000 000

①假设除了创始人的最初投资，没有其他投资。

资料来源：耶鲁大学管理学院。

自力更生

正如卡巴斯夫鲁珊（Karbasfrooshan，2012）所解释的，自力更生（bootstrapping，即创业者自筹资金）在保持控制权和所有权方面很有吸引力。但是，放弃公司的一部分股份（甚至最终放弃控制权），"揭示了价值创造的另一个现实——你必须确保别人希望看到你的成功和繁荣，而要做到这一点的唯一方法是拿出股权。正如约翰·杜尔（John Doerr）所说的：'没有冲突，就没有利益。'"在做出这个艰难决策时，董事会会有所帮助。

只有少量现金也会"迫使创业者直面问题，找到真正的解决方案"。但是，如果遇到障碍（无论是困难或是超过预期的增长），则缺少调整的空间。事实上，创业者永远都在筹集资金（只是筹集的资金太少甚至不足以启动公司），这意味着他们一直都在分心。

声誉也是一个问题。不融资实际上可能会对公司造成伤害："你可能会因为自力更生创办了一家大型企业而获得额外的声誉，但如果你放弃了创业投资，你实际上不会因为经营一家小公司而获得太多的声誉，即便99.9% 获得创业投资支持的公司在不依赖创业投资资金的情况下根本就不会存在，或者不会像你的公司存在得那样长久。"

种子期融资

种子期融资致力于将一个创意转化为一家公司。在变得非常流行之前，种子期投资是最不受欢迎的投资领域之一，因为被投公司的存活率相当低，且通常需要 5 年以上的时间才能产生收益。与美国相比，欧洲提供了不同的成长机会，这对新兴公司产生了影响。在欧洲，市场往往一开始对创新产品接受得更慢，但增速却很快，有时还会超过美国，比如手机或互联网宽带。这就解释了为什么种子期投资需要更长时间才能突然成功。这里开辟了一个可供政治和经济试验的广阔领域。

有些国家试图将特定的关键要素聚集在"校园"（英国）、"技术园区"（瑞士）和"竞争中心"（法国），以复制美国波士顿和硅谷的创业集群。这些关键要素通常是知识的来源（牛津、剑桥、苏黎世联邦理工、瑞士洛桑联邦理工、斯坦福、哈佛）、坚实的基础设施、合格且多样化的人力资源、合格且经验丰富的资本池和创业精神（见第 1 章和第 2 章，以进一步了解这些因素的重要性）。

根据勒纳（Lerner，2009）的说法，"平均而言，一美元的创业投资在激励专利发明上的效果，似乎是一美元传统企业研发投入激励效果的 3 ~ 4 倍"（第 62 页）。参与调研的公司在获得资本注入之后，每家公司平均创造了 46 个就业岗位。

天使投资人和股权众筹

如果说创业投资为创新的初创公司提供融资，那么天使投资人则被认为是种子期投资的关键要素。如图 4-8 所示，天使投资人的交易数量大约占创业公司融资轮次总交易数量的 15% ~ 35%。没有天使投资人，很多提供给创业投资基金的投资机会根本就不会存在。按照交易金额，天使投资人的累计金额要小得多（见图 4-9）。

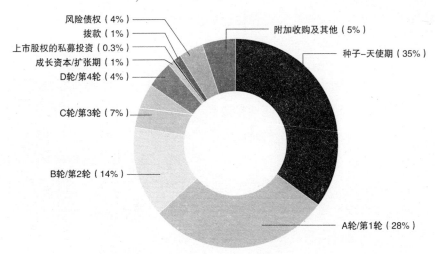

图 4-8 2018 年创业投资的交易数量（按阶段）

资料来源：2019 年 Preqin。

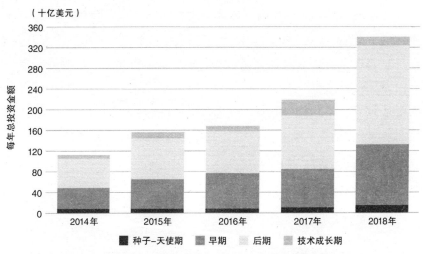

图 4-9 全球创业投资交易金额（按发展阶段）

资料来源：2018 年 Crunchbase。

　　种子期投资至关重要，因为它塑造了未来的公司。如图 4-10 所示，在 2009 年金融危机之后，投资活动仍然相当强劲。这是一个好消息，因为缺乏融资可能会直接威胁到创业投资价值链（可替代的方案是"自力更生",见上文)。

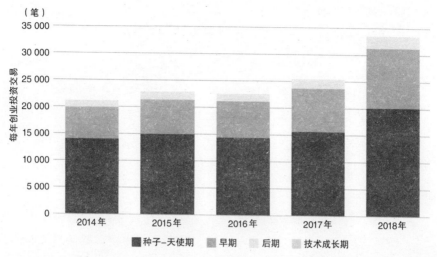

图 4-10 全球创业投资交易数量(按发展阶段)

资料来源:2019 年 Crunchbase。

2018 年投资活动进一步加速。事实上,这可能是一个令人担忧的问题。创业投资市场的驱动源于符合特定标准的投资机会的数量:优秀的管理团队,可行的商业模式,符合实际及重要市场需求的产品或服务。我们将在下面把这些称为"可行的创业公司"(viable venture)。创业投资市场通常不是(或只是勉强)由资本供应来驱动的。如果创业投资的供求不平衡,可能会出现两种情况。

一种情况是资本供给低于资本需求。如前几章所述,新公司的数量在中期内趋于稳定。在经济衰退的情况下,就业机会的稀缺可能会促使个人开展自由职业活动。这些自由职业活动不是创业投资的目标。但是,可行投资项目所需的创业投资金额可能超过供给的金额。原因可能是,在特定的宏观经济环境下,投资人更厌恶风险,他们在这个领域已经充分投资了,或者他们因经济衰退而损失了资本。一些有前途的公司可能得不到融资,但这些是例外。大多数公司筹集的资金可能比最初预期的要少。在这种情况下，它们将设定一些中期目标，分多个阶段筹集资金。

另一种情况是资本供给超过了自然需求。在这种情况下，投资者要么过于自信，要么找不到其他有吸引力的投资机会。后果是显而易见的，因为：

- 一些不可持续发展的创业公司可能会获得融资，从而导致后续损失。这意味着投资人可能会完全退出创业投资市场，或者损失的金额将不得不重组，以投资到下一代初创公司。事实上，投资人倾向于将过去成功的资本（有时还包括资本收益）再投资到新的机会中。恢复投资能力需要时间。

- 资本过剩可能导致太多在同一个市场竞争的初创公司获得融资。这意味着一开始竞争就会非常激烈。初创公司不仅不能像通常那样给早期用户设定更高的价格来开展可持续的业务，而且它们可能不得不从一开始就发动一场价格战。因为市场会淘汰较弱的参与者，初创公司在这种背景下生存所需的资金量大幅增加，因为当较弱的竞争对手消失时，它们必须维持下去并获取市场份额，总投资收益率相应下降。此外，收回投资金额难度更大，因为客户已经习惯了低价，可能不接受后续的涨价。

- 资本过剩也可能给可持续发展的创业公司一种错误的激励。它们的融资可能更容易，并且融资金额会增加（图4-11展示了最近的情况）。所募集的过多资本将减轻最有效地利用资本的压力，从而会浪费一些资本。随着资本提供方竞相投资初创公司，其估值将会上升。对于给定的金额，资本使用的生产率不仅会更低，而且投资人获得公司的份额将会更少。这将导致投资人收益下降，因为退出时的公司估值（本质上是股份出售）可能不会遵循同样的路径。图4-12提供了一个与图4-11的比较点：退出数量随着时间的推移一直相当稳定，退出金额也没有实质性的变化（2018年第三季度除外）。2018 年第二季度的平均退出金额约为 1.24 亿美元，2019 年第二季度约为 1.46 亿美元，增长了 16%。相比之下，种子期和天使轮的平均投资金额同比增长了 60%（2018 年增长了 42%）。

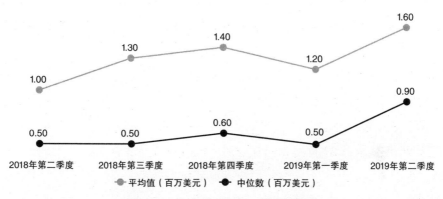

图 4-11　全球种子期与天使轮的规模

资料来源：2019 年 Crunchbase。

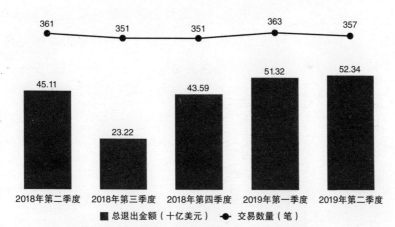

图 4-12　全球创业投资支持的公司被收购情况

注：退出金额是从已知金额的交易中汇总而来，大多数并购交易的金额没有披露。
资料来源：2019 年 Crunchbase。

认为缺乏经济活力是因为缺乏创新，缺乏创新本身是因为缺乏创业，缺乏创业又是因为缺乏资本，这是一个常见的错误观点。人们经常说服政府机构用纳税人的钱来资助他们国家的初创公司。不幸的是，这些努力注定会失败。市场的驱动源于很多结构性的可行机会，因此需要法律、社会、文化和经济的变革。如果条件成熟、治理权设置得当，资本就会流向这些机会，从而带来利润和良性的创业投资循环。任何资本过剩，尤其是公共来源的资本过剩，实际上都会造成重大损失，而且会压低可行的创业公司的收益。

由于创业投资组合中最好的投资项目要补偿亏损的项目，这就意味着最终资本过剩可能会推动创业投资行业的集体亏损。机构投资者随后将停止参与创业投资基金。可行的创业公司会发现寻找资本更加困难。在 20 世纪 90 年代末及 21 世纪初的互联网泡沫阶段及其破裂之后，欧洲所面临的显然就是这种情况。欧洲的创业投资基金在很长一段时间里都很难募集到资金，当地的初创公司在消耗资本时必须更为高效。因此，在接下来的十年里，欧洲创业投资的业绩超过了美国。

天使投资人和自力更生的公司经常面临的问题是他（它）们很孤立，特别是在 IT 领域之外的其他行业。初创公司需要多轮融资，每一轮融资都帮助公司到达下一个发展目标或发展阶段。为此，随着公司的发展，天使投资人必须联合起来投资。值得注意的是，他们在投资创业公司时与专业的 VC 投资人联合，而这些 VC 投资人会专注于特定的地理位置、行业以及发展阶段。结果，处于新兴市场第三大城市的一家很有前景的可再生能源公司，即便已经从当地的天使投资人那里获得了种子期融资，它可能也根本找不到任何后续的风险融资。清洁技术公司在全球范围内融资的金额非常有限，并且主要集中于发达市场的产业集群。

拥有大量活动和融资的产业集群至关重要（见前面的章节）。这意味着对 IT 以外的其他行业来说，其创新要么是由大企业推动，要么是创业自力更生。对于这些行业的增长及其创新来说，这不是好兆头，资本密集型的行业更是如此。

天使投资人

天使投资人是从创意和商业计划中诞生小组织结构的催化剂。他们帮助创业者落实其创意，专业地开发这些创意，聚集初始资本和关键的人力资源，并找到早期的商业伙伴。从这个意义上说，天使投资人最接近创业投资的原始精神，即"盈利是努力的目标，但不是（创业投资）机构的首要目的。相反，它们被描述为创业过程的一个必然组成部分"（Lerner，2009，p.37）。

这些天使投资人通常是曾经的创业者或企业高管，后来变成了高净值人士。如图 4-13 所示，天使投资人的存在本质上是一种美国式的现象。他们是健康的创业投资行业所必需的。美国和法国等国家已经认识到天使投资人的重要性，会在他们投资（或再投资）非上市公司时，给予特别的税收减免。〇

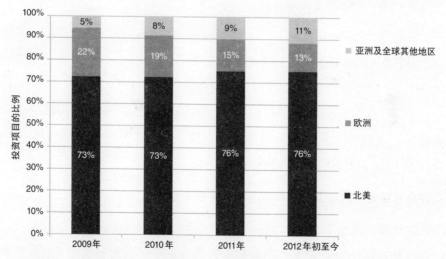

图 4-13 天使投资和种子期创业投资交易的比例（按地区，截至 2012 年 9 月）
资料来源：2012 年 Preqin。

〇 法国甚至为这些个人设计了专门的投资工具，比如个人创业投资公司 Société unipersonnelle d'investissement à risque，SUIR），但似乎还没有起步。

根据美国新罕布什尔大学创业投资研究中心⊖的数据，美国的天使投资人平均每年投资 220 亿～ 230 亿美元。2018 年，有 334 565 位天使投资人给 66 110 家公司投资了 231 亿美元。这些数字非常稳定，2011 年的数据基本相同。

平均交易规模为 30 万～ 35 万美元。事实上，大多数初创公司的资本需求量并不大（见表 4-4）。

表 4-4 创业公司典型的资金需求

金额（美元）	比例（%）
低于 10 000	29
10 000 ～ 25 000	26
25 000 ～ 100 000	19
100 000 ～ 500 000	17
500 000 ～ 1 000 000	5
超过 1 000 000	4

资料来源：耶鲁大学管理学院。

2018 年，15% 的退出是亏损的（2011 年，24% 的退出通过破产的方式），超过一半的退出通过合并或出售（2011 年，54% 的退出通过合并和出售）。获得投资的行业及占比为医疗健康 23%，软件 20%，零售 13%，生物技术 9%，金融及商业 8%，工业及能源 6% 等。2011 年，投资的行业及占比为软件 23%，医疗健康及医疗设备 19%，工业及能源 13%，生物技术 13%，IT 服务 7% 和媒体 5%。

股权众筹和首次代币发行：终究不是一个好主意

散户投资市场、互联网和种子期投资的结合就是众筹。互联网平台的出现，帮助那些愿意向个人融资和出售第一款产品的初创公司（通常处于种子期）与投资者进行匹配。随着 2012 年 4 月美国《创业企业融资法案》（Jumpstart Our Business Start-Vps Act）投票生效，这一概念受到了关注，

⊖ http://wsbe.unh.edu/cvr?page=1。

该法案实际上将面向公众大规模营销原本私下配售的初创公司股权的做法合法化（捐赠、奖励和租借举措符合规定）。SEC 在 2015 年发布了该法案的实施细则，[一]并定期对其进行修订和调整。[二]

首次代币发行（ICO）是股权众筹发行的一种去中介化版本。创业者或公司发布一份文件（即"白皮书"），详细介绍它们的抱负和筹集资金的目的。作为与这些资本的交换，"代币"被创造出来，代币可以在一些由创业者或公司维护的公开或私有的个人账本上进一步交换。这些代币具有可变的属性，其中一些是安全的简化版本，没有管理权限或代表权。

尽管股权众筹受到了创业者的高度赞扬（他们看到了一种便宜而便捷的融资来源），无论是个人（他们想通过这些平台投资下一个新兴的谷歌或 Facebook），还是政治家（他们认为有一种方法可以在不处理税收和天使投资人身份等难题的情况下弥补种子期融资的缺口），但这种解决方案可能并不像看起来那样理想。

首先，因为这是"傻瓜股权"。天使投资人（Kerr，Lerner & Schoar，2011）和 VC 投资人所创造的大部分价值来自他们对被投公司的参与，既通过提供建议、专业知识和人脉，也通过对公司管理层的控制，有时还会补充或取代它。众筹平台没有为初创公司提供董事会成员，实际上这使得大众投资人在谈判投资条款、有效监督他们的投资项目以及采取行动等方面没有任何权力。

其次，众筹给人一种错误的印象，即认为投资既便宜又容易，还可能带来巨大收益。就跟买彩票一样，但买彩票不是投资，尽管风险很高（Davidoff，2012b）。实际上，组织年度大会和处理法律信函和程序所产生的邮费和组织费用，可能会消耗从众筹投资人那里获得的大量资金。要做出一个明智的投资决策，耗时且昂贵的尽职调查是必需的。天使投资人自己必须经历这个痛苦的过程，并通过谈判来争取自己的权利（但不一定

⊖　www.sec.gov/news/pressrelease/2015-249.html.

⊖　www.sec.gov/smallbusiness/exemptofferings/regcrowdfunding.

总是能达到预期的结果，参见 *The Founding Member*，2011 年）。

最后，如果法规一直在保护散户投资者，并且还在加强这种保护，那一定有原因。原因正是他们缺乏成为合格、认可、专业投资者的专业知识。因此，通过消除这种对个人的"障碍"或保护（在试图将创业投资行业归类为系统性风险的一种来源之后，参见 Freeman，2009），让他们投资那些极度"缺乏流动性"、高风险的创业公司似乎很不合逻辑。

美国立法者并没有对设计考虑不周、过于烦琐，并且没有实现预期保护的《萨班斯－奥克斯利法案》（Sarbanes-Oxley Act）进行修订，也没有放宽进入证券交易所的限制，并因此审查公司融资和散户投资者参与的问题（匹配其财务状况的风险收益），而是将其归入最高风险的投资类别，并放弃了为证券交易所精心设计的保护措施，而证券交易所就是众筹平台（专注于首次配售）。2007 ～ 2009 年期间，一些最大的欺诈案是庞氏骗局（在 20 世纪 20 年代大行其道），连专业投资者都深受其害。散户投资者如何在没有彻底尽职调查的情况下看清不透明的新兴初创公司，并在没有任何谈判能力的情况下保护自己免受通过尽职调查才能发现的风险（Schonfeld，2012）？ Jellyfish 公司案例（Jeffries，2012）就是一个例证，说明为何众筹被视为未来一系列问题的根源。

但是，有人可能会说，众筹总是以这样或那样的形式存在，特别是在人们创立合作企业的时候，或者在人们为邻居或家人（即"傻瓜、朋友和

㊀ 实际上，天使投资人的一种做法是采用可转换债券的方式投资初创公司。理由是，这种为过桥融资方式（即 12 ～ 18 个月的短期贷款，以准备下一轮融资）而设计的工具会让创业者受益（它的管理和架构很便宜，并且不涉及任何估值的讨论，估值问题可以推迟到 A 轮融资时），并且投资人也喜欢，因为此工具的优先权高于无债务公司的股权。但是，如果公司的下一轮融资未能按时完成（由于募资的延迟或公司未达到阶段性目标而经常发生），然后债到期，公司可能被迫破产。由于没有资产（因此没有抵押品），投资者会亏钱，创业者被迫放弃。这个工具看起来很吸引人，但实际上可能会造成可怕的后果。这里描述的仅仅是合格、认证投资者难以参与初创公司投资所面临的众多困难之一。

㊁ 通过 SEC 对 SharePost 交易私有公司股份处以罚款得到验证（Linley，2012；Rappaport & Eaglesham，2011）。

家人"类别）创办的新兴公司提供融资时。首先，合作企业不仅赋予每个人平等的企业所有权，而且人们能系统地参与企业决策。换句话说，这里没有创始人和管理层股份，也没有特别的权利，因为合作企业没有股份。每个人都是严格平等的，合作企业的管理不以流动性或盈利为目标。

另外，给邻居的初创公司投资的人实际上不是大众，而是在人际关系层面上（或多或少）真正了解这个人的人。对这个人及其背景、家庭、行为等方面的熟悉取代了尽职调查。背景核实不一定要做，因为你多年来一直在直接而非正式地做这件事。但在众筹却并非如此，那是完全陌生的人在打交道。

一些众筹平台辩称，它们在接受项目融资之前会先挑选项目。即便不考虑平台的利益与融资方捆绑在一起的事实（如果成功，融资方将支付佣金），众筹平台的尽职调查也永远无法取代天使投资人或 VC 投资人的专业知识。

归根结底，众筹的风险在于，它接受的项目往往是被其他"聪明资本"所拒绝的（逆向选择），尤其是因为创业者知道专业投资人会带来什么（并打算放弃公司的部分所有权和控制权以换取一起合作），或者被专业投资人认为过于昂贵（模仿型的 B2C 创业公司往往具备这一特点）。

事实上，上一个创业投资周期的大部分利润来自 B2B 领域，创业公司解决了半导体设计、存储（虚拟化、大数据管理、云计算）、软件设计与自动化，以及其他散户投资者难以准确把握的特定领域的技术问题。生物技术、清洁技术、新材料、医疗技术等很大一部分经济领域实际上将仍然是股权众筹这种融资技术所无法涉足的。但是，放宽对散户投资者保护的法律先例将会产生持久而深远的后果，其规模可能相当于 20 世纪 90 年代废除《格拉斯－斯蒂格尔法案》（Glass-Steagall Act）以及由此带来的系统性风险。

私募平台：也不是什么好主意

另一项举措可能会产生深远的影响：私募交易平台[⊖]的出现，比如

　　⊖　相当于 ICO 的私募平台是专用于交换 ICO 的每个单独的公共分类账簿。

Nyppex、SecondMarket 和 SharesPost 等（Gelles，2010）。尽管随着 Facebook 和 Zynga 的正式上市，上述私募交易平台的财富减少了（这些平台上进行的大部分交易与这两家公司相关，其中 Facebook 占了 SecondMarket 交易的三分之二，Dembosky，2012），⊖因此可能降低了平台的一些重要问题所带来的风险，但这一概念本身让二级市场创业投资的想法蒙上了阴影。

事实上，这些平台试图复制证券交易所，允许合格 / 认证 / 专业的投资者之间进行股份交易，这些平台实际上认可了一种观点，即出售私有公司股份必然属于流动性事件。但不应该如此。

事实上，解决创业投资的问题，就是处理一件事：创业公司成功发展并走向成熟所需的时间跨度（2010 年平均为 9.4 年，Knowledge@Wharton，2010）⊖与 VC 投资人的时间跨度（3～7 年）之间的缺口日益扩大。通过分期投资，VC 投资人根据公司的成熟度为他们投资活动的专业化铺平了道路。接下来的步骤是，一旦他们完成自己的工作，也就是说，将一家给定的公司成功带到下一个发展阶段，就要给他们提供一个退出的机会。

从历史上看，惯例是 VC 投资人应该一直持有被投公司，直到流动性事件发生。这可以使历史股东（他们对公司非常了解）和新股东（他们对公司了解非常有限）的利益保持一致。这也与金融资源稀缺有关，因为创业投资行业仍然很小。

现在的情况不同了。创业投资基金的规模可以达到 10 亿美元，同时，由于团队的专业知识、初创公司日常编制文档（得益于价格合理的软件）以及市场上可以找到的尽职调查专家，平台尽职调查的能力也有所提高。因此，二级市场不仅是合理的，而且应该得到鼓励，但不是通过平台自身

⊖ 实际上，高盛已经关闭了专门从事 144a 证券交易的高盛可交易未注册股票场外交易市场（Goldman Sachs Tradable Unregistered Equity OTC Market，GSTrUE）。该市场于 2007 年推出，主要是为了交易橡树资本（Oaktree）和阿波罗（Apollo）等普通合伙人即将上市的公司股票，市场于 2012 年关闭（Lattman，2012），但这并不妨碍它们进行暗池交易（Demos，2011 年）。

⊖ 证据表明，自那时以来，这一时间确实发生了重大变化：https://about.crunchbase.com/blog/startup-exit/。

来实现（参见 Patricof，2009，关于纳斯达克的出现对 IPO 市场的影响以及近年来对 IPO 规模竞争和随后 IPO 匮乏的研究）。

已经建立了良好的声誉并且可以证明其作为某一特定企业的所有者取得的成就，这样的相互了解的专业人士之间的公平交易是健康的二级市场交易。取消"中间人"或尽职调查程序是没有意义的，因为如果杠杆收购的竞购过程记录详尽，并且需要对成熟、稳定和记录详尽的公司进行全面的尽职调查，那么初创公司想免除昂贵、曲折而痛苦但又必要的收购方尽职调查是不现实的。

4.1.1.3　创业投资基金

创业资本基金占创业公司正规融资的绝大部分（见图 4-14）。美国在很多方面塑造了现代有限合伙制结构，也很早就意识到，要打造一个充满活力的创业投资行业，就必须要有公共资金的参与，无论是直接给基金出资（通过小企业工资公司计划），还是给予基金的投资组合公司公共投资机会（通过《小企业管理法》）。

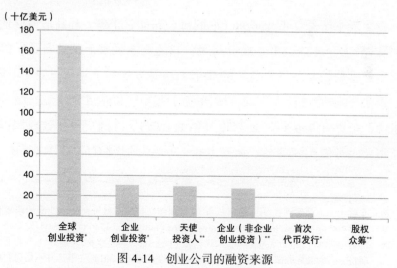

图 4-14　创业公司的融资来源

注：* 表示 2017 年数据；** 表示 2015 年数据。

资料来源：Wellershoff & Partners, CB Insights, WBAF, ACA, Foro Excala, ABAN, Arabnet, Crowdexpert, EBAN, Massolution and Coindesk。

欧洲做法：吸引散户风险资本

类似地，欧洲国家要么尝试通过给予投资工具⊖特殊税收待遇的方式来促进它们，要么通过公共种子计划的方式来鼓励它们。⊜根据投资欧洲（EVCA，2009 年）的统计，各国在风险资本投资领域的排名不同于在整体私募股权领域的排名。英国和法国在欧洲的创业投资排名中领先，表明这一领域需要通过调整后的法规、税收政策以及更全面的有利"生态系统"来培育。VC 投资人的专业化不仅体现在行业方面，还体现在他们所支持的公司的成熟度上。瑞士在企业创业投资方面排名第四，在创业资本投资方面排名第六。

创业投资聚集了属于银行或保险公司的专属投资结构和独立团队。这些专属投资结构大多被应用于欧洲大陆。⊜这与散户投资者通过投资创业投资散户基金可以获得退税。分销这些基金产品意味着需要一个广阔的人脉，比如银行或邮政网络。

走走停停：企业创业投资

企业创业投资⊗（Corporate Venture Capital，CVC）是另一种形式的专属团队，⊗由企业提供用于投资新兴公司的资本。大企业对创业投资的兴趣是由产业协同效应（29% 的投资者）和财务收益（50% 投资者）驱动。对于其余 21% 的投资者来说，协同效应和财务收益同等重要。对于创业者来说，企业可以带来专业技能、知识、诀窍、人脉资源、服务和行业积

⊖ 英国的创业投资信托（Venture Capital Trusts）、法国的风险共同投资基金（Fonds Communs de Placement dans l'Innovation）。

⊜ 荷兰、法国、德国和比利时已经设立了不同阶段的、类似美国小企业投资公司（SBIC）的计划。

⊜ 尽管亚洲也可能发展自己的模式，由大型财团、上市公司和主权财富基金提供融资。

⊗ 更多信息参见 www.globalcorporateventuring.com。

⊗ 英特尔资本（Intel Capital）、西门子创投（Siemens Ventures）、谷歌创投（GV，Google Ventures）、Salesforce 创投、马士基创投（Maersk Ventures）、保时捷创投（Porsche Ventures）、SNCF Ecomobilité Partenaires、Novartis 创投和瑞士电信创投（Swisscom Venture）等是一些例子。有时候，企业创业投资也会与独立的团队合作（比如法国的 Iris 资本，2012 年 Publicis 和 Orange 是其领投的有限合伙人）。

累等方面有益的帮助。

CVC 的发展基本上一路"走走停停",这是因为,企业在削减成本时往往会牺牲掉这些部门,并在觉得资金富余时又启动这块业务——这通常意味着处于商业周期的最高点。2000～2009 年期间,350 多家企业启动了创业投资计划(其中 40% 已经运营了 3 年或更长时间)。根据比勒施等人的统计(Bielesch *et al.*,2012),全世界有 750 多家活跃的 CVC 计划。2018 年,全球企业创业投资网站(Global Corporate Venturing)统计了 1466 个 CVC 计划。首次开始投资的新兴 CVC 机构的数量从 2013 年的 64 家增加到 2018 年的 264 家(CB Insights,2019)。CVC 计划的全球投资活动从 2013 年的 106 亿美元、1029 笔交易,增加到 2018 年的 530 亿美元、2740 笔交易(CB Insights,2019)。

2013 年,北美主导了 CVC 计划,占交易份额的 64%。亚洲占 19%,欧洲占 16%。2018 年,对应的数据分别为 41%、38% 和 17%。中国等一些新兴市场赶上了发达市场,中国 2013 年有 29 笔交易,金额为 3 亿美元;2018 年有 351 笔交易,金额为 108 亿美元。相比之下,日本 2013 年是 70 笔交易和 1 亿美元,2018 年是 317 笔交易和 14 亿美元;而印度这两年的数据分别是 18 笔交易、1 亿美元和 71 笔交易、18 亿美元。但是,这些数据必须要客观看待:CB Insights 仅考虑了已披露的数字,现实的情况可能与报道的数字有很大出入。

企业的兴趣不会局限于正常的模式,有些企业在资产负债表外进行直接投资。事实上,直接投资的案例数量从 2013 年的 729 笔增加到 2018 年的 3820 笔,远远超过了 CVC 的交易数量(如上所述)。有些企业采取双轨模式,通过 CVC 计划进行投资的同时,也在资产负债表外进行投资。这些企业在 2013 年参与了 117 笔投资,2018 年参与了 563 笔投资。

接受一家企业的直接投资或 CVC 的缺点是,初创公司实际上可能会被打上某个企业集团的标签,它会发现自己很难与该集团的竞争对手或者与集团关系疏远的公司进行合作。此外，该集团可能会调整其战略，而初创公司可能会落入一个不再具有战略意义的行业（因此在关键时刻削减财务和运营支持）。该企业还可能会采用不同的技术，从而直接与之前投资的初创公司直接竞争。初创公司也可能面临其他的风险，比如企业要么过于干涉自己的管理，要么试图窥探自己的专有知识和技术。

事实上，从历史数据来看，企业创业投资在支持创业者方面的作用相对有限。2013 年，CVC 参与了 16% 的创业投资交易，2018 年是 23%。鉴于企业创业投资机构的生命周期通常都很短，而且一般只对在经济周期末期进行交易感兴趣，因此它们获得了善变和"傻钱"的口碑（Haemmig & Mawson，2012）。企业创业投资基本上关注的是能产生收入（未实现利润）的公司（或者有正在开发的产品或服务的公司），这意味着这些计划是以为潜在合作伙伴提供资金为基础（或以相当有吸引力的价格进行潜在收购为次要目的）。事实上，CVC 交易比典型的创业投资交易的规模更大，这意味着它们活跃在创业公司发展的后期阶段。但是，这种情况正在发生变化，2013 年参与种子轮投资的 CVC 计划数量为 111 个，2018 年跃升至 332 个。

比勒施等人（Bielesch *et al.*，2012）指出，CVC 计划的实施被认为会持续超过一个周期，因为它们补充了企业的研发工作，帮企业获得了接触新技术和新商业模式的机会（以某种方式将这一工作外包给合作伙伴），并有助于企业渗透到快速增长的新兴市场。这一点得到了证实，因为 CVC 计划最重要的工作是共同投资，尤其是建立跨行业的网络方面。因此，CVC 比典型的 VC 投资人覆盖的行业范围更广泛。

根据 LG 电子（LG Electronics）企业创业投资部门的经理迈克·多尔贝克（引自 Haemmig & Mawson，2012）认为，企业创业投资模式分为三个阶段：

1. 投资第三方的基金。这种模式不能满足企业的期望，因为不能给企业提供深刻的洞察力和见解，以及项目来源。

2. 在硅谷设立当地办事处，配备公司的老员工（或最近招聘的）。

3. 聘用硅谷当地经验丰富的 VC 投资人（之前有过运营经验）。

第三种模式的问题在于激励管理。很难承诺（甚至计算）企业创业投资 20% 的收益，因为这将从根本上破坏企业的薪酬政策。

经典模式重生：独立团队

因此，独立团队模式一直在蓬勃发展，有时是作为专属团队开始的，随着它们不断获得投资业绩，慢慢获得了独立性。团队通常会关注一个行业（信息技术、生命科学、清洁技术、新材料等），甚至经常专门聚焦于各种细分市场（比如通信、半导体、软件、移动技术、信息技术基础设施等）。在地理位置上，团队专注于一个地域。如果一家机构覆盖多个地域，它们会在当地开设办事处，彼此之间共享知识和专业技能。红杉资本（Sequoia Capital）就是如此，该机构已在以色列和中国开设了办事处。

4.1.1.4 业务活动

创业投资似乎是私募股权投资最具代表性的形式之一（见图 4-15）。由于其简单性，创业投资在历史上出现得最早。VC 投资人以股权的形式获得一家公司的部分份额。他们通常尽力构建一个投资辛迪加，只要公司不断发展并呈现出有希望的前景，辛迪加通常就会再投资。VC 投资人通常拥有不同的专业知识和技能。他们一旦联合起来并吸引外部人士，就可以提供更丰富的人脉和能力资源。

根据不同的行业，辛迪加的情况会有所不同。我们可以按照以下方式区分行业：

- 高度分散化并适度联合，如 IT 行业。
- 适度分散化并适度联合，如非 IT 行业、医学和生命科学以及半导体。
- 低度分散化并适度联合，如通信和媒体，以及生物技术。

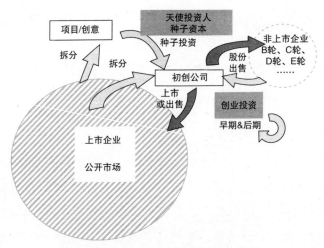

图 4-15　公司的生命周期与创业投资

资料来源：Demaria（2006，2008，2010，2012）。

除了资本，创业投资还提供"软资本"（soft capital），这对于降低风险是必需的。能够为试点项目找到客户，或者为公司吸引关键的人才，即便仅仅是合格的律师和审计师，都是至关重要的。由于私募股权的收益极不稳定，能够大幅降低整体风险的能力似乎是必备的（见图 4-16）。这就是为什么 VC 投资人会与一些天生竞争对手合作，有时甚至建立所谓的俱乐部交易，并邀请其他投资人一起参与。

此外，创业投资的投资项目要通过连续几轮的融资。这意味着，专门投资早期初创公司的投资人会计划对同一家公司进行再投资，投资金额至少是其初始投资额的两倍。资本的部署是循序渐进的，一旦公司没能达到下一个发展阶段，投资就会停止。

4.1.1.5　挑战

创业投资独特的收益分散性及其来源

创业投资的收益很分散（见图 4-17），这可能难以理解。有很大比例（如果不是大多数的话⊖）的投资组合公司会失败，这是创业投资的本质。

⊖　Shikhar Gosh 给出的数据是 75%，引自 Gaga（2012）。

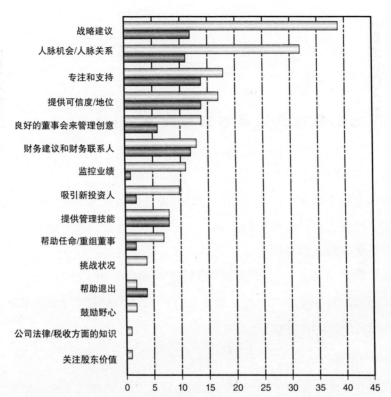

图 4-16　创业投资或成长资本投资人最重要的贡献（除了资本）

注：深灰色代表成长资本，浅灰色代表创业投资。

资料来源：NUBS/EVCA（2002）。

这些投资最终失败的原因各种各样：[一]押注了错误的创新技术，比如押注了路由器中的液晶显示器（LCD）而非微机电系统（MEMS）；押注了错误的行业[二]或标准，比如押注了音乐中的音频编码（AAC）而非 MP3；还可能是市场太小（卫星电话）、没有支付能力（贫困国家罕见疾病的治疗），或者只能支持一个或极少数的竞争者（卫星广播、社交网络）。

[一]　由 Tyejee 和 Bruno 汇总，参见 Lerner（2009，pp.51-52）。

[二]　"VC 投资人的使命是将行业的革命性变化进行资本化，而发达的行业产生重大创新的机会相对较低"（Lerner，2009，p.60）。但是，很难确定要投资哪些"新行业"（如健康的宠物食品、个人医疗诊断），以及哪些"传统行业"仍然会受益于创新（如健康记录和健康管理）。

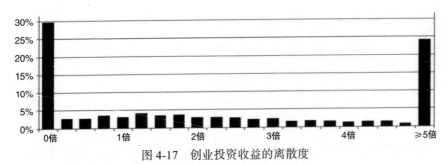

图 4-17 创业投资收益的离散度

资料来源：Weidig & Mathonet（2004）。

投资失败也可能是由于创新的不断出现，使得技术老化的速度比预期的要快，或者创新产品推出得太早，而市场无法接受，或者创新产品被一家规模更大、更有营销能力的公司复制了。除此之外，在业务运营中，可能无法生产出可靠的产品或服务（尽管试点或用户测试很成功），或者管理团队因为战略分歧而分崩离析，甚至有些人过早去世。导致投资组合公司陷入困境的原因不胜枚举。

创业投资与估值

即使公司成功开发了一款可行的产品或服务，拥有足够大的市场空间和明确的市场定位，面向有支付能力的客户，并且业务在不断增长，这家公司也不一定能够转化为创业投资人的利润。不仅投资和退出时的估值对实现利润有很大的影响（有些成立于 1997 ～ 2000 年的成功公司，以非常高的估值完成融资，尽管这些公司处于盈利状态并且增长迅速，但后来被亏本出售），而且退出路径也很重要（IPO 更有利可图，有些投资一开始考虑的就是这种退出方式，但最终以低得多的价格被大企业收购）。

尽管目前处于扩张状态，创业投资已经见证过了商业周期，其中最具代表性的是 1998 ～ 2003 年的周期。2000 年的崩溃可以认为是可用资本量超过了市场的吸收能力，从而导致资本过剩，也就是符合创业投资理念的创新项目不够多。这引发了某种形式的内省分析，探讨创业投资模型是"崩溃"了（Mulcahy，Weeks & Bardley，2012）[一]还是没有"崩溃"

[一] www.kauffman.org/uploaded les/vc-enemy-is-us-report.pdf.

（Demaria，2012；[⊖]Primack，2012a）。由于该行业缺乏一定的吸引力，尤其是由于 1998～2003 年的超额收益被清除而导致业绩令人失望，募集的基金规模都较小。从那以后，创业投资开始复苏，规模更大的基金重新开始募集和投资。

另一轮创业投资热潮是由"互联网社交媒体"创业公司推动的（Financial Times，2011b）。Facebook、Groupon、Twitter 等在 2011 年上半年融资 50 亿美元（Reuters，2011），这是自 2000 年投资 550 亿美元以来的最高年度投资额。潜在的泡沫正在形成（*The Economist*，2010），潜在投资人在追逐一些"概念"型的公司，表现出强烈的投资从众行为，并且给尚未产生收入的私有公司极高的估值。[⊖]缺少收入反而推高了高估值（Bilton，2012），"这符合投资人的利益，当公司没有收入时，他们可以提出自己可以接受的任何估值"，保罗·凯德罗斯基（Paul Kedrosky）解释说，"一旦公司没有收入，估值就没有科学方法可言，变成了一种实操艺术"。

2012 年 Zynga、Facebook、Groupon 等公司上市之后，创业投资行业发生了崩溃，这次的余波仅限于互联网社交媒体领域。2007～2012 年的繁荣与崩溃的区别之一是其真正的国际化，俄罗斯、中国、印度和欧洲的概念公司估值都非常高。正如路透社（Reuters，2011）所说，1999～2001 年，创业投资行业仅针对互联网创业公司就投入了 964 亿美元，其中 80% 以上发生在美国。在此期间的 10 755 笔创业投资交易中，有 7174 笔发生在美国市场。现在的情况已经有所不同，从 2011 年至今为止的 50 多亿美元创业投资资金中，只有 14 亿美元投资给了美国的创业公司，在 403 笔投资交易中，约有四分之三发生在海外。

与上一次的崩溃类似，那次崩溃对每家公司的影响是不一样的。有些是赢家，有些则表现不佳。Facebook 没上市时的价值超过 1000 亿美元，

⊖ www.pehub.com/176010/is-enemy-fact-us/.

⊜ YouTube、FriendFeed、Zite、Hot Potato、Beluga、GroupMe、TweetDeck、Dodgeball、Instagram.

而 2012 年底的市值为 600 亿美元；Groupon 上市前的估值超过 150 亿美元，而 2012 年底的市值为 40 亿美元（*The Economist*，2011）。Facebook 上市遇到了一点困难，然后开始崛起，在 7 年的时间里将股价提高了 6 倍；Groupon 在承销时的交易价格是最高价格的 10%。

欧洲仍然没有遇到这种困难，因为其市场似乎尚未成熟，但它也有自己的问题，因为很多创业投资基金似乎没有达到临界规模，这是获得有吸引力的收益并维持发展所必需的（参见 Kelly，2011，他证实，欧洲缺乏这种临界规模和成熟的创业投资生态系统）。

创业投资退出：是否首次公开发行

除了上述失败的公司或亏损的投资，也有一些投资组合公司将获得丰厚的收益，并弥补投资组合中其他公司所产生的损失。谷歌、雅虎、思科等上市公司的成功就是如此。它们是 VC 投资人最著名的投资项目，但它们属于例外情况（见图 4-18）。

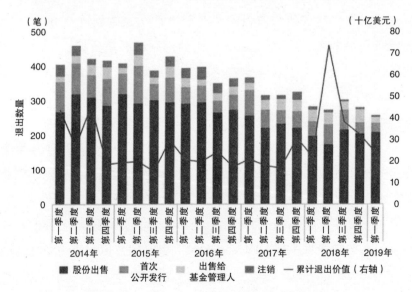

图 4-18　VC 投资人的退出路径（按退出类型）

资料来源：2019 年 Preqin。

　　然而，首次公开发行（IPO）是非常有利可图的退出途径。事实上，当"IPO窗口"关闭时（如2009年所发生的，见图4-19），VC投资人即使培育出了成功的公司，有时也只能获得非常平庸的收益，因为他们投资组合公司中的"明星"没有一家能够产生足够多的收益，以将投资组合的整体业绩提升到与投资人所承受的风险相匹配的收益标准（Waters，2010）。

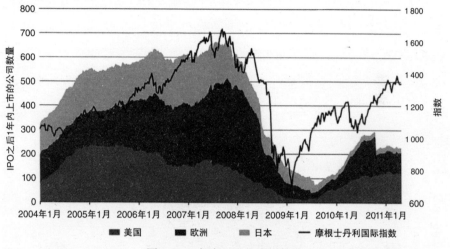

图 4-19　全球 IPO 的发展情况

资料来源：2011 年 Crédit Suisse, IDC, Bloomberg。

　　因此，VC投资人最大的成功依赖于登录纳斯达克（Nasdaq）等证券交易所。在欧洲，尽管伦敦证券交易所的另类投资市场（AIM）和纽约泛欧交易所创业板市场（Alternext）试图上升到这个地位，没有真正能与之相比的交易所。事实上，欧洲VC投资人比较依赖大型集团收购其投资组合公司。比如由SGAM、Banexi和Innovacom投资的Kelkoo被雅虎收购，Skype被eBay收购，后来又被微软收购。也有一些公司能实现成功上市，比如Iliad和Tableau软件，但仍属于例外情况。其中的原因在于，基金的存续时间相当有限，而投资组合公司的成长速度不够快，公司可能达不到能安全上市的阶段。

根据证券交易所兼并的情况，伦敦 AIM 市场可能成为欧洲甚至美国公司的参照性证券交易所（Braithwaite & Demos，2011）。英国的法规比美国的法规宽松，^㊀尽管在美国上市有多种选择。^㊁美国法规，特别是《萨班斯-奥克斯利法案》，事实上大大增加了美国上市公司的义务，不加区分地打击了大型集团和中小规模的公司。

由于语言和商业文化相近，伦敦 AIM 市场是一个有吸引力的选择。

该证券交易所需要让上市公司的数量达到临界值，才能够真正成为欧洲成长型公司的上市平台（从图 4-20 可以看出，数量还有所欠缺）。来自其他证券交易所（特别是包括香港在内的亚洲交易所）的竞争阻碍了这些努力。

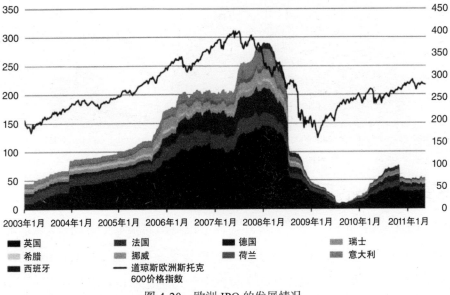

图 4-20　欧洲 IPO 的发展情况

资料来源：2011 年 Crédit Suisse，IDC，Bloomberg。

㊀　www.londonstockexchange.com/companies-and-advisors/aim/aim/aim.htm.
㊁　上市主要是针对市值超过 1 亿美元的大公司。SEC 的法规 S-B 为市值 2000 万～5000 万美元的公司公开发行股票提供了简化的流程。有时，大型的私募发行流程接近于公开发行的流程：小型公司发行注册（Small Company Offering Resistration，SCOR）以非常简化的流程公开发行 100 万美元或更低金额；SEC 的法规 A 为 500 万美元以下的公开发行提供了较低的要求（成本通常为 75 000～125 000 美元）。SEC 的法规 D 提供了一种替代创业投资的公开发行方案。

图 4-21 显示，总体而言，高收入经济体的创业活动比率较低，因为个人可以选择接受一份工作，但如果创业，他们将面临激烈的竞争。然而，加拿大和美国的比例在 15% 以上。以色列的比例在 12% 左右，这个水平只有斯洛伐克共和国和荷兰能达到。

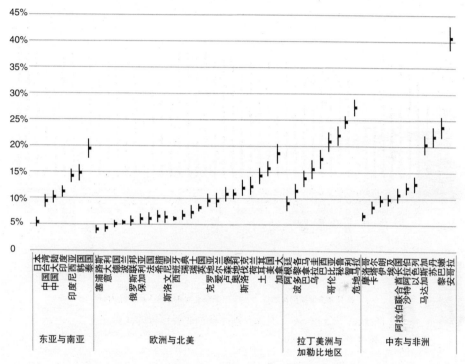

图 4-21　18 ～ 64 岁人群的整体早期创业活动（TEA）比例

资料来源：2018 年全球创业观察。

创业作为一种职业选择，以及创业者一旦成功所获得的地位，在创业决策中起到了重要的作用（见图 4-22）。将创业视为一种良好的职业选择，与实际的创业行动之间存在着直接的联系。

对私募股权而言，最重要的社会和文化层面的特征仍然反映了人们承担风险的意愿。看看年龄金字塔以及社会和经济结构，就会发现欧洲、以色列和美国之间的差异。以色列和美国在创业和风险接受方面显

示了强大的活力。这也是欧洲政治举措需要施加最大影响的地方:不仅
要为基础研究提供资助,而且要促进风险的接受度(或减少对失败的恐
惧),尽管这意味着第一步就要为创新事物的诞生和支持找到一种特定的
模式。

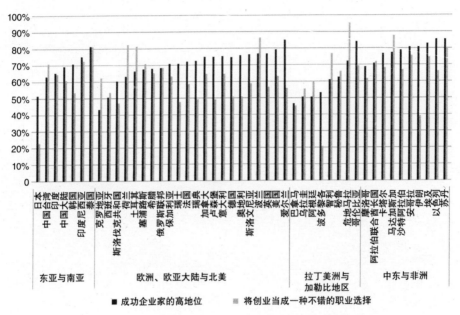

图 4-22　18～64 岁人群对创业及创业者地位的社会态度

资料来源:2018 年全球创业观察。

教育体系是促进创业和创造就业的另一个决定性因素。它有助于训练
和培养未来的创业者,促进人才的涌现,特别是通过在受控环境中鼓励创
新和应对风险(以便以后面对现实世界的风险)。

文化在创业中起着重要的作用(见第 2 章),但它不是唯一的决定因
素。事实上,有了合适的资产,一个国家就可能吸引愿意创办公司的外国
人。外国出生的创业者是硅谷成功公司的主要来源,以至于美国对 IT 员
工签证的限制经常成为全国媒体的头条新闻。在欧洲,很大一部分独立工
作者都是外国人。一个经济体的吸引力,以及它对有技能的外国创业者的

开放性，是促进创新和创建创业公司的一个关键因素。欧洲仍有巨大的进步空间。

4.1.1.6 局限

并非每家年轻的公司都需要种子期投资或创业投资。比如，微软就只得到创业投资非常小的支持，其发展所需的资金基本上是通过与第一个客户（IBM）的商业协议来实现的。同样的情况也适用于谷歌：尽管获得了创业投资基金的投资，但它只完成了两轮融资。相比之下，20 世纪 70 年代的联邦快递（Federal Express）不得不进行多轮融资来支持公司的发展，当时创业投资非常稀缺，但资本密集度高的业务特性决定了这种需求。

因此，创业投资没有真正严格的规则，就像创业投资与成长资本之间没有明确的界限一样。

4.1.2 成长资本：为公司的扩张提供融资

尽管成长资本可能是最古老的私募股权投资形式，但它并不容易识别。成长资本经常与创业投资混淆（尤其是为那些现金流为正甚至盈利的公司提供后期创业投资）。成长资本也可能与中小型杠杆收购重叠，尤其是当杠杆收购伴随着资本注入时。根据剑桥协会和 Preqin 的数据，成长资本约占私募股权基金投资领域的 12%（约占私募市场基金领域的 6%），这一比例看起来相当低。

4.1.2.1 成长资本的投资目标

然而，成长资本通常与高成长性公司的融资相关联（见图 4-23），这些公司通常是盈利的，但仍然需要资金来支持其发展，提高其生产能力，支持其销售业务或国际化发展。因此，成长资本专注于为公司的成长提供融资，为那些因为规模、财务状况或者被银行认为风险太高而无法获得贷款的公司提供帮助。

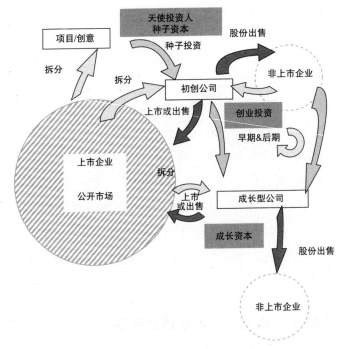

图 4-23 公司的生命周期与成长资本

资料来源：Demaria（2006，2008，2010，2012）。

4.1.2.2 参与者和结构

有趣的是，大多数杠杆收购基金管理人都声称自己也是成长资本投资人，从而模糊了高端成长资本和低端杠杆收购之间的界限。因此，尽管成长资本似乎是西班牙和瑞士等特定国家的主导行业，但很难确定哪些投资人是专注在这个领域的。在杠杆收购变得众所周知之前，成长资本在很长一段时间内充当替代资本的角色（比如收购公司控制性的股权），现在投资者和银行对这个业务已经非常精通，可以通过所有者收购（owner buy-out，OBO）的方式来实施。

杠杆收购不为公司提供任何资本，因为这只是一种实现所有权转移的方式。因此，如果一位杠杆收购基金管理人愿意向一家公司注入资本，那么这种业务就是成长资本。这也适用于 PIPE，可以是大宗股份的收购

（在证券交易所的二级购买）或通过收购新股进行的成长资本运营（在证券交易所的首次购买）。

纯粹的成长资本基金的目标可能有所不同。有些成长资本基金来源于工业集团，主要专注于中端市场和工业领域。意大利的 21 Investimenti 是贝纳通（Benetton）家族的一个分支，甚至在法国成立了一家姊妹企业（21 Central Partners）。其他的成长资本基金是私募股权团队业务的一部分，如 Ardian 私募股权（前 Axa 私募股权）就开发了多条产品线。

成长资本基金也有很多是附属团队。银行通过成长资本在私募股权领域找到了合理的发展方向。鉴于企业客户连续的信用记录，银行能够更好地评估与资本注入相关的风险，从而找到了一种可以简单拒绝贷款的替代方式。银行天然就能从其商业活动中获得投资项目来源。区域银行（瑞士苏黎世州银行，法国 Institut de Participations de l'Ouest[⊖]）或国家银行（法国巴黎银行）通常都有这种的小型的近似基金。

4.1.2.3　业务活动

成长资本基金通常通过增资持有被投公司的少数股权，有时也会持有多数股权。这些公司没有负债（或负债水平很低），同时会将所有可用的资源都投入到公司的发展中。它们通常不是杠杆收购的青睐目标，因为它们获取市场份额或进入新市场的能力，决定了公司的收入可能不稳定，而且可能无法偿还收购债务。这种吸引力的相对缺乏，导致成长资本管理下的资产规模相对较小（见图 4-24），并且可能使得成长资本免受 2000～2001 年创业投资泡沫以及 2008～2009 年杠杆收购泡沫破灭的影响。

4.1.2.4　挑战

成长资本是私募股权的另一个历史版本，因为它是一种相对简单的投

⊖　现在是法国工商银行（Crédit Industriel et Commercial，CIC）的一部分。

资方式。成长资本的一个特征是它不需要依托复杂的金融生态系统，不像创业投资或杠杆收购融资，这两者都意味着专业金融参与者的存在。在一个特定的私募股权市场中，成长资本的重要性可以作为该市场成熟度的指标之一。成长资本在私募股权业务中的份额越高，私募股权市场的成熟度就越低。

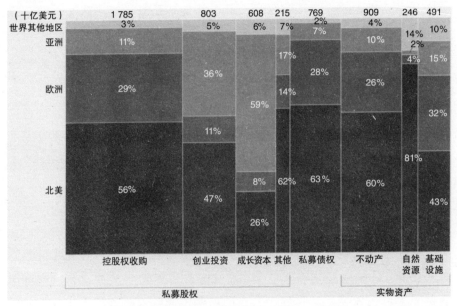

图 4-24 私募市场的托管资产（截至 2018 年）

资料来源：2019 年麦肯锡及 Preqin。

　　事实上，成长资本的主要竞争对手是：能够在其贷款政策范围内承担更多风险的银行，欢迎小型公司并为其发展提供融资的证券交易所，以及愿意帮助有前景成长型公司的大企业。

　　但是，由于多种因素，成长资本可能会迎来新一轮的发展浪潮。《巴塞尔协议 II》和《巴塞尔协议 III》限制了银行向高风险（大多数是中小型）公司贷款。证券交易所通常应该提供替代方案，但日益严格的监管，公司在募集资本或债务时需要获得分析师的推荐，以及上市成本的不断上升让证券交易所备受困扰。投资银行一直在裁减金融研究部门，因为它们越来越难以通过经纪佣金赚回研究成本。这意味着，交易活跃度不及"蓝筹"公司的中小公司，越来越难以吸引市场的注意力。

实际上，有些公司处于真实的"上市边缘地带"，因为它们无法通过市场筹集资本或债务，也因为成本太高而无法单独退市。这些公司为成长资本基金（通过 PIPE 或退市）提供了机会，成长资本基金愿意接管这些公司并支持其发展。

4.1.2.5 局限

成长资本投资可能是私募股权领域风险最小的投资，因为投资的大多是已盈利（或即将盈利）并处于成长的公司。从理论上讲，收益也不那么有吸引力，因为这些公司的估值已经包含了它们的成长前景。与杠杆收购和创业投资相比，成长资本仍然具有吸引力，因为它们为投资者提供了相对的安全性，而且收益仍然高于证券交易所。

4.1.3 LBO：为公司的所有权转让提供融资

杠杆收购（LBO）是金融创新的产物，它利用金融、法律和税收杠杆来收购一家公司，或者在杠杆培育（leveraged build-up，即 LBU，见下文）的情况下收购多家公司。LBO 的目的，是通过结合资本和债务来管理和资助公司所有权的转让。公司出售过程可以是公平的，也可以是竞争性的（通过拍卖），如第 5 章所述。

公司的买方[⊖]将依托该公司产生的未来现金流（也是债务的抵押品）来借款。为此，目标公司必须产生大量稳定的现金流。根据公司的特点，买方的借款金额最高可达公司出售价格的 60% ~ 80%。其余资金由买方以股权形式提供。

图 4-25 展示了控股公司所发挥的核心作用和现金流的情况。银行

⊖ 为了实施杠杆收购，买方将设立一家（或多家）控股公司。买方将以股权形式向控股公司注资。该控股公司将从银行或专门的信贷机构借款（例如夹层基金，请阅下文）。所汇集的资金总额将使控股公司能够从卖方那里收购目标公司。

把钱借给控股公司，控股公司唯一的资产（也是唯一的理由）是目标的所有权。这是一种非常具体的结构化融资业务，不同于传统的贷款。在图 4-25 的示例中，夹层基金是交易结构的一部分，无论是在债务的优先级上还是在可获得的利润份额上，它都介于银行和 LBO 基金之间。夹层基金通过可转换债权的形式进行投资，它首先可以获得利息，如果交易架构运作成功，它还将获得出售公司所产生利润的一部分。图 4-25 中所展示的是管理层收购，目标公司的管理层与 LBO 基金一起投资控股公司。

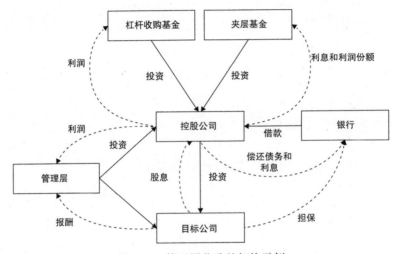

图 4-25　管理层收购的架构示例

资料来源：Demaria（2006，2008，2010，2012）。

在这种机制下，被收购的公司将向所有者（控股公司）支付股息，而所有者又将偿还债务和利息。控股公司债务的抵押物（担保）是控股公司所购买的公司股份。如果交易架构运作失败，控股公司无法偿还债务，银行将成为目标公司的所有者。被收购公司为自己的被收购行为买单。取决于运营的成功以及 LBO 最终所有权的影响，公司的价值将会增长，公司最终会被出售，以偿还债务和资本，并产生利润。

LBO 主要出现在发达市场（见第 1 章和第 2 章），因为这种类型的业务要求相当低的利率和通胀率。它还要求相适应的税收及法律框架，以及高效的司法和审批。此外，它还需要有专业的参与者，需要投资人和贷款方对此业务有一定程度的了解。根据剑桥协会和 Preqin 的数据，LBO 约占私募股权基金投资领域的 69%（占私募市场基金领域的 38%）。

4.1.3.1　LBO 的投资目标

LBO 的目标和目的

LBO 基金管理人的目标是具备以下特征的盈利公司。

- 有需要解决的具体的所有权问题：传承 / 继承、退休、所有者离婚、联合所有者退出等；
- 或者有需要实施的具体项目：架构[⊖]（流程再造）、现代化、收购 / 整合（通过收购竞争对手实现横向整合，通过延伸价值链实现纵向整合）、重组 / 剥离、国际化、外包 / 内包（生产、销售、研发），如图 4-26 和图 4-27 所示。

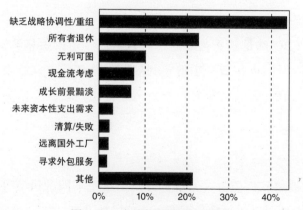

图 4-26　实施杠杆收购的原因

资料来源：2001 年 CMBOR/EVCA。

⊖ 科齐斯、巴赫曼、朗和尼克尔斯（Kocis, Bachman, Long & Nickels, 2009）指出，收购的主要目标是发现建立价值的手段。在很多情况下，这项工作包括重新确定公司的使命、出售非核心资产、升级产品线、改进业务流程以及最常见的更换现有管理层。这一颠覆性过程的一个令人欣喜的结果是该公司重新焕发活力，实现公开上市或以获利的价格出售给了战略买家（第 9 页）。

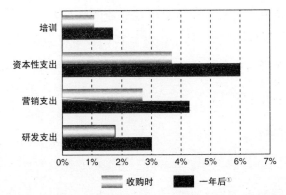

图 4-27　杠杆收购实施时及实施之后的费用类型及（占销售额）比例

①原文"Last year"疑有误，应为一年后（after year）。

资料来源：2001 年 CMBOR/EVCA。

　　LBO 通常通过购买多数股权来实现（特别是为了从税收杠杆中获益，见第 4.1.3.3 节）。但是，购买少数股权也是可能的，特别是在置换资本的情况下（比如，为了有利于一位当前所有者退出，见下文的所有者收购案例），或者在新兴市场中，无法运用杠杆以及法律禁止外国所有者控制本地公司的情况下。

　　大多数 LBO 都是基于这样一个假设：以一定的价格购买一家公司，在 2 ～ 5 年的时间内执行一个特定的战略，并在持有期结束时以更高的价格出售该公司（要么卖给另一家公司或集团，要么卖给另一位金融投资者）。

LBO 的类型

　　LBO 有很多种构建方式，每种方式都属于不同的风险等级，风险水平随着不确定的因素数量增加而增大，具体如下。

■ 风险较小的 LBO 可能是所有者收购（owner buy-out，OBO）。当联合所有者想出售一家公司的股份时，就会出现这种情况。其他所有者将收购该公司，并借钱收购卖方的股份。例如，三兄弟拥有一家工业涂料公司，其中一个人想出售自己的股份时，就会发生这种情况。如果另外两个人没有收购所需的钱，他们将通过 LBO 来替换即将离职的兄弟的股份（并以公司的运营成果慢慢偿还贷款）。一对夫妻共同拥有一家公司，如果他们离婚，也可能发生这种情况。如果这两个离婚人中有一个想保留公司股权，OBO 可能有助于收购公司另一部分股权，帮助另一个人退出。由于所有其他条件保持不变，并且很少涉及或不涉及信息不对称问题（因为联合所有者应该获得相同水平的信息），买方的风险是有限的。但是，这种风险真实存在，因为买家是利用债务进行收购的。当债务的增加与显著改善公司业绩的运营计划不匹配时，OBO 就可能会失败。价值的创造必须与增加的风险相匹配。如果收购时有一只基金参与，这就成了一个"受资助的"（sponsored）OBO，否则该 OBO 就是"未受资助的"（unsponsored）。

- 另一种形式是管理层收购（management buy-out，MBO），这是一种由公司当前的管理团队牵头并提供主要财务支持的 LBO。当公司的所有者退休或公司打算撤资，而其管理层决定牵头收购公司时，就会出现这种情况。有时，管理团队是交易结构中的控股股东。就风险而言，MBO 与 OBO 不相上下。管理层实际上比不在公司担任高管的所有者更了解公司的情况。但是，他们可能没有那么强的控制力，并且可能难以在管理和治理之间划分他们的角色，需要处理冲突的观点。因此，MBO 的风险状况不同于 OBO，但不一定更高。MBO 可以有基金资助，也可以没有。

- 标准的 LBO 是一种机构型收购（有时它被简称为"LBO"，因为它是运作的模板）：一只基金（或一组基金）确定一家拟出售的目标公司，并通过税收、财务和法律杠杆进行收购。当目标公司所有者（不在公司任职）退休并且没有兴趣继续作为所有者，或者公司从某些行业撤退时，就会出现这种情况。这种收购被称为机构型收购，因为收购的主导者是基金本身。由于公司之前的所有者离开，这种收购的风险更高，公司原有的一些人脉、运营信息和文化也会消失。

■ 外来投资者杠杆收购（leverage buy-in，LBI）指的是基金在收购一家公司之后立即或大幅调整管理层。当在公司担任高管的所有者同时离开公司时，就会出现这种情况。这种收购的风险更高，因为公司不仅失去了治理体系，还失去了业务信息和专业知识。通常，需要安排一个过渡期来协助知识的转移。

■ 外来管理层收购（management buy-in，MBI）指的是由外部管理团队接管公司。这比标准的 LBI 风险更大，因为管理层面临着与 MBO 相同的问题，在建立公司治理的同时，还面临着从运营管理的角度发现公司的额外障碍。MBI 可以有资助，也可以没有。

■ 杠杆培育（LBU）的架构用于收购一家公司（平台公司）之后再进行额外的收购，即"附加"（add-on），以整合一个行业并成为行业领导者。这可能是 LBO 中风险最大的形式，因为并购失败的后果非常严重。由于目标公司要偿还巨额债务和服务于利益相关方，在此约束条件下进行这些收购，任何在协同效应方面的失误都将危及该公司的运营。

根据管理层的参与情况及其来源（内部还是外部），有很多种组合形式。比如，外来管理层与当前管理层联合收购（buy-in management buy-out，BIMBO）是涉及目标公司当前整个（或部分）管理团队与外部管理团队的一种 LBO。

4.1.3.2　参与者

LBO 领域一直在快速增长。与此相关，根据目标公司的规模、已实施的价值创造计划的类型以及所涉及的行业，LBO 的参与者已经开始走向专业化。

LBO 的交易规模和类别

预期的 LBO 交易规模决定了 LBO 基金的规模。基金管理人已经开发了特定的技能来解决他们的投资组合公司所面临的最常见问题，这些问题很大程度上受公司规模的制约。由于一只特定的基金要进行 15 ～ 25 笔交易，基金规模很容易计算，只需将平均预期交易规模乘以基金的预期交易数量，再加上管理费和其他辅助成本。当一个项目符合基金管理人的技能范围，但对基金来说规模太大时，就会出现基金的联合（如上所述，通过与竞争对手构建俱乐部交易，或与基金投资者联合投资）。

按交易规模，LBO 可以分为小型、中型、大型和超大型。不幸的是，这一定义随着时间的推移发生了变化，并根据相应的地理区域而有所不同。剑桥协会的定义如下：小型 LBO 基金的规模为 3.5 亿美元或以下，中型 LBO 基金的规模为 3.5 亿～ 10 亿美元，大型 LBO 基金的规模为 10 亿～ 35 亿美元，超大型 LBO 基金的规模在 35 亿美元以上。有时，中型 LBO 分为"中型偏低"和"中型偏高"，分界线各不相同，但可以分别设定为 3.5 亿～ 5 亿美元及 5 亿～ 10 亿美元。

小型及中型 LBO 基金管理人的目标是本地公司，目的是支持它们的内生增长（通过收购实现外部增长）、推出新产品或服务、应对所有权过渡、设立架构及专业化运营，并让公司发展到下一个阶段。中小型 LBO 通常比大型或超大型 LBO 更接近成长资本。目标公司不仅财务结构更简单，管理和创业者相关的问题也更重要。尽管大型和超大型 LBO 基金管理人也支持内生培育，但他们关注的是公司的重新定位、运营改进，有时还关注价值链整合。

小型 LBO 基金管理人的覆盖范围从本地到全国；中型 LBO 基金管理人的覆盖范围是全国或地区；大型 LBO 基金管理人的覆盖面更广，覆盖美国或西欧，其中一些可覆盖全球；超大型基金管理人通常具备全球覆盖面。

从现代私募股权仍处于萌芽状态时开始，有些基金管理人直到最近还通过同一只基金实施创业投资、成长资本和中型 LBO 业务。安佰深（Apax）和 3i 曾经分别在全国和欧洲范围内采用这种模式，但随着团队的专业化，这种模式后来消失了。但随着基金管理人开始组建独立团队，各自负责特定的策略，这种情况又出现了。比如，Ardian 私募股权就配备了一个母基金团队、一个二级市场团队、一个 LBO 团队和一个成长资本团队。

上市的 LBO 基金管理公司

有些 LBO 基金管理公司已经上市（尤其是黑石集团、阿波罗和凯雷集团），还有一些基金管理公司已经将其管理的基金上市（KKR 集团，后来与基金合并，并在纽约证券交易所重新上市）。这些公司主要活跃在超大型（超过十亿美元的门槛）跨国并购领域。在某些国家进行投资时，它们会与当地的投资人合作。美国的 KKR 集团与本地 LBO 投资公司 Wendel 集团在法国联合投资，收购了 Legrand 公司（2004 年投资额 14 亿欧元）。

Wendel 集团自身已在法国上市，就像英国的 3i 一样。这些机构实际上类似于控股公司，将投资架构与管理人合二为一。⊖这些基金没有一个计划的寿命期（不像大多数私募股权基金）。但是，并不是所有的大型和超大型收购参与者都上市了：在美国，贝恩资本和 TPG 仍然是私有的。高盛是少数几家由银行控制的专属参与者之一。总部位于英国的 BC 资本和珀米拉集团专门参与欧洲各地的超大型收购，也是一些未上市私募股权基金的私有管理公司。在欧洲大陆，PAI 资本走的是同样的道路。

基金管理公司上市的原因很多，其中之一是为了说服潜在的基金投资者，避免没完没了的基金募集，将时间花在路演上。另一个原因是摆脱在

⊖ 其他实例包括美国的伯克希尔－哈撒韦（Berkshire-Hathaway）、日本的软银（Softbank）、法国的欧瑞泽基金集团（Eurazeo）、比利时的 Gimv 和瑞典的银瑞达集团（Investor AB）。

给定时间内出售一家公司的压力，从而可以选择更好地安排某项投资的退出时间点。

然而，除了这些好处，上市也有缺点。基金管理公司必须公布其投资组合的大量信息，还必须随时准备接受市场的监督。另外，这种上市架构只能在好时机募集资金，此时资金充裕且投资组合公司的估值高。上市架构的股票价值明显低于其投资组合的资产净值，在市场繁荣时期低30% ～ 40%，在困难时期低 50% ～ 70%。市场通常会惩罚明显缺乏透明度的架构。

上市的基金管理公司提供了一种方式，为创始人或主要管理合伙人等退出成员所持有的基金管理公司股份进行定价。因为他们拥有公司的份额很大，所以有必要对其进行评估。上市提供了一种估值和退出的方式。为有前途的员工制订股票期权计划时，为了不立即稀释现有合伙人的股份，确定一个价格也是有用的。

上市的基金管理公司能否保持使它们成功的"合伙精神"还有待观察。事实上，过去建立在类似模式基础上的私有银行很少能够抵制上市效应，这种效应会淡化责任、吸引管理者而非真正的合伙人，并最终扼杀那些促进信任和忠诚的长期愿景和企业文化。

独立的和专属的 LBO 团队

基金管理公司可以是独立的（由高管持有）、专属的（由外部集团持有，比如高盛、大都会人寿或谷歌）或完全整合在一个投资架构中（一些加拿大养老基金，如加拿大退休金计划投资局或安大略省教师退休基金的LBO 团队）。

独立团队可能是最有效率的，因为它们没有利益冲突，而利益冲突可能会妨碍银行专属团队的努力。潜在的利益冲突是投资银行和商业银行决定剥离其 LBO 团队的原因之一，即使它们仍然作为基金投资者参与其中，有时还作为基金管理公司的非执行股东。

独立团队已经开发了特定的技术诀窍，这些技术诀窍可以引导它们组成辛迪加，即使它们也能独自完美地构建交易架构。它们拥有互补的技能，这些技能在特定的情况下可能非常有用，比如，需要复杂的结构和精简的业务。有些团队专门从事 MBO，有些团队专门从事少数股权 LBO 或其他特定业务。通过基金辛迪加实施的 LBO 能产生更高的收益（Guo，Hotchkiss & Song，2008）。

置换资本的具体案例

置换资本专用于所有权的部分转移。这种策略在公司本身并不出售的情况下，为其股东提供了一个退出机会。这种方式在新兴市场可能更为常见，相当于非杠杆收购一家机构的重大所有权。在这方面，当现有股份出售时，这是一项二级交易。这些股份的买家与其他股东协商特定的少数股东权利，尤其是退出方案。这种策略经常被计入 LBO 操作的统计数据中，因为所需的技能与置换资本非常相似，并且通常由相同的基金来操作。

4.1.3.3 业务活动

税收杠杆

根据当地税法，LBO 架构通常以一定的所有权百分比为目标。该持股比例（比如瑞士 98%、法国 95%、英国 90%）赋予基金管理人合并持股公司与目标公司财务报表的权利。除了持有目标公司的股份之外，控股公司没有任何其他目的，由于要支付利息，控股公司是一个赤字的来源。通过合并报表，控股公司可以将其结构性亏损加到目标公司的利润中，从而减少支付的税款。

这被称为税收杠杆，相对于控股公司产生的损失，LBO 在某种程度上是按比例"补贴"的。

财务杠杆

第二个杠杆效应是财务杠杆，源于以下两种情况的叠加效应：

- 控股公司债务的减少得益于目标公司的债务和利息偿还。控股公司通过举债的方式收购目标公司，由于目标公司是盈利的，可以分配股息，这些股息用于偿还债务和相关的利息。随着时间的推移，收购所产生的债务全部得以偿还。但这种描述是理论上的，因为通常债务的到期时间超过了基金对投资组合公司的平均持有时间（通过控股公司）。事实上，基金的持有期平均为 3 ~ 5 年，而债务的期限通常为 6 ~ 8 年。这意味着，部分债务在退出时通过出售的收益得以退还（或者控股公司上市并继续承担债务、照常还本付息，直到债务到期）。尽管如此，在提升控股公司的股权价值的过程中，依托目标公司，控股公司的债务得以偿还。
- 控股公司的债务成本与目标公司的股息收益率之间的差额。如果目标公司的股息收益率高于债务成本，那么控股公司就会将差额装进口袋，通常是用于偿还债务（或分配预期收益）。

在并购完成后的几年，与财务杠杆相关的风险将会发生变化。一开始的风险是最高的，因为财务杠杆处于最高水平。基金管理公司会特别关注这段时间，并设立一个精确的计划（"100 天计划"及事情未按计划进行的纠正措施）。随着时间的推移，风险随着债务水平的降低而降低，但分红资本重组除外。这种机制包括对交易进行再杠杆化，将额外的债务作为早期利润分配给基金（以及基金投资者）。

法律杠杆

第三个杠杆是法律杠杆。并购架构赋予控股公司的所有者对目标公司治理和董事会的完全控制权。如果一只基金持有控股公司 100% 的股份，那么实际上基金管理公司有能力非常严格地控制管理层对 LBO 战略的执行（实际上，如果需要可以取代管理层）。如果控股公司由私募股权基金和目标公司的管理层所有，那么情况就会发生变化，法律杠杆可能会变得不那么有效。尽管如此，一只基金（或一组基金）不拥有控股公司的控股权，因而不能以最有效的方式行使其权利，这种情况非常少见。

架构

借款的最大金额并非事先确定，这首先取决于目标公司产生的现金流情况，还取决于债务成本（利率）和贷款人对 LBO 风险的认知。因此涉及四个方面的因素：借款金额、债务成本、期限和法律担保（即"契约"），最后一项为贷款人提供监控债务的信息工具。

LBO 交易通常由一只基金公司设立架构，然后该基金公司作为领投投资人可以邀请其他基金公司联合投资（即"俱乐部交易"）。有些 LBO 基金专门参与少数股权投资（作为 LBO 财团的一分子，或者作为置换资本的提供方，参阅上文）。当目标公司达到一定规模，尤其是在上市的情况下，这种收购财团会频繁出现。每位基金管理人都带着自己的人脉和专业知识参与到收购中（这引发了一些关于共谋和反竞争行为的指控，见第3.4 节）。

价值创造

LBO 经常被指责为"资产剥离"的罪魁祸首，即目标公司被收购后，又被拆分成小块出售。虽然这种做法在 20 世纪 80 年代很常见，但现在已经不太可能了。图 4-27 表明，LBO 投资人非但没有从投资组合公司中榨取资源，反而增加了投资组合公司的资本支出（即投资）、营销支出和研发支出。

图 4-28 展示了 LBO 投资人为投资组合公司所提供的价值创造类型。财务业绩排在第一位，财务建议、创意打磨和对战略的贡献、增加对运营和财务的审查（大概是采取行动）自然也是价值创造的一部分。基本上，LBO 挑战公司的现状并找到价值创造的来源，并通过以更高的价格出售

公司来实现价值。

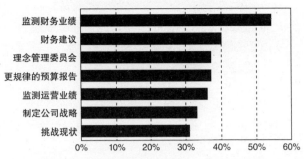

图 4-28　杠杆收购的投资者在投资后的贡献

资料来源：2001 年 CMBOR/EVCA。

退出方案意味着更高的价格，这一事实意味着，LBO 把利用财务杠杆作为唯一目的这种可能性极小（尽管有这种可能）。公司的未来买家所购买的资产必须为它带来价值增长（因此，公司有时会剥离项目，以专注于特定的市场，并使其与卖家企业集团的战略相适应）。这种价值的增长可以通过销售额的增长来实现（比如，推出新产品或服务，或开拓市场机会），如图 4-29 所示。

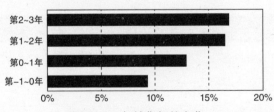

图 4-29　年销售额的变化

注：第 0 年即为杠杆收购当年。

资料来源：2001 年 CMBOR/EVCA。

公司价值的增长通常是通过提高效率来实现的（比如建立更精简的生产流程，发现过剩产能并予以释放，以及在外包与内包之间套利），如图 4-30 所示。图 4-31 展示了 LBO 基金管理公司在交易实施的不同阶段通过不同的工具来创造价值。

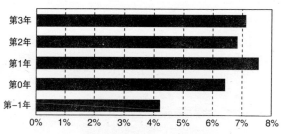

图 4-30　息税前利润的增长（按销售的百分比）

注：第 0 年即为杠杆收购当年。

资料来源：2001 年 CMBOR/EVCA。

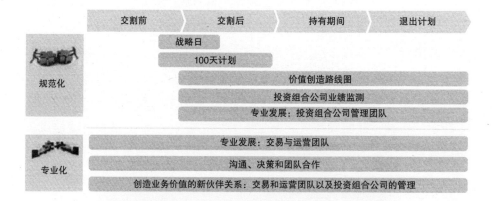

图 4-31　杠杆收购基金管理公司在交易的不同阶段创造价值所使用的工具

资料来源：2012 年 BCG。[○]

基瑞和勒·菲尔（Quiry & Le Fur，2010）通过总结三项不同的研究[○]指出，在 3.5 年的持有期内，LBO 基金的股权投资价值平均为之前的 2.72 倍（IRR 为 48%）。剔除异常值，中位数的 IRR 为 33%。投资注入时，公司的债务 / 息税折旧摊销前利润比率如图 4-30 所示，退出时这一比率为 2.7。股权价值为之前的 2.72 倍，这可以详细解释为：

[○]　波士顿咨询集团（BCG）的图来自 Brigel 等人的报告（Brigl et al.，2012）。

[○]　Achleitner（2009），Acharya，Hahn and Kehoe（2010），Brigl et al.（2008）.

- 财务杠杆（债务）占了 2.72 倍中的 0.89 倍（即业绩的 1/3 ）；
- 估值乘数（EV/EBITDA）的增加占了 0.47 倍（即 17%）；
- 剩余部分来自运营的提升——息税折旧及摊销前利润增长（占 29%，其中 77% 是由于营业收入的增长，23% 是由于利润率的增加）以及现金流的增加对收购债务的消减（15%）。图 4-32 展示了基金管理公司对不同工具的有效使用。但是，马里亚塔桑（Mariathasan，2011）想知道未来的增长将来自哪里，尤其是在欧洲。施瓦茨（Schwartz，2012）认为，效率将会是私募股权成功的推动力（因而减少了经济中的"摩擦"）。

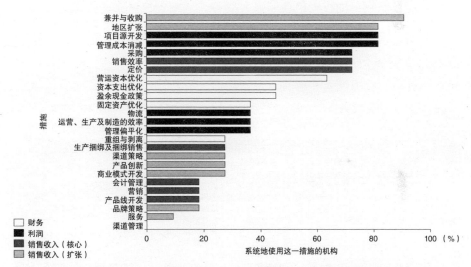

图 4-32　杠杆收购基金管理公司对不同工具的有效使用

资料来源：2012 年 BCG。

1989 ～ 2000 年期间见证了更高的运营价值创造，而 2001 ～ 2006 年，金融杠杆产生了更大的影响。最好的 IRR 来自困难时期（1991 ～ 1993 年和 2001 ～ 2003 年）的投资，而绝大部分运营提升来自营业收入的增长。

根据基瑞和勒·菲尔（Quiry & Le Fur，2010）的研究，剔除财务杠杆后，LBO 的业绩比上市公司投资高出 600 个基点（LBO 的 IRR 为 31%，而上市公司投资为 25%）。因此，LBO 基金管理人的总 IRR 为 31%，扣除业绩报酬（20%）和管理费（2%）之后，净 IRR 为 25%（也就是说，与投资上市公司相同）。这些结论需要谨慎对待，但说明了学术文献的一个特定趋势，即强烈否认 LBO 的任何净价值创造。

公司治理和管理层激励是价值创造的主要驱动力。LBO 基金管理公司在以下情况下会创造业绩：

- 专注于它们非常熟悉的特定经济领域；
- 聚焦具体问题，因为它们的学习曲线缩短了；
- 具有识别早期投资机会的强大能力，从而更快地推进收购进程。

事实上，波士顿咨询集团（Boston Consulting Group，BCG）已经为 LBO 基金管理公司总结了六种经营模式（见图 4-33）。贝恩资本 2019 年的数据显示，其内部运营团队一直在壮大，引领基金管理人相继组建交易团队和运营提升团队。

模式	无内部能力		运营合作者		内部运营团队	
	无	顾问	全能型	职能型	小型	大型
描述	既没有内部运营能力，也没有外部顾问	持有投资组合公司的股权或基金份额的外部高级顾问网络	由私募股权机构支付薪酬的具有全能技能（比如行业知识）的单一层级（有时两层）高管，不一定持有股权	由私募股权机构支付薪酬的具有只能技能的单一层级（有时两层）高管，不一定持有股权	由私募股权机构支付薪酬的多层级运营专家组	由私募股权机构支付薪酬的多层级运营专家组
人员	不适用	前CEO和CFO	前高管、高级全能型经理	在特定职能领域（比如采购、销售或IT）有经验的前高管和顾问	运营团队规模远小于交易团队，采用不同薪酬制度	运营团队与交易团队规模一样大，薪酬也差不多
活动	交易团队通过董事会与投资组合公司合作；无项目管理作用；不参与日常运营	服务投资组合公司的董事会，通常是董事长，可能在尽职调查阶段协助制订价值创造计划	同时为多家投资组合公司服务	同时为多家投资组合公司服务	在整个投资流程中仅在一家投资组合公司工作；在现场工作长达一年	在整个投资流程中仅在一家投资组合公司工作；在现场工作长达一年

图 4-33 杠杆收购基金管理人的运营模式

资料来源：2012 年 BCG。

图 4-34 展示了 LBO 在私募股权生态系统中的作用，尤其是与证券交易所的关系密切。LBO 还帮助非上市公司的所有者制订继任计划或重组其股权结构。一些市场观察人士已宣布，在一段时间内，与私人公司控制权的代际更替相关的活动将越来越多。这并不一定意味着所有权的彻底改变，也可能是基金参与以帮助公司当前的所有者出售其股份。LBO 基金管理人带来专门的技能、提供强化管理结构和财务的方法，并促进这些公司的发展。

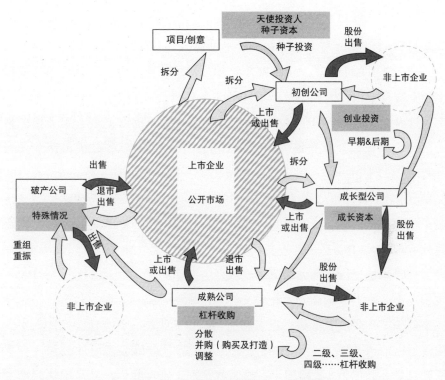

图 4-34 公司的生命周期与杠杆收购

资料来源：Demaria（2006，2008，2010，2012）。

4.1.3.4 挑战和局限

LBO 基金能做的事情是有限的。不是每家公司都可以成为 LBO 基金的目标，因为标的公司需要有稳定和经常性的现金流。如果发生杠杆收购行为，这些现金流将面临压力。

LBO 技术的商品化及其后果

不得不承认，中型公司 LBO 的倍增及其整合的预期，切实影响了美国和欧洲的经济状况。LBO 基金的激增、基金管理公司可配置资本的膨胀、卖家和中介的专业化，以及交易数量的强劲增长，都导致了公司估值的膨胀。

事实上，通过加快公司的转让和快速重组经济领域，LBO 进一步变化是可能的。LBO 技术已经成为一种商品，"容易成为目标"的公司大多已经成为 LBO 的目标。LBO 基金管理公司想要在不创造任何价值的情况下设立交易架构，这几乎是不可能的。

这种流动性过剩使得 LBO 基金管理公司有足够多的资金来架构非常大的交易，比如金德摩根（Kinder Morgan，224 亿美元）、美国医院公司（HCA，327 亿美元）、办公物业投资公司（Equity Office Properties，389 亿美元），甚至德州公用（TXU，438 亿美元）。2006 年，有 80 笔交易达到了 10 亿美元的门槛（2002 年为 12 笔）。其中一些公司在金融危机期间处境艰难，LBO 基金管理公司应该帮助它们渡过难关。这可能很困难，因为有时候整个行业都无法完成这项任务。戴姆勒－奔驰（Daimler-Benz）收购克莱斯勒（Chrysler），此后又将其出售给一家私募股权基金就是这样一个例子。一项没有重组、投入和适当监督的收购，只会让公司陷入更大困境。LBO 基金管理公司未必能更好地处理这些陷入困境的公司，克莱斯勒只是个例。表 4-5 提供了一些背景情况，帮助我们了解从泡沫时期过来的 LBO 经历了些什么。

重组会催生新公司或新的子公司，这可能是成长资本或 LBO 基金的交易机会。清晰频道（Clear Channel）在 2007 年将其电视台出售给普罗维登斯股权合伙企业（Providence Equity Partners）就是例证。

表 4-5　它们变成了什么样？泡沫时代的杠杆收购的赢家、平家和输家

交易规模排名	公司名称	年份	规模（十亿美元）	发起者	赢家/平家/输家	发生了什么
1	未来能源控股（之前的德州公用）	2007	43.8	KKR 集团 /TPG	输	股权零价值，债务重组（225 亿美元）
2	办公物业投资	2007	39	黑石集团	赢	60% 的投资组合马上被出售给其他买家（债务削减）
3	凯撒娱乐（之前的哈拉斯娱乐）	2008	31	阿波罗集团 /TPG	输	2010 年取消 IPO，2012 年成功。债务沉重，收入下降。按《破产法》第 11 章申请债务重组
4	第一资讯	2007	27.7	KKR 集团	输	以 290 亿美元的价格被收购，并于 2015 年以 140 亿美元的市值上市。Fiserv 在 2019 年以 220 亿美元的股票交易收购了第一资讯
5	Alltel	2007	27.5	TPG/ 高盛	赢	在几个月之后被 Verizon 以 281 亿美元收购
6	希尔顿酒店	2007	25.8	黑石集团	赢	起初损失 70% 的价值，必须进行资本重组，并于 2013 年重新上市。黑石集团于 2018 年退出，其投资增值 3 倍以上
7	金德摩根	2007	22	高盛 / 美国瑞通 / 凯雷集团	赢	2011 年 IPO（当时利润 135 亿美元）
8	美国医院	2006	21	贝恩资本 /KKR 集团 / 美林私募股权	赢	注入股本 49 亿美元。所有者进行了 43 亿美元的股本重组。IPO 时市值 43.5 亿美元（私募股权投资机构支持的公司中规模最大）

（续）

交易规模排名	公司名称	年份	规模（十亿美元）	发起者	赢家/平家/输家	发生了什么
9	iHeartMedia（之前的清晰频道）	2006～2008	17.9	贝恩资本/托马斯·李投资集团	输	普罗维登斯股权合伙企业在 2007 年以 12 亿美元的价格收购了电视台。2010 年有破产的传言。债务再融资（200 亿美元）。该公司在 2018 年申请破产
10	飞思卡尔半导体	2006	17.6	黑石集团/凯雷集团/帕米拉集团/TPG	输	股权价值在 2011 年 IPO 时损失了 50%。2015 年，恩智浦以 118 亿美元的现金加股票收购了飞思卡尔半导体。私募股权基金当时持有公司 66.24% 的股份
11	阿克斯顿-史密斯	2007	15.5	美国银行/巴克莱银行/雷曼兄弟/铁狮门	输	2010 年债务重组：贷方拥有公司。雷曼兄弟的破产财团（拥有 47%）在 2012 年以 16 亿美元的价格收购了美国银行和巴克莱银行所持有的股份（53%）
12	恩智浦半导体	2006	8.2	贝恩资本/LLR	赢	2010 年 IPO 后 80% 所有权获得 4～5 倍收益
13	克莱斯勒	2007	7.4	博龙资产管理公司	输	2009 年破产
14	美国乐达	2007	6.9	KKR 集团/高盛	赢	2009 年 IPO，股价 21 美元，股价 21 美元/股。2013 年以 61 美元/股的价格进行一系列大宗出售后最终退出

LBO 交易与债务市场的联系日益紧密

　　自 2007 ～ 2008 年以来，获取 LBO 债务的可能性大幅下降（见图 4-35），并导致交易数量减少（见图 4-36）。2008 年，LBO 活动大幅减少。根据

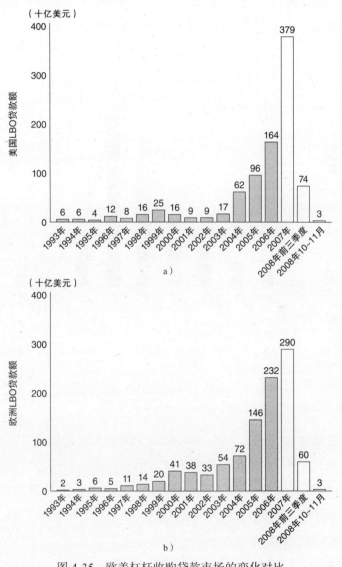

图 4-35　欧美杠杆收购贷款市场的变化对比

资料来源：2008 年 12 月 Dealogic。

Dealogic 的数据，欧洲 2008 年的 LBO 贷款额不到 2007 年总额的 25%
（2900 亿美元）。考虑到 2007 年签署、2008 年实际完成的交易存在时间
滞后的问题，2008 年的交易额必须再打 30% 的折扣。在美国，2008 年的
交易额下降了 80%，从 3790 亿美元降至 770 亿美元。欧洲和美国的这些
数字可以与泡沫破灭前的情况进行比较（即 2004 ～ 2005 年）。

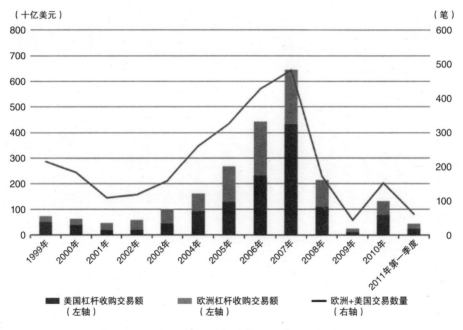

图 4-36　欧美杠杆收购的价值和交易数量

资料来源：2021 年 Crédit Suisse, Bloomberg, S&P, IDC。

　　这个具体案例说明了 LBO 多么依赖于债务市场的状况。这些债务市
场是综合的：中小型 LBO 所依赖的债务由银行提供和持有，而大型和超
大型 LBO 所依赖的债务由投资银行构建，随后出售给高收益债券人士。
这意味着中小型 LBO 的杠杆结构更受限制，但也更能抵御危机。大型和
超大型 LBO 可以构建得更具创造性和侵略性，但在对高风险债务工具兴
趣不高的背景下会受到影响。

金融危机后的 LBO 细分市场：温和复苏

图 4-37 显示了小型 LBO 细分市场的弹性。中型市场大幅萎缩，但仍保持活跃。从图中可以看出，大型和超大型杠杆收购在 2009 年几乎消失，但在 2010 年恢复得相对较好。

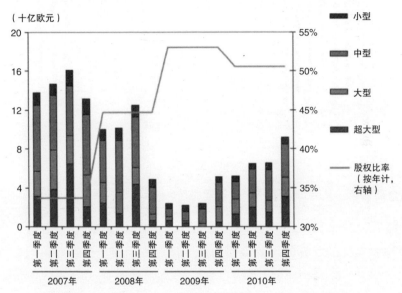

图 4-37　欧洲的杠杆收购类型（按季度）及平均股权份额

资料来源：2010 年 EVCA, S&P LCD。

图 4-38 显示，LBO 交易数量恢复到了强劲水平，而对应的交易金额仍然相对较低（是 2007 年峰值的一半）。有趣的是，随着超大型 LBO 的增加，交易中的平均股权比例下降，从而证实了超大型 LBO 的债务 - 股权比率高于其他交易。

分裂的低利率债务市场

事实上，在低利率的背景下，银行提供的 LBO 债务（由于《巴塞尔协议》和银行资产负债表的整体去杠杆化而萎缩）与金融市场提供的债务之间的差距越来越大，后者由于债券投资者对收益的渴求而扩大。

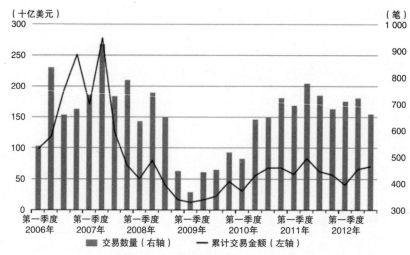

图 4-38 全球杠杆收购交易活跃度

资料来源：2012 年 Credit Suisse，Preqin，IDC。

然后是高估值，从而导致了一个"新常态"

随着公司估值的上升，特别是由于收购和建设活动的增加，小型
LBO 通常关注的目标公司的吸引力急剧增加。当市场接近峰值时，这一
点非常明显（见图 4-39）。估值倍数比大公司的更低，财务杠杆也更为
稳健，这种影响在公司出售时会显现出来。尤其是，随着公司降低其内
在风险并达到一定规模，小型 LBO 可以利用息税前利润（EBIT）倍数
的增长（即计算公司出售的价格）。自 1996 年以来，附加收购（add-on
acquisition）的交易金额一直在稳步增长（见图 4-40 和 4-41）。

作为培育（build-up）策略的一种替代方案，大型 LBO 基金管理公司
开始更加专业化（比如建立内部咨询业务，为其所有投资组合公司提供互
惠的收购服务）或专注于寻找新的参与领域（比如在某些受监管的工作）。
它们感受到了这样做的巨大压力，因为随着时间的推移，投资机会的价
格大幅上涨。2004 年，美国 LBO 的平均价格倍数为 7.3 倍的 EBITDA，
2007 年达到 9.9 倍，2009 年降至 8.6 倍（见图 4-42）。这些倍数从 2010 年
开始稳定在 9.0 ～ 9.3 倍，但在 2014 年开始再次增加，并在 2017 ～ 2018

年从 2000 ～ 2003 年的 6.5 ～ 6.9 倍增加到 2006 年的 8.4 倍。总的来说，债务收益的倍数随着收购价格倍数的增加而增加，如图 4-42 所示。尽管美国和欧洲监管机构的指导方针将债务杠杆率限制在 6 倍 EBITDA，但收购价格上涨主要是由债务增加而不是股权增加所推动的。基金管理公司如何调节债务水平的上升与监管的非正式上限呢？它们通过在 EBITDA 计算中增加预期协同效应或非经常性因素，使债务符合指导方针。

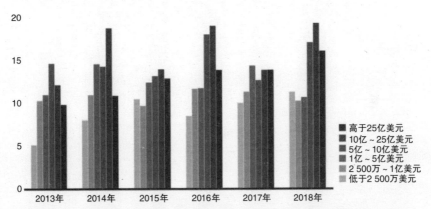

图 4-39　全球收购交易价格的息税折旧摊销前利润倍数中位数（按交易规模）

资料来源：2019 年贝恩资本，PitchBook。

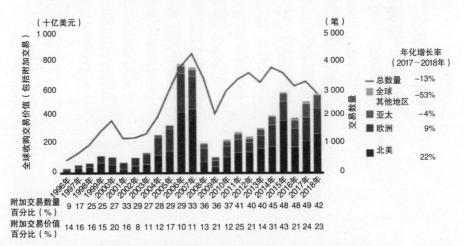

图 4-40　杠杆收购交易的金额和数量，包括附加收购

资料来源：2019 年贝恩资本，Dealogic。

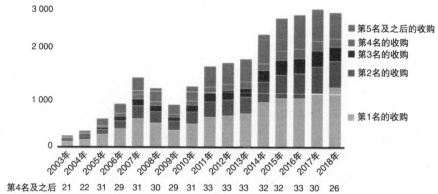

图 4-41　全球附加收购交易总额（按平台公司的顺序）

注：按附加收购完成的年份。

资料来源：2019 年贝恩资本，PitchBook。

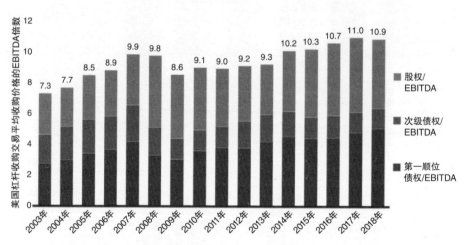

图 4-42　美国杠杆收购估值的 EBITDA 倍数（按债务和股权）

资料来源：2019 年贝恩资本，LPC。

　　这主要是因为债务仍然很便宜（如果有的话），私募股权基金可用来投资的资金（"干粉"）数量也很大（见图 4-43）。根据贝恩资本和 Preqin 的数据，在本书写作时，大约有 2 万亿美元可用于私募股权投资中，其中 35% 用于 LBO 投资。

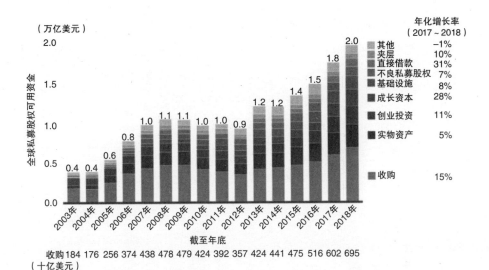

图 4-43　私募股权已承诺且未投资的资本（"干粉"）

资料来源：2019 年贝恩资本，Preqin。

对退出的强调有增无减

退出比以往任何时候都更加重要。基金投资者的一些出资承诺依赖于当前投资组合的预期流动性，这些流动性将会重新投入新的基金。缺乏流动性事件可能会使基金投资者陷入流动性紧缩，从而迫使他们出售其他资产或从一些私募股权基金中撤资。但是，金融危机之后出现了一种新的现象：净正值分布（net positive distribution，见图 4-44）。基金投资者必须保持对私募市场的敞口。如果基金管理公司处置资产的速度过快，并将资本返还给基金投资者，那么与他们的目标相比，基金投资者对私募股权的有效配置就会不足。

要找到一种可以获利的退出，有以下几种选择：

- 将公司以更高的价格（包括支付溢价）出售给战略投资者（股权出售）。有些公司很难卖掉，因为价格对实业公司来说太高了，无法通过协同效应和产业前景取得满意的收益。这是最常见的退出场景（见图 4-45 的杠杆收购情况）。

- 将公司出售给其他金融投资人（二级销售，或"出售给资助人"），这已经成为第二种最常见的退出情形。过多的"干粉"会产生的后果之一是二级销售的弹性操作，如图 4-45 所示。这种情况适用于二级、三级、四级等 LBO，创业投资出售给杠杆收购的情况也在增加（Demos，2012）。

- 以更高的价格倍数在证券交易所（IPO）上市（这很难假设，因为证券交易所可能处于下跌周期）。这是最不常见的退出情形。

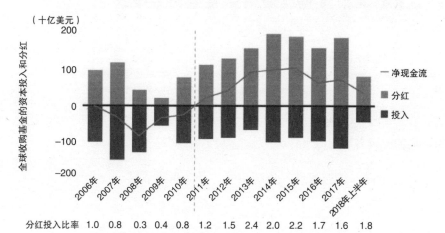

图 4-44　全球杠杆收购基金累计流入及流出现金

资料来源：2019 年贝恩资本，剑桥协会。

　　万一失败，另一个选择是对它们进行重组。当市场没有出现预期的增长时可能会导致成本削减，并最终在现金流减少的情况下出售资产。这就是 LBO 基金有时被视为"缩小规模的专家"的原因之一，这与它引发的社会后果有关。在 2009～2010 年专注于一些投资组合公司的重组之后，与 IPO 市场一样，并购出售也有所恢复（尽管幅度不大）。如果这不起作用，那么投资就会被注销。在发生杠杆收购的情况下，公司的所有权转移给债权人，有时也会直接清算。一项失败的创业投资一般会导致直接清算（也就是说，剩余资产的出售和公司的终止）。

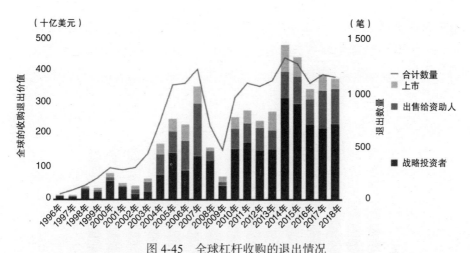

图 4-45　全球杠杆收购的退出情况

注：破产的公司未包含在内。IPO 的价值为发行价，而非公司的市场价值。
资料来源：2019 年贝恩资本，Dealogic。

可能导致过度行为：股息资本重组就是一个例子

廉价债务还帮助基金管理人进行资本重组（或"股息资本重组"），这是为基金投资者提供流动性的另一种（有争议的）途径。股息资本重组的原则很简单，即私募股权基金通过 LBO 收购一家健康的公司。理论上而言，这家公司应该在几年之后出售，但由于过去的危机，这实际上是不可能实现的。杠杆效应随着时间的推移而降低（收购债务定期偿还），此时还可以选择再杠杆化，并将"预期利润"分配给基金投资者。

理论上，股息资本重组让所有人都放心。基金管理公司可以用分红来取悦基金投资者，从而为它们的下一次募资做好准备。标的公司无权表达任何意见，而其管理层倒是乐于避免寻找并购买家的任何额外压力，因为根本找不到这种买家。基金投资者则可以在流动性和利率都比较低的时期获得现金。当持有期变长时，股息资本重组缓解了人们的担忧，2007 ～ 2009 年市场衰退后就是这种情况（见图 4-46）。在这方面，股息资本重组对如图 4-44 所示的净分红有所贡献，但所有权期限仍然要长得多。根据标准普尔杠杆评论与数据公司（S&P LCD）的统计，2010 年的杠杆贷款额达到 2340 亿美元（2009 年为 770 亿美元），这些贷款中有 84% 是发放给私募股权基金的股息。2006 ～ 2007 年泡沫时期规模最大的杠杆收购案例中，科维通信公司（Clearwire Communications）和美国医院公司就是股息资本重组的目标公司。

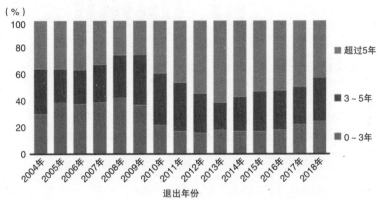

图 4-46　全球杠杆收购退出分布（按基金投资组合的持有时间）

资料来源：2019 年贝恩资本，Preqin。

　　股息资本重组有两个主要的结果。第一个方面，增加了现有 LBO 交易的风险。在传统的 LBO 架构中，风险的最高点是在最初的几个月，此时财务杠杆很高。理论上而言，这种风险可以通过投资人创造的增值价值来补偿。而再杠杆化并不能通过创造额外的价值来弥补——这是一个"等待和观望"的解决方案。

　　第二个方面，股息资本重组会导致"打破收益温度计"（break the return thermometer）的不良后果，也就是说可能会突然扭曲私募股权基金收益的一个衡量指标：内部收益率（IRR）。通过一个小例子（见表 4-6）可以看出，股息资本重组的预期现金分配可以在增加 IRR 的同时使投资者变穷，比如投资者实现 20% 的 IRR 时会产生 3 倍的投资收益，而实现 26% 的 IRR 时产生的投资收益倍数为 2.5。

表 4-6 无/有股息资本重组情况下投资项目的收益倍数和 IRR

	无股息资本重组	有股息资本重组
初始投资	−100	−100
第 1 年	0	0
第 2 年	0	0
第 3 年	0	150
第 4 年	0	0
第 5 年	0	0
第 6 年	300	100
投资收益倍数	3	2.5
IRR	20%	26%

基金管理公司的经典答案是，与业绩提升相比，基金投资者永远更喜欢流动性。这一点还有待证明。第一，基金投资者不能保证会找到与原始交易业绩相同的投资机会。第二，寻找和投资相同质量 LBO 的交易成本会降低基金投资者的投资组合整体业绩。

4.1.4 特殊机会：重振资本⊖

公司估值的膨胀激励了一些 LBO 基金管理公司扩大其参与范围。有些团队最初专注于受监管的行业（如美国的凯雷集团）。其他基金管理公司，如法国的巴特勒资本（Butler Capital Partners），将目标锁定在有特定问题（营运资金短缺、资产负债表失衡或暂时破产）的公司，参与重振投资。

重振资本（也称为"拯救资本"）仍然是一个细分市场，它们瞄准的是实际破产之前被不良债务投资所掩盖的企业（见下文）。这两者经常混合在一起，但有所不同。重振资本是指新投资人以象征性的价格购买一家境况不佳企业的股份。有时，企业当前的所有者（卖方）付费让新的所有者在庭外对企业进行重组，从而避免在破产法庭上出现昂贵且有时不可预测的结果。卖方可以避免声誉受损（破产是一个公开的法律程序）等问题，而且企业也避免了运营困难的状况。境况不佳公司的客户和供应商可

⊖ 特殊机会包括重振资本之外的各种细分市场策略。由于缺乏重振资本本身的数据，我们将使用特殊机会基金的数据来替代重振资本的情况。

以继续与持续经营的企业合作，同时解决其问题。事实上，供应商和债权人可能不愿意与处于托管的公司保持业务关系。

在一些破产前程序中（有时被称为"预先打包的破产"），外部托管人的参与支持了公司的重组。有时，公司与其债权人之间的约定由法院批准。例如在英国，约定方案（也称为"重建方案"）就是这种情况。因此，改变债权人和股东权利的约定得到了司法当局的批准。

对境况不佳企业的买家来说，它可以获得一个好处，标的企业通常会积累大量的亏损，这实际上可以成为重组企业利润的一个税盾，直到这些亏损得到完全补偿。因此，重振资本受益于类似上述 LBO 的税收杠杆。

对这类投资的兴趣具有非常强的投机性，这个细分市场的状况缺乏广泛的数据记录。Preqin 的数据估计，截至 2016 年，有 47 家基金管理人积极参与了这一策略。约 70% 的市场在北美，其余市场在欧洲。这种投资策略对宏观经济状况非常敏感，但也与私募股权投资领域的其他部分有一定的相关性（见表 4-7，尽管只关注致力于困境机会的对冲基金；图 4-47 显示了不同设立年份基金在特殊机会投资上的 IRR）。当在经济衰退期间或之后进行收购时（如 2001 年），重振投资业绩非常好；当在繁荣时期进行投资（如 1996 ～ 1999 年），重振投资业绩不佳。因此，重振资本是构建平衡和多元化资产配置的有用策略。

表 4-7　不良对冲基金相关系数矩阵

相关性	不良债券	对冲基金	标普 500 指数	国债	投资级债券	高收益债券	高收益债券利差
不良债券	1						
对冲基金	0.67	1					
标普 500 指数	0.60	0.55	1				
国债	−0.30	−0.13	−0.29	1			
投资级债券	0.27	0.33	0.04	−0.18	1		
高收益债券	0.65	0.52	0.59	−0.26	0.54	1	
高收益债券利差	−0.41	−0.26	−0.20	0.10	−0.14	−0.39	1

资料来源：2010 年 EVCA，CMBOR，巴克利私募股权，安永。

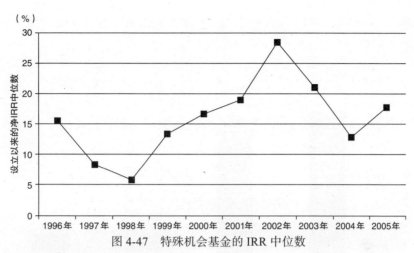

图 4-47　特殊机会基金的 IRR 中位数

资料来源：2008 年 Preqin。

　　这种状况反映在基金募资数据上。如图 4-48 所示，2007 年和 2008 年的承诺资本额有所增加，可能是因为预期泡沫会破裂。

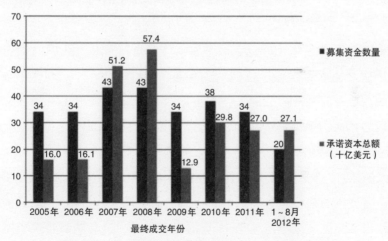

图 4-48　特殊机会基金募资（2005 ～ 2012 年 8 月）

资料来源：2012 年 Preqin。

　　尽管在 2009 年跟私募股权行业的其他领域一样受到了金融危机的影响，但 2010 ～ 2012 年的募资活动非常活跃，基金投资者预计，可能到量化宽松政策停止、经济重组的时候经济将进一步下滑（美国或欧洲都是

如此，预期见图 4-49）。结果，2011 年欧洲重振资本的募资金额创下历史
新高。

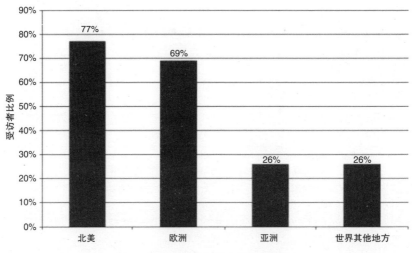

图 4-49　特殊机会基金的地域偏好

资料来源：2012 年 Preqin。

欧洲的机会很多（*Financial Times*，2011a），[一]因为欧洲的银行在危
机之后通常会承受很长一段时间的痛苦（特别是 2007 ～ 2009 年金融危
机后的西班牙；White，2012），并要求替代方案来处置不良贷款。由于
危机后各国央行和政府所采取的特殊计划，并没有形成一波机会（*The
Economist*，2012b）。[二]

无论如何，欧洲仍需找到自己的重振资本模式，从而能够跟随美国的
路径，在公司的整个生命周期为其提供全面支持（见图 4-50）。欧洲大陆
没有相当于美国《破产法》第 11 章的保护措施，这意味着重振资本是困
境公司在专业投资者帮助下进行重组的唯一选择。大多数情况下，当一家
公司申请破产保护时，寻求其他解决方案已经太晚了。比如陷入困境的北

[一]　提到了：Thomas Cook、Premier Foods、Seat Piagine Gialle、Eksport nans、La Senza。

[二]　"迄今为止，不良债权投资人仍然失望。'（欧洲）仍未形成一波机会，我一直期盼一
　　波机会。'这是橡树资本董事长霍华德·马克斯（Howard Marks）最近的评论。"

欧航空公司（SAS）从类似美国《破产法》第 11 章的破产保护措施中获益（Milne，2012）。

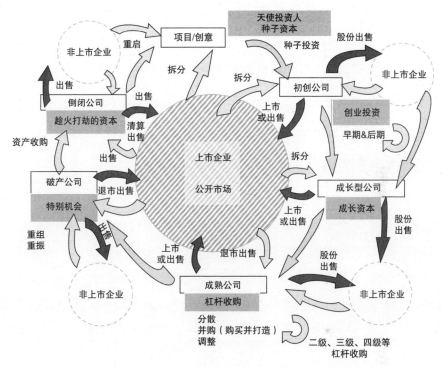

图 4-50　公司的生命周期与私募股权的参与（综述）

资料来源：Demaria（2006）。

　　然而，监管并不是这类业务兴起的唯一障碍。有些重振投资的成功并没有金融支持者的参与，比如法国的内衣公司 Aubade。一位创业者收购了这个境况不佳的品牌，并对其进行了重新定位。这是一种敢于承担风险的能力，即使在困难的情况下，创业者也能保持创业态度，这最终会改变公司的发展进程。

　　破产程序受到了广泛的批评，尤其是在欧洲大陆。欧洲的文化和法规仍在阻止陷入困境企业 CEO 寻求法院的保护，并试图找到解决方案。此外，重振资本不一定适合欧洲私募股权的约束条件。更具体来说，一个因素是欧洲参与此类私募股权活动的大多数参与者都是采用控股公司的形式，而不是私募股权基金架构。因为公司的接管、重组和退出过程需要的时间会比基金架构的 10 年期限更长。另一个因素是，重振投资的投资者往往会采取产业的方式，向企业提供服务，帮助它们进行重组。

4.1.5　瞄准利润，与证券交易所及其生态系统互动

私募股权不只限于非上市证券。上市股权的私募投资（PIPE）和退市（delisting）或"上市公司私有化"（public-to-private）就是这种情况。

上市股权的私募投资

PIPE 的目的是获得一家正努力在证券交易所筹集资金的上市公司的中长期股份。私募股权（通常是成长资本）基金通过投资来换取某些特定的优势，比如收购时每股价格低于市场价格，以及董事会席位。基金同意持有公司股份至少要超过预设的最短时间，即"锁定期"（lock up），在此期间公司将会做出一些重大的改变。一旦做出了这些改变，同时锁定期也到期，基金就可以在公开市场上自由出售其持有的公司股份。

上市公司私有化

私募股权基金有时会获得上市公司的控制权，以便将其退市。这种业务的目的是给公司一些弹性，从而私募股权基金更容易对其进行重组。各地法律通常规定持有一家上市公司至少 90% 或以上的股份，才能强制少数股东出售他们的股份，也就是"挤出"（squeeze out）。对冲基金可能会有兴趣收购隐藏的少数股权头寸，并通过谈判获得溢价，为私募股权基金来实现成功退市铺平道路。

上市公司私有化交易（比如美国医院公司、金德摩根、Univision 或 Petco）虽然在繁荣时期很有吸引力，但也面临诸多困难，比如监管成本、高收购价格、交割风险、股东诉讼威胁和交易终止费等（Weisser &

Germano，2006）。

大型上市公司也难逃 LBO 基金的收购。威望迪环球集团（Vivendi）是欧洲最大的上市公司之一，最终在 2006 ~ 2007 年被 KKR 集团列为潜在收购目标，开价 400 亿欧元。2015 年，卡夫食品公司（Kraft Foods）和由巴西私募股权机构 3G 资本及伯克希尔 – 哈撒韦共同持有的亨氏公司（H.J. Heinz）合并，[⊖]成立了卡夫亨氏食品公司（Kraft Heinz），该公司于 2017 年试图以 1430 亿美元收购联合利华。很多 LBO 基金的规模通常达到数十亿美元：黑石集团、KKR 集团、高盛和阿波罗等机构募集了规模超过 200 亿美元的基金。

对冲基金与私募股权的互动

私募股权越来越多地参与其他资本市场，包括证券交易所，这使其需要面对其他策略的参与者，比如对冲基金。对冲基金在市场中发掘价值被低估的上市公司等投资机会，并持有其头寸，然后在市场按预期发展时变现退出。

对冲基金与私募股权之间的冲突在于，私募股权基金管理人也将价值被低估的企业作为投资目标，但出于不同的目的，比如退市。随着私募股权交易规模的不断扩大，很少有公司不在私募股权收购的范围之内，这为对冲基金提供了多重套利机会。

在本国投资市场饱和后，一些对冲基金管理公司试图通过将它们的做法与私募股权的做法相结合来实现多元化。美国连锁超市凯马特（Kmart）就是一个例子，该公司被埃迪·兰伯特（Eddie Lampert）领导的对冲基金 ESL 投资收购，后者在 2004 年以 115 亿美元的价格将其与西尔斯（Sears）

⊖ 2013 年，3G 资本和伯克希尔 – 哈撒韦以 232 亿美元的价格对亨氏公司实施了私有化。该公司于 2015 年与上市公司卡夫食品公司合并。一轮又一轮的裁员和野蛮的成本削减并没有产生预期的结果。2019 年，合并后的实体宣布减记其拥有的卡夫和奥斯卡·梅耶尔品牌 154 亿美元的价值。SEC 对其会计行为展开了调查。

合并。兰伯特先生发现，将自己转型成一位私募股权投资者并不容易。⊖
埃迪·兰伯特被研究机构市场观察（MarketWatch）评为 2007 年度最差
CEO（GreenBurg，2007）。

4.2 私募债权：优先 / 直接贷款、次级债权和不良债权

当通常的贷款人不提供融资以及投资的风险收益状况不适合私募股权
时，私募债权基金可以为公司和资产提供融资。基金管理人的参与程度
可能有所不同，在直接 / 优先贷款基金的情况下，他们可以适度参与，依
靠强有力的尽职调查和严格的契约（以及执行契约的法律规则），也可以
在不良债权和不良贷款投资的情况下，深度参与操作，实际上成为企业的
所有者，并在管理层的帮助下实施重振计划。Preqin 估计，截至 2017 年
12 月，私募债权基金的管理规模为 6670 亿美元，其中超过 2400 亿美元
属于"干粉"。另类信贷委员会（Alternative Credit Council）曾估计，到
2020 年，这一数字可能会达到 1 万亿美元。

4.2.1 优先贷款：直接贷款和混合债权

直接贷款也称为"替代信贷""私募信贷"或"优先债权"，可以被视
为等同于银行的优先贷款业务。这项业务通常包括给中小型企业提供贷
款，但与银行贷款的不同之处在于其特定的目的。银行提供的贷款用于实
施更多同样的事情，比如生产更多的产品或新开一家商店，但直接贷款通
常为不寻常的、往往是一次性的业务提供资金。

⊖ 2002 年，凯马特因会计丑闻申请破产，其管理层被指控误导投资者。ESL 投资在破
产程序中购买了凯马特的债务，并通过不良债务的运作以不到 10 亿美元的价格接管
了该公司（债务换控制）。该公司在破产前和破产期间实施了连续几轮的商店关闭和裁
员。公司 2003 年重振旗鼓，并在纳斯达克上市。2004 年，凯马特与西尔斯进行了实
质上的合并，并启动了进一步的商店关闭和裁员。2017 年，西尔斯控股承认凯马特
和西尔斯持续经营的不确定性。2018 年，西尔斯申请破产。在考虑清算后，该公司与
埃迪·兰伯特达成协议，以防止这种情况发生，并将其资产出售给 ESL 投资。该公司
的一群无担保债权人声称，兰伯特一直在对公司进行"系列资产剥离"。截至 2019 年
12 月，该公司仍有 114 家商店。

直接贷款实际上是为海外子公司的设立、新产品 / 服务的推出甚至一笔收购提供资金。这种类型的风险对银行来说很难评估，因为它是特定的，对此类风险进行评估很困难，甚至是不可能的。直接贷款基金管理人运用更接近私募股权的工具。他们进行尽职调查，这意味着要与公司的管理层会面，并且不仅仅是纯粹的文件分析。尽职调查的范围因基金管理人而异，可能会扩展到市场分析和竞争分析。

主动的基金管理人会通过尽职调查仔细评估风险，以提供直接贷款 / 优先贷款 / 混合债权。除了基金管理人的主动评估和降低风险之外，对直接贷款 / 优先贷款和混合债权基金下行风险的保护来自它们对资产拥有优先索赔权和强有力的契约（即监控和执行贷款条款的约定）。对于管理风险和在借款人遇到财务困难时采取行动，这些契约至关重要。

毫不奇怪，直接贷款基金管理人主要在通胀率稳定且处于较低水平的国家开展业务，这些国家拥有强大且可预测的法律环境，法院可以相对较快地做出裁决，也可以在没有重大障碍的情况下执行判决。美国以及最近的西欧等发达市场是开展这类业务的主要地域。

在向公司提供其他形式的信贷，特别是使用债券、结构化信贷工具和贷款组合证券化方面，美国有着相当长的历史。甚至在 2008 年之前，美国直接贷款基金管理人也提供了一种不同于银行的选择。这项业务发展迅速，尤其是自 2008 ~ 2009 年金融危机以来。《巴塞尔协议Ⅲ》等国际监管框架以及对国家银行立法的重大改革，重新界定了银行贷款业务的范围。值得注意的是，这些规定重新设定了银行的风险门槛，并根据这些新的假设调整了偿付能力比率。因此，银行收缩了贷款业务，并大幅减少了针对中小企业的贷款。由于风险分析和合规成本的增加，并且风险评估对这些企业不太有利，面向这些企业的贷款被认为利润水平更低。

混合债权融资

这种类型的债权将优先债权、第二顺位债权和夹层债权的部分特征结合在单一类别（因此得名）。混合债权融资是直接贷款／优先贷款的一种更灵活的版本，结合了不同债权的特征，比如初级债权、次级债权和第二顺位债权，甚至可能包括是夹层债权。混合债权融资与夹层融资有明显的不同，前者是逐步和定期偿还和收取利息，并且不一定包含转换权。因此，我们将混合债权基金计入直接贷款／优先贷款类别之中，其预期总体IRR 在 9% ～ 11% 之间。

在金融危机之前，西欧银行对贷款的合法垄断，实质上阻止了直接借贷资金的出现。然而，次级债，尤其是夹层基金仍然存在。随着放贷规则的放松，基金管理人们推出了直接放贷策略。与此同时，利率下降导致夹层债权市场萎缩。夹层基金管理人不仅将自己重塑为混合债权的贷款人，也是直接债权的贷款人。

在缺乏实际数据的情况下，很难估计直接贷款和混合债权的市场规模。我们估计，直接贷款、优先贷款及混合债权基金目前约占私募债权基金的 57%，约占私募市场基金的 10%。根据考克斯和汉森（Cox & Hanson，2018）的数据，2017 年，在私募债权基金募集的 1187 亿美元中，直接贷款基金募集了 526 亿美元；相比之下，夹层基金同年募集了 149 亿美元。

4.2.2　次级和夹层债权

次级债权基金为借款人提供灵活的融资方式。借款人是一家企业的所有者，他将这家企业作为贷款的抵押品。该贷款的偿还取决于更优先级别贷款的预先偿还（在获得抵押品方面也具有优先权）。这项业务所分配的利润用于向贷款人支付利息（可能还有部分或全部的本金）。如果企业未能分配这些利润，借款人的企业会被没收并拍卖，所得收益将用于补偿贷款人。

夹层债权

夹层债权是私募债权中使用的主要次级债权工具，通常出现在中型到大型 LBO 架构中。夹层债权的基本原理是提供中长期债权，借款人须支付还款溢价（贷款期间一次性偿还）。因为这种债权的风险高于普通债权，所以贷款人会要求更高的利率。还款溢价事实上也是一种风险，这种风险可以通过将债权转换为股权的方式来抵消。贷款人有权按照预先约定的债转股比率转换其债权，从而分享公司的成长收益。该权利可在出现流动性事件或借款人回购（通常以预先商定的条款）时行使。但是，贷款人在选择转换债权之前一直受到保护。

夹层债权可以同时获得收益和资本利得。因此，借款人和贷款人之间协商的条款是利率、转换权（有时称为"股权参与"）、贷款期限及其偿还（通常是在贷款期间偿还支付本金和还款溢价）和贷款契约。利息通常被定义为基本利率之上的差额，并可以持续性支付和 / 或资本化（因此应计）为本金。契约是贷款合同的条款，约定了贷款人的信息权及其在贷款没有按计划偿还时的追索权。

夹层债权通常被类比为杠杆贷款，因为这两者都提供给没有评级的公司，或者评级低于投资级的公司，如 LBO 的目标公司。但是，杠杆贷款通常是抵押的，因此属于优先级，而夹层债权不是（因为它是次级的）。杠杆贷款通常由银行提供，银行会持有至到期日，或者更多的情况是打包并将其转售，特别是作为担保贷款凭证（CLO，见下文）。据估计，2018 年美国杠杆贷款市场达到 1 万亿美元，即将赶上高收益债券的规模（1.1 万亿美元）。

夹层债权理论上可以由银行提供贷款，但实际上由夹层基金等非传统贷款机构提供。如果股权提供者是一家金融机构，比如 LBO 基金，那么夹层债权可以获得担保。LBO 基金收购一家公司（通过一家或多家控股公司，见上文），并将夹层债权置于一家控股公司。但是，如果没有金融机构作为股权提供者参与其中，夹层债权也可能没有担保。比如，企业的所有者也可以是企业的管理者。

参与夹层债权的是主动型的基金管理人，他们仔细评估与借款人及其业务相关的风险。这不是一种信用评估方法，而是一种由基金管理人实施的全面尽职调查，在获得资助的情况下，尽职调查有股权提供者共同参与。因此，损失的比率是最小的或者为零。夹层债权提供了对 LBO 上行的风险敞口（在获得担保的情况下），同时控制了与这种业务相关的风险。这一策略为投资者提供了机会，让他们接触到中、大型交易的所有权转移，包括那些不是由 LBO 基金担保的交易。因此，投资领域正在部分脱离 LBO 基金。

夹层债权很受贷款人欢迎，因为利率高于优先债权，而且有转换成股份的可能。夹层债券也很受借款人的欢迎，因为它意味着在持有期内承担债务但没有还款的压力。即使夹层债权的利率高于优先级和次级债权，但由于其须偿还还款溢价的模式，仍被视为"划算"。

与优先债权相比，夹层债权相对昂贵。在上一个信贷周期中（直到 2008 年），出现了一种次级不可转换的债权：第二顺位债权（有时被称为"初级债权"）。夹层债权的目标是实现 15% ~ 18% 的总体 IRR，第二顺位债权的目标是实现 10% ~ 12% 的总体 IRR。

根据合众集团的数据，夹层债权在金融危机期间表现出了一定的稳定性（平均波动率只有 11%，而其他资产类别的波动率为 50% ~ 60%，见图 4-51）。在违约的情况下，债权回收率通常在 50% 左右。从历史上看，相对于 2% ~ 4% 的违约率（2008 年，累计违约率达到了 12% ~ 13%），这一回收率已经很高了。

第二顺位债权

夹层债权正面临着其他工具的竞争，比如第二顺位债权，这是一种类似无转换权的夹层债权。第二顺位债权的增加，是由于持有期更短的夹层债权不会被转换。因此，更好的选择是简单地在优先和初级债权之后，新增一个债权层级。优先债权在清偿方面具有最高的优先级，其次是初级债权，通常在一定年限之后，有时取决于某些标准偿还。由于这种机制，第二顺位债权的架构被设计为有转换溢价。图 4-52 显示了第二顺位贷款市场的快速发展。

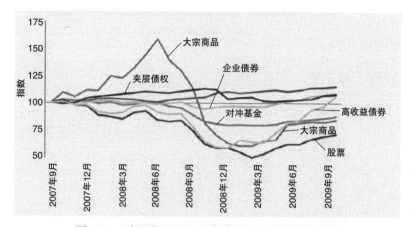

图 4-51　欧洲夹层基金和其他资产类别的风险比较

资料来源：2010 年合众集团，来自彭博社、高盛商品指数、美林欧盟企业主指数、美林 B 级高收益指数、摩根士丹利资本国际和 HRFI 母基金。

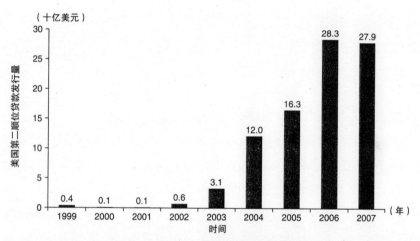

图 4-52　第二顺位债权市场的发展

资料来源：Credit Suisse, S&P LCD。

在上一个投资周期的高峰期，大型 / 超大型 LBO 投资的架构越来越倾向于承担还款溢价，从而增加了对夹层债权和第二顺位债权的需求。第二顺位贷款市场为大型 / 超大型 LBO 基金管理人提供了很多优势。无论是分期或全额支付本金和还款溢价，它都是一个灵活性的来源，尽管也导致了公司估值的上升。标的投资组合公司不一定要在到期前偿还债务。由于 LBO 风险最高的时期是第一年，这意味着当公司有更大的还款空间时，才需要考虑还款溢价的问题。

高门槛或低门槛债权

信贷危机造成了很多后果，其中包括经济衰退。这显然影响了 LBO 基金的投资组合公司，这些公司应该通过支付红利来偿还收购债务。由于销售和业绩面临压力，这些投资组合公司难以支付红利。其结果是，2007～2008 年间，支付违约率增加了 3.6 倍，2009 年上半年欧洲杠杆贷款违约率估计为 5.8%。

还款违约通常会导致投资组合公司的所有权从基金转移到银行。为了避免这种极端情况的出现，债务通常会提前进行重组。债务重组通常是由违约引发的。根据新的发展计划，贷款人和企业所有者聚集在一起审查偿还计划，其中要考虑到新的经济状况。

因此，在这方面，债务重组的规模可能跟违约一样重要。对 2004～2009 年期间的重组和违约情况进行的比较显示，尽管 2009 年前两个月的违约率仍然很高，但重组的比例显著上升了。

债务重组成功的前提是假设公司的价值仍然高于收购的债务总额，并且发展计划最终将带来可观的收入以支付未偿债务。这可能涉及贷款组合的变化，比如将最后的本金偿还转换成股权。

债务重组也可能是解决投资组合公司困难的唯一途径，因为债权契约可能不会使贷款人直接拥有所有权。困难出现得越早，暗示着重组的风险越高，银行更容易给予无法进行重组的豁免。原因在于大多数银行不想计入高额亏损，尤其是在公司有机会恢复的时候，同时它们也不希望成为境况不佳企业的所有者。

2008 年，存在契约相关困难的 64 家公司中，48% 的公司违反了契约，34% 的公司重新定义或放弃了契约，3% 的公司增加了股本以防止违反契约，14% 的公司因违反契约而重组了债务。根据标准普尔的数据，

2009 ～ 2012 年是杠杆贷款财务重组加速和违约增加的时期。2009 年修订和免除契约的速度大大加快，使这一趋势尤其令人印象深刻。因此，根据美联储（Bank for International Settlements，2008）的数据，75% 的美国银行提高了对契约的要求，并在 2008 年对杠杆贷款的分配进行了更严格的限制。从逻辑上讲，低门槛贷款的分配在 2009 年就已经枯竭了。

但是，金融危机的影响一消失，低门槛贷款又回来了（Primack，2011；Burne，2012）。低利率水平和投资者对收益率的渴望推动了这一趋势，通过"业主有限合伙"（master limited partnership，MLP）的架构来持有煤矿和加油站等实物资产也体现了这一趋势（Demos & Lauricella，2012）。⊖

图 4-53 描述了债权结构的演变，完全担保债权在三年时间内从 80% 以上下降到略高于 50%。鉴于低门槛债权发展的时间不长，它的崛起令人印象深刻。在这方面，银行面临的竞争压力在某种程度上推动了这部分私募股权贷款上升到泡沫指标的级别（Tett，2007）。

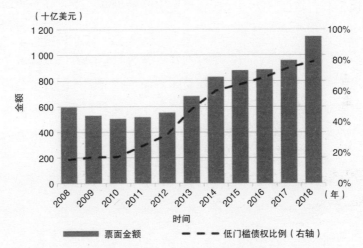

图 4-53　低门槛贷款市场的演变

资料来源：S&P/LSTA 杠杆贷款指数。

⊖ 根据巴克莱银行（Demos & Lauricella，2012），MLP 的市场已从 650 亿美元增长到 2012 年的超过 3500 亿美元。

我们知道，在当前的信贷周期中，已经消除了夹层债务和第二顺位债权，而倾向于所谓的混合债权（见上文）。夹层债权融资（以及混合债权和优先债权）基本上可在发达市场获得，其中美国和欧洲占大多数。夹层债权约占私募债权基金的11%，约占私募市场基金的2%。

4.2.3 不良债权

不良债权（distressed debt，DD）基金可以分为两类：交易型债权和控制型债权（也称为"贷款换所有权"）。对冲基金在以折扣价收购一家境况不佳企业的债权时会采用交易性债权的方式，它们希望该企业能够实现复苏，并最终以更高的价格出售债权。这是一种不干涉的策略，需要流动性债权市场来运作。

而倾向于控制性债权的投资者（比如债权基金）折价购买一家境况不佳企业的特定债权份额，目标是通过将部分或全部债权转换为股权，并最终控制该企业。在此过程中，股权投资者将被淘汰，不良债权投资者将对该企业进行重组以实现盈利，然后在证明其新的生存能力之后将其出售。在私募债权中，不良债权指的是这种亲自参与贷款换取所有权策略。

重组公司是一项高风险、高收益的活动。在与陷入困境的公司打交道时，投资者试图降低风险，并在公司实际执行破产程序（重振资本，见上文）之前进入公司。调和这两个目标的方法之一是看看这些困境公司的负债，尤其是它们的银行负债。有些公司在偿还债务方面有困难，即使它们的基本面仍然稳健并坚实。美国的基金管理人与债权持有人接洽，以折价收购他们持有的债权。债权的卖方可以清理报表，登记损失，并将其投资能力用在其他地方。

不良债权基金通常会利用附加在持有债权上的权利，与管理层和股东谈判，以达成公司的快速重组。如果成功，将为不良债权持有人带来重大好处，同时在公司复苏未能实现时保护他们免受全部损失。橡树资本就是在美国采取这种策略的投资机构之一。

　　无论是不良债权投资还是重振资本，企业新的所有者通常都会提供额外的财务和专业人力资源，与债权人谈判，并根据特定计划对企业进行重组。但是，为了可行，这项活动必须在企业开始遇到困难后不久就尽早进行。通常情况下，企业所有者很晚才意识到这些困难，错过了不良债权或重振投资有可能获得成功的参与时间点。

　　不良债权的价值创造，通常与银行无法处理困境企业的事实相关。一方面，债权可能不会给它们真正影响管理层的权利；另一方面，它们通常也没有为这种可能性做好准备。这也是为什么参与 LBO 债权的银行通常要求对债权契约进行重新谈判，而不是行使取得抵押品（即企业）所有权的条款。在这里，银行与对冲基金的竞争显而易见。

　　不良债权基金的运作要依赖适当的破产程序，比如美国《破产法》第11 章就是不良债权投资中使用最广泛的程序。它提供了一个理想的标准清单，可以看到这种策略在其他司法管辖区的使用情况。首先，《破产法》第 11 章冻结了破产企业应偿还的所有债务和利息。这给企业及其管理人员提供了一个缓冲期，在此期间可以评估企业重组方案（或清算方案，这属于美国《破产法》第 7 章的范围）。

　　然后，《破产法》第 11 章规定司法当局负责这一过程，特别是决定与企业重组有关的具体问题。即使少数债权人不同意，该机构也可以采取特定行动，比如批准重组计划。这种权力可以减少公司的资本（从而清洗掉以前的所有者），也可以通过转换原本不打算转换的债权来增加资本。

　　此外，除了不同层级债权的合同优先顺序之外，《破产法》第 11 章没有在债权人之间设立任何等级。这为公司债权的潜在买家提供了一个相对清晰的购买债权份额的画面，以便在公司失败时拥有足够的抵押品，并能够按照特定的计划强制进行公司重组。就此而言，债权的买方必须获得一定的数额，才能达到约定的多数。

　　有些司法管辖区（比如法国）的做法有所不同，这些地方会授予行政机构（税务和社会行政管理）特权，这些行政机构并不倾向于以折价出售债权。因此，潜在的债权购买者不可能获得相关的债权份额并主导公司的重组。

欧洲的限制

有些司法管辖区，比如英国，拥有类似的破产制度，并可能成为不良债权投资者的潜在市场。最近，印度对其破产制度进行了改革，以支持企业运营、缩短实施流程，并可能为破产流程中的企业提供一条避免破产的出路，这主要归功于不良债权投资者的参与。

英国在债权人保护方面拥有最好的立法，领先于德国和法国（Davydenko & Franks，2006）。英国甚至允许预先打包管理程序（Scott，2012），这使得公司的重振更加容易（但这个过程会使债权人处于不利的境地）。法国将公司的连续性经营和工作保护放在优先考虑的位置，降低了对债权人的保护。在英国，第一顺序债权人有权否决董事会在债务偿还违约方面的决定。从那一刻起，他们就控制了公司。在德国，债权人处于中间地位，即他们在债权重组方面保留一定的权力。

结果是，英国的债权回收率为92%，德国为67%，法国为56%。在其他条件相同的情况下，英国和法国的区别在于前者的债权回收率高出20%。一种解释是，英国银行尽最大努力确保企业取得积极结果的动机更强烈，因为它们在债权回收方面的前景更好。

那些缺乏类似美国《破产法》第11章规定的国家，其重振资本投资方面的活动有限（见上文）。执行这种类型的操作可以避免正式的破产程序。

不良债权投资的替代方案：不良贷款

银行是在特定的法律环境下，调整贷款结构，以最优化其风险收益状况。因此，在债权人应对债务违约以及随后的债务处理方面，《破产法》发挥着重要作用。银行已经越来越多地决定保留违约企业的债务，从而成为这些企业的新所有者，一个标志性的例子是花旗集团（Citigroup）从泰丰资本（Terra Firma）手中收购了违约的百代唱片公司（EMI），然后在2012 年通过拍卖将其出售给两家并购买家。这些企业本身是健康的，但是它们的收购过度地使用了杠杆。因此，欧洲银行正在注入资本，以帮助这些债务状况糟糕的企业，并最终从这些违约企业中获利（Cauchi，2009）。

不良贷款领域中的一个新兴部分是不良贷款（non-performance loan，NPL）[⊖]。2007～2009 年的金融危机导致很多银行（尤其是欧洲银行）折价出售这些贷款。然后，新的债权人采取积极的回收策略，该策略可以分为三类：

- 一是，收回积压的利息和本金。
- 二是，债务重组，根据借款人的能力调整付款。
- 三是，扣押抵押的资产，之后将其拍卖用于偿还本金、利息和损害赔偿。

前两类策略是积极不良贷款投资的核心（第三类是最后的解决方案）。

在美国，相当多的 LBO 基金管理人已经分散投资于不良债权（理由是将它作为一种在下行周期中增加投资活动的协同方式）。LBO 基金管理人推出了不良债权基金，有时明显的目标是廉价购买自己投资组合公司的债权（参见 Davidoff，2012a，阿波罗投资 Realogy 的例子）。这将使它们能够减少债务偿还的压力，挽救在前一个投资周期的高点所做的投资。不良债权约占私募债权基金投资领域的 32%，约占私募市场投资领域的6%，其中不包括重振资本和不良贷款策略。

4.2.4 小众私募债权策略

风险债权是一种小众的私募债权策略，对于成熟的初创公司来说，它可以被视为类似夹层债权。通常，利息会被资本化，在出现流动性事件时，

⊖ 当借款人比约定的还款期限晚 90 天或更长时间时，《巴塞尔协议》将此贷款定义为不良贷款。如果银行不采取行动扣押贷款抵押品，则借款人被认为不可能全额偿还该贷款。

基金获得投入的资本、累积的利息和可能的资本收益。风险债权投资仅限于少数几个特定的市场，比如美国，以及最近的欧洲和以色列。风险债权基金通常向后期初创公司提供可转换债券，通常是作为新一轮融资的补充或替代。根据 Preqin 的报告，2007 ～ 2012 年间，风险债权基金的平均净内部收益率（IRR）为 11.5%，投资收益倍数（MOIC）在 0.83 ～ 1.43 倍之间，IRR 在 1% ～ 60% 之间。但是，在 Preqin 编写报告时，所观察的基金没有一只实现了完全清算，因此必须谨慎看待这些数字。风险债权基金预计在 2015 年募集 44 亿美元，与之相比，私募债权基金的总额为 2140 亿美元。[⊖]

诉讼融资也可以被视为私募债权的一种形式。借款人可以用它来资助预审和审判程序（包括律师费）。如果胜诉，基金将获得一部分经济补偿。一旦败诉，基金就产生投资损失。在某些情况下，诉讼融资可以作为一种应收款融资机制，用来为审判后阶段提供资金支持。在法律诉讼中胜诉的一方从基金中获得一定折扣的经济补偿，然后基金接管到期应付金额的回收流程。

一些其他形式的私募债权融资，比如收入分成融资、航空融资甚至贸易融资，也可能被认为与私募实物资产债权存在重叠。所有这些策略都使用资产（飞机和零件）或未来现金流的所有权（收入分成或支付）作为抵押来预先提供资本。基金管理人接管回收资本或出售资产 / 所有权的任务。根据迪瓦恩（Devine，2015）的观点，2015 年收入分成融资基金预计募集 25 亿美元，占私募债权基金募资总额的 1.16%。

其他小众私募债权策略，通常被统称为"专业金融"，包括资产支持型融资。这可能与私募实物资产债权重叠，因为一些有形或无形资产被置于一个以股权和债权方式架构的特殊目的公司（special purpose vehicle，SPV）之中。该架构对贷款人的好处是，一项特定的资产被抵押作为贷款

⊖ 不良债权基金（如本书中所定义）预计募集 640 亿美元，夹层 / 次级债权为 650 亿美元，直接贷款 / 优先贷款 / 混合债权基金为 770 亿美元，收入分成融资基金为 25 亿美元，CLO 基金为 23 亿美元，私募债权母基金为 13 亿美元（Devine，2015）。

的抵押品。SPV 的所有者可以将贷款的资金用于其他目的，同时避免了就贷款进行复杂的谈判。

4.3 私募实物资产：不动产、基础设施和自然资源

如本章开头所述，私募实物资产（PRA）基金为无形或有形实物资产（固定或非固定）开发的每个阶段都提供融资。对投资来说，PRA 基金具有一些有吸引力的特征，特别是循环现金流和降低的风险。但是，其收益前景低于私募股权。

在 PRA 投资中，企业的核心不是创业者，而是一项资产，也可能是一位项目经理。与私募股权投资相比，PRA 投资意味着投资者的限定行为会更多。

PRA 投资中与创业投资类似的是绿地投资。这通常意味着购买资产（比如房地产中的土地、基础设施、自然资源、林地和农地）、获得建造权、建设管理以及交付最终的资产。这一策略存在重大的执行风险，以及与地理位置相关的潜在外汇、监管和政治风险。

PRA 投资中与成长资本和 LBO 类似的是核心型投资、核心增益型投资和增值型投资的组合。开发的资产质量从中等到优等，并且具有各种可变的级别。核心型资产需要更少的债务和转型，而增值型资产支持更多的债务和更多的转型。

PRA 投资中与不良债权和重振资本类似的是机会型投资（或私募基础设施中的棕地投资），以及不良投资（包括不良贷款）。

私募实物资产与获得私募股权和私募债权投资的公司之间存在很大的不同，因为私募实物资产表示可以明确和直接获取资产本身所代表的抵押品相关的可预见的未来现金流。因此，酒店管理公司虽然是一家公司，但酒店本身是其资产。有时，这两者被合并成一个实体，除非酒店的管理非常精简和被动，否则它首先被视为一家资产负债表上有大量资产的公司。

PRA 基金一直在增长，投资机会也在增加，这种发展趋势由多种因

素促成。第一，国家脱离经济参与的趋势导致了公共资产的私有化，以及公私合作伙伴关系的出现（例如开发新的基础设施）。第二，上市公司和私有公司一直热衷于集中精力开展业务，并缩小资产负债表的规模。它们的资产是固定的金融资源，可以重新分配，以实现更有效的竞争。这导致资产负债表中的资产被拆分，放入需要股权提供者的 SPV。第三，随着金融机构的监管框架发生重大调整，不利于向特殊目的公司提供此类股权，PRA 看到了介入的机会。

私募实物资产基金通过股权（PRA 股权基金）或债权（PRA 债权基金）的方式为资产提供融资。尽管 PRA 债权基金正在兴起，但大多数 PRA 基金以股权的方式投资资产。就像在私募债权领域一样，PRA 基金管理人可以根据子策略来决定参与深度。PRA 可以细分为多个类别：私募房地产、私募基础设施和小众投资。

PRA 基金旨在通过长期对资产的收购、管理、转换和出售，同时产生收入和资本收益。为投资者同时提供的收入和资本收益取决于获得的资产类型和实施的转换：转换越多，潜在的资本收益就越高。

4.3.1　私募房地产、基础设施和外来资产

私募房地产（private real estate，PRE）基金约占 PRA 市场的 36%，约占私募市场基金领域的 10%。这些基金收购房地产，比如办公、商业、工业或住宅单位以及它们的组合，或更专业的资产，比如辅助生活设施或仓库。次级策略包括核心型 / 核心增益型策略、增值型策略和机会型策略，以及不良策略、债权策略和次级债权策略。⊖后三种策略的相关信息

⊖　根据数据库提供商 Preqin 的数据，2017 年 PRE 债权基金募集了 279 亿美元，占 PRE 募集资金总额的 25.3%，不包括母基金，不良 PRE 基金为 29 亿美元（2.6%），二级 PRE 基金为 7 亿美元（0.6%）。相比之下，PRE 母基金募集了 12 亿美元，核心型 PRE 基金募集了 36 亿美元（3.3%），核心增益型 PRE 基金募集了 37 亿美元（3.4%），增值型 PRE 资金募集了 349 亿美元（31.7%），机会型 PRE 基金募集了 365 亿美元（33.1%）。

很少。这些策略在关注点、规划、基础资产特征、管理人参与程度、杠杆和其他因素上存在很大的差异，所有这些决定了不同的收益和风险状况。

　　数据库提供商 Preqin 估计，截至 2017 年 6 月，PRE 基金管理的资金规模为 8110 亿美元，其中 2450 亿美元为"干粉"。从地域来看，北美占 57.9%，欧洲占 25.9%，亚洲占 11.5%，世界其他地区占 4.7%。机会型 PRE 基金的"干粉"为 980 亿美元，增值型 PRE 基金为 610 亿美元，PRE 债权基金为 490 亿美元，核心型 PRE 基金为 160 亿美元，核心增益型 PRE 基金为 110 亿美元，不良 PRE 基金为 110 亿美元。

　　虽然上市的房地产基金为投资者提供了普通核心房地产的渠道，但专注于核心和核心增益的 PRE 基金有所不同。PRE 意味着资产的变化，并由此产生资本收益。核心型 PRE 基金投资于风险较低的资产，在主要大都市地区和成熟市场收购现有的稳健资产（办公、零售、工业及家庭住宅）。该策略可能包括对租户基地升级，或进一步提高租赁率，或改变合同期限以及对建筑进行适度改善。纯粹的"买入并持有"策略是可能的，但会限制潜在的资本收益。物业在收购时已经得到很好的维护，几乎不需要或根本不需要资本注入。这种策略使用适度的杠杆（占资产价值的 15% ～ 30%）。核心型 PRE 基金的业绩主要由收益率驱动（90% ～ 100%），资本收益的贡献有限（0% ～ 10%），其持有期往往较长（10 年或更长）。

　　核心增益型 PRE 基金投资与核心型子战略类似的物业，但需要更多的工作，并且位于主要的或已确认的未来区域。建筑质量可能较低，需要提高。一些建筑可能需要重新定位，租户基地需要调整。这种策略使用杠杆（30% ～ 50%），通常需要适度的资本注入。核心增益型 PRE 基金业绩也主要由收益率驱动（80% ～ 90%），资本收益的贡献有限（10% ～ 20%），其持有期也往往相当长（7 年或更长）。

　　增值型 PRE 基金专注于位于主要或次要位置的物业，需要基金管理人更积极地参与。它们参与的目的是通过重新开发、翻新或重新定位，以及调整租户基地来对建筑物进行升级。基金管理人需要能确定和寻找适当的目标资产，实施相关的财产和实物改善以及租户级战略，并提供持续的资产管理。除了上述普通资产之外，增值型策略还可以应用于一些特殊类型的房地产，特别是酒店、医疗保健相关物业、学生宿舍或自助仓库。增值型 PRE 基金的业绩由收入（30% ～ 50%）和资本收益（50% ～ 70%）共同驱动。基金管理人可以使用资产价值 40% ～ 70% 的债权。

机会型 PRE 基金的风险最高，其目标是整个房地产市场范围内的一级、二级或周边市场的低质量建筑，包括小众市场。物业需要进行重大的检修，以将其提升到更高的质量水平，甚至是彻底（重新）开发。基金管理人在这种情况下需要非常深度地参与，涉及复杂的重振和再开发。机会型 PRE 基金的业绩是由资本收益驱动的，可能只有少量收入（0% ～ 10%）。基金管理人可以使用资产价值 60% ～ 80% 的债权。

4.3.2　私募基础设施

基础设施投资为促进经济活动的永久性设施的建设、开发、运营和维修提供支持，其中包括交通运输（收费公路、港口、机场、桥梁、隧道和铁路）、受监管的公用事业和能源基础设施（饮用水、废水、电力、天然气和石油管网）以及通信基础设施（电话和光纤网络、信号塔）。基础设施投资受益于地方（或国家）的垄断，这使得它们对经济周期的敏感性低于其他投资策略。它们通常受到监管，并依赖与客户签订的长期合同。有些人在基础设施中囊括所谓的"社会基础设施"，比如教育、娱乐、管教、医疗保健、燃料储存和仓库设施等。这些设施的特点更接近于私有企业或者房地产，所以我们将它们排除在基础设施的定义之外。

一般来说，基础设施基金为投资者提供了相当稳定和可预测的收入、一定的通胀保护（因为价格是指数化的）以及与其他投资策略的低相关性。尽管各国在基础设施融资方面的放手为公私合作关系和基础设施投资机会铺平了道路，但新基础设施的融资缺口仍然很大。这是因为基础设施投资具有特定的风险，比如监管和主权风险（甚至在挪威等发达国家）以及建设风险（对于绿地投资）。

尽管基础设施是机构投资者最近才开始涉足的投资领域，但私募基础设施基金是以股权或债权的方式投资这些有形的固定资产的。这些基金可以按照房地产（见上文）的路线分为核心型、增值型和机会型的次级策略，这些次级策略有时会混合在一起，已经建成的房地产被称为"棕地"（brownfield），针对基础设施项目的设计和建设被称为"绿地"（greenfield）投资，这是一种附加策略。它们代表了大约 41% 的私募实物资产市场和 11% 的私募市场基金领域。正如 PRE 一样，基础设施债权基金也出现了。根据 PitchBook 的数据，2017 年私募债权基础设施基金募集了 72 亿美元。数据库提供商 Preqin 估计，截至 2017 年 6 月，私募股权基础设施基金管理的资金规模为 3880 亿美元，其中 1490 亿美元为"干粉"。美国占总金额的 38%，欧洲占 30%，亚洲占 12%，世界其他地区占 20%。这个领域比较集中，基金的平均规模为 13 亿美元。

4.3.3　自然资源

PRA 往往聚集了大量属于自然资源范畴的小众投资。这一通用表达可以分解为多个投资领域，包括能源和大宗商品生产。另一种分类方法是区分可再生产品和不可再生产品。

在不可再生能源领域，石油和天然气最近引起了人们对股权和债权投资（包括可转换投资）的兴趣。私募能源基金可以投资上游（勘探和开采）、中游（运输和管线）及下游（提炼、储存和分销）。私募能源基金的重点通常是中游和下游资产。此类基金的优势在于，让投资者看到了日益增长的国际能源需求，同时减少了石油和天然气的价格波动。专注于石油和天然气的私募能源基金约占私募实物资产市场的 22%，约占私募市场基金领域的 6%。

私募能源基金可能会越来越多地投资于可再生能源，这些能源来自太阳能电场、风力电场、生物质发电厂、波浪和潮汐设施以及水力发电大坝。遗憾的是，这一新兴领域的相关数据很少。

可再生商品生产包括私募农地基金，这方面的数据有限。幸运的是，它们的风险－收益－流动性状况可以与林地基金相提并论。尽管最近一些基金已经开始在世界其他地方配置资本，但这两种策略主要由美国主导。农作物和树木的出售让基金获得收益，土地价值的增加为基金提供了资本增值。这些基金还有一定的通胀对冲作用。在很多方面，它们可以与私募房地产相提并论，只是收益率取决于产出的产品市场价格，而不是定期租金（对农地来说，收取租金也可以是一种选择）。

美国林地基金约占私募实物资产市场的 0.7%，约占私募市场领域的 0.2%。根据 Preqin 的数据，2016 年，农地基金和林地基金占未上市自然资源资本的 5%。根据剑桥协会的数据，2002 ～ 2008 年间创立的 24 只林地基金共募集了 80 亿美元，平均收益率为 4.2%，投资收益倍数为 1.36 倍，平均变现时间为 7.49 年。在 2004 ～ 2008 年期间，基于标准普尔全球木材指数（S&P Global Timber）的公开市场等价物（PME）实现了 1.23 倍的收益，而林地基金则实现了 1.30 倍的收益。

不可再生商品基金包括私募矿业基金等。遗憾的是，关于这种投资策略的信息也非常有限。

4.4 私募市场的其他参与方式

正如本章开头所述，在私募市场与资产管理之间存在多种参与方式。要设立一个边界，最简单的方法是观察创业者（如果是实物资产的话，就观察项目经理）与投资者之间是否有直接关系。如果答案是肯定的，那么将这种策略纳入私募市场可能是一个很好的选择。如果不是，那么这个策略可能不是一个明确的私募市场策略。母基金就是一个例子：它们是基金投资者分散和管理其私募市场风险敞口的工具。它们处于私募市场和资产管理的交界处。基金二级市场是另一个工具。

4.4.1　母基金

正如本书第一部分所提到的，母基金一直是一种特权工具，可以帮助基金投资者分散其私募市场投资，轻松且适度地启动一个项目，并获得该资产类别的敞口和知识。

私募股权母基金的活动相对较新。最早的活跃母基金管理公司雅登投资（Adams Street Partners）可以追溯到 1972 年，但存活至今的基金管理公司中，只有 7 家创建于 20 世纪 80 年代。这意味着，母基金行业的出现与 20 世纪 80 年代初的金融自由化相关，也与此后私募股权资产类别的增长相关。

基金的未来

母基金是金融危机的最大输家，特别是因为它们要负担自己的管理费和业绩报酬[一]。母基金的数量在萎缩，因为它们很难吸引大型机构的参与，而后者建立了自己的基金挑选和监管能力。母基金在系统性选择最佳业绩管理人方面缺乏合法性，这使它们成为金融危机后基金投资者重新发起的"管理费之战"的第一批受害者（Meek，2012）。[二]母基金的收益正在下降，[三]维持收益的最可靠方法之一是绕过母基金管理人的费用（过去 13 年是资产的 0.8% ～ 1.0%，加上 5% ～ 10% 的母基金业绩报酬）。

应对这些压力的措施如下：

- 合并。2012 年，APG 和 PGGM 将 AlpInvest（一家管理 320 亿美元的私募股权母基金管理人）出售给了凯雷集团和 AlpInvest 管理层

[一]　甚至到了有些私募股权看门人否认参与了这个市场的程度，参见 Caroll（2012）。

[二]　http://realdeals.eu.com/article/28986，最后访问时间为 2012 年 5 月 16 日。

[三]　截至 2010 年 6 月 30 日为 11.6%（Preqin），道富私募股权指数（State Street Private Equity Index，2010 年 6 月 30 日）为 19.2%，载于 Jacobius（2011 年）。托尔（Toll，2012）指出，基于 1985 年到 2006 年的 71 只母基金，平均投资收益倍数为 1.3 倍，中位数倍数为 1.2 倍。中位数 IRR（样本中能找到数据的 55 只母基金）为 5.84%（最高四分位数为 9.6%，最低四分位数为 1.5%）。

设立的一家合资企业。[⊖]2009 年，资本动力（Capital Dynamics）收购了 HRJ 资本。2012 年，黑石集团收购了瑞士再保险私募股权资本。Gartmore 投资管理公司将其私募股权母基金业务与爱马仕基金管理公司（Hermes Fund Managements）合并，之后又被亨德森集团（Henderson Group）以 781 亿英镑的价格收购。2010 年，花旗集团将其私募股权母基金业务出售给列克星敦资本（Lexington Partners）和斯捷普斯通集团（Stepstone Group）。斯捷普斯通集团同年收购了 SilverBrook，又于 2011 年收购了 Parish 资本。这种操作的例子比比皆是。收购目标并不稀缺，要么是因为它们没有达到临界规模，要么是因为它们面临困难的时期，或者两种情况都有——美国的 Access 资本就卷入了"付费参与"（pay-to-play）的丑闻。

- 管理更多资产的竞赛。瑞士合众集团的目标是有机增长（平均每年新增管理资产 40 亿瑞士法郎——尽管没有在母基金业务与其他部门之间进行区分）。

- 有些母基金管理人给大型机构投资者提供独立账户（定制产品），大型机构可以在其中找到适合其需求的项目。但是，这又会引发利益冲突方面的难题。鉴于优质基金吸引的资本通常超过其计划募集的金额（超额认购），为了最大限度地满足候选投资者的渴求，投资者的投资规模被缩减。当一家母基金管理公司有一个常规的计划，同时还必须为其他一些客户管理独立账户时，超额认购基金的认购分配就变得非常棘手了。这可能诱惑管理公司去实施那些能给其带来更好激励或更多收入的计划，从而破坏了其为基金有限合伙人的最佳利益服务的信托责任。

根据 Preqin 的数据，2011 年母基金的规模达到 160 亿美元（2010年，私募股权领域募集了 2250 亿美元，其中母基金规模为 107 亿美元）。

⊖ 这反过来有助于促进凯雷集团的上市，凯雷集团在多元化投资方面不如其竞争对手 KKR 集团和黑石集团。

自 2007 年以来，私募股权母基金的数量及其募集的资本（172 只基金募集了 581 亿美元）降至 2004 年以来的最低水平（Jacobius，2011 年）。很多母基金管理公司已经有一段时间没有募集资金了，这影响了它们的增值服务。此外，无论是《巴塞尔协议Ⅲ》，还是欧盟偿付能力监管Ⅱ号指令，都没有给母基金任何特殊待遇（母基金认为它们降低了风险，它们本可以申请特殊待遇）。

母基金的退缩对私募股权市场产生了重大影响。根据有些预测，母基金占全球私募股权总出资承诺的 15%（Jacobiuis，2011）。正如 PCG 资产管理公司总裁兼首席执行官大卫·范恩（David Fann）所说，"对于某些私募股权基金来说，消耗尤其不受欢迎，比如那些以小众投资策略来募集资本的基金"（Jacobius，2011）。根据投资欧洲的数据，欧洲的这一比例似乎已经稳定在 11% ～ 12%。

母基金发展变化的一个方面是专注于为基金投资者提供建议，从而成为纯粹的看门人，帮助他们识别有潜力的新兴管理人，并根据他们的需求，帮助他们制订投资决策和投资程序。[一]另一个方面是创造专注于特定领域的产品：[二]特定的新兴市场（越南、印度尼西亚、马来西亚、非洲国家、拉丁美洲国家）；特定的领域（清洁技术、纳米技术、新材料）或者难以评估的策略（小型 LBO，欧洲的不良债权）（Mariathasan & Steward，2011）。

母基金的第三个变化在于其创造产品方面未开发的能力，这些产品可以提高业绩（通过财务杠杆，如 Ardian 私募股权在某些母基金项目中所应用的），缩短非流动期限（要么通过构建产品，如资本动力所做的那样，要么通过向基金投资者提供退出"窗口"），或者提供一种具有更规律现金流的产品（使用债权和股权投资的组合）。

[一]　"投资者不仅需要母基金（或管理人的管理人）的服务，而且还想接受培训。我们所做的一部分工作就是培训投资者，使其发展成为直接投资者……"，Pantheon 全球业务发展负责人凯文·阿尔伯特（Kevin Albert），参见 Power（2012）。

[二]　"正如阿尔伯特所言，这意味着老的'一刀切'做法已经不再够用"（Power，2012）。

母基金业务的真正复兴与联合投资有关。由于很多基金投资者没有足够的资源进行联合投资，他们实际上将评估、选择和监控联合投资的任务委托给母基金管理人。因此，一些管理公司推出了专门进行联合投资的基金，而另一些管理公司则将其与二级市场投资（见下一节）一起纳入其母基金计划。通过联合投资，母基金管理公司向基金投资者提供一项特定的服务，同时降低他们的总体费用负担。基金投资者向母基金管理公司支付较低的管理费和业绩报酬，这相对来说比直接投资基金更昂贵。但是，他们支付的联合投资费用减少了，这比直接投资基金要便宜。因此，这种混合产品可以提供有吸引力的净业绩，并且维持低水平的风险。

4.4.2 二级市场

随着私募股权市场的慢慢成熟，私募股权二级市场出现了。与企业上市的市场不同，私募股权一级市场代表了大部分的资金流动，而构成证券交易所大部分交易量的是二级交易。私募股权二级市场活跃在不同的层面。

- 投资组合公司层面：基金管理人通常出于特定目的而持有投资组合公司的股份。在某些情况下，公司无法上市或出售给战略投资者（并购销售）。此时，其他基金管理人可以接管公司，以促进其进一步发展，这就是二级市场投资，例如二次杠杆收购。
- 基金层面：一些基金投资者，由于现金需求或需要重新平衡其投资组合，可能需要在某些私募股权基金到期前出售其所持有的份额。因此，他们将这些份额出售给二级市场买家，后者不仅可以受益于较短的基金寿命周期和较高的投资组合公司成熟度，还会因收益预期的降低而受益。根据投资组合的情况、基金管理人的素质和市场情况以及操作的时间框架，这些基金份额出售的价格可以在基金资产净值（NAV）的基础上进行溢价或折价。

■ 投资组合或单一资产的二级市场出售（"直接二级市场"）：有时候一些基金在到期时基金管理人还没有出售其全部资产，在这种情况下，他们会将剩余的资产挂牌出售。通常，这种出售为折价出售，并且可以是整个投资组合或单一投资组合公司。

随着二级市场的出现，一个完整的生态系统逐渐形成。这个相当新兴的市场发展迅速，尤其是在基金份额方面。流动性是金融领域的关键问题之一，二级市场越发达，私募股权就越成熟，相对于其他资产类别，也就会越成为一个独立的市场。有些基金投资者是重复卖家，会利用二级市场对基金投资组合进行积极的管理（见图 4-54）。

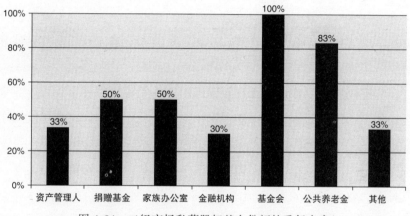

图 4-54　二级市场私募股权基金份额的重复卖家

资料来源：2012 年上半年 Cogen 资本。

随之可能出现的一个现象是，投资组合公司的价值越来越少地参考企业上市市场。由于交易在一个特定的二级市场进行，且规模日益增大，一个特定的定价参考指标可能会出现——比如房地产就是这种情况。私募二级市场与证券交易所的相关性将随着公司成熟程度和持有期的不同而不同。这种情况将有助于减少证券交易所作为资产定价主要且唯一的参考依据的影响。

根据比尔斯（Bills，2010）的分析，二级市场可以得到长期趋势的支撑，尽管事实上危机并没有带来二级市场专家所期待的机遇。不过，他援引二级市场机构 PEI Funds 的基金管理及联合创始人查尔斯·斯特森（Charles Stetson）的话说："机构投资者，尤其是全球养老基金，正处于一个历史性的十字路口。比如，美国的婴儿潮一代（美国历史上最大的人口群体）开始退休，而日本等其他发达经济体则在这条路上走得更远。养老基金将无法再从这些工人那里获得大量的资金；相反，将不得不向退休人员支付养老金。这可能会抑制它们对流动性差、收益状况不稳定的投资做出长达十年承诺的热情……当二级市场的出售开始时，很可能会引发一波退出潮，从而冲击资产出售的价值，并加剧危机。"

由于私募股权可以提供一个可能完全整合的融资链，可能很快就会绕过证券交易所。在某些特定的国家或行业，实业企业正在与私募股权投资者合作，以便利用后者的专业性。例如，东欧和中欧的移动运营商就是这种情况。

私募股权的专业化，尤其是卖方尽职调查的出现、私募股权业务中介水平的提高、基金管理人在某些业务中的专业化（不考虑在私募股权之外的分散投资）、夹层和高收益债券的发展，以及私募股权作为准主流资产类别受到更广泛的接受，都将为私募股权的特定价格参考提供可信度。

只有当这些价格被传达给不参与交易的专业人士，并使其可以获取时，这种情况才会发生。至少到目前为止，这还有待观察，二级市场业务，尤其是不良基金的份额或投资组合/单一资产的出售，仍然不在公众的视线之内。因此，私募股权的未来依赖于专业化机构组成的大型生态系统所提供的更高层次、紧密结合的中介服务，而不是去中介化。

4.4.3　担保债务凭证

随着 LBO 规模的不断扩大，银行不仅开始联合贷款，而且最终在金融市场打包出售。担保债务凭证（CDO）或担保贷款凭证（CLO）是组合了母基金和二级市场特征的财团重组贷款和债务。出于多种原因，对冲基金一直在通过这些 CDO 和 CLO 买入大型和超大型收购交易的债权。这些债权不仅比其他资产收益更高、风险更低，而且它们也更有能力处理违约情况。在某一阶段，对高收益债券（比如未评级债权）的需求如此之高，以至于它的成本下降到接近投资级债权的水平，而无视企业的财务状况在恶化。对冲基金将与 LBO 基金管理人重新谈判更为严格的条款，但不会害怕可能成为企业的所有者。

LBO 基金管理人已经感觉到了这种权力平衡的变化，为了避免与对冲基金投资人发生冲突，他们要求其贷款人在合同中纳入条款，以防止向对冲基金出售部分债权（参见 *The Economist*，2012b，介绍了 CVC 资本的九号娱乐公司在澳大利亚的例子）。

这些产品在评级之后出售给了机构投资者。当其中一些债务包违约时（比如美国的次级住房抵押贷款），CDO 和 CLO 的风险 – 收益状况就大幅恶化。随着机构投资者对这些打包产品产生厌恶情绪，市场很快失去了流动性。大型和超大型 LBO 交易面临切实的阻碍，因为它们的债务是 CDO 和 CLO 的一部分。原因之一是财务杠杆现在受到越来越多的限制，因为银行必须重建其资本基础，并审查与所发放贷款相关的风险。为了向企业放贷，新的法规也可能迫使它们保留更高的资本比例。

在金融危机之前的 2006 年，全美保险监督官协会（NAIC）宣布，混合债权（其支付优先次序排在其他债权之后，但能受益于转换期权）必须归属于股权投资。正如银行必须在资产负债表中为每笔交易保留一定的金额一样，保险公司也必须在其资产负债表中预留更多的资本，以覆盖这些工具所带来的风险。覆盖率，即每项投资所需资本的百分比，取决于这些投资的预估风险。风险越大，覆盖率就越高，以应对特定投资可能出现的问题。

NAIC 的决定树立了一个早期的榜样。对于保险公司来说，次级债权将更加昂贵，因此吸引力相对下降。这意味着次级债权的收益预期可能变得更高，因此借款人（私募股权基金）的成本将会增加。因此夹层基金通过转股权要求更高的收益，或者夹层债权利率上升。即便金融危机的影响被消化，私募股权交易的平衡也可能因此而改变。

CDO 和 CLO 就是 20 世纪 80 年代流行的为 LBO 融资的高收益债券（或"垃圾债券"）的翻版。高收益债券随着德崇银行（Drexel Burnham Lambert）的倒闭而崩溃，德崇证券曾一度发展良好，并在一定程度上统治了这个市场。基于这样的背景，德崇证券的专业人士进入其他投资银行（尤其是 2008 年销声匿迹的雷曼兄弟），继续开发这些结构化的产品。LBO 业务以及投资者（出于所提供的收益）对高收益债权及后继产品的需求，意味着这个市场不会消失（Bullock，2011）。事实上，这些产品以相当强劲的态势重新崛起了（*Financial Times*，2012a，b）。

CLO 的成功与其极低的亏损水平有关：根据 Fitch 的数据，2007～2011 年期间仅亏损 1.9%（见图 4-55）。最大的损失来自市场价格，而不是贷款的违约。

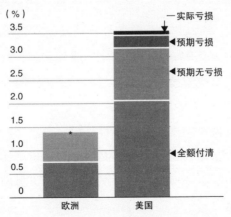

图 4-55 欧洲和美国结构化融资交易的损失（2007～2011 年）
资料来源：2012 年《金融时报》，惠誉评级公司。

为了重新崛起，CDO 和 CLO 必须遵守来自银行和保险公司非常高的资本要求。这将改变产品的均衡。产品的透明度已经提高，这意味着人们对产品的信任恢复了。特别是，要求产品开发者（银行必须提高产品持有

份额）和评级机构（必须考虑法律和来自监管机构及客户的期望）承担更
大的责任。

4.4.4 异类资产

有些资产不属于私募股权资产类别，因为它们不符合引言中所概述的
定义，而是属于"替代选择"（Blessing，2011）。艺术品和酒呢？尽管有
些基金已经涉足这些领域，但还得运用同样的标准，即跟随创业者。致力
于艺术品投资的基金，尽管其结构设计得像私募股权基金，但它们并不属
于这一领域。这项投资活动不涉及创业者的投入，投资者和市场参与者之
间也没有分离。而艺术产业基金则不同，它关注那些由创业者掌控、专属
于艺术品价值链上的公司。

4.5 结论

私募市场可以被描述为与一个上市市场共生的金融生态系统。尽管私
募市场能够在公司的任何发展阶段为其提供融资，但它并不是每家公司或
每项资产都必须拥有的。

4.5.1 私募市场是为特定需求设计的融资方案

私募市场并不是所有创业公司的发起、发展或重组都必需的。大多数
正在创建的公司不需要创业投资基金的帮助。专业资本注入是为了支持雄
心勃勃的创业项目，这些项目呈现出（可衡量的）风险和收益机会，有特
定的需求，并且无法通过其他方式融资。

4.5.2 创业投资和成长资本

因此，很多在 1997 ~ 2000 年创业投资繁荣时期获得融资的初创公
司，并非真正需要专业资本的注入，此后不正常的失败率以及仍留在基
金投资组合内的公司数量都证明了这一点。私募股权在以下情况下是有用

的：为巨额投资项目融资；节省特定产品或服务发展所需的时间；满足没有被现有参与者解决的市场迫切需求，而这种需求不是现有参与者所能满足的；为已被证明成功的产品或服务概念提供运营资本。

4.5.3 杠杆收购

同样，并非所有正在经历所有权转移的公司都需要 LBO，这在所有者经理人退休或继承的情况下尤其明显。要成为所有权转让的目标公司，必须承担收购债务的沉重负担。当未来的买家没有股权或技能不足时，LBO 能够满足需求。在很多情况下，可以考虑逐步支付收购款项，尤其是因为出售通常伴随着当前所有者与经理人的脱离；还有可能采取没有发起人的 LBO 交易（即没有任何 LBO 基金的参与）。

私募股权投资者的偏好有局限性吗？是局限于特定的资产类别吗？私募股权会以"亲自上手"的模式向类似上市公司采取的传统"非参与型"投资方式发展吗？为了回答这些问题，我们将考察私募股权的动态，特别是创业者与私募股权投资者之间关系的核心领域（见第 5 章）。

私募股权和就业

尽管创业投资和成长资本必然是就业的净创造者，但 LBO 有时被指责破坏就业（Applebaum & Batt，2014）。这个问题是否仍然经常引发讨论，⊖一位银行副总裁的分析表明事实并非如此。根据图 4-56，将控制权从家族企业转移到机构企业（通过 LBO）实际上是在创造就业。该公司必须创造就业机会，准备好作为一个自主和自力更生的实体出售给下一个所有者（LBO 基金只是一个过渡所有者）。次级 LBO 也会创造价值，远非纯粹的财务投资，也不仅仅是利用财务杠杆。原因是，当 LBO 基金收购

⊖ 一项来自美国私募股权委员会的研究表明，在 2002 ～ 2005 年间，参与杠杆收购的公司的净就业情况已经显示出了 8.4% 的增长。总的来说，参与杠杆收购的公司增加了 13.3% 的工作岗位，相比之下，美国经济增长了 5.5%。制造业的对应数字分别为 1.4% 和 7.7%。

一家公司时,它们需要创造价值,以更高的价格将其出售给下一个所有者(除非假设下一个买家必然会支付过高的价格收购 LBO 基金的投资组合公司,否则很难证明是合理的)。

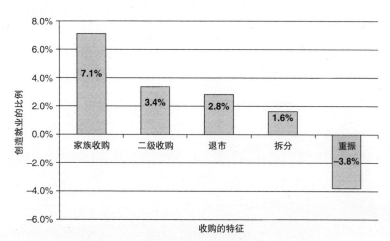

图 4-56 私募股权业务类型对净就业的影响

资料来源:2008 年 VP Bank,Thomson Datastream。

有趣的是,退市并不意味着工作岗位的减少,而是招聘的增加。其原因可能多种多样,但可能与为完成某个特定项目(收购、推出新产品、国际化等)而退市的公司需要注入一定的活力有关。在企业拆分的情况下,招聘增加较为温和,但仍然意义重大。这是因为新独立的公司必须招聘人员来支持以前与母公司共享的职能。

重振资本的情况可能会引起批评。对这一策略本身及其对特定经济状况的影响而言,就业的减少可能是一个大问题。但是,不用担心,因为另一种选择多半不会是"纯粹和简单的公司清算,公司所有工作岗位不复存在",正如生产 Twinkies 和 Wonder 面包(这些品牌将继续存在;Chernev,2012)○的 Hostess Brands 案例的失败重振所展示的那样(Primack,2012b)。○重振资本投资者的参与有助于公司的重组,虽然在

○ http://www.businessweek.com/articles/2012-12-06/how-much-is-a-twinkie-worth.

○ http://nance.fortune.cnn.com/2012/11/16/dont-worry-twinkies-will-survive/.

此过程中减少了一些工作岗位，但也保留了另一些岗位。随后，一旦公司找到了新的成长道路，就会再次招聘。净就业情况可能是负面的，但这种情形无疑比失去所有岗位要好。

这些数字必须与战略投资者收购的情况进行比较，因为招聘的进展可能会更加有限（尤其是由于母公司与子公司之间的协同作用）。

了解市场动态（以及统计数据）

关于私募股权市场的动态，法国提供了一个有趣的视角（见表 4-8）。就规模而言，这是欧洲第二大私募股权市场，仅次于英国（迄今为止，英国事实上已成为泛欧投资者的平台和资本净输出国，尽管随着英国退出欧盟，这种情况可能会发生变化）。其市场结构相当完善，为私募股权行业的动态展示了一个清晰的画面。

表 4-8 显示了基金募集金额，这些资金将在募集完成后的 5 年内进行投资；投资金额，体现了特定年份的投资；退出变现金额，即退出前几年进行的投资而完成的变现。这三个数字是相关的：募资的持续下降会耗尽未来几年的融资。相反，持续的低变现水平虽然实际上增加了投资组合的规模，但没有给投资者足够收益，以参与下一个私募股权周期。

表 4-8 法国私募股权投资的发展 （单位：百万欧元）

	2008年	2009年	2010年	2011年	2012年	2013年	2014年	2015年	2016年	2017年	2018年
投资	10 009	4 100	6 598	9 738	6 072	6 482	8 727	10 749	12 395	14 278	14 711
种子投资/创业投资	758	587	605	597	443	642	626	758	874	1 224	1 619
成长资本	1 653	1 789	2 310	2 940	1 946	1 827	2 608	3 852	3 853	3 154	3 454
杠杆收购	7 399	2 782	3 967	6 288	3 454	5 681	9 348	6 518	8 961	9 628	9 822
退出变现	3 164	2 782	3 967	6 288	3 454	5 681	9 348	6 518	8 961	9 628	9 822
基金募集	12 730	3 672	5 043	6 456	5 008	8 152	10 117	9 712	14 691	16 538	18 693

资料来源：2009 年 France Invest。

如表 4-8 所示，创业投资每年的投资额约为 4 亿～8 亿欧元，但 2017 年和 2018 年却是例外。这些超高的数据与 20 世纪 90 年代末的创业投资热潮如出一辙。成长资本在 10 年的时间里，其投资金额翻了一番。这是公众对经济增长和就业的投资策略大力支持的结果。由于投资金额的起步水平较低，而且似乎赶上了经济潜力（据称高于创业投资，因为初创公司比成长型公司平均需要的资金更少），这看起来是一条可持续的增长之路。杠杆收购领域的波动性要大得多，因为它主要取决于收购机会和负担得起的收购债务。至于表 4-8 中杠杆收购的数据，它们是累计投资于股权的金额（不包括债权）。

因此，将私募股权视为一种资金流，而不是资本存量，这一点很重要。如果每年募集的资金总额低于投资总额，这可以被解释为未来缺乏股权，或者可以解释为在过去大规模资本流入后对该领域的自然监管。图 4-57 对表 4-8 中给出的数字进行了图形展示，同时将这个问题留给读者去思考。

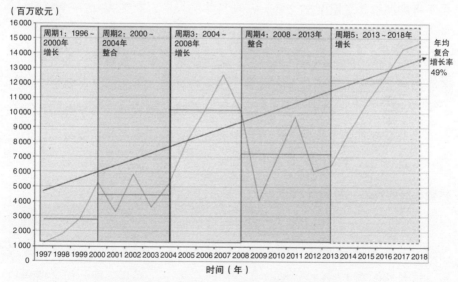

图 4-57　1997 ～ 2018 年法国投资的发展

资料来源：France Invest, PWC, Grant Thornton。

同样，很大体量的投资金额可能与收购时投资组合公司的估值有关。这将意味着，为了创造业绩，将来可能很难对这些投资进行管理。这也可能意味着市场的变化，以及在监管变化或企业退出的情况下进一步发展业务。

图 4-57 显示了在 2000 年有一个明显转折点，标志着投资增长周期的结束，当时每年投资额约为 50 亿欧元。行业企稳和整合出现在 2000～2004 年之间（周期 2），之后在 2004～2008 年期间（周期 3）投资额明显增加。此周期的顶峰在 2007 年，所以这个周期也可以被描述为 2004～2007 年周期。我们之所以将 2008 年包括在内，是因为 2007 年谈判达成的一些交易实际上是在 2008 年成交的，并在当年进行了会计处理。投资金额的一个大幅下降，使得 2009 年回落至 2000～2004 年的水平。2008～2013 年的稳定和整合是显而易见的（周期 4），并为交易设定了新的基础。希腊主权债务准违约引发欧洲危机之后，一个新的周期于 2013 年开始（周期 5），当时预计将持续到 2018 年或 2019 年。总的来说，如果不考虑超过 1 亿欧元的交易，市场每年的投资金额在 40 亿～60 亿欧元之间。

如果不提及融资缺口，这份简短的市场分析是不完整的。事实上，法国专门从事企业重振的资金非常少。创业投资只为一小部分需要资金的公司提供资金。在这方面，除了生命科学和信息技术领域，很少有公司能够获得私募股权基金来支持它们的诞生和发展。鉴于监管和税收激励方面的考虑，这种情况今后可能会发生变化。

私募市场的发展：新商业银行

某些 LBO 基金管理公司的多元化可能显得不同寻常。毕竟，如前文所述，基金越来越专注于特定的私募股权业务。通用基金模式将创业投资、成长资本和 LBO 投资结合在一种产品之中，基金管理公司之所以放弃这种基金模式，是因为它们缺乏适当的专业知识来正确针对这些不同的业务。

大型收购参与者为何要向不良债权、房地产、对冲基金、并购、咨询等领域多元化发展？一个显而易见的答案是，投资银行的技能和特大／大型收购投资的技能基本相同。这些机构中专业人员的背景和经验证实了这一点。随着大型收购参与者开始瞄准规模更大、更复杂的企业，它们开始发展自己的内部能力。因此，它们开始在市场上提供这种能力。

另一个答案是，基金管理公司在幕后已经发生了相当大的变化。它们从一小群依靠首席财务官和后台员工支持的投资专业人士，已经发展到可以整合法律能力、协调多只基金并管理基金管理公司结构、具备投资者关系能力以及其他中台和后台职能。最领先的基金管理公司为其投资组合公司提供服务，从招聘、采购到运营建议。

基金投资者在报告和尽职调查文件方面的信息需求日益增长，促进了基金管理公司的发展。基金管理公司还必须在法律或投资者的压力下，将一些风险管理功能整合到它们的业务之中。例如，法国规定，每家基金管理公司都由一定数量的专业人士组成（其中包括一位负责债务管理的专业人员），并处置一定数量的资本，以证明投资者的财务稳健。投资者对详细的季度和年度报告的要求日益增加，以便能够评估基金管理人的工作和投资组合的情况。随之而来的是对中层和后台专业人员的需求增加了，这反过来又需要更高的收入水平。

欧洲的另类投资基金管理人指令和美国的海外账户纳税法案（FATCA）的出现带来了显著的变化。基金管理人们理所当然地认为，多重监管（《巴塞尔协议Ⅲ》、欧盟偿付能力监管Ⅱ号指令、另类投资基金管理人指令、沃尔克规则、《多德－弗兰克法案》）已经耗尽了私募股权的一些历史融资来源，进而耗尽了私有公司的资源。另类投资基金管理人指令或《多德－弗兰克法案》的影响尚不完全清楚，但由于成本的原因，它们导致新基金管理公司和新策略的出现持续放缓（见表4-9），以及通过创新或利用漏洞规避监管的诱惑增大。后者可能会让我们想起过去垃圾债券和证券化发生的事情，即滥用有趣的创新来规避立法过度，从而引发了另一场危机。

表 4-9　新法规增加的成本汇总（按基点计）

	杠杆收购	创业投资
适应成本		
授权成本	8.25	8.25
搬迁	19.7	19.7
法律架构	14.1	14.1
适应总成本（基点）	33.8	23.2
适应总成本（百万欧元）	45	451
年度成本		
与投资组合公司沟通	2.9	3.7
授权	0.2	0.2
评估	4.3	9.2
资本	1.5	1.9
保管	5	10
年度总成本（基点）	13.8	24.8
年度总成本（百万欧元）	248	33

资料来源：2009 年 10 月 Charles Rivers Associates。

　　因此，创建基金管理公司和管理第三方基金所需达到的最低门槛已经提高。这可能会减少每年进入市场的新兴管理公司的数量，为私募股权行业服务不足的领域融资的能力也会因而降低。这只会给已建立的团队提供一个不恰当的优势，尽管这些团队可能没有业绩，但它们很久以前就启动了。它们之所以能够留在市场上，仅仅是因为基金投资者无法将其资本完全配置到这个资产类别上，也因为他们中的大多数人不具备评估新兴基金管理公司的技能。

参考文献

图书及手册

Applebaum, E. and Batt, R. (2014) *Private Equity at Work* (Russell Sage Foundation, New York), 381 pp.

Blessing, S. (2011) *Alternative Alternatives* (Wiley, Chichester), 242 pp.

Davydenko, S. and Franks, J. (2006) *Do Bankruptcy Codes Matter? A Study of Defaults in France, Germany and the UK* (University of Toronto/London Business School), 45 pp.

Demaria, C. (2006, 2008, 2010, 2012, 2015, 2018) *Introduction au Private Equity* (RB Editions, Paris), 1st, 2nd, 3rd, 4th, 5th, 6th edns, 128 pp.

Kocis, J., Bachman, J., Long, A. and Nickels, C. (2009) *Inside Private Equity, The Professional's Handbook* (Wiley, Hoboken, NJ), 262 pp.

Lerner, J. (2009) *Boulevard of Broken Dreams, Why Public Efforts to Boost Entrepreneurship and Venture Capital Have Failed and What to Do about It* (Princeton University Press, Princeton, NJ), 229 pp.

报纸及新闻媒体

Arrington, M., 'The USD 4 million line', *TechCrunch*, 5 October 2010.

Bills, S., 'Do secondary sales signal a coming crisis?', *PEHub Wire*, 16 December 2010.

Bilton, N., 'Disruptions: with no revenue, an illusion of value', Bits, *New York Times*, 29 April 2012.

Bloch, M., Kolodny, J. and Maor, D., 'Israel, an innovation gem, in Europe's backyard', *Financial Times*, 13 September 2012.

Bradshaw, T., 'Entrepreneurs urged to shoot for the sky', *Financial Times*, 5 March 2012.

Braithwaite, T. and Demos, T., 'Geithner holds talks on dearth of small IPOs', *Financial Times*, 13 March 2011.

Bullock, N., 'Risky loans stage comeback', *Financial Times*, 13 March 2011.

Burne, K., '"Covenant-Lite" deals returning to U.S. loan market, data show', *The Wall Street Journal*, 23 April 2012.

Caroll, A., 'Faltering funds of funds', *RealDeals*, 2 May 2012.

Cauchi, M., 'Banks take more active role', *The Wall Street Journal*, 6 July 2009.

Chernev, A., 'How much is a Twinkie worth?', *Bloomberg Businessweek*, 6 December 2012.

Davidoff, S., 'The private equity wizardry behind Realogy's comeback', DealBook, *New York Times*, 9 October 2012a.

Davidoff, S., 'The risks of tapping your retirement fund for an alternative use', DealBook, *New York Times*, 30 October 2012b.

Demaria, C., 'Is the enemy, in fact, us?', *PEHub*, 7 December 2012.

Dembosky, A., 'Facebook to be keenly missed by private markets', *Financial Times*, 6 February 2012.

Demos, T., 'Dark pool launches private share market', *Financial Times*, 17 October 2011.

Demos, T., 'Venture capital – another breeding ground for private equity', Deal Journal, *The Wall Street Journal*, 18 October 2012.

Demos, T. and Lauricella, T., 'Yield-starved investors snap up riskier MLPs', *The Wall Street Journal*, 16 September 2012.

Financial Times, 'Distressed debt funds eye troubled groups', 15 December 2011a.

Financial Times, 'Lex: Social networks', 14 February 2011b.

Financial Times, 'Lex: Securitisation: second infancy', 2 January 2012a.

Financial Times, 'Lex: CLOs – the comeback year', 28 December 2012b.

Freeman J., 'Is Silicon Valley a systemic risk?', *The Wall Street Journal*, 8 April 2009.

Gage, D., 'The venture capital secret: 3 out of 4 start-ups fail', Small Business, *The Wall Street Journal*, 19 September 2012.

Gelles, D., 'Opening doors on private companies', *Financial Times*, 29 December 2010.

Gladwell, M., 'Creation myth', Annals of Business, *The New Yorker*, 16 May 2011.

Greenburg, H., 'Worst CEO award goes to Sears' Lampert', *MarketWatch*, 6 December 2007.

Haemmig, M. and Mawson, J., 'Corporations, the new conductors for entrepreneurs', *Global Corporate Venturing*, January 2012, 5 pp.

Jacobius, A., 'PE fund of funds fading due to changes in investor tastes', *Pensions & Investments*, 7 February 2011.

Jeffries, A., 'Jellyfish tanks, funded 54 times over Kickstarter, turn out to be jellyfish death traps', *Caveat Backer*, Betabeat.com, 15 March 2012.

Karbasfrooshan, A., 'Why bootstrapping is just as over-rated as raising venture capital', *TechCrunch*, 7 January 2012.

Knowledge@Wharton, 'Mid-life crisis? Venture capital acts its age', 21 July 2010.

Lattman, P., 'Private Goldman exchange officially closes for business', DealBook, *New York Times*, 12 April 2012.

Linley, M., 'SharesPost settles with SEC, gets a slap on the wrist', *Business Insider*, 14 March 2012.

Mariathasan, J., 'Private equity: keep a clear head', *Investments & Pensions Europe*, 1 May 2011.

Mariathasan, J. and Steward, M., 'Private equity: What are funds of funds for?', *Investment & Pensions Europe*, 1 May 2011.

Meek, V., 'Funds of funds on trial', *RealDeals*, 16 May 2012.

Milne, R., 'Chapter 11 might have lent wings to SAS', Inside Business, *Financial Times*, 22 November 2012.

Needleman, S., 'Rise in start-ups draws doubters', *The Wall Street Journal*, 15 February 2012.

Patricof, A., 'Another view: VC investing not dead, just different', DealBook, *New York Times*, 9 February 2009.

Pfanner, E., 'Europe aims to encourage young to be entrepreneurs', *New York Times*, 19 September 2012.

Power, H., 'Is bigger better?', *Private Equity International*, March 2012.

Primack, D., 'Random ramblings', The Term Sheet, *Fortune*, 2 March 2011.

Primack, D., 'Breaking down broken venture capital', The Term Sheet, *Fortune*, 11 May 2012a.

Primack, D., 'Don't worry, Twinkies will survive', The Term Sheet, *Fortune*, 16 November 2012b.

Rappaport, L. and Eaglesham, J., 'Private-share trade is probed', Technology, *The Wall Street Journal*, 23 February 2011.

Reuters, 'Internet boom 2.0 is here, starts to look bubbly', *New York Times*, 8 May 2011.

Schonfeld, E., 'The lean finance model of venture capital', *TechCrunch*, 4 December 2011.

Schonfeld, E., 'The SEC's crowdfunding conundrum', *TechCrunch*, 5 September 2012.

Schwartz, B., 'Economics made easy: think friction', *New York Times*, 16 February 2012.

Scott, B., 'Private equity defends pre-packs', *RealDeals*, 30 January 2012.

Surowiecki, J., 'Innovative consumption', The Financial Page, *The New Yorker*, **16** May 2011, p. 42.

Tett, G., 'Private equity raises "covenant-lite" loans', *Financial Times*, 20 March 2007.

The Economist, 'Special report on entrepreneurship', 14 March 2009.

The Economist, 'Another bubble?', 18 December 2010.

The Economist, 'Another digital gold rush', 14 May 2011.

The Economist, 'The lure of Chilecon Valley', 13 October 2012a.

The Economist, 'CVC's Australian loss – an isolated carcass', 20 October 2012b.

The Economist, 'Something in the air', 27 October 2012c.

The Founding Member, 'VC Open Letters: the year of the start-up default', TheFunded.com, 10 March 2011.

Toll, D., 'Returns Scorecard: 10 top funds of funds', *PE Hub*, 11 January 2012.

Wadhwa, V., 'When it comes to tech entrepreneurs and their successes, legends abound', Boston.com, 2 August 2011.

Waters, R., 'Dotcom boom's shower of gold passes Wall Street by', *Financial Times*, 1 December 2010.

White, S., 'Vulture funds smell blood from Spanish bank woes', *Business & Financial News*,

Reuters, 5 June 2012.

Wilson, E., 'How to make a region innovative', *Strategy + Business*, Spring 2012, *Issue 66*, 28 February 2012.

论文及研究报告

Acharya, V., Hahn, M. and Kehoe, C. (2010) 'Corporate governance and value creation: evidence from private equity', Working Paper, New York University, 2010.

Achleitner, A. K. (2009) 'Value creation in private equity', Centre for Entrepreneurial and Financial Studies – Capital Dynamics, **2009**.

Bank for International Settlements (2008) Committee on the Global Financial System, 'Private equity and leveraged finance markets', CGFS Papers no. 30, 46 pp.

Bielesch, F., Brigl, M., Khanna, D. *et al.* (2012) 'Corporate venture capital – avoid the risk, miss the rewards', *BCG.Perspectives, The Boston Consulting Group*, 31 October 2012, 12 pp.

Brigl, M., Prats, J. M., Herrera, A. *et al.* (2008) 'The advantage of persistence – how the best private-equity firms "beat the fade"', The Boston Consulting Group and IESE Business School, 191 pp.

Brigl, M., Nowotnik, P., Pelisari, K. *et al.* (2012) 'The 2012 private equity report – engaging for growth', The Boston Consulting Group, January 2012, 26 pp.

CB Insights (2019) 'The 2018 Global CVC Report', 51 pp.

Cox, D. and Hanson, B. (2018) 'Welcome to the private debt show', Private Equity Analyst Note, PitchBook, Q1, p. 7.

Darcy, J., Kreamer-Eis, H., Debande, O. and Guellec, D. (2009) 'Financing technology transfer', Working Paper 2009/002, European Investment Fund, 32 pp.

Devine, A. (2015) 'He who dares', *Private Debt Investor*, June, pp. 16–20.

EVCA (2002) 'Survey of the economic and social impact of venture capital in Europe', Research Paper, 28 pp.

EVCA (2009) 'Annual survey of pan-European private equity and venture capital activity', in *EVCA Yearbook* (EVCA, Brussels), 624 pp.

EVCA (2010) 'Closing gaps and moving up a gear: The next stage of venture capital evolution in Europe', Venture Capital White Paper, 24 pp.

Guo, S., Hotchkiss, E. and Song, W. (2008) 'Do buyouts (still) create value?', Boston College, University of Cincinnati, 59 pp.

Kelly, R. (2011) 'The performance and prospects of European venture capital', Working Paper 2011/09, The European Investment Fund, 22 pp.

Kerr, W., Lerner, J. and Schoar, A. (2011) 'The consequences of entrepreneurial finance: evidence from angel financings', SSRN, NBER WP 15831, HBS WP 10-086, *Review of Financial Studies*, 27, pp. 20–55.

Monitor Group (2010) 'Paths to prosperity', 88 pp.

Mulcahy, D., Weeks, B. and Bradley, H. (2012) 'We have met the enemy . . . and he is us', Ewing Marion Kauffman Foundation, 52 pp.

PEI Media (2010) 'Inside the limited partner', 237 pp.

Quiry, P. and Le Fur, Y. (2010) 'Création et partage de valeurs dans les LBO', *La Lettre Vernimmen no. 84*, February 2010.

Weisser, M. and Germano, L. (2006) 'Going . . . going . . . going . . . gone private', Private Equity Alert, Weil, Gotshal & Manges, August 2006, 4 pp.

| 第 5 章 |

投资流程

关乎信任和互惠

无论是哪种类型的私募市场业务，投资机会的分析都遵循着一条相当标准化的路径：循序渐进地对公司（或资产）及其发展前景进行公平、完整的描述。在私募股权及私募债权的投资中，这个漫长的流程（从 3 个月到 18 个月不等，取决于项目的复杂程度及其利害关系）还需要投资者与创业者之间建立相互信任。[○]这种信任关系是随着双方相同的工作方法、高效率的沟通交流以及相互的尊重而逐渐建立起来的。尽管并非所有投资项目都能达到这种理想状态，但私募市场的巨大成功是投资者和创业者之间积极合作的结果。

初步分析（见第 5.1 节）在很大程度上取决于将投资机会推荐给基金管理人的方式。根据不同的情况，以及与介绍投资机会的最终中介相关的信任度，此初步分析的详尽程度可能有所差异。然后，详细的分析、对公司的估值和对其发展前景的评估（见第 5.2 节）将有助于确定这项投资的潜在收益。在此阶段，可以得出风险和收益的初步评估，从而过滤掉一些机会。谈判（见第 5.3 节）的目标是在卖方、买方和企业管理层（管理层

○ 对于私募实物资产投资，与项目经理或经营者的关系也很重要。有时，投资者和资产经营者是同一结构。在这种情况下，重点在于准确了解资产的情况和状态。

有时也可以是卖方或买方）之间建立某种平衡。这不仅仅是价格谈判时的权力抗衡，还涉及时间、付款方式以及在新的所有者控制下企业未来的发展等一系列相关谈判事项。

一旦完成公司的估值并达成一致，交易结构的设计（见第 5.4 节）就需要买卖双方认真确定交易的条款和操作流程。同时，对公司的所有文件进行系统性核查（见第 5.5 节），以确保风险得到充分的评估，没有遗漏任何东西。根据核查的结果，可能会对交易结构做一些调整，然后最终完成交易（见第 5.6 节）。

这一流程（见图 5-1）主要存在于杠杆收购领域，因为创业投资和成长资本投资在金融工程方面的技术含量相对较低（Kedrosky & Stangler，2011）。但是，在创业投资中，初步分析和估值可能需要更多时间，因为技术风险和财务预测相对难以评估。另外，法律和社会影响对重振资本投资的重要性超过在创业投资或杠杆收购投资中的重要性。因此，有必要让以下操作步骤适应对应的投资模式。

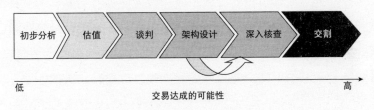

图 5-1　私募股权投资从第一次接触到达成交易的步骤

私募债权和私募实物资产策略遵循类似的过程，只是有些许调整。在直接贷款的情况下，谈判的内容不是公司的估值和治理权，而是关于贷款的条款及其监控。至于不良债权投资，其流程是由《破产法》推动的。尽管破产公司债权的潜在买家最终会执行与其他私募股权和私募债权策略类似的策略，但操作流程和不同步骤的次序受到法律程序的制约。至于私募实物资产的评估，往往更多是由独立专家对资产的业务评估所驱动，而非与管理层建立信任关系。总之，以下步骤大体上很好地描述了私募市场投资的流程。

5.1 第一步：初步分析

投资者的成功，在很大程度上取决于其找到合适投资机会的能力。初步分析旨在建立公司的管理团队与基金管理公司的投资团队之间的信任关系。在这个阶段，双方交流的信息的性质差别很大。根据注册所在地不同，公司的信息公开程度差异很大。此外，一些管理团队会比其他团队在信息保护方面更严谨。对于投资团队来说，这需要很多的工作会议、演示、信息交流和对公司情况的分析。根据投资机会的性质，可以组织一次或多次的公司拜访。

投资团队应该遵循其所属专业协会制定的职业（或至少是合规性）指导规范，早期阶段的保密工作尤其重要。双方应该尽早签署保密协议，因为投资团队可能需要一些敏感信息。投资团队收集的任何信息都应该仅用于对投资机会的分析。

这些投资机会通常由投资者逐步建立的人脉推荐而来，人脉资源不仅包括该投资者曾经投资过的创业者，还包括其他投资者、会计师、律师等。这些人脉资源有助于基金管理人通过其专有的社会资源获得项目源。根据投资机会来源的不同，初步分析的流程可以很快，也可能要花更多的时间。

投资机会的另一个来源是由公司（杠杆收购时）或资产（私募实物资产）的卖方组织的拍卖活动。⊖在这些情况下，卖方委托中介机构（比如一家公司金融专业机构或一家投资银行）来运作这个竞争过程。该中介机构会联系潜在的买家，在对方签署保密协议之后（见上文）发送一套预先打包的资料（标的公司尽职调查）。

在创业投资和成长资本投资中，此竞争过程由公司的管理层组织。潜在投资者之间的相互竞争不仅在于投资条款，还包括各自能为公司创造的

⊖ 对于不良债权，竞争流程由破产法庭来高效执行。

价值。公司的管理层代表当前的投资者，并以他们的名义与潜在投资者进行谈判。

总的来说，投资团队会核查投资机会的基本面。这是一个筛选过程，大多数投资机会会被拒绝，少数有资格进入下一步的分析。在投资流程的这一阶段，基金承担的成本有限或可以忽略不计。投资机会一旦通过筛选，投资团队在详细分析中就会消耗大量资源。因此，筛选工作是严格和系统的。任何通过这一阶段但没有完成实际投资的机会都会产生成本（放弃交易的成本），这些成本必须从其他投资的业绩中收回。基金管理人的激励机制决定他们会尽可能避免这种情况的发生。

投资团队会起草第一份备忘录，这是投资团队评估的结果，有助于基金管理公司的不同成员确定对投资机会进行深入分析是否有意义。

5.2 第二步：初始估值

估值流程让团队确定价格的范围，即公司收购价格的下限和上限。这个范围由投资者在评估公司内在价值时确定，通常是通过与其他公司进行比较，特别是那些已上市并披露了重要信息的公司。估值流程是应用《国际私募股权和创业投资估值指南》（IPEV）所定义的多种方法（见第 3 章）。第一种方法是利用该行业的上市可比公司和最新交易，进行投资乘数分析。这种方法使用公司的利润表和发展预测，可能是私募股权领域最常用的方法。公司财务手册提供了基础知识，其中最全面的资源⊖由阿斯瓦斯·达莫达兰（Aswath Damodaran）提供，特别是，他提供了每个行业最新的估值乘数，以及根据公司所在国家及其他因素对乘数进行调整的指标。

第二种方法是对公司的现金流进行预测，并将公司的价值评估为其未来现金流（贴现现金流）的总和。这种方法基于公司的现金流量表和发展预测，并确定公司未来几年的现金流、贴现率以及公司现实且令人满意的

⊖ http://pages.stern.nyu.edu/~adamodar/New_Home_Page/equity.html.

增长率。因此，这种发展预测的建模比较困难，因为计算公式中所需的贴现率和永续增长率必须从某个地方获取。如果对上市可比公司的分析可以再次使用，就必须调整比率，这就留下了大量的解释空间，以及与卖家讨价还价的可能性。但是，这种方法提供了一个最终价值，可以与进入价格进行比较。它还有助于对投资项目未能按预期路径发展的情形进行建模，从而设计出预防措施，对不利情形有所准备。

第三种方法是对公司资产进行估值，并确定其重置成本。这种方法需要使用公司的资产负债表。它帮助投资者识别隐藏的价值（例如，已完全摊销但具有显著市场价值的不动产）或成本（例如，过时且未完全摊销但必须升级替换的机器）。

评估持续亏损的初创公司和破产公司可能很困难。对于初创公司，还没有真正的经营业绩，很难做出发展预测。透明度至关重要，投资者希望仔细评估管理层的执行能力及其对市场的了解。背景调查也很重要，这有助于投资者理解管理层将如何兑现预期，但它并没有为估值提供支持。大多数潜在投资者会将两种方法结合起来。首先，他们将着眼于 5 ～ 7 年内最有可能的退出场景。他们将依据上述乘数估值方法，对那个时点的公司进行估值，并对一系列不确定性和时间因素进行折现，这就是退出时的估值。其次，他们将这一估值与公司当前投资者要求的估值进行比较，并考虑公司未来的资金需求（从而稀释他们可能持有的公司股份）。公司融资时当前投资者预期的估值与公司退出时的预期估值（完全稀释）之间的差异就是潜在投资者的业绩。这应该符合（最坏的情况下）或超过向基金投资者承诺的预期投资收益倍数。

第四种方法用于评估非常早期的初创公司，为了降低投资风险，给公司一个任意的估值，向新投资者释放大额的股份（30% 或以上），并专注于公司的治理权。双方签署的股东协议以及初创公司发行的优先股中所包含的各项权利变得更加重要。其中，最重要的权利是清算权，它规定了股东退出的时间和优先次序，以及特定类别股东的最低收益保证。其他权利可能包括一项反稀释条款，以防止当前股东的股份在公司未来几轮融资被发行的新股所稀释，从而转移普通股东的责任。

这些都是相当脆弱的风险控制机制，因为股东协议只在当前的投资者与股东之间有效。在即将到来的新一轮融资中，任何新的投资者都可能希望修改这份文件。公司当前的投资者要么拒绝，因而将不得不独自支持公司的发展（或者再去找新的投资者），要么他们将不得不接受新的条款。如果潜在投资者对初创公司非常满意，并且公司在下一轮融资之前实现或超过其目标，那么精心起草并反映双方在投资时权力平衡关系的股东协议将会继续下去。

就破产企业而言，累积的亏损是一种必须估价的资产，因为在这些亏损得到充分补偿之前，它们实际上是公司未来利润的一种税盾。对公司的估值，还需要额外的步骤来量化公司的资本需求、重组成本、业务恢复及实现利润所需的时间。

初步估值区间有助于评估经筛选后（见上一节），投资者与卖方的预期之间是否足够接近。如果双方的期望差距太大，可能很难通过谈判来调和。估值区间还有助于执行拍卖的中介确定谁可以参加限制性拍卖，或者给予主要竞标者一段特定的排他期。在排他期内，买方和卖方直接交流，其他竞争者被排除在外。

挑选潜在买家不仅仅是选择最高出价的问题。当涉及按时完成专业尽职调查、搭建交易架构（特别是涉及债权架构时）以及最终执行成功交易的能力时，买家的声誉也很重要。卖家可能会小心翼翼地出售一家公司或一项资产，以免日后它的声誉因拙劣的收购而受损。除了买家的声誉之外，交易条款也很重要，尤其是在公司治理和支付条款方面（分期付款、现金和股票组合或其他）。

用这种粗略的方法计算估值区间，有助于潜在买家确定退出时的利润。事实上，买方通常会根据具体情况重新计算公司的预测数据。买方打算执行一个具体的计划来为公司创造价值。如果这个计划能成功，公司的价值就会增加。买方计算公司退出时的估值，并比较当前进场时的估值与退出时的潜在估值。两者之间的差异就是业绩。不确定性及对应风险的水平，决定了能否产生有回报的业绩。公司越年轻，不确定的因素就越多，估值工作就越复杂。有时，买方会给不同场景下的结果分配不同的概率。这个概率树形图的计算结果将有助于确定潜在的估值。

退出（或流动性）方案至关重要。成功的退出，大多数是以并购出售的形式，其次是将股权转售给其他投资者，比例最低的是 IPO（见第 4章）。亏损退出或清算也是潜在买家必须面对的一种可能性——这是最坏情形的分析。这种结果可能是不利的宏观经济环境或行业环境所致，也可能是糟糕的发展规划或不适当的运营管理的结果。买方必须调查这些情况并予以避免。

一旦投资框架建立，就进入了谈判阶段。为了达成初步协议，买方会出具一份投资意向书（杠杆收购的情况下）或初步条款清单（创业投资或成长资本投资的情况下）。这份文件会描述交易的目的、对象、估值和一些最重要的条款。这些都是相当常规的条款，随着尽职调查的进行，可能会进行更彻底的分析及重大调整。

5.3 第三步：尽职调查和谈判

一旦就公司或资产的决定性特征、价格范围和主要的治理机制达成基本一致，买方就可以认真开展全面的尽职调查工作。在这个阶段，买卖双方的关系是排他性的。潜在的买家将系统地分析和核查业务和交易的各个方面。随着此流程的进展，谈判会提出尽职调查所发现的内容以及对交易条款的影响（也就是说，估值和治理）。尽职调查的目的是将估值区间缩小为一个具体的数字，以准确反映公司或资产的实际情况。

因此，尽职调查和谈判是投资流程中最耗费资源也可能是最重要的一步。执行尽职调查通常需要几个月的时间。管理团队、投资团队和卖方将积极减少不确定性因素，尽可能提高对公司的认知水平。最终价格是根据尽职调查确认或揭示的信息而建立的。

管理团队在谈判流程中起着重要的作用，尤其在它们并非公司主要股东的情况下。就创业投资和成长资本投资来说，公司管理团队与股东通常有一部分人员重叠。杠杆收购的情况可能会有所不同。在大多数情况下，管理团队不仅要维护公司作为法人实体的利益，还要协助卖方和买方达成协议。公司管理层还负责向卖方传递信息，以帮助其履行尽职调查职责。在此阶段，公司管理层的责任很重要，因为任何重大信息错误都可能对公司的出售价格产生重大影响。

通过大量的信息交流，一旦买卖双方达成共同愿景，在确定公司最终价格及达成协议初稿之前，可能有必要开展补充尽职调查。对于杠杆收购，此阶段需要围绕银行协议初稿进行谈判，如果有必要，还将协商股东协议。

收购债务有两个流程：一是结构设计，包括银行债务谈判和贷款组织；二是组织联合投资（如有），其中银行协议取决于银行的风险偏好。

股东协议非常标准，明确了投资管理方面的一系列规定。如果某位股东想先于其他股东出售其股份，则可以在股东协议中加上优先认购权。然后，他必须在上市前向其他投资者出售自己的股份。股东协议可以包含流动性条件，为投资者设定退出规则；还可以包含优先清偿权，作为股东在公司达到特定退出估值之前获得优先收益的保证。

谈判的结束由多种因素促成。从法律上讲，要约和承诺构成了合同。但是，这仍然需要进一步的调查以及随后的补充核查（见下文）。在非排他性的限制性拍卖中，愿意购买或收购公司股份的基金（或基金财团）之间可能会展开竞争。

公司当前股东可以基于自身利益，自由决定接受或拒绝报价。如上所述，被接受的不一定是最高的出价，因为投资团队的质量及其能给公司带来的价值也是考虑的重点。公司的财务规划及其成功所依赖的因素难以量化。在这种情况下，股份出售协议中会包含价格调整机制和超额业绩补偿条款。这些条款是根据公司的实际业绩与股东及管理层希望在交易后能达成的业绩来编制的。收购一家现有的公司时，通常存在一些与该公司过去管理层相关的风险。进行收购的基金可以要求担保和陈述，这些担保和陈述将随着风险的出现而被取消（并由前股东补偿），反之亦然。因此，在某些事项仍然不确定的情况下，无论是有利的事项（比如提供超额业绩补偿）还是不利的事项（提供担保），交易仍然可以进行。

尽职调查是一项繁重的工作。目的不仅是核查公司或资产的当前状态，而且是制订一项计划，使其在收购后增值。通过深入了解待出售的公司或资产，买家甚至可以在交易完成前就开始制订行动计划，准确定义假设条件，详细说明要实施的即时措施（比如"100天计划"），设计监控指标，并准备与管理层一起运行的场景。采取这种提前行动的策略，是因为衡量基金管理人的业绩时使用了一些时间敏感的指标，比如内部收益率（IRR）。计划启动和执行的任何延迟都将推迟退出机会的到来，从而降低IRR。提前计划符合基金管理人的利益，特别是对任何偏离初始计划的情况进行预先计划。

5.4 第四步：结构设计

根据投资模式的性质，财务结构的复杂性存在差异。创业投资是获取初创公司的少数股权，可能看起来很简单，但它必然需要某种正式的法律语言，并且可能需要为公司的员工设立激励工具（比如股票期权）。鉴于初创公司发展所涉及的高风险，投资者所拥有的治理权可能会全面而详细地列入股东协议之中，其中还包括：共售权和随售权等标准条款，用于解决投资者共同退出投资的问题；以及对特定管理决策的否决权，比如高管的聘用、开支计划以及加薪；甚至可能包括约定退出时间表的退出条款。

无论是哪种结构，只要员工达到并最终超越公司的既定目标，都符合投资者的最大利益。基金管理公司通常有股票期权计划。如果管理团队在公司拥有很少的股份，这个杠杆会非常有效。为了投资者的最大利益，应该分配一部分利润，以增加实现目标的可能性。随着管理层在公司出售时发现自身更大的优势，这种做法也会保持利益的一致。

如果管理层未能实现目标，也可以设立股票期权计划，给投资者补偿。就创业投资而言，管理层通常是公司的创始人，他们在初创公司中占有很多股份。如果初创公司的表现不如预期，投资者支付的股份价格就偏高了，因此可以要求获得新股（从而稀释创始人）作为补偿。

结构设计还应该规划公司的权力组织以及基金投资者与基金管理公司之间的沟通机制。基金管理公司对标的公司的财务方面参与越多，基金投资者就越能控制和监督管理团队的活动。在控股型杠杆收购中，基金管理公司在标的公司的董事会拥有多数席位的情况并不罕见。创业投资基金管理公司通常要求标的公司提供月度报告，以便对标的公司的业务计划、董事会席位和重要股东权利方面的任何变化做出快速反应。

杠杆收购债务协议分为财务条款和非财务条款。债务规模和利息的计算取决于给公司设立的财务目标（EBITDA 水平、杠杆比率等）。此外，其他非财务目标（如每月获客量）会影响对杠杆收购操作的理解，并影响最终与银行的重新谈判。

总的来说，投资结构反映了谈判的结果，其目标是实现投资以最佳的方式退出。因此，投资者通常会在进入投资组合公司时就确定其潜在买家，以便为其投资退出做好准备和提供便利。控股型杠杆收购中会为创建一个集团（杠杆培育）而进行补充性收购，并整合公司的治理结构和条款，以协助这些收购并管理未来的实体。

无论是何种投资类型（创业投资、杠杆收购等），股东退出条款都很常见。持有少数股权的基金尤其关注出售股权的条件。在投资基金的倡议下，股东协议可能还包括基于财务、时间或其他标准的强制性出售条款（领售权）。这保证了基金的有效退出路径，即使公司管理层可以按照确定的价格收购该基金持有的股份，它也不能拒绝遵守此条款。在中欧，一些将财务投资者和战略投资者（例如移动电话行业）聚集在一起的交易采用了这种结构。投资基金代表一家国际集团收购了一家本地公司，对其进行重组，然后按照基于本地公司业绩预先确定的价格，将其出售给该国际集团。

5.5 第五步：补充尽职调查

补充尽职调查有助于回答任何遗留的问题，以便达成有效交易。一般来说，补充尽职调查包括财务、环境、社会、税务和其他审计。因此，补充尽职调查主要存在于成长资本、杠杆收购和重振资本投资。有些核查需要一定的时间，尤其是当公司在国外有子公司或大量库存需要检查时。

创业投资基金也可能需要补充审计，尤其是在技术、法规或合同事务方面。专利申请需要一定的时间，而公司的价值最终在很大程度上取决于这一过程的成功。但是，重要的是不高估专利本身的价值。本质上，单独来看专利的价值不高，但它们作为一系列公司未来现金流的保障是有价值的。投资者可能需要一些知识产权方面的法律专业知识以及行业审计，以确认专利申请所涵盖概念的有效性和独创性。与大客户所签订合同的有效性和可行性也对评估一家年轻的公司至关重要。法律核查人员往往会评估合同，或者在投资之前进行进一步的规范化，这种情况并不少见。

5.6 第六步：交易

交易流程涉及法律文件的制定，比如股东协议或期中财务审计。在杠杆收购的情况下，卖方可能会要求提供担保和陈述。交易是权力平衡和微妙均衡的结果。交易被取消的情况并不罕见，因为在签字之前可能发生一些具有重大实质性后果的新事件。

取消交易对投资基金来说意味着巨大的成本。尽职调查意味着专家费用和其他费用，如果交易未能达成，这些费用无法得到补偿或退还。因此，杠杆收购中拍卖的倍增，不仅意味着提供知情要约所需的专业知识，还意味着取消交易的数量增加。投资者喜欢尽早就排他性条款进行谈判，以便有更好的机会达成交易。

矛盾的是，交易失败不一定与卖方或公司管理层有关。潜在买家可能会推高拍卖价格，最终导致定价过于激进，以至于结构设计无法实现。银行和夹层投资基金可能认为交易风险过高，并决定不参与运作，于是拍卖失败。卖方不得不重新开始销售流程，除了额外的时间延迟，还要承担与失败拍卖相关的声誉损害。

很多交易都是在终止拍卖的基础上进行谈判和执行。这对卖方有很大的影响，因为情况对其不利。卖方不仅要决定哪一个报价在财务上是最好的，还必须选择一个可靠的收购者，它不仅能够提供真正的发展规划和战略方向，而且能够说服银行为杠杆收购提供贷款。

此外，收购财团的设立是卖方组织的拍卖及资金竞争的结果。基金管理公司组团进行报价，每家基金管理公司都提供资金，并提供自己的专业知识。这就解释了为什么在特大型收购交易中，往往 3 ～ 4 个杠杆收购基金财团之间进行竞争。每个财团的领导者代表其竞购团体执行尽职调查，其费用将由财团成员分担。

这种做法在创业投资或成长资本中不太常见。往往是公司当前的投资者邀请新的投资者与其一起投资。这被称为"投资者群"，旨在创建一个股东群体，为公司进入下一个发展阶段带来所需的资产。有些基金管理公司带来了商业发展方面的专业技能、合作伙伴网络、公司国际化支持、管理层招聘能力或 IPO 或并购出售方面的专业技能。

5.7　第七步：监控和退出

投资监控和退出是投资流程中的步骤，因为退出决定了业绩。在投资中，协商一个有吸引力的价格是重要的一步，但管理所投公司的发展，并在最合适的时候退出与投资一样重要。

战略收购者或能提供有吸引力的退出路径的投资银行会定期接触最有前景的公司和资产。预测金融市场、估值水平和产业周期的演变尤其困难。一些投资团队聘请了专家来管理这类监控，并提供与投资组合公司相关的专业报告。它们还聘请了并购或上市方面的专家，以实现退出流程的"工业化"。在这方面，基金管理公司越来越多地得到咨询公司的支持，它们对经济周期的预测和投资时机的管理，可以优化投资组合公司的出售价格，既是一种自我控制，也是一种经验。

从更广泛的层面来说，投资团队不仅拥有投资过程所需的大部分要素资源，还拥有沟通、咨询和战略分析等方面的能力。慢慢地，它们变成了综合型、全能型的投资者。有些团队甚至不止于此，还开展咨询业务，同金融市场上的独立咨询机构一样活跃。美国的黑石集团就是这种情况，它已经发展成为一家"资产管理集团"。该集团的地位，以及其管理的资产规模，已使其转变为一家商业或投资银行。例如，投资银行高盛的利润来源主要是对冲基金和私募股权。

这两个集团可以在某项特定的业务是合作伙伴（黑石集团提供股权，高盛提供债权），也可以在另一项业务中是客户和供应商（黑石集团出售一家公司，高盛将其上市），还可以在第三项业务中成为竞争对手（黑石集团与高盛竞购一家公司）。这些错综复杂的关系当然会引起人们对道德伦理和良好商业行为的关注（见第6章）。

这种发展情况可能预示着重大变革，这将在本书第6章、第7章以及总结（见第8章）中进行阐述。

5.8　结论

私募股权基金的成功要素包括以下六个方面：

- 公司必须具备很强的发展潜力，无论是在国内还是在国际上，或者具有很高的进入壁垒；
- 投资时的估值必须合理，并且具有可靠和可行的财务杠杆（如果适用）；

- 公司的管理层必须能够处理报告，以及管理计划在特定阶段从公司退出所持股权的专业投资者的预期；
- 公司的运营必须有一个明确的、在有限时间内可实现的具体目标，并且有明显的上升空间；
- 不仅是公司的管理层，包括股东、董事会及投资者在内的利益相关方都必须具有竞争精神；
- 符合投资者目标并有助于公司未来繁荣发展的退出路径。

对于私募股权基金参与投资的公司而言，真正的资源永远是公司的员工，以及他们抓住机会、管理风险和不确定性的能力（见第 6 章）。未来私募股权投资运作所需资源中唯一欠缺的可能是创业者，而非资本，这主要是由于欧洲和美国民众越来越厌恶风险。

事实上，创业者是衡量可用资本过剩或不足的标尺。鼓励接受审慎风险的社会、经济和法律体系实际上都有利于促进创业（见图 5-2）。承担风险并不意味着直接引进其他国家的惯例，而是通过将这些惯例与本国的社会经济体系相结合。如果一个政府希望私募股权保持活力和健康，促进创业可能是最重要的挑战。培训、税收、法律和社会的支持都非常重要，这样创造者或收购型企业家自己和家人就不用承担不必要的风险。

图 5-2 似乎显示了美国和全球创业活动的复苏。但是，现实情况要复杂得多。仔细观察美国就会发现，在这个创业方面的领军国家，在这个市场记录完备的国家，创业活动指数确实已经恢复了（见图 5-3）。但是，新创业者的比例并没有显著增加（证实了我们在前几章对初创公司估值的探讨），如图 5-4 所示。主要原因在于有些创业者创立一家公司是因为他们别无选择。这是一种生存策略，因为已经证实，其中很大比例的创业者是移民（见图 5-5），比如拉丁裔（见图 5-6），并且没有受过正规教育（见图 5-7）。

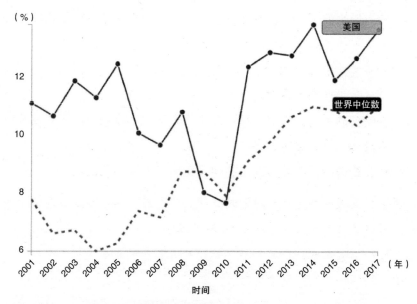

图 5-2 美国和全球早期创业活动总量（占 18 ～ 64 岁人口的百分比）

资料来源：世界银行，Global Entrepreneurship Monitor Adult Population Survey。

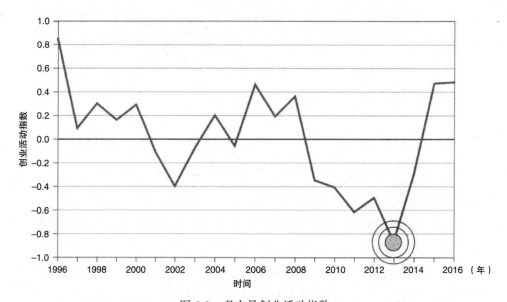

图 5-3 考夫曼创业活动指数

资料来源：考夫曼基金会（Fairlie, Morelix & Tareque, 2017）；基于 CPS and BDS 的创业
活动指数。

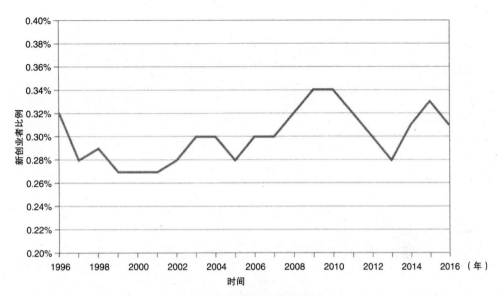

图 5-4　美国新创业者比例

资料来源：考夫曼基金会（Fairlie，2012），基于 CPS。

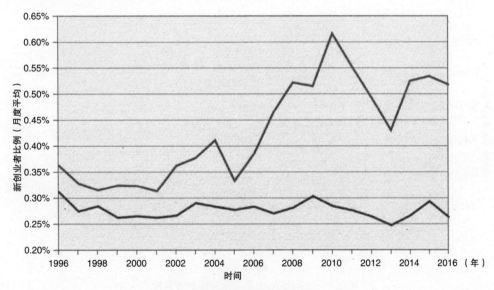

图 5-5　美国新创业者比例（按出生地）

注：上面浅色的线是移民血统，下面深色的线是本土出生。

资料来源：考夫曼基金会（Fairlie，2012），基于 CPS。

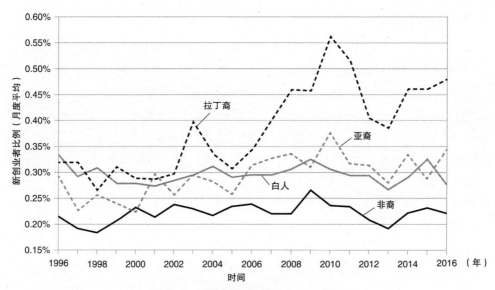

图 5-6　美国新创业者比例（按种族）

资料来源：考夫曼基金会（Fairlie，2012），基于 CPS。

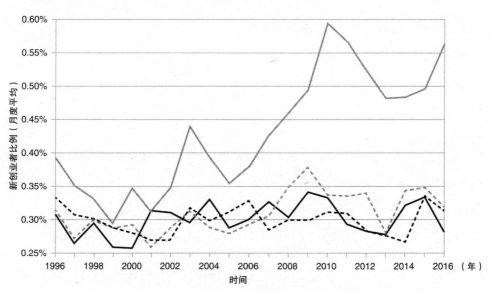

图 5-7　美国新创业者比例（按教育程度）

注：最上面浅色的线是"高中以下"，从上到下第二条较深的线是"高中毕业"，然后第三
　　条最浅色的线是"某种大学"，最后一条最深色的线是"大学毕业生"。

资料来源：考夫曼基金会（Fairlie，2012），基于 CPS。

在这种背景下，不仅移民更倾向于创办公司，而且创业的比例随着时间的推移在增加。就本土出生的创业者而言，除了在 2008 ～ 2009 年的经济衰退期间，创业的比例一直在温和下降，这再次说明创业可以成为一种生存策略。随着美国的就业形势不断改善，特别是图 5-5 所追踪的过去几年中，本土出生的人被传统的正规就业所吸引。

随着时间的推移，自愿选择创业去打造一家可以生存的创业公司，而不仅仅是试图成为个体经营者，这种创业者的比例出现了很大的变化（见图 5-8），其中在 2001 ～ 2002 年出现大幅下跌，然后在 2009 ～ 2011 年进一步下跌。随着经济状况的改善，自愿创业者的比例大幅提升，回到了1999 ～ 2000 年的水平。然而，有大约 14% 的人并非选择自主创业，而是将创业作为生存策略。无论是移民还是本土出生的人，主动选择创业的比例基本相同（见图 5-9）。随着时间的推移，选择成为创业者的移民比例比本土出生的比例变化更大。外国创业者比本土出生的人对美国的宏观经济状况更加敏感。

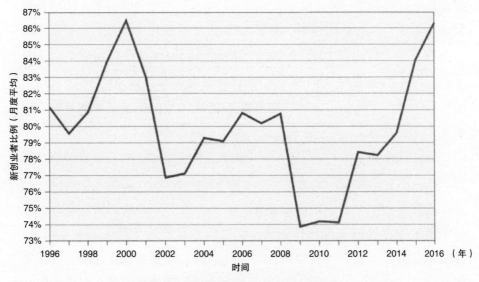

图 5-8　美国新创业者主动选择的比例

资料来源：考夫曼基金会（Fairlie，2012）。

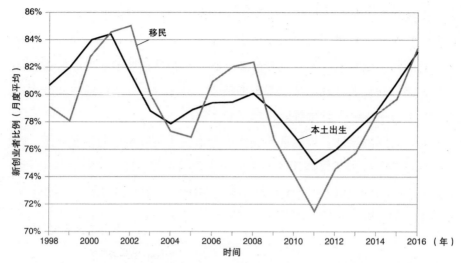

图 5-9 美国新创业者主动选择的比例（按出生地，3 年移动平均数）

资料来源：考夫曼基金会（Fairlie, 2012），基于 CPS。

从主动选择创业的样本构成来看，情况有很大的差异（见图 5-10），比例最高的是亚裔，其次是白人、拉丁裔和非裔。这证实了图 5-6 所展示的数据中，有很大一部分创业者是没有其他选择的个体经营者。不同种族在选择创业上具有不同结果。除了 2001 年之后的几年以外，亚洲创业者似乎相当有弹性，在 2008 ～ 2009 年期间他们也没有停止在创业上的努力，而白人创业者在 2001 年之后并没有显著恢复，在 2009 年之后其主动性甚至进一步降低了。白人创业者 2011 年之后的恢复是最明显的，他们几乎赶上了 2000 ～ 2001 年互联网泡沫之前的水平。

最鲜明的对比在于学历背景。主动选择的创业者受教育程度最高，创业的比例随着受教育程度的提高而下降（见图 5-11）。因此，如果没有受过正规教育的拉丁裔移民被迫创业是前几个样本中的典型的创业者，那这个样本的特征是主动选择创业、受过高等教育的亚洲人或亚裔移民。如果创业者是女性，不管宏观经济条件如何，她很可能是主动选择（见图 5-12），比男性创业者的比例高得多。合乎逻辑的结论是，尽管人们都在谈论促进女性创业，但大多数女创业者是主动选择创业的。性别失衡可能不像通常讨论的那样明显，特别是因为男性被迫创业的情况更常见，与女性相比他们更是别无选择。

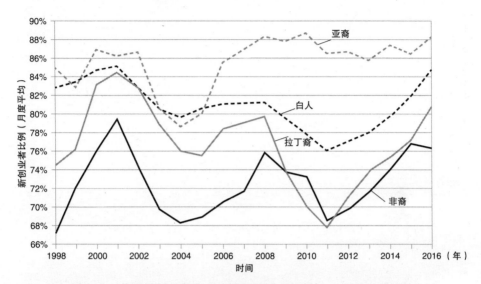

图 5-10　美国新创业者主动选择的比例（按种族，3 年移动平均数）

资料来源：考夫曼基金会（Fairlie，2012），基于 CPS。

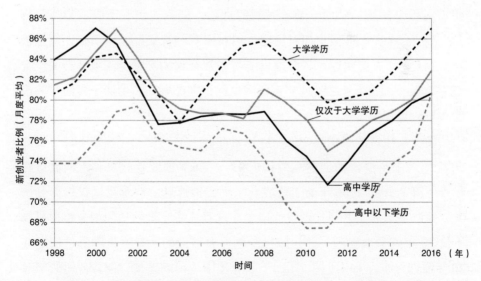

图 5-11　美国新创业者主动选择的比例（按教育背景，3 年移动平均数）

资料来源：考夫曼基金会（Fairlie，2012），基于 CPS。

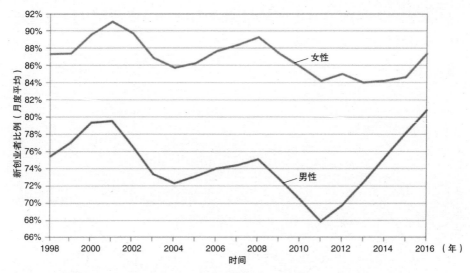

图 5-12　美国新创业者主动选择的比例（按性别，3 年移动平均数）

资料来源：考夫曼基金会（Fairlie，2012），基于 CPS。

图 5-13 展示了主动选择创业的创业者构成。第一，年龄最大的一群人推动了创业者群体的增长，"年轻的大学辍学者决定创业"的神话与此事实相去甚远。然而，随着时间的推移，创业比例有下降的趋势。第二，45 ～ 54 岁人群似乎相对稳定，但对宏观经济状况非常敏感，最近被 35 ～ 44 岁的人群超过，尽管这可能与非常有利的宏观经济条件有关，类似于 2000 ～ 2001 年之前的宏观经济条件，在此期间，这两个年龄段的创业人口数量相当。

最引人注目的变化是 20 ～ 34 岁最年轻人群的创业比例在下降，虽然 2001 年这个年龄段的创业人数接近 35 ～ 54 岁创业者的总和，但数量在稳步下降，并在 2006 年处于落后的水平。最近这一数量也仅仅是部分恢复，并严重落后于其他年龄段的情况。这意味着年轻一代的创业精神可能不像 20 年前那么强烈，并导致自愿创业者努力的水平大大降低，稳定在 30 年前的一半左右（见图 5-14）。随着美国人口的增长，创业公司的绝对数量可能不会减少，但比例却显著下降。由于年长的创业者比例较低，显

著增长的机会有限。但是，随着前几代人年龄增长，他们可能会决定迈出
这一步。

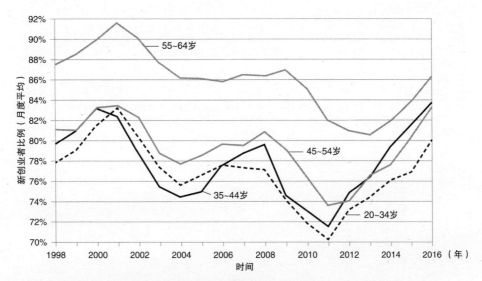

图 5-13　美国新创业者主动选择创业的比例（按年龄，3 年移动平均数）
资料来源：考夫曼基金会（Fairlie，2012），基于 CPS。

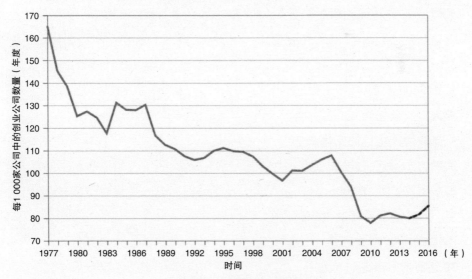

图 5-14　创业公司密度
资料来源：考夫曼基金会（Fairlie，2012），基于 BDS。

参考文献

论文及研究报告

Fairlie, R.W., 'Kauffman Index of Entrepreneurial Activity (1966–2011)', Kauffman, 2012, 32 pp ((http://www.kauffman.org/uploadedFiles/KIEA_2012_report.pdf), last accessed 12 March 2013).

Fairlie, R., Morelix, A., Tareque, I., 'The 2017 Kauffman Startup Activity Index', Kauffmann, 2017, 52 pp.

Kedrosky, P. and Stangler, D., 'Financialization and Its Entrepreneurial Consequences' (2011) Kauffman Foundation Research Series: Firm Formation and Economic Growth, Kauffman, 20 pp.

INTRODUCTION TO PRIVATE EQUITY, DEBT AND REAL ASSETS

朝气蓬勃的私募市场

趋势、时尚和责任

私募市场的从业者努力保持低调，但这种做法不再适用。随着基金管理人的重要性增加，以及一些大型机构公开上市，私募市场还会继续以私有的方式存在吗？

随着私募市场投资的增长，它吸引了越来越多的关注。它可能会日益向一个有组织的市场演变，这似乎与其本质相悖。机构投资者对私募市场基金越来越多的参与，推动了这个市场的转型（见第6章）。那些几十亿美元规模基金的金融力量，引起了人们对基金管理人道德伦理准则的质疑，这个问题不仅存在于杠杆收购领域，也越来越多地出现在其他私募市场（见第7章）。

私募市场的发展

历史趋势还是昙花一现

公开市场与私募市场之间日益增长的互动，已经引发了很多问题，主要是：私募股权会成为主流吗？（见第 6.1 节）。随着它慢慢发展成一个制度化的投资领域，这种资本流入可能会改变私募股权创造价值的方式（见第 6.2 节），也可能引起更多的泡沫（见第 6.3 节）。本章将特别关注私募市场中的私募股权领域，因为这是私募市场中最发达和最先进的投资策略。因此，私募股权应该能提供一个很好的视角，来观察私募市场的其他策略在成熟的时候会发生什么。

6.1 私募股权会成为主流吗

6.1.1 大型和超大型 LBO 基金已经展示了它们的实力

大型和超大型 LBO[⊖]基金展示了其不断增长的金融方面的实力。它们与企业战略买家竞争收购标的。证券交易所不仅为它们的交易提供了一条退出路径，也提供了项目来源。现在，很少有上市公司是私募股权机构力

⊖ 此定义随着时间的推移而变化，小型 LBO 针对的是企业估值低于 3.5 亿美元的公司，中型 LBO 针对的是企业估值在 3.5 亿～10 亿美元之间的公司，大型 LBO 针对的是企业估值在 10 亿～35 亿美元之间的公司，而超大型 LBO 则针对企业估值超过 35 亿美元的公司。

所不及的。在导致 2008 ～ 2009 年金融危机的商业周期顶峰期，英国《金融时报》甚至将微软列为可能的交易目标。[一]当时的交易名单确实令人印象深刻。2006 年，黑石集团以 360 亿美元的价格将办公物业投资公司[二]退市，贝恩资本、KKR 集团和美林证券以 330 亿美元的价格将美国医院公司退市，阿波罗和德州太平洋资本（TPG）以 278 亿美元的价格将哈拉斯娱乐公司（Harrah's）[三]退市，高盛、凯雷集团、里弗斯通（Riverstone）和美国国际集团（AIG）以 220 亿美元的价格将金德摩根退市，托马斯·李投资集团（Thomas H. Lee Partners）和贝恩资本以 187 亿美元的价格将清晰频道通信公司（Clear Channel Communications）退市，黑石集团、珀米拉集团、凯雷集团和 TPG 以 176 亿美元收购了飞思卡尔半导体[四]。

2007 年，这一名单还在继续，德州公用（TXU）[五]以 450 亿美元的价格被高盛、KKR 集团和 TPG 收购。希尔顿被黑石集团以 260 亿美元的价格私有化，第一数据公司（First Data Corporation）被 KKR 集团以 290 亿美元私有化，Alltel 被 TPG 和高盛以 275 亿美元的价格私有化。这种趋势在欧洲也很明显。2006 年 10 月，KKR 集团向法国威旺迪环球集团提出 400 亿欧元的收购要约，但该要约随后被拒绝。同年，丹麦电信集团 TDC 以 153 亿美元的价格被安佰深、黑石集团、KKR 集团、帕米拉和普罗维登斯股权合伙企业收购。2007 年，英国联合博姿公司（Alliance Boots）被 KKR 集团及公司 CEO 斯特法诺·佩希纳（Stefano Pessina）以 124 亿英镑的价格私有化了。

6.1.2 有时成功与失败并存，但后果很严重

德州公用成为有史以来最大的杠杆收购方，这一头衔长期属于雷诺

[一] 2006 年 8 月 18 日。
[二] Equity Office Properties，后来改名为 EQ Office。
[三] 后来改名为凯撒娱乐（Caesar Entertainment）。
[四] 于 2015 被恩智浦半导体（NXP Semiconductors）并购，现在是其一部分。
[五] 后来改名为能源未来控股（Energy Future Holdings）。

兹·纳贝斯克，后者于 1988 年被 KKR 集团以 251 亿美元收购。雷诺兹·纳贝斯克也成了商业周期顶峰上的灯塔。据说雷诺兹·纳贝斯克在 35 亿美元的投资中损失了 7.3 亿美元。[○]德州公用和哈拉斯娱乐公司的失败令人震惊。飞思卡尔半导体和第一数据公司几乎步其后尘，最终给投资者带来了损失。这些引人关注的失败引发了人们对 LBO 基金管理人过于贪婪和粗心的质疑。SEC 开始调查俱乐部交易，这被视为一种可能的反竞争行为。

2008 ～ 2009 年金融危机的余波导致 LBO 发生了多重和实质性的变化。第一，SEC 及欧洲的证券与市场管理局（ESMA）发布了在 LBO 中构建金融杠杆的建议，建议基金管理人将其债务水平限制在 EBITDA 的 6 倍；第二，SEC 对俱乐部交易的调查让基金管理人得到启示，他们决定，如果交易金额超过基金的目标投资规模，就通过与基金投资者联合投资的方式来调整和构建交易；第三，基金管理人看到来自企业买家的竞争加剧，这些买家可以获得大量廉价债务，并且不会对其杠杆率设置任何上限；第四,一些基金投资者决定单独进行直接交易，并收购潜在的 LBO 标的。

6.1.3　大型交易将会持续

LBO 基金在全球并购中的份额在 14% ～ 19% 之间波动。根据 White & Case 并购市场研究公司的数据，在 2006 年的 14 700 笔交易中，LBO 基金占 2753 笔（18.7%），在 2007 年的 16 112 笔交易中，占 2959 笔（18.4%）。2009 年，在 9920 笔交易中，这一比例降至 1397 笔（14.1%）。直到 2016 年和 2017 年，这一比例才有所回升，分别占 18 593 笔交易中的 3015 笔（16.2%）和 19 973 笔交易中的 3530 笔（17.7%）。

2009 年后，尽管非常大型的交易在数量和规模上都有所减少，但并没有消失。2013 年，3G 资本和伯克希尔 – 哈撒韦以 232 亿美元的价格

○　Norris（2004），www.nytimes.com/2004/07/09/business/worldbusiness/fund-books-loss-on-rjr-after-15-years-a-long-chapter.html.

收购了亨氏公司，该公司 2015 年与卡夫合并，总价值为 500 亿美元。有趣的是，这两家公司没有被私有化，合并后的实体继续在纳斯达克挂牌交易。同年，戴尔以 244 亿美元被迈克尔·戴尔（Michael Dell）和银湖资本（Silver Lake）私有化，银湖资本在 2015 年以 670 亿美元收购了 EMC。2014 年，BC 资本在英国以 87 亿美元收购了 PetSmart。2015年，凯雷集团和新加坡政府投资公司（GIC）以 80 亿美元收购了赛门铁克（Symantec）的维尔软件（Veritas）。

6.1.4 上市公司私有化交易的重要性

以上名单说明了上市公司通过 LBO 实现私有化的趋势。越来越多的上市公司离开证券交易所，以规避增加的监管（萨班斯 - 奥克斯利法案被指责给企业带来成本和管理负担）和季度报告的压力。这显然是迈克尔·戴尔将他创建和管理的公司进行私有化的动机。该公司 2018 年宣布再次上市，似乎与这一动机相矛盾。贝恩资本的数据（2019）显示，上市公司私有化的交易数量在 2006 年为 421 笔，2007 年为 395 笔，2009 年降至 27 笔，然后在 2017 年和 2018 年分别回升至 179 笔和 227 笔。

上市的成本和好处已经发生了变化。由于股价低迷以及分析师对其股票缺乏兴趣，那些无法从市场中继续获得融资的公司，将退市视为一种灵活性的来源，以及获得必要资本注入以推动业务增长的一种方式。到目前为止，这种现象主要出现在美国，但正在向其他市场蔓延。

私募股权与证券交易所共生发展，但现在已发展成为一个生态系统，可以为处于不同发展阶段的公司提供融资。理论上，一家公司不仅可以通过多轮创业投资和成长资本融资来实现增长，然后被 LBO 基金接管，还可以通过二级、三级和四级运营定期获得 LBO 基金的再融资（法国的弗朗斯·邦霍姆在 1994 ～ 2006 年期间连续五次成为 LBO 的标的）。尽管创业投资基金二级市场尚未正式出现，但是私募股权正从传统的退出途径（并购出售和 IPO）中获得自主权。

这种独立性使得私募股权有了制度化和组织化的市场特征。不仅在退出方面如此，在交易来源方面也是如此，在大型收购和现在的中型收购中，拍卖更加常见。在 LBO 基金周围，围绕着很多为其尽职调查提供服务的提供商，比如律师、审计师、咨询师、市场分析师和银行家。买方的尽职调查很常见，但卖方的尽职调查也越来越多，以便双方能进行真诚谈判，并拥有共同的讨论基础。

6.1.5　私募股权努力创新

以私募股权的私有性质和低透明度，它能在一个组织化的市场中生存吗？答案可能取决于它的灵活性和创新能力。私募股权在不断测试新技术及其参与的范围。在这方面，风险融资行业现在推出了债权类的工具，比如风险贷款（主要在美国，以色列正在发展），为后期阶段的公司提供类似夹层融资的方案。有些科技公司甚至提议向初创公司提供风险租赁，这对于开发某些市场具有重要的战略意义，但后来 1999～2003 年经历的困难使得它们放弃了这种尝试。

成长资本和 LBO 基金已经开始开展 PIPE 业务，如果它们投资一定的金额，并承诺持有一定的时间，就可以跟上市公司谈判获得一定的特权。其想法是将私募股权技术应用于那些在证券交易所上萎靡不振的公司，从而使得在这些公司无须被收购或退市的情况下，就可以开发其大幅上涨的潜力。

为了抵御竞争，并应对高估值，在 2016～2019 年期间，LBO 基金制定了差异化的战略。一种是从大企业集团中分拆出业务单元，然后通过 LBO 进行收购；另一种是采取"买入并构建"的策略，包括收购比基金通常的目标规模更小的公司（即"平台"交易），然后收购互补的业务（即所谓的"附加业务"），并将它们整合到平台中。其目的是降低收购的平均价格（因为较小的公司相对较便宜，交易价格是 EBITDA 的 4～5倍），并在整合时产生协同作用。由于综合效率的提高和规模的扩大，最终实体的价值应该会增加，这反过来又会增加其价值（比如，以 EBITDA

的 6 ～ 7 倍进行交易）。

LBO 市场的参与者也开始开发包含债权和股权的混合产品，比如夹层融资和混合债权融资（见第 4 章）。由于这种债权比传统债权的风险大得多，夹层基金通常会要求其债权具有部分转股权（或期权），使得它们能够在现金注入所带来的发展中收益，而无须承担前期成本。

重振或重组领域的参与者也将触手伸向了债权方面，他们折价收购困境公司的债权（不良债权基金）。一旦收购了债权，他们就会淘汰掉现有的股东，并重振公司。这表明私募股权技术可以在很大程度上扩展，并应用于不同情况下的公司。

6.1.6 联合投资

LBO 基金之间出现俱乐部交易，以及 LBO 基金和基金投资者之间的联合投资（见上文）是这种适应性的另一个例子，同时我们也认识到这种金融技术的快速商品化。[一]LBO 基金已经开始联手，瞄准原本无法触及的资产，即使在敌意收购中也可以瞄准大型上市公司。

为什么基金不独立投资？创业投资有着联合投资及在后续融资中吸引额外投资人的悠久传统。这是考虑到了给投资组合公司提供除资本以外的不同资产，以及有必要在多位投资人之间分散风险。对于大型收购而言，同样的理由也适用。

黑石集团、KKR 集团、阿波罗及其他超大型 LBO 基金管理公司常常能筹集 200 亿美元的基金，[二]参与超大型收购交易。但是，对于规模在 300 亿美元以上的交易，即使在采用杠杆之后，也有必要在多方投资人之间分散风险。此外，在美国医院公司的交易中，投资人包括一家典型的私募股权机构，其基金与一家咨询公司和一家投资银行有关联。这三方参与者为投资组合公司提供了不同的技能组合，因此也能从联手中获益。

[一] 对冲基金已经开始为他们的一些控股公司招募私募股权方面的专业人士。
[二] 举个例子，阿波罗在 2017 年筹集了 250 亿美元的资金。

但是，从基金投资者的角度来看，俱乐部交易或联合投资会导致投资组合多元化程度整体下降。如果一方基金投资者投资了多只基金，而这些基金联合投资了一家公司，那么它的投资组合可能会过度暴露在特定风险之下。联合投资也是如此。基金投资者投资的多只基金，可能会竞争同一家公司、相互竞价，从而使得它参与的基金要承受被推高的价格（对于中标者而言）以及交易终止成本（对竞标失败者）。

6.1.7 永续资本的诱惑

私募股权基金管理公司必须定期募资。这一过程会耗费时间和资源，而且相当昂贵（尽管这一成本由基金投资者通过基金开办费的方式承担了）。这也是为数不多的几种情况之一，说明基金投资者可以选择是否在同一基金管理公司那里持续投资。募资工作迫使基金管理人从头开始，解释其战略（及调整情况）、过往的投资、价值创造、退出、业绩、失败和成功，并最终说服基金投资者。因此，这一过程的要求很高，并使得基金管理公司必须面对棘手的问题。这可能是少数几种它们不得不克制并表现出某种形式谦逊的情形。基金投资者是私募股权基金的真正所有者，他们可以行使自己的权利进行详细的尽职调查，不遗余力。

因此，基金管理公司面临的诱惑是建立一个永久的资本池，以避免这种消耗过程，并增加他们的自行决定权和自由度。到目前为止，有两个主要的渠道已经过测试，结果颇为复杂：在证券交易所上市的投资工具，以及最近成立的长期基金。

多家基金管理公司都试图将其投资架构上市，上市的主体有三种选择：封闭式或开放式投资工具、基金管理公司本身或开放式基金和基金管理公司的组合（控股公司）。将封闭式投资基金（如美国的BDC）上市并不能解决基金管理公司想规避定期为新基金募资的问题。新基金募资必须遵循适用于上市市场的法规进行，这些法规比基金的私募募资要求更高。同时，新基金还必须在上市投资者和分析师的监督下进行管理。特别是，基金管理公司必须提供私有公司（或资产）最基本的信息，但这让这些私有公司的竞争对手和潜在买家也获得了这些信息。封闭式投资工具有一个运营期限，这会迫使基金管理公司出售所投资的公司（或资产），并可能会限制其议价能力。

对基金管理公司来说，开放式投资工具上市很可能是最有吸引力的方法之一。资本被募集，然后根据需要用于私有公司或资产的投资。在美国，迄今为止还不允许私募市场基金上市，虽然 SEC 在 2019 年启动了一项咨询，[○]有可能改变现状。唯一的办法是设立一个特殊目的收购公司，这种架构的设立是作为一种信托机制，投资者预先将资本投入其中。基金管理公司在特定的时间内（通常是 2 年）搜寻市场，寻找并协商收购一家私有公司。然后，它们询问投资者是否同意收购。如果答案是肯定的，那么资本就被调用，特殊目的收购公司自动上市。如果答案是否定的，那么投资者会损失一些成本，特殊目的收购公司会被解散。这种方法有一个缺点，就是每个特殊目的收购公司只有一种资产，这意味着与基金相比投资者无法获得多元化收益。

在美国以外，有人试图将封闭式基金和开放式基金上市。例如，Better Capital 最初于 2009 年和 2012 年在伦敦证券交易所上市了两只基金，后来被转换为开放式结构（Guernsey Protected Cell 公司）。KKR 集团于 2006 年在泛欧交易所上市了一个投资工具：KKR 私募股权投资基金（KKR PEI），最初的目标规模是 15 亿欧元，后来扩大到 50 亿美元。因此，这个解决方案不仅让 KKR 集团避免定期的募资，也避免了过早出售投资组合公司的压力。对 LBO 投资者来说，股息资本重组提供了可观的稳定利润，并且可以想象这样一种情景：上市的私募股权工具将成为证券交易所和投资组合公司之间的中介，可以提供流动性，又免受上市的压力。这也意味着基金二级市场在基金投资者层面的终结。然而，KKR PEI 的股价走势（见图 6-1）给上述情景蒙上了一层阴影。

○ 美国证券交易委员会，2019 年 6 月 18 日新闻稿，"SEC 寻求公众意见以统一私募证券发行的豁免"（https://www.sec.gov/news/press-release/2019-97）。

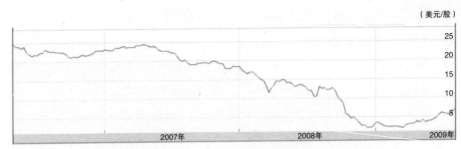

图 6-1　KKR PEI 的股价走势（2006 年 5 月 ~ 2009 年 7 月）

资料来源：Google Finance。

　　上市的私募股权基金面临多重挑战。第一，它们缺乏透明度。对于上市主体的投资者来说，基础资产的记录不够充分：大多数信息最多按季度提供，严重滞后。此外，每项基础资产的细节都很少。因此，上市主体的交易价格比基金的净资产价值平均低 30%。第二，上市主体的业绩受到与未使用资金相关的拖累。在设立投资基金之后，仍然需要时间来有效地配置它的资金。未使用的资金受到机会成本的影响。当上市主体出售一项资产时，收回资金和未分配收益将闲置在资产负债表上，直到基金管理公司找到下一个投资机会。第三，与标准的私募结构相比，上市基金的投资者和基金管理公司之间的利益关系更加松散，基金管理公司没有将业绩最大化并将资本返还给投资者的压力。随着资本的使用，投资者可能会面临隐性的机会成本，但这可能不符合他们的最佳利益。这解释了为什么上市（常青）基金没有成为标准的私募市场基金结构的替代品。在 KKR PEI 的案例中，该基金被用于反向收购 KKR 本身，该基金管理公司成为上市公司，并转移到纽约证券交易所上市。

　　然而，KKR 金融控股的股价走势表明（见图 6-2），上市的私募市场基金管理公司自己的表现并不是特别好。2007 年黑石集团的上市引发了一波上市浪潮，阿波罗、橡树资本和很多其他私募市场基金管理人紧随其后（见图 6-3）。它们都没有达到标准普尔 500 指数的业绩水平。基金管理公司为投资者提供了渠道，并作为基金管理公司收取管理费以及业绩佣金。实际上，它们是资产的管理者，投资者是这么认为的，它们不是私募市场投资机会的渠道。此外，投资者对即将到来的业绩佣金的了解有限，对基金管理公司的员工薪酬和支出也不甚了解。因此，这些结构对基金投资者的吸引力有限。

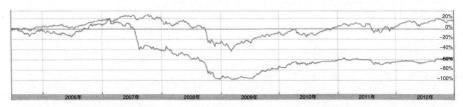

图 6-2　KKR 金融控股的股价与标准普尔 500 指数比较（2005 年 7 月～ 2012 年 12 月）

　　资料来源：Google Finance。

图 6-3　黑石集团、KKR 集团、ARES、橡树资本、阿波罗、凯雷集团（CG）的股价
　　　　与标准普尔 500 指数的比较（2005 年 7 月～ 2012 年 12 月）

　　　资料来源：Yahoo Finance。

综上所述，上市控股公司的表现没有更好就不足为奇了。它们结合了上市基金管理公司和上市开放式基金的缺点，还增加了用一套账户来理解这两种结构的复杂性。3i、Eurazeo、GIMV 和其他一些私募股权集团长期以来一直在欧洲提供此类工具，但没有形成趋势。

最近的一种方法是设立期限更长的基金，比如 15 年或更长时间。贝莱德（BlackRock）和黑石集团等基金管理公司的想法是购买和持有资产，在更长的时间内创造价值。这种做法面临多重障碍。第一，长期持有资产需要一个非常有耐心的投资团队。业绩佣金一定会在后端支付，这可能不足以激励员工保持积极和乐观的情绪。第二，投资计划必须不同于传统的私募股权业务，或者应该将基于同一策略的多个连续计划结合起来，就像在连续的杠杆收购中一个接一个地执行一样。基金管理公司仍需证明它们能够执行这些不同的策略，或者它们能够在一项资产上成功执行差异很大的策略。第三，基金投资者必须比对现有基金（已被视为期限过长）更有耐心。迄今为止，更长期限基金的试验仍处于边缘状态，没有获得发展的动力。

6.2　私募股权（仍然）在创造价值吗

私募市场缺乏透明度往往与其业绩来源有关。信息不对称可能对基金管理公司有利，会被用于执行详细的尽职调查，并处理相对缺乏的信息（至少与证券交易所现有的信息水平相比）。

私募市场为什么能提供比其他传统资产类别更高的收益？流动性不足作为原因之一经常会被提及。为了具备竞争力，私募市场必须提供超出证券交易所收益的"非流动性溢价"[○]，以补偿"更高的风险"。不幸的是，这个解释并不成立。第一，"非流动性溢价"的概念只适用于固定收益率的投资：贷款人因推迟资本消耗以及贷款风险而获得补偿。这不适用于股权和主动型投资。第二，"非流动性溢价"的概念与这样一个事实是不

　　○　在基金层面，预计高出证券交易所平均收益率400～600个基点。

相容的，即根据私募市场基金管理公司所采取的投资策略，它们需要至少 3 ～ 8 年的时间来运作。它们投资的低流动性不是一种风险，而是投资的一个要素。

另一个经常被提及的原因是，私募市场基金管理公司创造的价值比通常在证券交易所中选择股票或债券的价值更大。在私募市场，价值的创造围绕着投资人除了资本之外能给被投资公司（或资产）带来什么。这可能因投资人而异，取决于投资的性质（比如创业投资或 LBO）、公司的需求（人员配备、建议、架构、并购等），投资基金的特殊性（本地 / 国际、集中 / 多元化等），以及在董事会代表基金的高管的特性。在创业投资中，这种价值创造通常被描述为"主动参与"式的风格，创业投资基金的高管广泛参与投资组合公司的日常和发展。但是，这种参与的限度遵循一个简单的规则：投资人不得"越过管理线"。这主要由每个国家的法律和法规定义，并可由当地法院强制执行。

建议和指导之间的区别可能非常小。硅谷的一些创业投资基金通常会指派一名高管在一定的时间范围内担任投资组合公司的高管，以填补其职务空缺或支持某项工作。这种做法在很多欧洲国家是不可能的，因为基金的发起人会因此被视为"事实上的管理者"，因而在公司破产时会承担责任。但是，《哈佛商业评论》（*Harvard Business Review*，2007）的一篇文章指出，这种事情不太可能发生在没有获得私募股权机构支持的其他公司。

管理层负责公司的方向，但投资人仍然应该支持、建议和控制（如果允许进入控制性机构，比如董事会）投资组合公司。在这方面，专业发起的收购中董事会似乎在获取信息、亲力亲为、业务参与等方面比上市公司的董事会做得更多。这可能是私募股权团队价值创造的一个决定性因素。

这种效果是私募股权所委派的董事会成员与股东之间更好的利益协调的结果，因为他们是重要的股东。他们不仅会主动找出公司的关键问题，并要求管理层予以解决，而且能在早期就发现问题，并主动向管理层询问相关信息。这可能是因为私募股权团队对它们的投资组合公司有着深刻的了解，这源于它们所做的初步尽职调查以及后来持续进行的详细监控。

私募股权委派的董事会成员通常不会只待在会议室里，相反，他们毫不犹豫地打电话给管理层，甚至亲临现场，以确保采取最佳行动。这种对话更加认真，并聚焦在关键问题上。在这方面，私募股权委派的董事会成员的专业知识、经验和人脉将发挥重要作用，因为这些是为基金的投资组合公司提供服务的杠杆。

价值创造因投资组合公司的成熟度及其需求性质的不同而存在差异。创业投资和成长资本投资者称自己是"成长融资投资者"。在早期阶段，投资人帮助公司设立组织、招聘、完成研发，并将产品推向市场。投资人的价值创造主要是补充创业者的技能。这有助于新生的公司，帮助它们获得实现若干阶段性目标所需的资源。在后期阶段，创业投资人通常在公司走向全球或准备上市及并购出售时，为公司提供国际化的网络、额外的招聘和支持。

成长资本专注于为需要快速发展业务的公司提供融资、开发新市场，或通过收购在某一市场上获得关键地位。成长资本所面临的与发展相关的风险主要是简化业务、避免收购后整合的额外成本，以及按照合理的价格确定关键资产（在市场上寻找内部发展的替代方案）。

对于LBO，尤其是大型收购，价值创造的概念更接近传统的金融和咨询业务。对于大型收购，投资人的价值创造更多来自战略和经营分析，而不是寻找新市场或引入新客户。在这方面，贝恩资本、黑石集团、KKR集团和其他一些大型收购参与者开发了一种综合的、积极主动的收购方法。黑石集团开发了一种准工业化的融资方法，即开发专注于LBO、不良债权、房地产和另类次级资产类别的业务部门，这些业务部门之间通过定期互动来评估投资机会。KKR集团为每一项收购都设计了一个"100天计划"，该计划准确地描述了在此期间公司的预期，以便朝着计划的方向发展。

公司收入增长是LBO投资人需要关注的四个领域之一，尤其是当有可能实施一个"收购并建设"的策略时。这种交易结构是为了收购一家

"平台公司"，然后将该公司作为收购者，去整合某一特定的市场。这样，通过聚合其他公司来保证营业收入的增长。这种整合也可以是垂直整合，此时平台公司会收购供应商和客户，从而建立一个完整的产业链。在这方面，公司收入的增长通常与规模经济和运营改善相关。

运营改善是 LBO 投资人创造价值的第二个手段，包括公司重组、不同的人员配置，有时还包含部分流程外包、优化现金流管理，甚至运用"出售回租"等高级金融技术。LBO 投资者可以为其新的收购确立基准，并寻找尚未开发的价值来源。连续的 LBO 可以瞄准多种价值创造来源，从而解释二级、三级以及进一步 LBO 的可行性。因此，LBO 可以支持公司的重组和创建，管理"转型收购"，并为其上市做准备。

然而，LBO 基金因其快速"买进－卖出"策略而受到诟病，也引发了人们对其价值创造的一些担忧。在美国，一个 LBO 基金财团从福特汽车手中收购了赫兹公司（Hertz），并在收购后的一年内将其上市。在欧洲，勒格朗（Legrand）在被 KKR 集团和 Wendel 收购后不到两年就上市了。无论是"100 天计划"还是运营改善，基金价值创造的结果必须体现在公司的财务报表中。收购后不到两年就出售其收购的公司，这引发了很多对这种策略效率的质疑。

在上一次 LBO 热潮中，越来越多的快速"买进－卖出"业务都是短暂的。基金，尤其是 LBO 专家，可能会对缩短投资组合公司的持有期感兴趣，认为这是衡量其业绩的一种方式。如果基金能够实现资产的快速周转，基金就可以在投资收益倍数相对平庸的情况下实现非常高的 IRR。这可以解释为什么要专注于快速退出，特别是 PIPE，因为在这种情况下退出问题在一定程度上得到了解决。

通过已退出的投资快速实现良好的 IRR，可以缓解后续基金的募资压力。尽管产生的绝对收益不高，但这是基金管理人专注于这一指标的动机所在。研究表明，耐心的投资者获得的绝对收益额要远高于那些强调快速收益的投资者。LBO 基金高度关注资本重组和其他金融业务，因为这些是其展示部分已实现的业绩并快速宣告其诱人的 IRR 的一种方式。因此，投资者为了自身的最佳利益，最好能理解业绩是如何产生的，尤其是资产周转率和杠杆效应（和可能的资本重组），以及进入和退出时的息税前利润（EBIT）或息税折旧及摊销前利润（EBITDA）的倍数差异。一旦确定了这些因素，就有可能真实评估投资人的价值创造。

2006 年 11 月花旗集团发表的一项研究表明，单纯的金融业务，尤其是杠杆化，不是价值创造。根据迈克尔·高顿（Michael Gordon）在这方面的研究，如果上市公司也采取同样的杠杆水平，LBO 在 20 世纪 80 年代和 90 年代的业绩将不如上市股权（*Financial Times*，2007）。花旗集团团队将私募股权机构采用的杠杆水平应用于一揽子的美国中型市值上市公司，并对该投资组合过去 10 年的业绩进行了回溯测试。该投资组合的年化收益率为 38%（LBO 基金业绩最好的前 1/4 的 IRR 为 36%，平均 IRR 为 14%）。这种方法仍然存在争议，因为将一种技术应用于一揽子的公司，并进行回溯测试，在与前 1/4 的基金进行实际比较时，会造成一定程度的偏差。但是，38% 的 IRR 与 LBO 行业的平均收益率之间的巨大差异仍然表明，LBO 投资时的价值创造不是必然的，仍需进行细致的评估，以便能够对未来重现业绩做进一步的分析。

在私募股权生态系统的各个层面，价值创造都是真实存在的。对冲基金一直在寻找私募股权人才，以寻求创造业绩的新方法。对冲基金 KSL 进行了一项标志性业务——收购了破产的上市零售商凯马特，并在对其重组之后与西尔斯合并。这清楚地表明，私募股权投资和对冲基金投资之间可能存在重叠。鉴于这两种替代性次级资产类别的参与范围，这种重叠仍然有限。但是，对冲基金还在继续寻找私募股权领域的人才，这种趋势证明私募股权能够通过真正的价值创造提供持续和可观的业绩。

随着私募股权技术向其他资产类别渗透，包括对冲基金、房地产和其他行业。私募股权技术是否正在商品化？或者换句话说，私募股权是否正在成为主流？这些问题导致这样一种可能，即私募股权的收益会随着时间的推移而下降。对收购进行杠杆化是市场上众所周知的标准程序，但是，价值创造始终是影响 LBO 基金业绩的一个关键因素。研究表明（Cao & Lerner，2006），在 1980 ～ 2002 年期间，LBO 基金支持的上市公司的业绩优于市场平均和其他 IPO 的业绩。

　　分析私募股权机构的价值创造，不应局限于单纯的 IRR 和投资收益倍数，还应进一步深入到交易结构、执行和退出。投资人在尽职调查过程中不仅要跟公司的 CEO 交流，还要跟投资过程中涉及的其他各方交流，包括咨询师和银行家。此外，在退出投资组合公司之后，其后续表现很重要，因为这决定了该公司为基金创造的收益是否源于资产泡沫，或者此收益是否经得起时间的考验，是否既能经受上市的压力，也能经受长期的市场压力。IP 电话公司沃尼奇在 IPO 之后的股价暴跌（见图 6-4），就是当公司不能提供进一步发展的充足理由时市场反击的典型案例。

图 6-4　Vonage 的股价走势与标准普尔 500 指数的比较

资料来源：Yahoo Finance。

6.3　私募股权：在泡沫和崩盘之间

私募市场受到经济、金融和产业特定周期的影响。私募市场之所以受到经济周期的影响，是因为基金所投资的公司和资产会受到这些周期的影响。消费者的信心水平、当前和预计的需求、技术创新的采用率以及其他参数都会影响各投资领域以及投资组合公司的表现。根据表现的不同，基金在退出时的收益也会不同，因此其业绩将会受到影响。

私募市场还会受到金融周期的影响，金融周期可以通过该资产类别的资本配置比例和利率来衡量。私募市场的资本流入是衡量我们处于此周期哪个阶段的方法之一。然而，相对于某一年募集的资本总额，每个细分领域（比如创业投资、杠杆收购或不良债权）、细分行业（高科技、生物技术、小型、中型或大型公司等）以及不同地区募集的总额更重要。同样重要的是，要比较募资金额、投资金额和将要投资的金额，以及变现退出的金额。对于给定的设立年份，基金的投资期通常为 5 年（特定策略会短一些）。私募股权基金对公司的持有期相差很大，但一般为 3 ~ 5 年，退出过程可能也需要一些时间。因此，很难根据某一时点的资本配置情况，来判断是否存在对私募市场的过度配置。

资本流入取决于以下投资者的投资总额：

- 高净值人士，取决于他们的流动性个人财富以及私人银行、家族办公室和基金会所建议的配置策略；
- 保险公司和银行，取决于它们的偿付比率和审慎比率、管理的总资产额及其配置策略；
- 公司，取决于它们的净利润、资产总额和投资政策；
- 养老金计划，取决于它们管理的总资产及其配置策略。

上述来源决定了私募市场的繁荣和萧条。养老金计划配置策略的改变可以突然释放出大量资本，并在相对较短的时间内投资于私募市场。当加州公共雇员养老基金、加州教师退休基金（CalSTRS）和美国的其他养老基金决定增加对这一资产类别的投资，以改善其投资组合的业绩时，就会出现这种情况。因为很难评估某一特定年份私募市场的合适规模和投资机会，突然的资本流入可能为次优的配置创造条件。

审慎比率或偿付比率的计算方法的改变，也会产生巨大的影响。《巴塞尔协议 II 》和《巴塞尔协议 III 》重新定义了银行评估风险和覆盖风险的计算方法。突然间，私募股权行业因其被赋予的风险而获得了不同的权重，金融机构不得不通过更多的资产负债表外资本来履行其出资承诺。由于提高了银行投资私募股权的资本成本，《巴塞尔协议 II 》和《巴塞尔协议 III 》可能会使私募股权融资的主要资金来源之一枯竭，尤其是在欧洲。

利率水平决定了基金设计出有吸引力的 LBO 交易结构的能力。如果借债的成本很低，基金就有可能以更高的价格收购公司，并提高交易的债权 – 股权比率，[⊖]这就是杠杆效应。利率还会影响投资组合公司的退出路径：大公司的收购能力在一定程度上取决于它们在收购私募股权支持的公司时低成本债权融资的能力。

如果财务杠杆水平以及随后的债务潜在违约率不断上升，一个可能的原因是基金管理人设计的交易结构过于激进（杠杆过高）。投资组合公司可能难以按照偿还计划支付红利。20 世纪 80 年代，LBO 交易中普遍使用垃圾债券为收购进行融资。1983 ～ 1993 年，高收益债券募集的资金平均 14.3% 被用于 LBO 融资。1986 ～ 1989 年，LBO 的增速超过了高收益债券的再融资，暗示了市场泡沫的存在。到 1990 年，高收益债券的违约率从 4% 上升到 10%，表明市场已经过热（Scott，2000）。

2006 年被认为是杠杆收购和创业投资的高点，泡沫正在形成。由于需要在管理资产规模不断增长的背景下评价私募股权行业的自然周期，所以很难评估私募股权行业是否存在泡沫。这些周期可以通过 2002 ～ 2008 年美国垃圾债券的违约率看到（见图 6-5）。LBO 基金管理公司所管理的资本不断增长，为大型收购提供了有力支撑，而这在资本涌入之前是不可

⊖ 假设低利率会使银行竞相参与更为有利可图的交易，并且监管部门允许其开展此业务。

能的事。因此，在一个不断变化的市场中，资本流入可能与预测泡沫的前景无关。

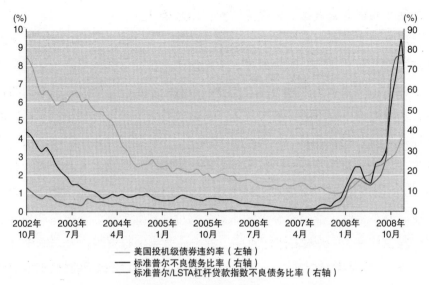

图 6-5　投机级债券违约率与标准普尔不良债务比率

注：标准普尔不良债务比率是指期权调整利差超过 1000 个基点的投机级债券的数额除以投机级债券的总额。不良债务比率是指低于价格 80 美分的贷款的比例。数据截至 2009 年 1 月 15 日。

资料来源：S&P Global Fixed income Research，S&P Credit Pro，S&P LCD，LSTA。

　　至于债务方面，尽管垃圾债券的发行量一直在增长，但违约率仍在控制之下，截至本书编写时（2019 年 8 月），违约率已降至 2010 年以来的创纪录低点。贷款人的预期表明，他们相信这种情况不会发生实质性的变化，因为相对于投资级债券，高收益债券的利率没有显著上升。然而，债权市场有其自身的运行规律，主要由违约和偿还预期所驱动。债务契约正在放松（Tett，2007）的事实表明，违约信号可能已经改变。债权市场并没有显示出长期支持私募股权投资速度的信号。

　　投资人不愿意在金融泡沫时期进行投资，因为这等同于投资的相对或绝对损失。预测损失的方法之一是确定资产价格是否上升到了不可持续的水平，也就是说，今后出售时不会产生收益。

当为一家公司所支付的价格（对 LBO 而言是 EBIT 或 EBITDA 倍数，对创业投资而言是投资前估值）上升到了该公司将被收购的价格水平时，就可以确定其中存在泡沫。然而，在有效的市场中，这种现象可以被认为是正常的，尤其是私募股权机构和战略收购者在杠杆收购中争夺相同的资产时。在杠杆收购中，公司出售时广泛采用拍卖的方式强化了一种观念，即任何重要的私人资产迟早都会有市场价格。如果私募股权机构以市场价格的折扣获得了某特定的资产，往往意味着经营该资产需要专门的技术。这可能正是私募股权机构的价值所在。

不同资产类别的相对业绩，以及基金投资者的风险厌恶程度，决定了流入私募股权的相对资本量。这可能会对资本流入造成冲击，相对于私募股权各细分领域的真实业绩，这种资本流入相对滞后。因此，在评估资本流入的市场需求以及一家公司在当前发展阶段的合理估值水平之前，很难确定私募股权市场的某个特定领域在特定时点是否存在金融泡沫。

资本流入的市场需求很难确定，因为这在一定程度上取决于有资格获得创业投资支持的公司数量，这些公司是国家创新潜力和公民创业精神的结果。资本流入的需求也取决于需要成长融资的公司数量，而这是由当前的经济状况和其他商业环境所决定的。对杠杆收购来说，它是发展、收购、国际化、重塑和重组的混合，取决于市场环境、宏观经济驱动因素（如贸易谈判），以及社会和人口因素（如代际变化，婴儿潮一代领导的公司正在退出历史舞台；EVCA，2005）。

6.4 结论

综合来看，私募市场可以被描述为一个与上市市场和非上市市场共生的金融生态系统。即使私募股权可以在公司发展的任何阶段为其提供融资，它也并非所有公司必需的（见第 6.1 节）。由于滞后效应，私募股权行业的最佳规模虽然还有待评估，但并不存在资本过剩（见第 6.2 节）。

6.4.1　不存在资本过剩

　　影响私募股权的每次危机，都为公众提供了一个质疑其生存能力、其未来甚至其作用的机会。2007 ～ 2009 年的流动性危机就是其中之一。这场危机导致基金管理人延长了资本配置的时间。然而，基金投资者仍然在加大对私募市场的配置。这种明显的矛盾，似乎让观察者仓促得出结论，即募集的资金与可以投资的资金之间存在不匹配（见图 6-6）。

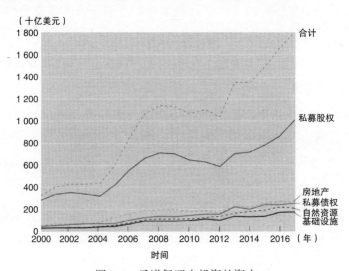

图 6-6　承诺但还未投资的资本

注：缺少 2017 年全年数据。

资料来源：2018 年麦肯锡，基于 Preqin。

　　问题是：资本太多是相对什么而言？私募股权约占上市公司市值的 4%，而上市公司占经济合作与发展组织（OECD）企业的 1%。尽管世界上没有一家活跃的公司是私募股权投资的潜在目标，但潜在的投资机会似乎相当多。对资本过剩的隐含批评是，有些基金管理人正在积累资本，却无法进行投资并产生预期的收益。一个小小的例子就说明了自信地发表此类声明的困难。

6.4.2　分析要素

　　年复一年，基金的募集金额日益超过投资金额。例如，1997 ～ 2011

年欧洲就是这种情况，不过 1999 年、2002 ～ 2004 年和 2009 ～ 2011 年
是例外（见图 6-7）。更糟糕的是，退出与投资之间的差距也逐年增大。
同比分析显示，私募股权基金将积累基金，且无法变现其投资组合。

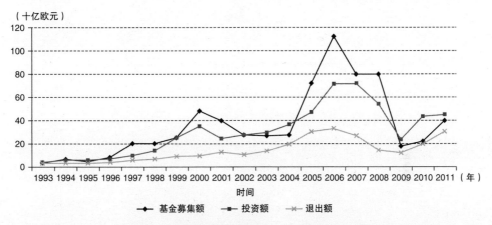

图 6-7　欧洲的基金募集额、投资额与退出额

资料来源：Invest Europe（ex-EVCA，1993–2011）。

　　事实并非如此。第一种分析方法表明资本并没有过多（见图 6-8），这
种错觉是由私募股权的特殊性造成的。比如：

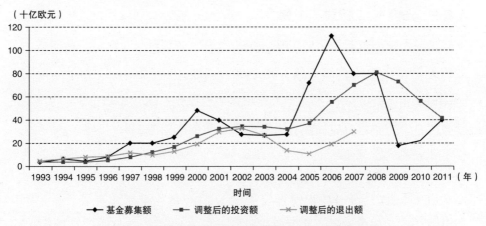

图 6-8　欧洲的基金募集额、投资额和退出额（调整后）

资料来源：作者，Invest Europe（ex-EVCA）figures（1993–2011）。

■ 基金的资金配置是在完成募集之后的三年内进行的。正确的评估意味着根据现金流模型来减少基金募集额的波动性，大多数私募股权基金都是如此。为此，它们使用了以下简化的资本配置模型：

表 6-1

	第 1 年	第 2 年	第 3 年	第 4 年	第 5 年
投资比例	25%	30%	30%	10%	5%

经典的投资曲线来配置 100% 的资金募集额，解释了真正的投资曲线，特别是资金募集额高峰和低谷的平滑效应。

■ 投资的平均持有期为 2 ～ 3 年（我们假设为 2 年）。为了找到某一年的投资结果，就需要看投资后 2 ～ 3 年的退出情况（退出平均发生在基金募集后的 2 ～ 3 年——我们假设是 2 年）。

结果既不精确，也不完美，因为 1993 ～ 1997 年的退出金额似乎超过了投资金额。这是因为持有期随时间而变化，在互联网泡沫期间（2000年之前），创业投资快速退出，然后在杠杆收购的贷款条件有利时进行股息资本重组（因此资本快速回流，有时最快只需 12 ～ 18 个月）。

6.4.3 从资本过剩到"干粉"

情况突然变得截然不同：从逐年曲线看，差距似乎在扩大，而调整后曲线则显示出曲线趋向一致。在 1999 ～ 2002 年和 2004 ～ 2008 年期间（见图 6-9），基金投资（调整后）和退出（调整后）之间出现的两个缺口是投资组合的增加额。一旦投资组合被建立起来并达到一定的门槛，就会有进一步的基金募集。如图 6-10 所示，LBO 基金平均有大约 1 年的交易价值作为资本储备。

由于 LBO 二级市场正慢慢发展成为 LBO 的主要退出途径（或者由于 IPO 仍处于较低水平，从创业投资所有权向 LBO 所有权转移），"干粉"将会投入使用，并可能有助于构建一个具有自身活力的行业。

对私募股权造成最大影响的不是交易量，而是资本配置的加速和减速。因此，讨论的核心是预期业绩，而这取决于资金配置到这个行业的金额和时间。

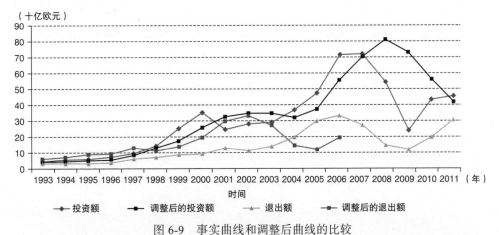

图 6-9 事实曲线和调整后曲线的比较

资料来源：Invest Europe（ex-EVCA），1993 ～ 2011 年。

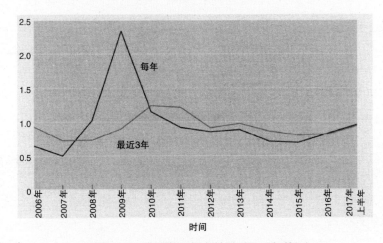

图 6-10 可用资金与交易量对比（年数）

资料来源：2018 年麦肯锡，基于 PitchBook 和 Preqin。

显然，与 1998 ～ 2000 年和 2005 ～ 2006 年的情况一样，投资加速已经产生了泡沫。相反，2001 年和 2008 ～ 2009 年的市场矫正也清晰可见。2002 年和 2009 年曲线的反转宣告了强劲投资的回归，这是产生最佳投资收益的年份。

在这方面，基金投资者的集体责任在确定未来收益率方面非常重要（Mulcahy，Weeks & Bradley，2012）。矛盾的是，正是基金投资者盲目而大规模地增加了在私募股权上的配置（事实上，私募股权对这种大规模的资本流入准备不足），导致了该行业投资业绩的恶化。

因此，接下来的问题是：基金投资者是否能够采取某种马尔萨斯主义，并集体掌控其资本的配置？或者他们能否支持强劲的金融创新趋势，并同样支持私募股权这一资产类别？这意味着采取相同投资策略和投资相同资产的基金管理人的数量将会改变，有助于促进资金的集中并降低每欧元投资的费用。对于这些问题，基金投资者能否成熟地应对还有待评估。

参考文献

图书及手册

EVCA (2005) *Private Equity and Generational Change*, 48 pp.

报纸及新闻媒体

Financial Times, 'Private equity goes into debt', 11 February 2007.
Norris, F., 'Fund books loss on RJR after 15 years: a long chapter ends for Kohlberg Kravis', *The New York Times*, 9 July 2004.
Salter, M., 'Learning from private equity boards', *Harvard Business School Working Knowledge*, 17 January 2007.
Tett, G., 'Private equity raises "covenant-lite" loans', *Financial Times*, 20 March 2007.

论文及研究报告

Bain and Company (2019) 'Global private equity report', 88 pp.
Cao, J. and Lerner, J. (2006) 'The performance of reverse leveraged buyouts', Boston College, Harvard University and National Bureau of Economic Research, 48 pp.
Mulcahy, D., Weeks, B. and Bradley, H. (2012) 'We have met the enemy … and he is us', Ewing Marion Kauffman Foundation, 52 pp.
Scott, J. (2000) 'Drexel Burnham Lambert: a ten-year retrospective', Austrian Scholar's Conference, Auburn University, 41 pp.

第 7 章

私募股权和道德伦理

文化冲突

　　私募市场在成为现代金融领域的一部分之前（见第 2 章），是没有必要编写这一章的。此前，道德伦理这种话题向来只与两种事情有关联：要么是被亚当·斯密（Adam Smith）描述为"同时按个人和一般公众的最佳利益来行事"的创业精神，要么就是宗教或政治行为。它没有机会被单独地评价，甚至很少得到讨论。

　　法治的出现分离了原本相互联系的行为，如制定法规以及从法规中受益，或者管理者和监控者的角色集于一身。私募市场的专业化使得委托人与代理人分离（见第 2 章），增加了潜在的利益冲突。

　　可能的失职行为很多，本章的目的并不是将其一一列出，而是理解它们发生的机制，尝试对其进行分类，并从中总结经验教训。直到二十年前，私募股权还是规模较小且主要在本土开展的活动，基金投资者和基金管理人互相十分了解。对违反道德行为的制裁就是简单地将其剔除出私募股权行业，因为消息在私募股权投资者中间传播很快。但随着资本的大量涌入，私募市场不得不面对私募市场价值链中参与人数和潜在的违反道德行为数量的突然变化。对违反道德行为进行制裁是很难的，法律常常被当作"最后的稻草"。

一个经济行业越发展，个人就越容易受到引诱，不惜一切代价地从中获益。法律制裁并不足以保证私募市场可在安全的环境下运行（见第 7.1 节）。因为迅速致富往往被社会视作是不正常的，成功人士决定通过慈善为自己积累一些道德本钱（见第 7.2 节）。为限制不平等并确立市场与公众参与的界限，采用的主要是透明化方面的法规（见第 7.3 节）。然而，这一解决方法被证明是有缺陷的，私募市场必须致力于道义、自律和道德行为（见第 7.4 节）。只有制约和平衡可以协调市场对灵活性的需求，以及公众对保护集体和个人免受掠夺性行为损害的需求。

7.1 贪婪

金融危机暴露了金融机构的一些隐蔽行为。通过大约两代人的时间，私募市场已经从传统和非正式的业务，发展到投资者和管理人之间相互独立。相比之下，证券交易所经历了一百年的发展，在此期间它应对了不断发展的复杂性和转型。从这个意义上讲，私募市场的情形是鱼龙混杂，部分基金管理人的贪婪占领了市场。但是，一旦这种转型伴随着新道德标准一起出现，最大的挑战便是管理好长期和潜在的对私募市场的颠覆性与破坏性影响。

欺诈：AA 资本和约翰·奥雷基奥（美国）

市场上出现了一些明显的欺诈案件，比如总部位于美国芝加哥的私募股权机构 AA 资本（AA Capital Partners）的欺诈案。[一]从 2002 年到 2006 年，AA 资本管理了六个工会的 2 亿美元资金，并为养老金提供咨询服务。根据 SEC 的调查，两位创始人之一的约翰·奥雷基奥（John

---

⊖ 2017 年出现的另一起案件涉及 Coller Capital 的前投资总监、Park Hill 的高管安德鲁·卡斯佩森，他专门从事基金二级市场投资。他被控犯有证券和电汇欺诈罪，被判入狱 4 年。他创建了与主要基金二级市场交易有关的虚假信贷额度，试图骗取两名机构投资者 9500 万美元，以供自己赌博使用。SEC 私募股权基金部门联席主管伊戈尔·罗森布利茨表示，缺乏透明度是私募市场（尤其是基金二级市场）的特征，它为这种欺诈行为提供了"完美的掩护"。

Orecchio），把钱用在了旅游、娱乐以及他一个情人所在的底特律脱衣舞俱乐部（FinAItematives，2009）。他在密歇根为情人和她的母亲购置了房产，包括一个马场（包含修葺费用）、一艘船以及豪车和价值 140 万美元的珠宝首饰。

2004 年，奥雷基奥让 AA 资本的首席财务官从客户信托账户中提取资金，将其存入 AA 资本的运营账户，之后又将其转入自己的个人账户。这样的提款至少有 20 次，共计 570 万美元。

SEC 还描述了他是如何就一笔房地产开发投资向其合伙人奥利弗（Oliver）撒谎的，他说成本高达 870 万美元，而实际投资额仅有 130 万美元。剩余的 690 万美元被用来整修他情人名下的上述房产（马场和脱衣舞俱乐部）以及购买拉斯维加斯的一间公寓。

奥雷基奥还让 AA 资本的客户支付本不应由他们承担的花费：政治献金、出入赌场和脱衣舞俱乐部的花费，以及音乐会门票或其他费用。为了满足自己收入达到 1000 万美元的需求，该机构的首席财务官从客户账户中提款。奥雷基奥受益于业务合伙人和首席财务官的帮助。

在这个案例中，违反法律的行为是显而易见的：参与交易的投资顾问在牺牲投资者利益的情况下进行商业运作。然而，并非所有的欺诈行为都那么明显，从而轻易被 SEC 察觉。

欺诈：保盛丰集团和彭日成（亚洲）

在另一起被调查的案件中（AltAssets，2009），保盛丰集团（PEM Group）的创始人和前 CEO 彭日成（Danny Pang）被指控利用家族成员充当雇员提取现金，每笔金额正好低于 1 万美元（提交交易记录的最低金额）。总金额估计达到了 8300 万美元。在另一个案件中，彭日成被指控诈骗亚洲投资者（金额在 2.87 亿～ 6.54 亿美元）。在这两起案件中，所谓的欺诈者利用地理距离和某种法律灵活性来侵吞基金。

地理距离不仅在法律系统的差异中发挥作用，也在文化的差异中发挥作用。很多投资者投资于新兴市场，认为当地的基金管理人（曾在西方大学接受教育）会遵循西方的商业惯例。但是，在中国和印度，人们对利益冲突和良好商业惯例的看法可能与 OCED 国家人们的看法存在很大的差异。尤其是，有些国家可能在政治、社会和经济上尚未达到构成欧洲和美国现代私募股权背景那样的成熟程度。

理解和文化的差异不仅仅只是私募股权的坊间轶事。如第 5 章所述，人际关系是项目来源、投资过程、投资管理和退出管理的核心。要在服务交换和利益侵犯之间做出明显的区分是相当困难的。例如，在中国做生意可能意味着需要花钱来获得某些有吸引力的机会。

欺诈：Abraaj 集团，阿里夫·纳克维和毕马威（中东）

Abraaj 集团的高管以类似的方式欺骗了基金投资者。该基金管理公司成立于 2002 年，并迅速成长为中东地区最大的基金管理公司，管理着 140 亿美元的资金，在私募股权、私募债权、私募房地产和能源等领域推出了 30 只基金，还在非洲、亚洲、拉丁美洲和土耳其等从事影响力投资（impact investing）。仅在 2015 年，该机构就募集了 14 亿美元用于在非洲投资。该机构面临经常性的超支、累积亏损和债务问题。

2018 年，包括国际金融公司（IFC）、比尔和梅琳达·盖茨基金会（Bill and Melinda Gates Foundation）在内的基金投资者指控该基金管理人在一只 10 亿美元的医疗基金中存在对 2.3 亿美元管理不当的问题，其 16 亿美元的四期基金（Fund IV）似乎短缺了 3 亿美元。毕马威（KPMG）受命调查此案，并对该公司予以免责。但是，该审计机构与 Abraaj 集团的关系非常密切。毕马威迪拜分部的 CEO 有一个儿子在 Abraaj 集团工作，并且他本人曾是 Abraaj 投资组合公司的审计师。由于 2013 年之前募集的基金没有任何外部管理人，使得该案变得更加复杂。

Abraaj 集团于 2018 年 6 月申请临时清算。2019 年，迪拜金融服务管理局（Dubai Financial Service Authority）针对该集团欺骗投资者、滥用投资者资金来支付运营费用以及开展未经授权的活动，对其处以 3.15 亿美元的罚款。同年，Abraaj 集团的创始人阿里夫·纳克维和其他高级管理人员在美国被指控挪用资金用于支付运营费用。纳克维本人被指控个人挪用了 2.5 亿美元，在本书编写时他在伦敦处于受监视居住状态。

英国基金管理公司 Actis 接管了 Abraaj 集团的第四只收购基金以及其中一只非洲基金。美国基金管理公司 TPG 和 Colony 资本接管了其医疗健康基金和拉丁美洲基金。

勾结与内幕交易（法国）

2007 年，法国金融市场监管局（AMF）调查了多只对冲基金和私募股权基金（名字没有披露）联手，对一家上市公司进行恶意收购的事件（Mackintosh & Arnold，2007）。有人怀疑，有些激进的基金逼迫管理层出售公司，同时与一些收购方预先达成了出售协议。不同参与者之间的勾结很难察觉，并会对经济造成严重损害。

勾结与内幕交易：新丝绸之路和帆船集团（印度）

内幕交易难以证实，尤其是在私募股权案例中。然而，关联性有时能为判断基金管理人提供线索。新丝绸之路（New Silk Route）即是如此，它是一家关注亚洲成长机会的投资机构，专注于印度次大陆的投资（参见 Primack，2011b），与美国因内幕交易而被判有罪的三个人存在关联：

- 拉贾特·古普塔（Rajat Gupta），因为帆船集团（Galleon Management）案而被起诉，他是这家管理着 14 亿美元的机构的董事长和联合创始人。
- 拉吉·拉贾拉特南（Raj Rajaratnam），他也卷入了帆船集团案中，2008 年担任该机构主要负责人。新丝绸之路（原名 Taj 资本）曾拨出 6 亿美元投资帆船对冲基金，从而引起了对管理利益冲突的深切关注。

■ 维克托·梅尼泽斯（Victor Menezes），2006 年因为 3000 万美元的
内幕交易被 SEC 调查，原因是在花旗银行宣布阿根廷债务危机所
导致的亏损之前，卖出了花旗集团股票。他支付了 270 万美元与
SEC 达成和解，没有承认或否认任何违法行为。

当基金投资者必须在新兴市场选择新基金管理人时，这种由可疑人士
构成的圈子就会引起关注。在投资新丝绸之路时，这些事实都不为人所知
（除了维克托·梅尼泽斯）。然而，这个案件表明对基金管理人的素质进行
分析很困难，需要彻底的尽职调查。[○]

共谋与腐败："付费参与"（美国）

一个关于共谋（和腐败）的例证是所谓的"付费参与"丑闻。19 家私
募股权机构[○]获得了养老金和公共投资平台的咨询委托，作为向当选官员
竞选捐款的收益（FinAItematives，2009）。结果是，SEC 禁止将这样的委
托交给那些有高管和雇员向当选官员竞选捐款的投资机构。

这一举措是纽约总检察长安德鲁·库默（Andrew Cuomo）调查的结
果，他揭露了募资代理人支付回扣给纽约主计长（New York Comptroller），
以换取纽约公共退休基金（NY Common Retirement Fund）的资金委托。募
资代理人（即 Aldus Equity）是以私募股权和对冲基金管理人的名义参与其
中的。总检察长最后对这些机构处以罚金（凯雷集团支付了 2000 万美元）
并停止它们之后使用募资代理人的协议，以此方式了结了这桩案件。

现在难以评估这些措施能否有助于防止未来发生此类丑闻。募资代

○ 当信息缺乏的时候，甚至可以雇用私家侦探公司（如 Kroll）来评估个人背景和情况，
尤其是在新兴市场。

○ 其中包括：FS Equity Partners，Wetherly Capital Group，Ares Corporate Opportunities，
Aldus Equity，Levine Leichtman Capital Partners，Odyssey Investment Partners，Carlyle
Realty Partners，Carlyle Europe Real Estate Partners，Carlyle/Riverstone Global Energy
& Power，Carlyle/Riverstone Renewable Energy Infrastructures，Quadrangle Capital，
Paladin Home- land Security，Pequot Private Equity，GKM，Lion Capital，Sector
Performance，Strategic Co-investment，Falconhead Capital Partners，Access Capital
Partners-see Hausmann（2009）。参见 Hausmann（2009）。

理人在寻找资本供应者方面是有真正作用的，尤其是他们认识做决策的高管。这可以节省基金募资过程的时间和金钱。此外，在获得这样的委托时，一系列的讨价还价是很难避免的，尤其是因为其中涉及人的因素。即使其中不涉及任何金钱上的报酬，也会有其他难以追查和批评的补偿形式。

如果政客是基金的直接投资者，甚至更难以处理；是间接（比如通过母基金）投资者，而这只基金获得了投资委托，而且这个委托是由这位政客批准的，那这是一件坏事吗？如果这位政客给予委托是基于对基金管理人的了解，那么是的；而如果这位政客与其他的基金投资者站在同样的立场而给予委托，那么就不是。在第一种情况下，违反了公共资金管理和公开要约的公平准则。在第二种情况下，符合私募股权的最佳做法，要求投资者了解其所投资的基金管理人。他不会选择无能的基金管理人，因为他自己的钱也投入了这家基金管理人所管理的基金。因此，他能够使自身利益与公共利益一致。但是他可能倾向于选择那些他投资过的基金管理人。

我们是不是应该禁止政客做出这样的决定，正如最近所建议的那样呢（Private Equity Online，2009）？争论的双方是负责决策的人（政客）和无权决策的人（官僚）。政客需要参加选举，这需要花费金钱，但是会因为糟糕的管理和政绩而被迫下台。行政管理人员有工作保障，因此理论上不容易腐败，但也更难因为糟糕的管理和政绩而被辞退。

估值操纵和基金募资：Roc Resources（美国）

2012 年，SEC 启动了一项针对私募股权机构 Roc Resources[⊖]的调

⊖ 一桩估值操纵案例涉及到了 Veronis Suhler Stevenson（VSS）的基金重组。SEC 指控该机构及其管理合伙人杰弗里·史蒂文森（Jeffrey Stevenson）未能向基金投资者提供与一只 1998 年所设立基金的价值变化相关的重要信息。VSS 和史蒂文森在 2015 年制定了要约收购程序，以购买基金投资者的股份（由管理人主导的重组）。他们没有披露该基金的资产净值在要约函发出后已经上升的事实。他们以 20 万美元的民事罚款了结了指控，而没有承认或否认这些指控。

查（前身是 Oppenheimer，该公司在调查开始两周后就拆分了，参见 Zuckerman，2012）。该母基金以 2009 年 6 月 30 日为评估基准日，以 600 万美元的估值（资产净值）投资了一家罗马尼亚控股公司。在 2009 年 11 月的基金募资中，此估值变为 920 万美元，评估基准日同样是 2009 年 6 月 30 日。普里马克（Primack，2012a）指出："该变化将基金的整体净 IRR 从 −6.3% 提高至 38.3%。"该基金从个人和机构募集了 5500 多万美元。

此估值引起争议，是因为标的资产在场外交易市场（OTC）挂牌，因此有公开价格（此罗马尼亚资产的报价是 7 美分，而在投资者报告中的价格为 20 美分）。根据交易报价，罗马尼亚资产的价值为 200 万美元，而持有人 Cartesian Capital 报告的价值是 600 万美元，奥本海默控股（Oppenheimer）报告的价值是 930 万美元。

过度收费：林肯郡投资管理公司（美国）

阿康奇信托（Acconci Trust）指控林肯郡投资管理公司（Lincolnshire Management）在一桩涉及圣达特集团（Cendent Corp）的案件中，没有按照法院的判决分配 9900 万美元的资金（Vardi，2011）。阿康奇信托表示，林肯郡投资管理公司以错误的方式扣除费用、支出和利息，并从此案件中另外挪用了 760 万美元。林肯郡投资管理公司否认有任何不当行为。

2004 年，阿康奇信托在基金二级市场购买了林肯郡股权基金（Lincolnshire Equity Fund 1994）的份额，该基金占林肯郡投资管理公司所管理基金的 51%。管理费上限为管理资产额的 2%，所有超过限额的费用都必须返还给基金。1998 年，林肯郡投资管理公司以 1.25 亿美元的价格外加业绩对赌收益，将其投资组合公司之一 Credentials Services International 出售给圣达特集团后，圣达特集团被指控违反了协议条款。2009 年法院判决的 9900 万美元在付完法律费用之后，还有 7400 万美元剩余，但是只有 4500 万美元分配给了基金投资者。林肯郡投资管理公司收取了 410

万美元的"诉讼费"和先期费用的利息 100 万美元，此外收取了 500 万美元的纠纷处理费用，还扣除 760 万美元用于偿还一项未登记的贷款。

基金过度扩张：Behrman 资本（美国）

2000 年，Behrman 资本为其第三只 LBO 基金募集了 12 亿美元（Primack，2012d）。因为基金管理人拒绝清算该基金的 5 家剩余的投资组合公司，该基金 2012 年又募集了 10 亿美元。普里马克（Primack，2012d）指出，"有些有限合伙人很愿意看到他们的份额被收购，有些则非常生气，但他们对此都无能为力"。这就是基金二级市场业务的一个示例，在所谓的基金管理人主导的重组中，他们同时是资产的买方和卖方。

事实上，Behrman 资本以 7.5 亿美元的价格，另加价值 2.5 亿美元的新投资，将投资组合出售给了加拿大退休计划投资委员会（Canada Pension Plan Investment Board）和其他投资人。因此，Behrman 资本在当前的退出中获得了业绩分成，因为它仍然是基金管理公司，还将在接下来的退出中获得额外业绩分成。同时，它还能收取管理费。

普里马克（Primack，2012d）解释道："有限合伙人不可以拒绝这种事情的发生吗？技术上的回答是肯定的，从现实角度则是否定的。想象一下，如果有限合伙人拒绝接受这个协议，他们该怎么做呢？雇用一个对标的公司不熟悉的新普通合伙人或者顾问来管理剩余的投资组合吗？简单地拒绝继续向 Behrman 资本支付管理费？可以，但是如何激励 Behrman 资本继续工作呢？"

总之，"Behrman 资本也募集了新的主体资本（产生了全新的费用），而没有通过正式的募资流程（就像 2007 年彻底失败的那次）。简而言之，无论初始协议是怎样写的，这个例子再一次证明了普通合伙人可以控制局势"。

从那时起，由基金管理人主导的重组业务得到了发展并取得了进展，潜在的利益冲突在很大程度上尚未解决，但是这种业务越来越频繁。

可能的解决方法和发展方向

解决方法可能在于将控制和决策的功能分离，并在失败的时候能采取真正的制裁措施。可以看到一个事实，那就是每个人在做决策时都必须处于私募股权链中其他方的控制之下。尽管这不能确保消除不当行为，但有助于防止这种情况的发生。如果控制权并非只掌握在一方手里，那就很难反复愚弄控制者。

目前，这些财务审查和制约并不存在。这也是为什么需谨慎评估基金管理人的个性、正义感和道德水准。这无疑增加了困难。

第一个困难在于缺乏对基金管理人所处环境的深刻了解。尽管基金投资者通常可以得到很多的推荐（通常来自基金管理人的朋友和业务伙伴），但是很难了解基金管理人的声誉、行为以及投资哲学。

第二个困难与基金管理人的专业化有关系。演讲和提交的文件被改进得尽善尽美，因此难以透过表面看到问题。基金投资者和管理人的时间都很紧缺，这减少了他们相互交流机会，削弱了相互了解的可能性。

短期来看，监管者已经加大工作力度。SEC 已经"针对私募股权行业发起了广泛的调查，特别是在内幕交易和私募股权机构如何处理利益冲突方面"（Burwell，2012）。SEC 将主要监管私募股权基金管理人（管理资产额在 1.5 亿美元以上）是否像"投资顾问"一样遵守《多德 – 弗兰克法案》，并制定有效的政策和程序来防止内幕交易。

关于利益冲突，SEC 会关注以下问题（Burwell，2012）：

- 使用一致且记录在案的估值方法；
- 使用附加协议的方式给予某些基金投资者优惠待遇；
- 资金募集超出运营能力，以便将管理费用最大化；
- 同一基金管理人所管理的多只基金之间的投资机会分配；
- 向基金投资者报告基金业绩的准确性；
- 向投资组合公司收取费用的决策和披露；

■ 对僵尸公司的管理，特别是在延长成熟基金寿命的情况下。

SEC 是否能够应对上述问题所带来的工作量还有待观察。根据私募股权在线（Private Equity Online，2011）的说法，"大约有 800 名 SEC 雇员监控现有的 11 000 名注册投资顾问，而内部人士称，SEC 再聘用 400 名雇员的计划可能还不够。对于这个行业而言，前景令人担忧，该行业需要监管者充分了解，并理解其各种策略，否则就有可能成为耗时（且昂贵的）审计或其他合规性调查的目标"。

但是，这种努力可能意味着更好的信息披露、更高程度的透明度以及业绩清晰度（Sutton，2012）。这尤其与 SEC 关于 LBO 支出的调查有关，包括收益分配和终止交易费用。

7.2 破坏

在很多国家，私募市场仍有增长的空间。在评估私募市场的发展时，我们主要依靠全国性或区域性协会所收集的统计数据。这些统计资料源于各地基金管理人的申报，存在一定的偏差，因为不属于这些协会的私募市场投资者（如公司、主权财富基金、家族办公室和独立基金）的数据不包含在内。此外，某些国家／地区管理的资金与该国家／地区投资的资金之间可能存在显著的差异。有些国家是资本净出口国，另一些国家是净进口国。这对那些不能依靠永久资源的地方经济产生了重大影响。

联合国贸易和发展会议（UNCTAD）在其《世界投资报告》（World Investment Report）中指出（UNCTAD，2006），私募股权基金一半以上的资金被用于外国直接投资（FDI）。2005 年，超过 1000 亿美元（总投资额为 9040 亿美元）被投资到基金管理人所在地以外的国家。联合国担心的是，这种资本流动并没有伴随着技术转移，而且投资期也比通常的外国直接投资更短（其结果可以在第 4.1 节看到，因为新兴市场已经呈现出了资金来源枯竭的苗头）。我们还要补充一点，其中的一些流量非常不稳定，并且很快就会枯竭。

就业与私募股权

此外，UNCTAD日益关注这些投资所带来的就业。在欧洲和美国，私募股权是就业的净创造者。对于创业投资和成长资本来说，这似乎是显而易见的，它们从一开始就创造了就业机会，并且就业与收入同步增加。第4章还探讨了杠杆收购和重振资本在创造就业方面的问题。

创业投资为初创公司提供资金，这些初创公司从头开始创造新的职位。但是，情况并不仅限于此。如果初创公司不成功，这些职位可能只会存在有限的时间，然后创业投资在创造就业方面的记录会减少。甚至有人可能会争辩说，这些短暂的职位可能会对整个经济和社会产生负面的外部影响。更重要的是，初创公司所创造的职位可能削减了较大型经济体中的一个或多个职位，必须要考虑较大经济体中所消减的职位。一个例证就是在所谓的零工经济中，不稳定的自由职业者代替了有稳定职位的出租车司机。

至于杠杆收购案创造的净就业机会，取决于从中期观察公司的总体发展情况。但是从短期来看，收购可能会导致对职位的压制。在公司创建新职位之前，这会给经济和社会体系带来压力，而新职位可能会由不同的职位来填补。结果可能是失业人员的技能难以再次启用或改变，而这些成本却由他们共同承担，而不是由公司通过培训和转换其劳动力的方式来接管这项任务。

日益增加的责任

经济增长是由私募市场投资推动的吗？创业投资和成长资本参与到了新公司和其他新的经济活动的兴起之中。杠杆收购可能对长期生产力提高有作用，但对长期GDP增长的贡献大小还有待考证。私募股权的影响力随着管理资金额的增加而提高，其责任也相应提升。

　　将私募股权纳入金融和经济生态系统的一个组成部分，意味着私募股权必须承担其新角色所带来的责任，并形成积极正面的外部性。私募股权不仅在其所投资国家的发展中扮演着重要的角色，还影响着其所投资的公司在社会、经济和总体环境方面的表现。

　　私募股权通过更好的治理（Guo，Hotschkiss & Song，2008，关于杠杆收购；Gompers & Xuan，2008，关于创业投资）和更严格的监控（Katz，2008，适用于杠杆收购，但对创业投资同样成立）创造价值。因此，基金管理人拥有对投资组合公司的管理行为施加决定性影响的工具。他们可以决定遵守道德、社会和环境标准的要求，而这些是在早期阶段实现可持续发展所需的。

　　大型私募股权机构承诺在保护环境和抵御气候变化方面采取行动，这超越了其通常的许诺。这些仅仅是粉饰性的措施，关乎机构的流行形象（漂绿⊖）。私募股权基金管理人对所有权的关注，使其有权力和责任来支持这些原则。他们拥有金融资源，可以运用（甚至开发）最先进的评价工具，并为建立三重底线评估（经济、社会和环境）做出积极贡献。在这方面，他们没有理由比上市公司做得更差。

外部性内部化：三重底线

　　要推动基金管理人采取有利于三重底线发展的行动，关键在于声誉的重要性。正如我们在本章前面部分所看到的，基金投资者对基金管理人的声誉非常敏感，而随着私募股权行业的快速和广泛扩张，这一点甚至更加明显。许多学术论文表明，无论是创业投资（Gompers & Xuan，2008；Hsu，2004）还是杠杆收购（Katz，2008；Guo，Hotschkiss & Song，2008），声誉都是基金管理人的主要资产。声誉使得基金管理人可以吸引最好的投资机会、同创业者谈判获得有利条款（可以使公司估值达到 30% 的折扣，Hsu，2004），并在按照有利的条款实现退出（Gompers & Xuan，2008）。

　　⊖　green washing，指机构为了展示对环境负责的公共形象而宣传虚假信息。——译者注

通过以下方式，基金管理人可以减少其行为的破坏性影响，并优化三重底线：

- 在评估投资机会时，除了其他的调查，还要开展社会和环境尽职调查（买方尽职调查）；
- 建立评价标准来监控这些因素，同时定期对公司的企业文化进行评估；
- 在出售公司时，执行与投资时相同的尽职调查（卖方尽职调查）。

难以言表：美国环保基金私募股权管理工具

美国环保基金（Environment Defense Fund，EDF）已经建立并向公众提供了关于私募股权在环境、社会和治理（environmental, social and governance，ESG）方面的管理工具。[一]图 7-1 提供了一个整体框架，此框架被细分成了 22 个标准。这些标准一旦记录下来，基金管理人就能够根据最佳实践标准进行投资配置，并跟踪进展。

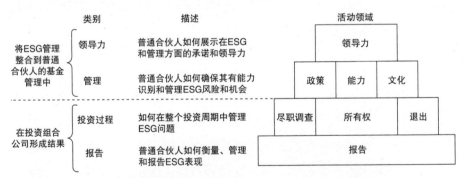

图 7-1　EDF 的 ESG 私募股权管理工具：框架结构和概览

资料来源：Environmental Defense Group。

图 7-2 和图 7-3 总结了投入和产出，作为对进一步行动的支持。这种评估是对基金管理人行动和提升的一种帮助。考虑到基金管理人在开发新

　　⊖　www.edf.org/greenreturns.

方法和监控工具方面的能力，他们没有理由不能在短时间内完成这个三步流程。

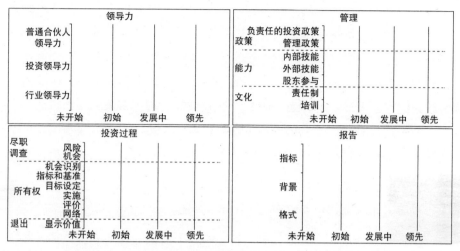

图 7-2　EDF 的 ESG 私募股权管理工具：普通合伙人评估

资料来源：Environmental Defense Group。

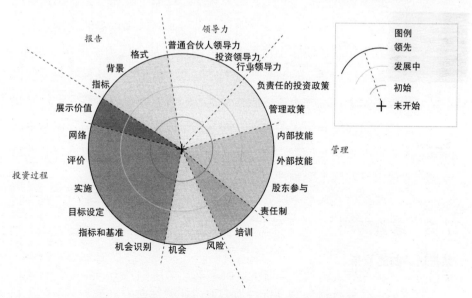

图 7-3　EDF 的 ESG 私募股权管理工具：可视化评估

资料来源：Environmental Defense Group。

基金投资者在对基金做出出资承诺时，必须提出这些要求。如果基金投资者因为想将三重底线与基金业绩评估相结合，而被基金管理人从名单排除，那么他可以利用声誉效应，并权衡改变基金管理人的这种态度（见第 7.3 节）。养老金和保险公司在逻辑上应该会首先对基金管理人施加压力。

基金管理人有能力解决这些问题吗？由于他们对自己的投资组合公司有很强的控制力（Kelleher，2011），并且这些公司比多数大型上市公司有更大的灵活性和适应性，因此答案是肯定的。此外，很多时候美国环保基金的文件中所强调的维度实际上是基金管理人在投资时要做的价值创造评估的一部分（见第 4 章）。

可能阻止实施的障碍仅有：

- 所涉及的成本。开展这种监控至少需要时间、精力和钱。能否收回投资是记录和沟通结果的问题。事实上，投资组合公司价值的很大一部分是无形的，因此记录人力资本、技能、专业知识、流程以及公司其他活动领域的文件只能在退出时起到优化价值的作用。
- 财务分析结果（如成本削减）与美国环保基金评估结果相互矛盾。诱惑是绕过后者，转而削减成本。但是，由于美国环保基金评估也是长期承诺，这种矛盾可能揭示了人们对于业务的策略、定位以及总体假设的更深层次的关注。如果削减雇员数量与美国环保基金的人力管理评估相冲突，则可能需要审查培训政策、公司内包和外包方法以及实际上影响冲突诊断的其他要素。

7.3 慈善活动

慈善活动的遮羞布

慈善活动已经被提升到良好行为的道德证明层面了。很多对冲基金和私募市场基金的管理人活跃于慈善活动中，由此提升了他们的名声，并给他们的业务披上了道义的色彩。这些行为的目的不仅仅是为了实现自我提升，有时甚至是为了死后名声长留，不过它们的效果远非最优。

私人的或未经组织的慈善行为可能会造成灾难性的后果，主要是因为它们很少评估当地人口的需求，而是依据一个建立在假设之上的宏大计划进行。比如，已经证明，为特定的医学研究项目大量捐款的私募基金会事实上正在抢走其他医疗研究领域最聪明的专业人员，由此形成逆向选择效应。另外，很多非政府机构缺乏专业性和效率，从而降低了所募集或被授予的每一美元的价值。

基金管理人在慈善领域的过度曝光，与其不愿意纳税之间形成了鲜明的对比（2007 年以来，这在英国和美国是一个争论不休的辩论议题，尤其是关于将业绩报酬当作收入征税），基金管理人缴纳的税收主要被用来提供公共服务和资助更穷困的人群。庆典盛会和慈善基金筹款活动的成本与这些款项所产生的现实结果相比通常高得惊人。

公益创投、社会创投、社区创投

"社会创投""社区创投"和"公益创投"（Balsham，Brown，Lee & Rubalevskaya，2011）涵盖一系列令人深刻印象的举措。现在不是要批判这些做法及其目的，但是，需要明确指出，高风险 / 高收益的营利性活动与低收益或无收益的活动之间的界限并不存在。

私募股权已经建立了一种创造和分配利润的有效模式（见第 1 ~ 6 章）。此模式建立在资本提供者（基金投资者）及其代理人（基金管理人）的利益高度一致性的基础上。为此，公司治理得以推进，激励机制（股票期权）被用来提高员工积极性以及给他们施加成功的压力（杠杆收购中的财务杠杆，创业公司保留现金直到达成下一个阶段性目标及后续融资）。

这个模式能应用于非营利性机构吗？首先，很难设计利益一致的架构，因为资本提供者参与这种社会行为的动机千差万别（认可度、声誉、参与感、宗教等）。因此，很难将这些动机与公益创投的利益保持一致，因为这些目标各式各样，且难以衡量。

利润很容易衡量，因为有一个共同的标准；衡量社会行为的效果则困难得多。一个人该如何衡量社会创投对声誉的提升或损害呢？

激励机制更是难以处理。除了参与这类活动的满足感之外，成果基本上是无形的，而且往往难以分配。因此，活动本身就是参与者的收益，但这难以保证效率以及对所提供资源的最好利用。

名声、耻辱和铭记：声誉的有力杠杆

换句话说，做社会投资者和社区投资者所做的事情，是所有基金管理人的责任，不存在任何怀疑和例外。对于所有基金管理人都是如此，无论是社会、公益、社区还是任何其他"典型的"基金管理人。

否定这种说法，就证明基金管理人本身就是未被缓解的风险来源，而基金投资者自己是无论如何都无法缓解这种风险的。事实是，负外部性（无论是环境、社会、声誉还是其他方面的）最终都会形成反弹，对基金管理人和基金投资者的打击越来越大。

作为基金投资者的养老金对这些问题很敏感。例如，2012年康涅狄格州校园枪杀惨案后，博龙资产管理公司（Cerberus Capital Management）在其基金投资者（包括加州退休教师基金 CalSTRS）的压力下，计划出售所持有的自由集团（Freedom Group）的股份。一所小学的28个人被自由集团制造的武器所射杀。加州退休教师基金间接持有自由集团2.4%的股份。尽管博龙资产管理公司在枪杀案发生4天后就开始出售此股份，但没有任何收购者。加州退休教师基金于2013年1月投票决定从枪支资产中退出，但直到2015年6月，在博龙资产管理公司有效地设立了一只将自由集团的股权排除在外的孪生基金之后，才实际从自由集团退出。

就非财务事项而言，声誉是私募市场基金的核心。声誉是杠杆，激励基金管理人采取行动并考虑活动的背景，而不仅仅是捐赠、许诺或穿着正装跟其他社会名流混在一起。

7.4 透明度

提高透明度的新征途始于旧金山

2002 年 12 月，旧金山高等法院裁决，《信息自由法案》（Freedom of Information Act，FOIA）适用于加州公共雇员养老基金的私募股权投资组合。养老金定期编制并发布其参与投资所有私募股权基金的业绩，美国其他几个州的养老金也跟随其后。这种透明度的压力出现在 1992 年罗斯·佩罗（Ross Perot）首次披露其私募股权投资之后，那时正值美国总统选举期间，此后安然公司丑闻发生（Chaplinsky，2004）。

法庭的判决让一个很不透明的行业得以清晰地浮出水面，突然之间，该行业不再受到保密性这层面纱的保护。基金管理人担心的一个问题是，他们对业绩、J 形曲线现象以及此资产级别的低流动性缺乏普遍了解。他们的反对很快被回绝，因为法庭认为发起诉讼的媒体以及养老金，都应该对这种业绩做出解释。

退潮后的业绩和费用：谁是裸泳者

一个问题是，加州公共雇员养老基金和基金管理人之间的任何书面沟通都应该披露，但这会影响发布季度报告的基金的投资组合公司。不过，可以对信息披露设定一些限制，以保护商业机密。事实上，加州公共雇员养老基金只需披露基金业绩，如果可能的话，还包括基金管理人收取的费用。直到最近，加州公共雇员养老基金才知道其基金管理人收取了多少费用，这一事实引发了一些担忧，这突显了大机构的知识缺口。

基金投资者对这一决议给予了积极回应，该决议通过信息更容易获得，重新平衡了他们与基金管理人之间的权力。该行业突然意识到，当它成为一种资产类别时，便不能再对投资者保密其最敏感的数据——费用和业绩。因此，比较基金管理人的业绩和他们的估值方法，并获知其费用结构，就成为可能。

基金管理人不喜欢的是，现在可以进一步分析他们的业绩，并将他们的营销材料与市场的现状相比较。尤其是，通过将基金与相同年份设立的其他基金进行比较，能够确定基金对其投资组合公司的真正贡献。

正如已经讨论过的，声誉对基金管理人来说很重要。声誉可以吸引最好的投资机会，使得他们能够就其投资条款进行谈判，还可能获得对方的让步，并获得更好的投资退出条件（Nahata，2007）。声誉也是基金管理人收取管理费用和业绩报酬的基础。如果市场变得更加透明，投资者就能够减少对声誉的依赖，而更多依赖于事实。这也同样适用于创业者和公司管理层。

影响

信息披露的影响好坏参半。由于愿意参与这个资产类别的基金投资者多于所提供的基金，当前的基金投资者在管理费用和业绩报酬上的谈判没有什么空间。但是，他们可以更好地分析业绩，以及将公平市场价值应用于投资组合公司的讨论，增加对未实现业绩的分析。

出乎意料的是，创业者更了解这一点。连续创业者越来越不那么热心与曾合作过投资人再次进行合作（Bengtsson，2008）。创业者甚至开始积极分享他们对潜在投资人的了解，例如通过 TheFunded.com。

因此，透明度对投资组合公司而言不再是风险，而是基金管理人作为代理人的自身利益。更严重的是，基金管理人通过既有业绩记录（不同于新进入者没有业绩记录或业绩记录有限）耐心构建的进入门槛，可能会因为基金投资者能够获得更为详细的比较方法，而突然间被大幅降低。

提高透明度的进程仍然在继续。保密性仍将是私募市场的必要特征。保护商业机密、保护创新、保持投资的稳定性，这些因素仍会被保留。不过私募市场的透明度永远不会达到其他资产类别的水平，主要原因是必然的时间滞后以及对投资组合公司的商业秘密的保护；同时，数据本身也不能代替理解、比较和调查数据，以了解基金管理人的真实业绩。基金投资者的目标应该是减少信息不对称，而不是获得更多的数据（*The Economist*, 2009a）。

7.5 自律还是强制监管

积极自律的实例

从全局来看，国际自律必须成为未来基金管理人行动的核心，尽管这听起来过于乐观。鉴于创业投资和 LBO 基金管理人的国际化影响力，国家层面的自律已不再有意义，因为他们正在开发各种参与措施。LBO 基金管理人正在筹备对冲基金、不良债权基金、房地产基金、咨询服务、并购和基金募集活动，这一事实引起了一些利益冲突，特别是他们处理所收集信息的方式，以及如何行使这些活动所附带的权利方面。

即便投资银行业在过去和现在都远没有实现太高的效率，私募股权机构依然需要建立相当强大的预防措施和规章制度。如果建立起来，那么几乎不可能产生和利用杠杆收购与不良债权业务的协同效应（*Financial Times*, 2007b）。私募股权机构也是如此，它们在杠杆收购活动之外开发了房地产业务，所收集的信息可以被不同的内部活动应用，甚至超出了当初的收集目的。因此，建立规则的动机非常有限。

协调利益：补偿、沟通和估值

一个因素是主动确定更公平的基金管理条款和条件。这意味着该行业需要发布标准的管理费率和业绩报酬条款。管理费应该根据基金管理人的实际需求来确定，同时应避免仅仅为了收取更多管理费而开展基金规模升级竞赛。如果不是强制性的，这些条款应该至少参照市场标准，并明确背后的依据。

然后，此行业应该建立一个公平且严谨的财务和估值标准，并坚持遵守。不仅其他的金融行业没有理由不接受这一点，而且它应该取代按市值计价的估值方法。这个资产类别是成功的，并产生了大量的收益，因此，拒绝公平市价并不会妨碍其成功，尤其是因为注入的资本仍然很多。

在这方面，这个行业需要精确制定估值标准。尽管有《财务会计准则》（Statement of Financial Accounting Standards，SFAS）第159号公告，但尚未实现的利润在实现之前不应入账。在私募股权领域，期权在触发行权之前是一文不值的，因为投资被认为是中长期的，而且这些期权的价值仍然存在很大的不确定性。这种不确定性会导致收益的波动，从而带来风险，而基金投资者的潜在收益无法对此进行补偿。只有代理人（基金管理人）、基金募资目的（讨人喜欢的业绩）和激励的计算受益。应当将其作为应用159号公告的理由而废弃（*Financial Times*，2007a）。

决策的指导原则，应该永远是为基金投资者的最大利益行动。代理人的任务是为他们管理基金。因此，基金管理人的集体利益应成为基金投资者利益的保护者。该指导原则应该通过专业制裁来实施，比如禁止私募股权活动，并公布这些裁决对象的名单。

与股票交易所周旋：上市公司的管理层收购

尽管已经宣告了"上市公司的黯然失色"（Jensen，1989），私募股权专业人士应该特别注意他们与证券交易所投资者打交道的方式。首先，因为这些投资者是他们投资组合公司的潜在买家（要么直接在IPO的时候，要么间接地通过另一家上市公司）；其次，因为监管越来越关注对证券交易所投资者的保护；最后，因为越来越多的这些投资者同时也是他们的基金投资者。

当发生上市公司私有化交易时，LBO基金管理人的利益是确保他们为其收购的公司支付了公允的价格。这背后的逻辑是，他们不仅必须把握机遇，还要考虑公司的长远前景。一家公司退市后，很难再获得运营改善。LBO管理人极有可能被指控仅适用财务杠杆和传统金融工程方法（与裁员有关）。

金德摩根退市（152亿美元）就是一个例子，该公司CEO领导了对自己公司的杠杆收购（Lashinsky，2007），尽管该公司设立了董事会，但仍引起了利益冲突。这首先是因为公司的初始报价是每股 84.41 美元，而之后增加到 107.5 美元。里奇·金德（Rich Kinder）在董事会表示，经过重组，到 2010 年公司的股价可以达到 163 美元每股（这是在 2007 年金融危机之前）。

通过杠杆收购，该公司的 CEO 所持有的股份比例从 18% 激增到 31%，他自己没有任何的资本注入。这项要约提交后没有进一步的公告，这令人震惊，该公司的 CEO 因缺乏透明度而遭受指责。股东要求在计划好的杠杆收购中获得与 CEO 相同的待遇，但没有成功。

在这种情况下，很明显的是，公司管理层首先关注的是他们自己的利益，公司的顾问也是如此，而不是所有股东的利益。有趣的是，金德是在安然公司接受的企业界训练，那里股东的利益与管理层的利益并不融合。金德和他的合伙人拥有所有的信息，而独立的董事会只能依赖管理层提供给他们的信息（管理层是要约的一部分）。由于金德和他的合伙人在通知董事会的两个月前就计划了操作并组成了投资联合体，其他有竞争力的报价几乎不可能成功，尤其当管理层站在当前公开要约的一部分时。

更严重的是，出售公司或将其再次挂牌的利润中有 20% 都流向管理层（这 20% 中的 40% 归金德自己）。杠杆收购的债务要通过资产出售来偿还，而最终的收益可能要未来以更高的价格 IPO 来实现。

公众对于这种做法的愤怒正在被点燃（Stein，2006）。持有少数股权的个人股东对私有化杠杆收购几乎无能为力。这些股东的权力也极其有限，公司的管理层完全掌控了这些业务。结论之一是：上市公司的管理人应该在 5 ~ 10 年的期限里，在法律上从任何私有化操作中被排除出去。这样做是为了避免巨大的利益冲突和对潜在利润的滥用。施泰因认为，这是内幕交易的主要来源，因为管理层利用这些信息来获益，而损害了股东的利益。

7.6 结论

不管基金投资者是否喜欢，私募股权依然会是一个低透明度的领域，其中大部分的业务都因为保密性而难以搞清楚。矛盾的是，这其实是非常好的消息。透明度会迫使基金管理人不断证明他们的价值，继续进行创新，以支持他们的投资组合公司。金融服务的创新是一种区分方式，可以避免经常使用同一种基准。

保密性将使得基金投资者保持警觉，并不断应用他们自己的判断，履行职责并避免将风险管理外包，这是 2008 年金融危机中问题的主要来源（Blankfein，2009）。因此，对机构的报告进行评级，只是评估杠杆收购交易健康状况的一个小小的部分。

协调利益不仅是为基金投资者的利益服务而不为代理人的利益服务的问题，而且是为最终受益人积极努力以实现最佳结果的问题，最终受益人是那些最终会退休的、需要保险保障的、拥有上市公司股权的公众。基金投资者也需要协调他们与他们自己投资者的利益。这意味着他们必须精确评价其私募股权投资的风险 - 收益情况；他们需要获得最好的私募股权内部信息；他们需要就条款和条件进行系统的谈判，以达成可能的最佳条款，而且一旦投资，就要立即开始行动。

出乎意料的是，一名优秀的基金投资者的收益是微不足道的。与大量的费用和业绩报酬相比，捐赠基金管理人、保险公司高官或者养老金代表的激励机制不足，无法最大限度地利用其风险边际，无法通过条款谈判来最大化净收益以及积极主动地管理基金的投资组合公司。即便是非常成功的捐赠基金管理人，比如前哈佛捐赠基金的投资主管，当他们因其价值创造获得公平补偿时，也会引起公众的强烈抗议。

难怪受托人或资产管理人很容易与基金管理人合谋。对这样有紧密关联性的工作进行补偿和对稀少且有价值的专业技能进行补偿是有很大差异的，这一点很难给出合理的解释。

　　结果是，有些基金投资者的代理人不具备参与私募股权基金投资和监管的资格；或者准备下一步要么加入基金管理机构，要么加入或创建一家基金看门人／母基金；或者与他们应该监管的基金管理人沆瀣一气。

　　在一个复杂的市场中，当透明度和保密性结合起来时，应该持续专注于让市场中的每个参与者扮演控制其他参与者的角色，在他们需要惩治不良行为时，不会受到任何直接的正面或负面个人影响。因此，每个人都应该是潜在的揭发者。在主要参与者的同意下，建立市场的核查和平衡系统，是基金投资者和基金管理人应该努力实现的目标。

参考文献

报纸及新闻媒体

AltAssets, 'US private equity chief pleads not guilty', 28 July 2009.

Balsham, R., Brown, M., Lee, M. and Rubalevskaya, J., 'Private social investment in France: meeting two goals', Knowledge@Wharton, 26 January 2011.

Blankfein, L., 'Do not destroy the essential catalyst of risk', *Financial Times*, 8 February 2009.

Burwell, R., 'SEC Enforcement Division focuses on insider trading and conflicts of interest in private equity', Dealmakers, *Pitchbook*, 16 March 2012.

FinAlternatives, 'SEC moves to end "pay-to-play" at pensions', 27 July 2009.

Financial Times, 'Private equity goes into debt', 11 February 2007a.

Financial Times, 'The limits of fair value', 27 July 2007b.

Hausmann, D., 'Kickback scheme promises pain for private equity', *Dow Jones Private Equity Analyst*, April 2009.

Kelleher, E., 'Private equity chooses the responsible route', *Financial Times*, 27 February 2011.

Lashinsky, A., 'Rich Kinder's bigger slice', *Fortune*, 16 May 2007.

Mackintosh, J. and Arnold, M., 'French probe buy-out collusion', *Financial Times*, 6 July 2007.

Primack, D., 'Random ramblings', The Term Sheet, *Fortune*, 2 March 2011.

Primack, D., 'Drilling into Oppenheimer', The Term Sheet, *Fortune*, 20 March 2012a.

Primack, D., 'Private equity recaps (no, not that kind)', The Term Sheet, *Fortune*, 13 August 2012b.

Private Equity Online, 'Ban the politicians', 24 April 2009.

Private Equity Online, 'Why the SEC's good intentions may harm investors', 21 January 2011.

Stein, B., 'On buyouts, there ought to be a law', *New York Times*, 3 September 2006.

Sutton, S., 'Panel: regulation could clarify performance', *Private Equity International*, 8 February 2012.

The Economist, 'Economics focus: Full disclosure', 21 February 2009.

Vardi, N., 'Investor sues T.J. Maloney and his USD 1.8 billion private equity firm alleging bogus fees', The Jungle, *Forbes*, 26 April 2011.

Zuckerman, G., 'Private equity fund in valuation inquiry', *The Wall Street Journal*, 24 February 2012.

论文及研究报告

Bengtsson, O. (2008) 'Relational venture capital financing of serial founders', University of Illinois at Urbana-Champaign, 45 pp.

Chaplinsky, S. (2004) 'CalPERS vs. Mercury News – disclosure comes to private equity', Darden Business Publishing/University of Virginia, 22 pp.

Gompers, P. and Xuan, Y. (2008) 'Bridge building in venture capital-backed acquisitions', Harvard Business School Working Paper 08-084, 46 pp.

Guo, S., Hotchkiss, E. and Song, W. (2008) 'Do buyouts (still) create value?', Boston College, University of Cincinnati, 59 pp.

Hsu, D. (2004) 'What do entrepreneurs pay for venture capital affiliation?', *The Journal of Finance*, 59(4), pp. 1805–1844.

Jensen, M. (1989) 'Eclipse of the public corporation', Harvard Business School (rev. 1997), 31 pp.

Katz, S. (2008) 'Earnings quality and ownership structure: The role of private equity sponsors', NBER Working Paper No. 14085, 53 pp.

Nahata, R. (2007) 'Venture capital reputation and investment performance', Baruch College, 64 pp.

UNCTAD (2006) *World Investment Report*, United Nations Conference on Trade and Development, New York, 372 pp.

第 8 章

总结

私募市场——现在和未来

私募市场在筹集资金、基金管理人和活跃基金投资者等方面都在不断扩大。它还引起了一些嫉妒，吸引了需要新业绩来源的对冲基金管理人的注意，但同时也促使一些基金投资者完全绕开基金或通过参与联合投资私自进行杠杆收购、创业投资和房地产投资。这是否意味着基金管理人的工作将会被商品化？

8.1　对现有玩家的奖励

2007～2009 年金融危机的后果导致波士顿咨询公司（BCG）和西班牙 IESE 商学院宣称在其报告发布之后的 2～3 年内，预期业界将会失去 20%～40% 的基金管理人（Meerkatt & Liechtenstein，2008）。在母基金行业和基金行业，经常可以听到并购的消息。

这个行业某种形式的整合已经开始（见下文），但与预测相比，进展比较平缓。根据 Preqin 的数据，2009 年有 90 家私募股权基金管理公司消失了（在互联网泡沫破裂后，只消失了 14 家）；2011 年有 183 家管理公司进入歇业模式（有 130 家新管理人加入），依然活跃的管理公司有 4146 家。这与 BCG 和 IESE 的预计相差甚远。这个行业并没有出现收缩。

原因在于，基金管理公司可以在一段时间内依靠管理费来维持运营。英国 LBO 基金管理公司康多富（Candover）在持续运营 30 年后，于 2010 年进行清算。中型市场 LBO 机构公爵街（Duke Street）是无法募集基金的机构之一，只能逐笔交易进行操作。根据 Preqin 的说法，BCG 和 IESE 的预测从未实现，活跃的基金管理公司的数量也没有减少（见图 8-1）。

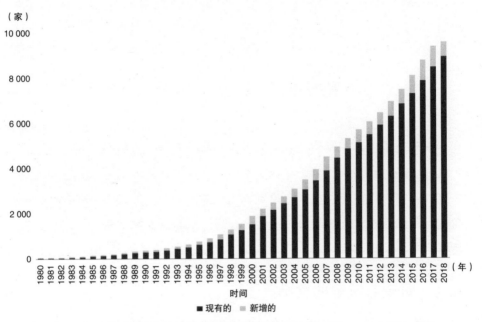

图 8-1　全球活跃的私募市场基金管理公司数量（1980 年～ 2018 年 10 月）
资料来源：2019 年 Preqin。

但是，有迹象表明该行业正在集中，并且对于现有参与者有明确的奖励。三种趋同现象正在支持这一集中趋势。

首先，遵守法规会产生成本，而如果一家基金管理公司旗下拥有互补的投资策略，则此成本可以更好地分摊。规章制度实际上构建了进入壁垒。合规成本和品牌是新兴基金管理人的不利因素。这两个因素降低了投资策略方面的创新动力。通常，现有基金管理人通常拥有"长老特权"（grandfather right），因此现有基金管理公司可以从这种优势中获利，尽管它们不一定是最有效率的投资公司。值得注意的是，有些基金管理公司由于过去优异的业绩而建立了自己的品牌，但并不一定具有相关性，它们仍可以吸引那些不一定了解这些情况、只会基于量化因素进行分析的基金投资者的兴趣。

其次，基金管理公司可以利用自己的品牌来启动这些新策略，基金投资者有财务和声誉方面的动机，乐意与这些大型、现有、知名的基金管理人一起投资。

最后，那些在 20 世纪 70 年代和 20 世纪 80 年代创立了基金管理公司的创始人，必须管理其继承权。尽管他们可以将基金管理公司传给下一代，但也会面临简单将此机构出售以变现的诱惑。

在短期内，私募市场必须面对的主要挑战是能否给基金投资者提供更好的风险管理工具（见第 8.2 节）。尽管没有指标提供单一且直接的风险评估，但评估基金管理人长期思考的能力是至关重要的（见第 8.3 节）。风险管理可以激发一系列的金融创新举措，也可以带来一些改变结果的呈现方式（见第 8.4 节），这可能会对私募市场产生很大的负面影响（见第 8.5 节）。在这方面，私募市场处于一个十字路口：对资产类别更多的了解可以为基金投资者提供更多的选择（见第 8.6 节），但也可能让此资产类别变得被过度监管，这是一个双输的局面。

8.2 提供更好的风险衡量工具

私募资产有限的交易能力是私募市场投资的内在组成部分。投资者必须为其投资确定时间期限。根据投资策略，如果他们无法持有 3 ～ 8 年，那么投资私募市场就没有意义。在这方面，流动性的时间（或直接贷款的期限）是投资的一个维度，而不是风险。

私募市场中的风险难以管理，因为无法将其量化到一个数字，但至少有五种风险衡量方法（Demaria & He，2019）。投资策略风险衡量的是按设立年份计算的私募市场基金总体业绩随时间的变化。这种自上而下的观点，对于构建投资组合、评估损失的可能性以及在发生损失时的损失金额很有用。基金投资风险提供了给定的私募市场策略的基金亏损或盈利的频率，以及亏损或盈利的金额。这种自上而下的方法在理念上也接近风险价值，并且适用于完全清算的基金。

主动型基金风险衡量将特定私募市场策略下主动型基金的季度业绩与完全变现基金的平均业绩进行比较。基金选择风险是一种自下而上的方法，用于衡量基金投资者选择优质基金的能力。最后，可以量化给定私募市场策略实现流动性的平均时间的变化，这实际上是某种形式的"流动性风险"衡量。

这些工具是新的，其优势是可以在上市资产中重复使用。当构建混合不同资产的投资组合时，它们可能会提供一个汇聚点。

然而，衡量风险仍然很困难，因为对于私募市场来说，这些风险既是内生的又是外生的。说风险是外生的，是因为私募股权业绩在一定程度上与上市市场的业绩相关。金融市场决定了投资组合公司的退出要么是通过在证券交易所出售，要么是先并购出售给战略收购方，而战略收购方可以上市。在这种情况下，战略收购方的股价和债券的价值（以及利率）将决定其收购的能力。如果收购方没有上市，利率（以及整体经济形势）将决定其收购的能力。这两种退出情形忽略了完全由战略收购方的现金储备提供资金的收购策略，这可能意味着债务成本太高（而且利率过高，因为经济环境不利于收购）。因此，投资组合公司的估值可以根据可比上市公司法得以实现，并结合市场情况加以微调。

说风险是内生的，是因为多种因素为私募市场所独有：

- 基金管理人难以使一只基金的业绩在另一只基金上重现。
  基金业绩与其投资项目有关，投资是根据实际情况所做的决定，也是一个理性和严谨的过程。个人魅力是关键因素，既不能量化也不能简化为技术过程。成功需要这方面取得更大的进步（如声誉效应，见第 7 章）。

然而，在大多数情况下，过去的业绩并不能预示将来的业绩（Gottschalg & Kreuter，2007）。母基金充分阐释了这一点，尽管私募股权基金的业绩是一致的（Kaplan & Schoar，2003）。尽管业绩平平，但母基金也有一项支持大牌私募股权机构的投资政策，它们认为其风险要低于支持新兴和创新的团队。因此，母基金助长而非弱化了市场惯性，并产生了一种对私募股权生态系统有害的滞后效应。耶鲁大学捐赠基金提供了一种不同的做法，在投资组合公司业绩和新兴团队选择方面建立了最佳操作实践（Lerner，Schoar & Wang，2005）。

- 私募市场领域的飞速发展。

值得注意的是，创业投资领域的技术高度民主化，不同基金之间在投资最适合自身投资模式的公司方面的竞争越来越激烈。这就产生了团队业绩的不确定性，这些团队已经制定了一段特定时期内的策略，并准备在未来五年（基金投资期的长度）快速发展的市场中配置资本。

这就是为什么基金选择被视为最重要的一环，而方式是通过对基金管理人的评估。随着时间的推移，他们已经建立了声誉，并有能力识别有吸引力的投资机会，进行投资谈判，管理投资组合公司，并为投资退出做好准备。

顶级私募股权基金管理人为长远做打算。他们不仅构建投资组合公司，还孕育未来的机会。LBO 基金管理人与潜在卖家打交道的时间会持续 18 ～ 30 个月，直到有效地完成该公司的收购。他们也会耐心地发展关系网络，以吸引符合他们投资策略的机会。创业投资也是如此，比如，基金管理人与他们以前投资组合公司的 CEO 保持联络。这些 CEO 不仅会推荐其他机会，还能自己发起令创业投资人感兴趣的新项目。

有一种降低业绩波动性的方法，依赖于基金管理人构建关系网络，并将其专业技能"产业化"的能力（尤其是耐心等待合适的机会）。对于基金投资者来说，评估这些未来的机会所带来的财富至关重要。为此，基金投资者需要让自己完全置身于基金管理人的环境中。他们必须从中介、公司前 CEO、前员工以及基金管理人必须与之打交道的任何利益相关者那里获得反馈。有关基金管理人能力和个性的坦诚反馈胜过任何的数据分析。

另一种方法是在投资组合公司上市或出售给战略收购方之后，观察它们的表现（Cao & Lerner，2006）。它们在此事件中存活下来了吗？表现如何？是否有能力和谐发展？这也显示了基金管理人真正创造价值的能力，但更重要的是，这证明他们有能力做长远打算。

8.3　唯一有效的主旨：长远考虑

这一代基金管理人将在未来几年陆续退休，这一事实突显了长远考虑的重要性。他们将如何应对这种代际的转移？他们是否培养了有能力接管基金管理人职位的人才？他们是否充分训练了这些人面对即将到来的挑战，包括处理未来的业绩？

在将来，业绩数据可能会降低，与投资相关的风险也会降低。如果说估值在短期或中期会有所下降，但长期看来，趋势会有所不同，尤其会朝着价值增加的方向发展。原因在于随着私募市场变得越来越受欢迎（见第8.4节），出现了资本流入，这将降低投资的边际收益。美国创业投资行业已经出现了业绩下滑的趋势，这是该行业走向成熟的标志。美国大型和超大型 LBO 也在走同样的路。这个趋势可能会发展并逐渐扩展到私募市场的每个领域。

基金投资者意识到了这个挑战，他们对选择合适基金管理人的难度有清醒的认识。与此同时，他们希望限制投资这一资产类别的成本。这项工作很困难，因为随着时间的推移，费用和成本一直保持相对稳定。

8.4 公允市场价值的影响

在会计方面，在机构投资者将采用新的偿付能力和审慎比率的压力下，公允市场价值（FMV）作为一种更好的资产定价方式得到了推广。这些标准依赖于推理方法，而这些方法仅仅使用类比和市场数据（如果有的话）。这不仅增加了业绩的波动性，还强化了将上市股票价格与私有股份价值进行比较的习惯——如第 4 章所述，这是一种错误的评估。

然而，这些规范（美国财务会计准则第 157 号公告，即 FAS 157）似乎助长了金融波动性，迄今为止，尚未带来私募股权投资组合估值的预期结果。根据 FAS 157，投资组合公司的价值必须以相当于市场价格的价值来衡量。这种评估不仅与其相对于预算的内在业绩相关，还与它们在证券交易所上市的可比公司有关。这可能有助于大幅改变私募市场投资组合公司的价值，并从基金投资者那里获得套利机会，这些基金投资者必须关注投资组合公司的资产负债表和净利润。这就抹杀了私募股权的特征，也就是基金投资者与基金管理人之间的长期承诺。

私募股权业绩的波动性增加了基金投资者的资本成本。在金融领域，波动性等同于风险，而风险必须用现金或现金等价物部分或完全覆盖。通过在私募股权评估中引入波动性，FAS 157 已经提高了中小型企业的投资成本。由于基金投资者是长期参与的，并且私募股权业绩在 FAS 157 标准下的波动性仍然很高（至少比当时盛行的历史成本计算法高），这会持续带来很大的影响。

正如本书通篇所提到的，私募市场与上市市场所遵守的规则不同。此外，该行业正慢慢成为一种资产类别，有一些确定的模式和历史数据，尽管不完美，但是可以进行统计处理。私募市场统计数据的不完美，从整体来看，对经济的损害程度要比 FAS 157 本身小得多。不仅大多数私募市场投资活动难以找到合适的可比上市公司，而且当公司没有被主动出售时持续使用这种方法也不合理。更糟糕的是，FAS 157 代表了私募股权历史的逆转和上市公司的衰落（Jensen，1989）。

母基金管理人在这场争论中一直保持沉默，尽管从数据上看，母基金似乎降低了私募市场相关的风险（Weidig & Mathonet，2004）。这再次引发人们对母基金在行业中效用的担忧，如果它们不能提供证据的话。它们目前似乎更注重通过捆绑基金和联合投资来降低费用，并将一揽子计划出售给基金投资者。

有趣的是 2003 年的 12 月，大型和特大型收购基金管理人通过私募股权行业指导团体（Private Equity Industry Guidance Group，PEIGG）呼吁支持公允市场价值。在金融危机发生前，PEIGG 向美国创业投资协会（NVCA）施压，要求其采用，NVCA 最后同意了。从 2008 年至今，黑石集团等过去曾推崇这些规则的基金管理公司都一直在抱怨其应用情况，因为金融危机的冲击压低了上市公司的市值。这使得同一类团体支持"责任投资指南"的行为显得有趣，这次是通过私募股权联合会[⊖]（Private Equity Council）。

除了要求私募市场免除 FAS 157 的约束（大型和特大型收购除外），公允市场价值引发的问题并没有明显的解决方案。毕马威（KPMG，2009）表示，还应重新评估公允（价值）会计准则，以区分精确反映经济价值损失的规则和不必要地加剧经济损失的规则。

因此，基金投资者可以将公司市场价值的这一部分应用于大型和特大型收购基金，以建立自己的估值框架，从而确定所投基金的价值。由于从某些基金管理人那里获取基础数据和投资组合公司细节存在困难，这一进程可能会放慢。

8.5 长期趋势：私募市场的吸引力

私募市场的风险 – 收益状况将持续保持吸引力，这就意味着资本流

⊖ 尽管它本质上代表 LBO 基金，但 2010 年却更名为"私募股权成长资本委员会"，此后在 2016 年更名为"美国投资委员会"。

入应该会持续（见图 8-2）。Preqin 估计，截至 2018 年，私募股权管理的
资产已达到 3.4 万亿美元（私募市场为 5.9 万亿美元），2023 年应该能达
到 4.9 万亿美元（私募市场为 9.3 万亿美元）。必须正确看待这一点：另类
投资将达到 14 万亿美元，比 2017 年（8.8 万亿美元）增长 59%。预计投
资者将更多来自亚太地区。公共养老金和私人养老基金预计将会在私募
市场表现活跃，捐赠基金和基金会、主权财富基金、家族办公室也会如
此（Preqin，2018）。引用韦莱韬悦（Willis Towers Watson）的话说，机构
投资者已将 14% 的资产配置到私募市场，预计未来 10 年这一比例将达到
20%（Ford，2019）。

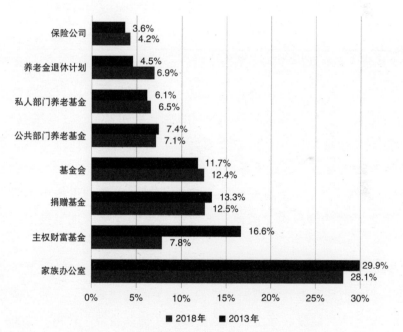

图 8-2　私募股权的投资者类型（不包括母基金）

资料来源：2018 年 Preqin。

　　但是，这意味着要克服基金投资者在对另类资产承诺方面提到的主要
障碍（见表 8-1）。无论如何，除了主权财富基金之外，从传统的资产配
置向更加多样化和以收益为导向的配置过渡（整合私募股权）应该是循序

渐进的，如图 8-2 所示。后者是不受约束的投资者，也就是说，他们可以自由配置资产，无须遵守任何监管。据摩根大通称，资产配置的变动平均需要 3.4 年完成。

表 8-1 另类投资的主要优势、劣势与障碍

	主要优势（答案占比）	主要劣势（答案占比）	主要障碍（答案占比）
对冲基金	■ 分散化（73%） ■ 收益（63%） ■ 收益波动性（51%）	■ 费用（70%） ■ 透明度（68%） ■ 流动性（67%）	■ 透明度（59%） ■ 费用（44%） ■ 收益波动性（28%）
私募股权	■ 收益（94%） ■ 分散化（68%） ■ 投资管理人的机会（42%）	■ 流动性（85%） ■ 费用（68%） ■ 透明度（27%）	■ 流动性（62%） ■ 透明度（43%） ■ 费用（30%）
房地产	■ 分散化（81%） ■ 预防通胀（65%） ■ 收益（63%）	■ 流动性（79%） ■ 费用（48%） ■ 杠杆化（34%）	■ 流动性（66%） ■ 收益（29%） ■ 内部资源（25%）

资料来源：2010 年摩根大通资产管理。

资本在私募市场逐步进行配置是一件好事。经济体只能吸收这么多的可用资本，并将其转化为可盈利的投资。如果超过这个吸收能力，那么估值就会增加，收益也会受到影响。由于私募股权首先是一种基于人际互动的业务，因此关系网络和业务往往是地方性的（大型和超大型 LBO 除外）。在一个由低效率和信息不对称主导的市场中，有效配置资本需要时间和精力。因此，该行业的整体业绩取决于投资团队的质量。

新兴市场的私募市场相对不成熟，无论它们是否变得过时，都应引起注意。私募市场适度且有控制的增长，似乎明确决定了这一资产类别的未来：经济体只能吸收固定数量的资本。在创业投资（1999 ～ 2001 年，见图 8-3）和杠杆收购（2007 ～ 2010 年）中，资本过多的现象是显而易见的。

根据图 8-3，自 2001 ～ 2003 年泡沫破裂以来，创业投资领域吸收的资本已经减少了，基金募资水平明显低于前一个周期。另外，基金投资

者将更多的资金承诺几种在更少的团队身上，募集了更多资金（其结果第
4.1 节进行了探讨：随着基金管理人竞争相同的项目并希望给每家公司投
入更多的资金，种子轮和早期投资出现资金缺口和估值升高）。根据合众
集团（Partners Group）的说法，LBO 也遵循相同的路径，基金管理人将
筹集更多的资金，根据交易的类型和投标人数量的不同，估值将发生变
化。美国的大型和超大型 LBO 受到的影响最大。

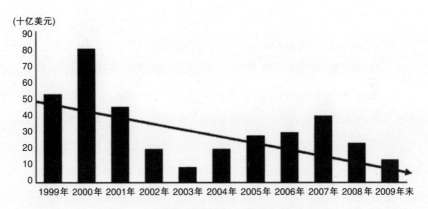

a）美国创业投资基金的新增出资承诺

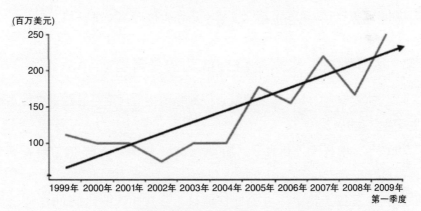

b）创业投资基金的中位数规模（大于 2 000 美元）

图 8-3　美国创业投资基金的出资承诺变化和新基金的规模
资料来源：2009 年合众集团，道琼斯风险资源。

文化、经济、社会与法律因素

基金投资者是集体创造市场的人。根据所关注的国家／地区不同，他们投资私募市场的动机存在差异，也取决于他们自身的特征。基金投资者是"非理性投资者，容易受到偏见的影响"，具有时尚、流行、代表性偏见、对模糊性的厌恶、对信息的反应不足、对噪音和声誉的敏感、家庭投资的偏差、过度自信和符合前景理论等偏见（Demaria，2015）。基金投资者行为的决定因素包括资产配置政策、投资决策指南和流程、招聘和激励政策、员工概况和任期、基金投资者群体的网络和整合，以及基金投资者的声誉。但是，这些因素首先取决于投资者的规模，而投资者的规模决定了目前在私募市场上配置的总资本。这反过来又决定了专业知识和经验，这取决于基金投资者在此资产类别上所花的时间和建立的关系网络。

根据资金承诺，投资业务将发生重大变化，从而显著影响私募市场和经济前景。文化、经济、社会与法律等因素也会对私募市场的发展产生影响。预计美国和欧洲私募市场发展趋势会长期趋同（以及后来的新兴市场）。整个经济体会支持这种趋同，尤其是为了应对发达经济体公司领导层的代际交替。这种机会很多，主要是由于市场的不完善。

8.6 私募股权：未来是自身成功的受害者

除了泡沫风险之外，私募股权行业面临的主要风险是其在中期或短期内实现商品化吗？

2005 年，摩根士丹利表示，2003 ～ 2005 年期间，1/3 的 IPO 都属于私募股权基金所支持的公司（2005 年为一半）。私募股权基金参与了 1/4 的并购，并发行了其中一半的杠杆债权。参与并购的比例 2011 年已经增加至 30%。截至 2011 年 12 月 31 日，私募股权管理的资金规模为 1.7 万亿欧元，是 15 年前的 100 倍。截至 2018 年，这一数字翻了一番，达到 3.4 万亿欧元（见上文）。这相当于全世界上市公司总市值的 2.5%。根据《华尔街日报》的报道，2017 年美国私募融资 2.4 万亿美元，而上市市场融资额为 2.1 万亿美元。⊖2011 年，私募市场融资取代了公共市场的地位。

然而，私募股权的影响可能被低估了。事实上，全世界所有上市公司的总市值是其股票在市场上交易价格的外推。这意味着，如果一家特定公司的总资本需要在某一天卖掉，其股票价格将与其在这一天的边际价格大相径庭。换言之，配置给私募股权的总额是实打实的投入，而全世界所有上市公司的总市值则只是一种外推，因为它需要持续保持完全的流动性，因此自然大不相同。

这一结论为公允市场价值的应用提供了一个有趣的视角。正如本书一直所述，私募股权基金管理人必须出具报告，对其资产进行估值，就如同它们第二天就要被出售一样。为此，我建议用可比上市公司的市值。然而，如果这些上市公司次日必须具备完全的流动性，那么它们的价值很可能会大幅下降（就像股市崩溃时发生的情况）。

这样看来，公允市场价值的规则完全是一纸空谈。它的推动者没有考虑使用金融工具的时间和范围，而是决定采取一种规则，使他们摆脱非常困难的问题，这样做在经济和金融上都没有任何意义。他们被公开市场的幻象即永久且有效的定价搞得眼花缭乱。这是一个错误见解，但尽管如此，会计准则都基于它。理性的会计准则将有利于长期投资，这与价值创造有关。这就是人们认为会计规则应该衡量和捕捉的。

私募市场应该被视为一种特定的资产类别，尤其自身的规则，最显而易见的证据之一是一个特定生态系统的出现。LBO 二级市场的发展表明，私募股权符合行业增长的逻辑。理论上讲，每只基金都为公司的成长做出了自己的贡献。比如，法国公司 Frans Bonhomme 连续成为四只 LBO 基金的目标：1993 年，它被 PPM 风险基金以 1.5 亿欧元的价格从 Bollore

---

⊖ Eaglesham-J, Coulter-J, ' The fuel powering corporate America: USD 2.4 trillion private fundraising ', *The Wall Street Journal*, 2018-04-02.

公司手中收购；然后，在 2000 年被安佰深以 4 亿欧元收购；2003 年，被 Cinven 以 5.2 亿欧元收购；2005 年，安佰深又以 9 亿欧元收购了它。对应的息税折旧摊销前利润（EBITDA）分别为 2500 万、4300 万、6500 万和 9000 万欧元（L'Age，2005）。LBO 二级市场现在是 LBO 基金的第二退出渠道，占到 LBO 交易数量的 30%～40%。

私募市场的资本流入如果意味着所有细分领域都能获得资金，并且这些资金被定期投资（降低了该领域的周期性），那么这种资本流入就会产生积极的影响。市场的不完善和透明度缺失可能会让一些参与者留在传统的私募股权市场中，比如技术类创业投资。但是，如果其他条件保持不变的话，资本流入则会让人们开始关注长期业绩的稳定性。

很多基金的业绩将发生变化，下一次危机将在这方面起到现实的检验作用。未来，出于多元化和提高收益的目的，投资者在私募市场的配置应该包括非 IT 类的创业投资、成长资本和重振资本等细分领域，这些领域依然有很大的发展空间。这扩大了投资视野，但需要适当的环境和风险偏好。私募市场基金是否会复制上市市场，却没有后者相关的监管负担，以实施某些公司所必需的转型呢？这将通过为经济创造第二个"经济和金融之肺"，为证券交易所创造一个"喘息的机会"，但也会在经济和金融治理方面引发诸多的问题。很多上市公司的"激进投资者"想引进在 LBO 基金投资组合公司中取得成功的方法（见图 8-4）。但是，此举的结果只有在若干年后才能看到，因此很难在上市市场上应用。

这要求上市公司的管理层有某种程度的进步。这些管理层不一定喜欢这些 LBO 方法，因为这些方法会对其经营造成很大的压力。正确运用私募股权的方法不仅仅是机构投资者的责任（*Financial Times*，2005b），也符合他们的利益诉求（见第 8.7 节）。

私募股权的商业化很可能为新一轮的创新浪潮开辟道路，但也带来了更高的风险，比如，如果将 LBO 技术应用于不同的公司（风险更高或监管更严）。由于基金是受限制的，私募股权能做的事情也有限。另外，私募股权实践的扩散可能导致不良的行为，最明显的是在利益冲突的管理方面，也可能导致更失败的高调运营，如玩具反斗城（Toys'R Us），由一家盈利的公司走向破产和大规模裁员。

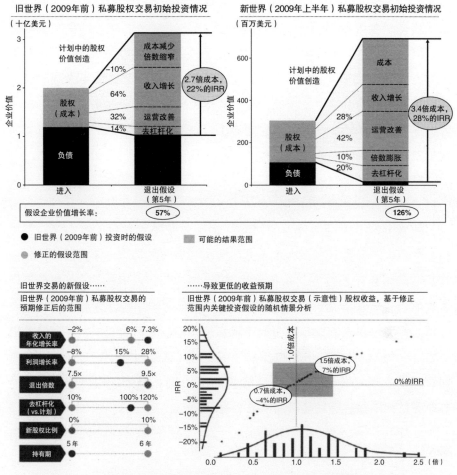

图 8-4　危机对杠杆收购下投资组合公司业绩及销售额提升的影响

资料来源：2010 年合众集团。

2007 ～ 2009 年金融危机之后，短暂出现过不收取管理费的基金，重新引发了一场长期的争论：降低与私募市场基金管理相关的费用。在打造团队和流程以及遵守增加的法规时，如果高额的管理费有意义的话，那么基金投资者在支持这些团队时因承受风险而获得收益也符合逻辑。同样合乎逻辑的是，特定基金的投资者在他们所支持的基金管理人开始后续基金募集时，应该拥有优先投资权。

这些问题，以及私募市场基金的治理，将会在今后几年引发无数的辩论。这是私募市场成功成为一类资产类别及国际化的必然结果。总的来说，国际化对各地经济都是有益的。第一，它给当地市场带来了资本和人才，为当地私募市场基金管理人的发展奠定了基础。第二，基金投资者能够在投资不足的市场中发现极具前景的投资机会。从长远来看，资本流入对资本来源的好处不仅体现为利润的形式，还会以全球经济发展的形式显现出来。

8.7 更好地了解私募市场的影响

私募市场可以成为公司的利润、建议和支持的来源，但为此，公司和资产不得不保持较低的可交易性。私募市场基金属于"耐心资本"，而且我们必须这样看待它。在很多情况下，可交易性问题可以在基金投资者层面得到解决（见第 8.7.1 节和第 8.7.2 节），但是不应该妨碍投资组合公司的发展。在这方面，基金投资者必须小心权衡联合投资的诱惑（见第 8.7.3 节），他们自己还应该抵御贪婪的诱惑（见第 8.7.4 节），这种诱惑基金管理人发现有时很难抗拒（见第 7 章），否则私募市场很可能会受到与其业务目标不相适应的监管（见第 8.7.5 节）。

8.7.1 理解风险并管理 J 形曲线

私募市场基金管理人越活跃，经历的投资周期越多，对此资产类别的了解就越深，他们就越能更好地理解 J 形曲线的走势。根据行业和投资目标的成熟度，这一曲线的走势可能会发生重大变化。

其中的一条教训是，在任何时点，基金很少会投资其 100% 的出资承诺。早期投资退出的收益分配通常会循环投入，以应对基金后续的缴款请求。这使得一些基金投资者给基金的出资承诺过高。为了在某个时点能有效使用 100% 的承诺资金，有些投资者的出资承诺达到原计划配置资金的 130% 或 140%。这是有统计数据支持的，根据统计数据，正常情况下一只基金最多只能配置其规模 60% ～ 80% 的资金。但是，这种做法最近卷土重来，由于在金融危机期间没有投资退出，而且基金一直在催缴资本（特别是支付管理费），有些基金投资者的出资承诺已经超过了其战略性配置。建议基金投资者假设在 6 ～ 18 个月的危机期内，没有分配和持续的缴款请求，然后仔细模拟有效的资本配置，并进行压力测试。

另一条教训是，根据不同的投资策略（创业投资、杠杆收购、成长资本、母基金、基金二级市场或其他），可以确定预期 J 形曲线的平均形态。事实上，随着时间的推移，风险的性质发生了彻底的变化，并且可以区分为三个阶段（见图 8-5）。

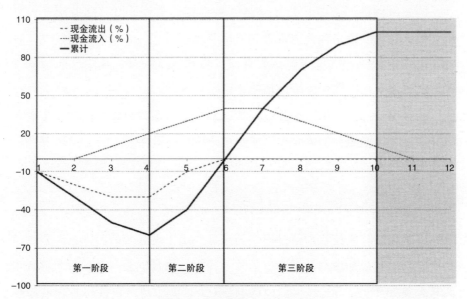

图 8-5 J 形曲线的三个阶段

资料来源：Demaria（2006，2008，2010，2012）。

（1）第一阶段，是从基金设立到 J 形曲线的谷底。根据到达曲线谷底的时间和谷底的深度，可以推断出（有一定程度的确定性）第二阶段的时间以及第三阶段曲线的高度（Demaria，2015）。J形曲线的谷底正好与投资组合公司某种程度的成熟度相契合。它显示了哪些投资组合公司会渡过难关，尤其是它们的业绩与预算的对比情况。这个阶段正好对应了私募股权投资者所承担的实际风险。这一阶段的风险最高，收益潜力也最大。

（2）第二阶段，是从J形曲线的谷底到基金的收支平衡点。这个阶段相关的风险就是收支达到平衡的时间和收益潜力。但是，从理论上讲，投资组合结构、通过早期退出实现的业绩和基金管理人的预期都是不错的。如果基金投资者由于现金约束或再平衡需要而出售基金的份额，那么他们可以期望获得溢价。但这样做是不可取的，因为这会恶化与基金管理人之间的关系。尽管如此，有些基金投资者可能因为战略性配置约束而退出。

（3）第三阶段，是从收支平衡点到完全从基金退出（即全部套现）。事实上，这个阶段是现金流管理和退出管理的过程。此阶段的风险在某种意义上是有限的。关键问题是实现流动性所需的时间，而不是收益的水平，后者通常可以或多或少地精确评估。

通过以上分析，结合私募股权统计数据和宏观经济评估，在基金投资者层面监督不断增加的流动性来源是可能的。这些来源不一定意味着切断与基金管理人的关系，而是与专业的中介机构一起设计结构性金融产品。

8.7.2 通过结构性金融产品创新

金融和私募股权是创新性很强的领域。由于金融领域的创新无法申请专利，人们有很强烈的动机通过不断寻找可以销售的新产品和新服务，来保持在竞争中的领先地位。一旦创新被推向市场，创新者的品牌就可以在竞争对手效仿之前保持相对优势。随着创新被复制，它便会成为主流，竞争会在价格层面上展开，产品或服务的利润变薄，由此刺激进一步的创新。

私募股权的局限性是众所周知的，可交易性便是其一。在基金层面，这不是问题，但是在基金投资者层面则可能会产生一些现金管理上的困难。事实上，基金投资者的手头必须要保存一些现金，以应对即将到来的出资请求。同时，他们也可以随时从投资退出中获得收益分配。现金通常不应该在基金投资者层面闲置，因为它可以产生利息或利润。

由于短期的现金需求，基金投资者可能无法满足某些出资请求。在这种情况下，基金投资者可能会尝试在基金二级市场出售其份额，结果可能会损失部分资产价值（二级折扣），并且可能还会与基金管理人关系破裂。为避免这些后果，设计结构性的金融产品是潜在的解决方案。

一种方法是根据未来的流动性和获利潜力，评估特定投资组合公司的潜力，然后根据某些标准对投资组合公司进行证券化。结构性产品结合了多层级的债权（正如 LBO 交易所做的）和保留在基金投资者账面上的股权。这些证券之后将会依据相应的风险卖给其他投资者。这种解决方案虽然有代价，但优点是可以产生即时流动性，避免了影响基金投资者与基金管理人的关系。

尽管 2007～2009 年的金融危机减缓了此类结构性产品的发展，但是它们的需求依然旺盛。一旦投资组合公司的透明度增加，这些结构性产品会变得更加容易构建，构建的成本也会下降。对基金投资者来说，流动性上的"局限性"将会扩大。

另一个众所周知的局限性是私募股权的中长期收益明显下降。同样，结构化可以再次派上用场。从统计上看，按照行业标准设立的私募股权基金，其投资组合违约的风险为 1%（Weidig & Mathonet，2004）。这意味着基金投资者可以对投资组合公司进行杠杆化。至今为止，债务的担保依然难以评估，但是作为资产类别越来越为人所知。因此，贷款人越来越愿意考虑将私募股权基金作为可接受的抵押物。基金投资者可以用利用这笔贷款对基金出资，从而获得银行利息与相关基金收益之间的差额（假设有的话）。如果私募股权基金业绩不佳，基金投资者的风险就会相应增加。

8.7.3　联合投资的诱惑

在私募股权的新兴趋势中，联合投资的势头正盛（Stewart，2012）。根据 Preqin（2012）的数据，43% 的基金投资者在参与基金投资时会积极寻求联合投资的权利（另有 11% 会考虑这种机会）。结果，根据麦肯锡的数据，以联合投资的方式参与投资的金额从 2012 ~ 2013 年的 400 亿 ~ 500 亿美元跃升至 2016 ~ 2017 年的 1000 亿 ~ 1100 亿美元。相比之下，2012 ~ 2017 年期间，每年直接投资的金额保持在 100 亿 ~ 200 亿美元不变。

母基金管理人在联合投资者中收占比例最大（23%），这并不奇怪，因为这让他们能够降低自己的管理费对其基金投资者收益的影响（平均来看，他们预留母基金的 14% 用于直接交易，预留 9% 给基金二级市场交易）。家族财富办公室在联合投资中的占比位居第二位（Collins，2012），它们已经将私募股权和房地产领域的直接配置从 2009 年的 6% 增加至 2011 年的 11%。

最初，联合投资的机会提供给了基金投资者，因为某些业务的经营规模很大，阻止了一些基金收购公司的同时在保持最佳多元化水平（Meads & Davies，2011）。Preqin（2012）观察到，66% 有联合投资兴趣的基金投资者，已经将超过 2.5 亿美元分配置给了此资产类别，多达 13% 的基金投资者对私募股权的配置超过了 50 亿美元。因此，机会首先被提供给体量最大的基金投资者，然后是在谈判时据理力争的投资者。联合投资现在已经制度化了，并且向达到最低投资额的基金投资者开放，他们可以按照配置的金额参与联合投资，通常需要支付管理费用和业绩报酬。61% 的基金投资者解释说，联合投资的额度是以牺牲其基金配置为代价的（39% 有单独的配置），63% 的基金投资者以机会主义的方式与基金管理人联合投资。

联合投资的动机包括更高的收益（51% 的被调查者）和更低的费用

（35% 的被调查者）。其他原因包括：使其投资组合进一步多元化，更好的透明度，更好协调与基金管理人的利益，有吸引力的机会。对于家族财富办公室来说，参与联合投资还有私密性、可控性和定制化方面的考虑。

但是，这种策略也意味着风险。对基金管理人来说，会产生某种程度的不确定性。首先，交易谈判完成后，基金投资者可能缺少资源和时间来实施自己的尽职调查和及时的投资审批。其次，基金投资者不一定能够积极参与投资项目、创造价值，并像基金管理人那样提供专业技能。但是，基金管理人需要迁就基金投资者，因为对方此时是联合投资方，他们可能在采取针对投资组合公司的政策时出现意见分歧。

最后，随着联合投资的交易规模变大，也会产生某些特定的风险，即更多的竞争（进而更高的估值和可能更少的收益）和可能更少的价值创造潜力。另一个风险是与此策略有关的"逆向选择"（Murray，2012）：基金管理人提供联合投资的项目机会，是因为其无法独立完成投资或者它想组成财团进行联合投资，而这类项目可能不会获得"本垒打"式的大成功。

基金投资者在与基金管理人一起对公司进行直接投资时，会承担的主要风险包括（Mosly，2011）：

- 联合投资和基金直接投资需要的技巧不同。直接投资的尽职调查时间被压缩在几周，而基金尽职调查的时间可能长达数月。一旦投资，利害攸关的能力也是非常不同的。
- 基金管理人是在一个特定的框架下投资，与基金投资者是不同的。投资人的性质不同，决定了尽职调查和投资后将要承担的责任不同。
- 基金投资者直接暴露于联合投资，没有采取任何特殊的处理（时间、定价等），对少数股东权利需要进行仔细谈判。
- 联合投资不能代替私募市场计划，除非基金投资者想担任类似专属基金管理人的角色。
- 不存在完美的项目，亏损是直接投资相关风险的一部分。

■ 多元化规则应用于联合投资。这意味着它应该是一种常规活动，采取合理的计划来配置相应的资金。

为阐释联合投资的意义，我们有必要考虑特殊目的收购公司（SPAC）或承诺式基金（pledge fund，或单项目基金）的做法。围绕一项特定交易进行结构设计的基金存在风险，推动基金管理人进行交易不是因为项目的潜力，而是因为从中可以获得补偿（因此增加与之相关的逆向选择）。然后，一旦交易完成，就不存在共担盈利与亏损情况了，共担是指对于亏损，基金投资者全都要承担；对于盈利，基金投资者的利润要减去基金管理人的业绩报酬。

如果基金投资者在一个特定的承诺式基金中不是唯一的投资者，那么这意味着如果其他基金投资者无法及时做出决定，也将带来额外的风险和投资上的分歧，以及由于总资本低于交易所需金额而导致的操作失败。

8.7.4 改变或者灭亡：基金管理人的压力

如果说私募市场是一个有创新的金融领域，那么有一个地方几乎从未发生改变：收费的结构和水平。原因之一与基金管理人的议价能力有关。基金管理人制定基金合作协议，并与基金投资者一对一进行谈判。基金投资者很难评估自己在降低费用上的谈判能力，因为这有可能让基金管理人将其排除在基金募资之外。但是，收费水平大大降低了基金投资者的净收益，以至于在投资组合层面，私募市场投资的风险收益状况仍然难以维持。与传统的上市市场相比，私募市场是否有能力产生持续、良好的业绩，这一争议尚未得到解决。但无论如何，都需要改变对私募股权代理人（即基金管理人）的激励结构。

到目前为止，有些投资者已经采取了一种非常具体的方式，即收购基金管理人本身的股份。得益于这种收购，他们可以接触到基金管理人的财务状况，并从理论上收回他们支付给基金管理人的部分费用，而不会给传统的费用结构带来任何破坏性的改变。这些变革将适用于所有的基金投资者，因为通常包含在基金合伙协议中的"最惠国条款"不适用。该条款中规定，基金投资者可自动获得赋予其他任何投资者的最优待遇（包括任何补充协议）。但就基金管理人本身而言，其股份出售不在范围之内。

通过基金管理人入股，基金投资者和基金管理人化解了对于所管理资产的最终受益人的成本方面的直接批评。但是，这只能是一时之计。对投资者最有利的做法是，大幅降低私募市场基金管理人的费用，尤其是超过2.5 亿欧元规模的基金的费用（其管理费通常足以支付基金管理人的固定成本）。这样投资者不仅不是他们所投基金管理人的股东，而且总体而言，这些费用在整个金融市场运转时是有利于基金管理人的。这就起到了典范作用，其他类资产也试图复制他们的费用结构，并在市场好转时为基金管理人创造"自由选择权"。

很多人已经对降低基金管理人的费用水平提出了建议，特别是通过建立一个全额（或更有趣的是部分）费用抵消机制，规定基金管理人创造的任何收入（除管理费之外）都必须偿还给基金，以补偿基金承担的其他费用。因此，在全额费用抵消机制的情况下，基金管理人创造这种附带收入的动机就不存在了。但是，据说费用抵消机制现在经常在基金合伙协议中实施（MJ Hudson）。

一旦管理费被调整为只支付固定成本，那么业绩报酬机制也需要重新评估。不管我们喜不喜欢，公允市场价值引入了上市市场作为资产配置的竞争对手。因此，有必要确定基于不同交易的基准，此基准会根据市场行为而演变，并激励基金管理人系统地创造基金投资者期待的收益。

这次辩论从远处审视了投资中小型公司的真实视角，但它揭示了私募市场投资者的激励机制、动机和道德。很难让公众和监管机构相信，基金管理人追逐资本收益的方式是价值创造，就像史蒂文 – 施瓦茨曼（Steven Schwarzman）一样，尽管他的工资超过 230 万美元，但他仍从黑石集团上市中获得了 25% 的股份兑现成总价值 7 亿美元的股票。尽管这家 2007

年才上市的公司股价大跌（见图 8-6），但这仍使他成为 2008 年薪酬最高
的 CEO（2009 年是莱特曼）。

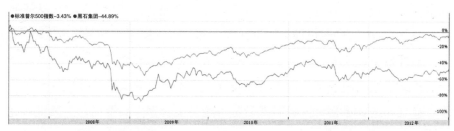

图 8-6　黑石集团 IPO 之后的股价与标准普尔 500 指数的比较
资料来源：Google Finance。

　　由于媒体和公众的注意力都聚焦在对冲基金和私募股权的薪酬上，这
个行业的改变只是时间问题。主要的问题在于：这些改变是自愿和充分做
出的，以安抚公众，还是受到了监管的压力？"养老基金必须披露其私募
股权投资组合公司"的事实将成为公共监督的窗口。

8.7.5　监管：悬在私募市场头上的达摩克利斯之剑

　　私募市场依然很容易受到快速而强劲变革的影响。《巴塞尔协议Ⅲ》和
银行制定的沃尔克规则（Volcker rule）已经让银行对私募股权资产类别的
敞口大大降低。银行还没有准备好面对资金成本的快速攀升，这意味着它
们直接参与了这类资产类别。由于银行的审慎比率，它们最近对中小企业
的贷款和投资政策变得更加严厉。在《多德－弗兰克法案》修正的背景
下，这种情况可能会发生逆转，就像在撰写本书时美国正在考虑的那样。

　　监管变革不仅限于银行业，保险公司通过资本注入支持小企业融资的
能力也受到了欧盟偿付能力监管Ⅱ号指令的影响。银行的退出很难得到弥
补。如果得到证实，保险公司的相对不满在欧洲将更难以消化，因为它们
在欧洲私募市场基金的资本来源中占到了相当大的份额。

　　鉴于私募股权对新兴中小企业的积极影响，尽管过去的监管对其有
利，但它的声誉已经发生了很大的改变，原因在于大型和特大型杠杆收购

业务以及基金管理公司在进行这些交易时所获取的薪酬水平。

一个警告来自 20 世纪 80 年代末美国的"资产剥离"策略。LBO 基金管理公司收购公司是为了减少企业日常管理费用，并对它们进行大规模重组。这些做法的社会影响是巨大的，因为与金融流动性相比，它们提供的社会流动性是不够的。被称为"野蛮人"的基金管理公司名誉受损。为了躲过监管机构的介入，它们不得不树立一个不同的形象。

此次，美国和欧洲（尤其是英国和德国）的压力有所增加。这些国家强烈反对大型和特大型 LBO 基金管理公司的薪酬水平及其税收待遇（对资本收益是低的）。尤其是美国和英国出现了多个监管计划，目的是改变业绩报酬的税收待遇。比如，如果基金管理公司管理的基金规模超过 2.5 亿美元，美国实行基金管理人在监管机构强制注册的措施。这在某些国家已经开始，比如法国。法国的基金管理人要想创立 FPCI（即有税收优惠的有限合伙），必须得到监管机构的批准。

然而，对大型和特大型 LBO 基金管理公司适用的规则，对其他私募市场基金管理公司来说可能效率不高。对于小型基金管理公司来说，这种监管压力的成本可能很高，因此，如果监管超出了简单的投资申报和报告范围，就会形成进入壁垒。管理费是用来支付成本的。业绩报酬对小型基金管理公司来说是真正的激励，它们的收益也来源于此。

从这个意义上看，大型及特大型 LBO 基金需要评估自身的情况，并为自己的集体行动负责。过去它们受益于创业投资同行的游说，这些同行在社会和经济整体利益的掩盖下捍卫行业利益。如今，它们的行为被视为对经济有害，并使整个行业陷入困境。如果它们的行为不做出重大改变和提升道德水平，那么该行业会面临大型及特大型 LBO 基金管理公司（它们经常称自己为"私募股权集团"）和行业其他领域之间的分裂，后者想要在低监管环境下发展。如果这种情况发生，"私募股权集团"将成为商业和投资银行的新版本。而私募股权行业将聚焦于创业精神和价值创造。

为了避免不恰当的监管，或许这种分化是可取的。

参考文献

图书及手册

Demaria, C. (2015) *Private Equity Fund Investments*, (Palgrave Macmillan), 276 pp.
Demaria, C. (2006, 2008, 2010, 2012, 2015, 2018) *Introduction au Private Equity* (RB Editions, Paris), 1st, 2nd, 3rd, 4th, 5th, 6th edns, 128 pp.

报纸及新闻媒体

Collins, M., 'Rich families cut back on buyout firms for direct deals', Bloomberg, 18 October 2012.
Financial Times, 'Lex: private equity', 24 October 2005.
Ford, J., 'The exorbitant privilege enjoyed by private equity firms', *The Wall Street Journal*, 8 September 2019.
L'Agefi, 'Ces sociétés qui supportent plusieurs LBO', 10–17 November 2005.
Lattman, P., 'Schwarzman tops best-paid CEO list for '08 at $702 million', *The Wall Street Journal*, 14 August 2009.
Lewis, J., 'Ka-ching', *Investment Dealers Digest*, 20 February 2006.
Meads, S. and Davies, M., 'Private equity calls big investors in for deals', Reuters, 2011.
Moseley, S., 'The seven sins of private equity co-investing', PEI Media, 18 November 2011.
Murray, A., 'LPs concerned about co-investment selection', RealDeals, 11 October 2012.
Stewart, M., 'Private equity: let's work together', Investment & Pensions Europe, 1 May 2012.

论文及研究报告

Cao, J. and Lerner, J. (2009) 'The performance of reverse leveraged buyouts', *Journal of Financial Economics*, **91**(2), pp. 139–157.
Demaria, C. and He, R. (2019) 'Beyond volatility: five practical ways to measure private markets risks', *Critical Perspectives*, no. 71, Wellershoff & Partners, 25 pp.
Gottschalg, O. and Kreuter, B. (2007) 'Quantitative private equity due diligence: possible selection criteria and their efficiency', HEC Paris, 13 pp.
Jensen, M. (1989, rev. 1997) 'Eclipse of the public corporation', Harvard Business School, 31 pp.
Kaplan, S. and Schoar, A. (2003) 'Private equity performance: returns, persistence and capital flows', *Journal of Finance*, **60**(4), pp. 1791–1823.
KPMG (2009) 'Turbulent times', *Frontiers in Finance, p.* **30**.
Lerner, J., Schoar, A. and Wang, J. (2008) 'Secrets of the academy: The drivers of university endowment success', *Journal of Economic Perspectives*, **22**(3), pp. 207–222.
Meerkatt, H. and Liechtenstein, H. (2008) 'Get ready for the private-equity shakeout: Will this be the next shock to the global economy', The Boston Consulting Group and IESE Business School, December 2008.
Preqin (2012) 'Special report: LP appetite for private equity co-investments', 9 pp.
Preqin (2018) 'The future of alternatives', October, 80 pp.
Weidig, T. and Mathonet, P.-Y. (2004) 'The risk profile of private equity', QuantExperts/European Investment Fund, 33 pp.

私募股权基金募集备忘录的结构

注：本文件模板只供示意和说明，不用于且不能替代此类文件的专业建议。

致：＿＿＿＿＿＿

文件号：＿＿＿＿＿

日期：＿＿＿＿＿＿

保密私募备忘录

［×××有限合伙（基金名称）］

［募集规模］

［日期］

［保密和披露规定：法律责任声明］

目录

1. 执行摘要（包括联系人信息）
2. 前言：基金的目标
   a）背景和市场
   b）机会
3. 基金管理人
   a）团队和业务
   b）投资策略
   c）项目源和筛选流程
   d）监管和价值创造

e）过往业绩

4. 基金条款

   a）法律结构（期限、展期、股权结构）

   b）投资政策（预期投资额、限制、分散化、比率、投资期和退出期）

   c）募集规模和最小出资额

   d）发起人（如有）

   e）投资者和公开募集

   f）基金经理（关键人条款，如有）

   g）期限

   h）基金行政管理人

   i）咨询委员会

   j）认购期和流程（截止日、平等权利、缴款通知）

   k）收益分配及分配政策（再投资，如适用）

   l）管理费、最低预期收益率、追赶机制（如有）、业绩报酬结构、交易费、基金开办费、托管及其他费用、费用抵消机制

   m）基金经理跟投和联合投资机会

   n）报告和估值

   o）审计师和咨询师

5. 风险因素

6. 监管事宜（包括反洗钱、雇员退休收入保障法案 ERISA、风险资本运营公司 VCOC，如适用）

7. 税收和其他。附件：

   i．基金管理人简历

   ii．过往业绩详细记录

文件模板 2（基金）

有限合伙协议的结构

注：本文件模板只供示意和说明，不用于且不能替代此类文件的专业建议。

致：＿＿＿＿＿＿＿

文件号：＿＿＿＿＿

日期：＿＿＿＿＿＿

有限合伙协议

［×××有限合伙（基金名称）］

［日期］

［根据＿＿＿＿修订或补充，（如适用）］

目录

  a）资本承诺与缴付

  b）有限合伙人违约 / 退出

  c）有限合伙人资金收益的偿还

  d）有限合伙人同等权利

  e）为合伙机构提供贷款，资金利息

  f）贷款和资金撤出

  g）新资金缴付和新有限合伙人入伙

4. 会计、记录和报告

  a）资金账户和记录，会计方法

  b）财务报告

  c）有限合伙机构所持资产的估值

  d）年度报告

  e）季度报告

  f）税务信息和收益

5. 损益归属和分配

  a）分享比例

  b）损益归属

  c）分配优先顺序

  d）分配方式（包括种类，如适用），分配的会计处理

  e）分配的限制条件（锁定）

  f）普通合伙人分配的退回

  g）暂存和回拨（如适用）

  h）税务事项

6. 普通合伙人和有限合伙人的职责、权力和限制

  a）投资政策

  b）普通合伙人的权力

  c）投资配置

  d）其他业务关系，平行基金

e）有限合伙人的权力

7. 合伙人的责任

    a）普通合伙人的责任

    b）有限合伙人的责任

    c）无义务补充负的资本账户

8. 普通合伙人保障和管理费

    a）常规情况

    b）管理费

    c）开支及其他

    d）其他费用

9. 代表

    a）投资代表

    b）普通合伙人代表

    c）其他代表

10. 转让、退伙和解散

    a）普通合伙人缴付资金

    b）普通合伙人权益转让

    c）普通合伙人转让或退出（包括破产、死亡）

    d）有限合伙人权益转让

    e）对转让的限制、无效转让

    f）普通合伙人非因过失的退出

    g）合伙机构的持续

    h）解散条件和程序

11. 咨询委员会

12. 其他

    a）补充

    b）授权委托书

    c）权益继承

d）有限合伙人证书

e）适用法律和冲突解决

f）补充协议

附件

ⅰ.资金承诺

ⅱ.有限合伙人名单

ⅲ.管理协议

文件模板 3（基金）
尽职调查清单

注：本文件模板只供示意和说明，不用于且不能替代此类文件的专业建议。

每位有限合伙人都有其自身动机、目标和投资策略，以及在税务、法规方面的限制。因此尽职调查只部分适用于所有有限合伙人，可以根据他们的具体要求加以修改。

通常对于公众养老基金和大型机构，本尽职调查可采用征求意见书（RFP）或者征求意向书（RFI）方式进行。一些有特定特征的普通合伙人（首次担任基金经理，新兴市场基金经理，遵循可持续和责任投资指引的特定投资策略[⊖]）需要补充一些问题。

普通合伙人提供的私募备忘录（见下文）能回答其中一些问题，其他问题可以在面谈时回答。答复应尽可能切合事实。

有限合伙人针对私募股权基金募集的尽职调查通常围绕以下四个主题。

1. 普通合伙人的投资策略

a）投资策略，目标市场和竞争

ⅰ. 市场机会，近期发展

ⅱ. 策略，差异化因素

ⅲ. 基金和基金管理人的竞争优势

ⅳ. 竞争激烈程度

（1）最接近的竞争对手，近期发展

（2）估值：竞争的发展与关系

⊖ 可持续和责任投资（SRI）。

ⅴ.风险

（1）策略中蕴含的风险

（2）风险管理

b）策略执行

ⅰ.寻找项目

（1）过往统计数据

（2）当前和未来寻找项目的关键差异化因素

（3）在尽职调查后赢得 / 失去 / 回绝项目（及原因）

ⅱ.交易结构

（1）领投人 / 跟投人

（2）董事席位 / 观察员

2. 普通合伙人的业绩和过往记录

a）收益产生

ⅰ.强调的因素（收入增长、经营改善、重振、收购及建设等）

ⅱ.附加值（战略、财务、经营等）

ⅲ.详细的投资档案复印件

ⅳ.详细的投资收益记录复印件（IRR、收益倍数等）

ⅴ.所有季度和年度收益记录复印件

b）持有期限

ⅰ.过往的平均持有期

ⅱ.预计未来持有的时间

c）业绩复制

ⅰ.哪些因素仍起作用？为什么？

ⅱ.其他因素有何变化？为什么？结果如何？

d）投资指引

ⅰ.对一家公司的投资限制（比例）

ⅱ.对行业的限制（比例）

ⅲ.使用杠杆的指引（如有）

ⅳ. 对投资工具的限制

ⅴ. 贷款的使用（如有）

3. 有限合伙人和普通合伙人的利益分配

　a）条款

　　ⅰ. 承诺的最高和最低水平

　　ⅱ. 封闭日（首次，最终）

　　ⅲ. 法律结构（有限合伙、普通合伙、联结基金、中转结构）

　　ⅳ. 普通合伙人承诺（总额、方式、分解、个人财富占比）

　　ⅴ. 管理费和普通合伙人的其他报酬

　　ⅵ. 普通合伙人的其他费用和支出（开办、管理／托管人等）

　　ⅶ. 优先收益（如有，复合的、水平的等）

　　ⅷ. 业绩报酬（分级、计算、分配）、追赶（如有）、回拨（如有）

　　ⅸ. 费用和其他收益的处置（费用抵消、分割、归属普通合伙人）

　　ⅹ. 收入、损益的归属和分配

　b）有限合伙协议和治理问题

　　ⅰ. 终止和解散（无过失、事出有因等）

　　ⅱ. 有限合伙人自愿退出，暂停

　　ⅲ. 转让限制（有限合伙人、普通合伙人）

　　ⅳ. 关键人条款

　　ⅴ. 咨询委员会（组成、参与者、角色等）

　　ⅵ. 投资限制与约束

　　ⅶ. 豁免条款（有限合伙人，普通合伙人，咨询委员会）

　　ⅷ. 联合投资权（有限合伙人、普通合伙人、其他方）

　　ⅸ. 平行基金

　　ⅹ. 汇报、会议权、记录和会计、检查、公平意见等

　　ⅺ. 补充内容

　　ⅻ. 税务事项

　　ⅹⅲ. 资金催缴程序

4. 普通合伙人的背景和声誉

   a）普通合伙人雇用的当前投资总监和核心投资专业人士的简历

      ⅰ. 提供从普通合伙人处离职的专业人士名单（包括离开原因和详细联系方式）

      ⅱ. 提供普通合伙人各级别专业人士的流动率，以及招聘计划（专业人士和投资总监）、组织成长管理和人员补充计划

      ⅲ. 提供与过去雇员有沟通互动的投资组合公司名单（以及他们在这些公司的参与情况）

      ⅳ. 提供最近两只基金的代理人、联合投资者、贷款人、中介和服务提供商的名单

   b）普通合伙人的每位投资总监的背景介绍清单

   c）普通合伙人的每位投资总监角色的描述和探讨（包括时间分配）

   d）内部决策流程说明

      ⅰ. 提供内部投资政策复印件

      ⅱ. 提供内部投资审批报告复印件

   e）普通合伙人和每位投资总监以前管理的有限合伙机构的总结报告

   f）普通合伙人的组织架构和细节（包括下属公司）

      ⅰ. 每位投资总监在普通合伙人及其下属公司的持股份额

      ⅱ. 普通合伙人每位投资总监与普通合伙机构的关系（包括表决权、代表）

      ⅲ. 投资总监的其他活动（政治性的、慈善、牟利性的）

   g）讨论有限合伙人和普通合伙人的利益如何保持一致

   h）普通合伙人、基金的年度预算（当期和未来）

   i）提供普通合伙人投资总监的全部薪酬细节（过去、现在和将来）

   j）提供投资总监的完整的业绩报酬计划（包括全部有限合伙的情况——过去、现在和将来的）

   k）提供管理费计划

   l）提供收益分配方案

m）提供普通合伙人每位投资总监在所有董事会中的职责摘要

n）提供与投资者（有限合伙人、普通合伙人及其他）签订的所有补充协议

5. 其他重要事项

a）有限合伙机构的责任：管理（特别是职务任期后）

b）利益冲突：识别和讨论涉及过去、现在和未来基金的专业人士的利益冲突方面的潜在问题

c）诉讼：普通合伙人及其投资总监或其关联方过去或现在是否涉及法律诉讼？（如果有，提供详细情况）

文件模板 4（基金）

季度报告模板

注：本文件模板只供示意和说明，不用于且不能替代此类文件的专业建议。机构有限合伙协会（The Institutional Limited Partners Association）在网上提供了进一步的文档（http://ilpa.org/quarterly-reporting-standards/及 http://ilpa.org/standardized-reporting-resources/）。

［×××有限合伙（基金名称）］_____

季度报告 _____

［日期］_____

［联系人信息］_____

目录

  b）按行业、状态、发展阶段、地域、某一时段所需现金（如适用）
   等进行分解

 3. 投资组合

  a）A 公司

   ⅰ. 业务 / 运营 / 产品 / 服务

   ⅱ. 专注的市场

   ⅲ. 公司财务和经营小结（过去、现在、预算）

   ⅳ. 管理层人员的简单介绍

   ⅴ. 联合投资人（如有）

   ⅵ. 近期发展和当前状况

   ⅶ. 投资者的行动

   ⅷ. 投资者的代表（董事席位、观察员席位等）

   ⅸ. 投资历史（详细）

  b）B 公司

  c）公司……

 4. 媒介和其他投资组合公司要素

 5. 基金的财务报表［已审计 / 未审计］

 6. 有限合伙人的资本账户

表　T4-1

公司	成本	已实现 （分配）收益	未实现 （剩余价值）	总价值	投资倍数	IRR
持有的						
A	1 000 000	—	200 000	200 000	0.2	—
B	5 000 000	—	1 000 000	1 000 000	0.2	—
C	6 000 000	—	6 000 000	6 000 000	1.0	—
D	500 000	—	7 200 000	7 200 000	14.4	—
小计	12 500 000	—	14 400 000	14 400 000	1.15	—
已上市						
E	11 000 000	19 000 000	—	19 000 000	1.7	19%

（续）

公司	成本	已实现 （分配）收益	未实现 （剩余价值）	总价值	投资倍数	IRR
F	1 000 000	100 000	546 120	646 120	0.6	—
小计	12 000 000	19 100 000	546 120	19 646 120	1.64	—
已出售						
G	2 000 000	15 789	—	15 789	0.0	—
H	3 500 000	6 549 000	—	6 549 000	1.9	24%
I	800 000	1 081 267	—	1 081 267	1.4	
小计	6 300 000	7 646 056	—	7 646 056	1.21	12%
注销（未实现）						
J	1 000 000	—	—	—	0.0	—
K	4 000 000	—	—	—	0.0	—
小计	5 000 000	—	—	—	0.0	
注销						
L	500 000	—	—	—	0.0	—
M	2 500 000	—	—	—	0.0	—
小计	3 000 000	—	—	—	0.0	
合计	38 800 000	26 746 056	14 946 120	41 692 176	1.07	—

表 T4-2

	年份 X	差值	年份 X+1	差值	季度 xyz	差值	季度 xyz+1	差值	本年 剩余	差值
	已审计	%	已审计	%	当前	%	预算	%	预算	%
销售额（预算）	000		000		000		000		000	
销售额（已实现）		x%		y%		z%				
税前利润（预算）	000		000		000		000		000	
税前利润（已实现）		x%		y%		z%				
收入（预算）	000		000		000		000		000	
收入（已实现）		x%		y%		z%				
可支配现金（预算）	000		000		000		000		000	
可支配现金（实际）		x%		y%		z%				
全职雇员数（计划）	000		000		000		000		000	
全职雇员数（实际）		x%		y%		z%				

表　T4-3

日期	证券	投资成本 （百万欧元）	募集资金 （百万欧元）	投后估值 （百万欧元）	每股价格 （欧元）	每股当前 价值 （欧元）	投资 （当前 价值） （百万欧元）
MM/YY	A 类普通股	0.1	0.4	2.0	22.8	36.3	0.1
MM/YY	B 类优先股	0.2	0.5	6.2	47.8	36.3	0.6
MM/YY	C 类优先股	0.2	0.3	1.5	6.6	36.3	6.5
合计		0.5	1.2				7.2

注：本基金使用历史成本法（与公允市场价值相反）对投资组合进行估值。

文件模板 5（公司）

保密协议

注：本文件模板只供示意和说明，不用于且不能替代此类文件的专业建议。

致

［×××公司］

保密信息的交流和保密协议

尊敬的［_____先生/女士］，

鉴于×××公司（贵公司）对我司业务和项目的潜在兴趣，我司已同意遵循本函（"协议"）中规定的条款和条件，向贵公司提供有关业务和项目的保密资料（"信息包"）。

贵公司进行的投资以及在此项投资之前或之后的行为，无论是由贵公司还是我司实施，只要是直接针对潜在的投资或与之相关，以下统称为"投资流程"。

在本协议中，除非上下文另行约定，"贵公司"一词也应包括贵公司的关联公司及其各自的董事和员工（"代表"）。

如果贵公司希望在投资流程中涉及其他外部机构（包括财务、法律、技术、商业咨询、融资银行、审计师等），或向任何外部机构透露信息包的内容，贵公司应获得我司的事先书面同意，该同意可能因为任何原因被拒绝或视接收方与我司达成的保密承诺而定。贵公司接触涉及我司业务或投资流程的任何信息，应符合贵公司对我司的保密承诺。

1. 在获得我公司书面同意之前，除了我公司书面指定的与投资流程相关的人员之外，贵公司应避免发起、接受或参与与任何其他人员的

接触，特别是贵公司应避免就投资流程相关的任何事情直接或间接
联系或招待与我公司相关的任何人或任何经理、董事或员工。

2. 所有与业务、财务、运营和市场营销的信息，或其他与我公司业务
和项目相关的信息或文件，可能在投资流程之前或投资流程期间以
口头或书面的形式透露给贵公司，这些信息包括在但不限于信息
包，以及（但不限于）贵公司编制的包含或反映此类信息的分析、
汇编、预测、研究或其他文件，或贵公司对我公司业务和项目的评
估（以下整体称为"保密信息"）应严格保密，并应受到与贵公司
保护自身同等重要的保密信息同等程度的预防和保护，且仅用于投
资流程中对投资项目的评估，不得用于其他目的。

3. 信息保密条款不包括以下信息：

   a）在向贵公司披露时或之后公众普遍知晓，而且此类披露不是贵
   公司违反本协议的任何条款和条件造成的结果；或者

   b）在不违反本协议任何规定，也未使用本协议所指任何保密信息
   的情况下，已经由贵公司独立取得或开发。

4. 除了直接参与投资流程且需要了解相关信息的各位代表，贵公司不
得向任何个人或机构披露全部或部分保密信息。贵公司应确保，除
了上述的代表，其他任何个人或机构不得知晓保密信息。在任何情
况下，贵公司应确保向任何人披露保密信息之前，应让对方认可本
协议的内容，并要求对方承诺无条件和严格遵守本协议条款，如同
此人是本协议的一方。

5. 本协议第 4 条的规定不适用于贵公司根据有关法律必须披露的保密
信息或其任何部分。但是，贵公司在该等情况下应及时提前以书面
形式将相应法律要求通知我公司（如法律允许），以便使我公司有
机会就以下各点为贵公司提供意见：①计划披露的保密信息内容，
②披露的时点、方式和形式，以及③将此类披露义务范围提交主管
法院的可取性。在任何情况下，贵公司应尽全力保证此等保密信息
的披露能以尽可能最严格的保密方式处理。

6. 未经我公司事先书面同意，除上述第 5 条规定的情况外，贵公司不应直接或间接向任何个人或机构口头或书面披露与投资流程相关的事实或行为或本保密协议规定的其他内容；前述内容的范围包括但不限于与以下事实相关的披露：贵公司被邀请考虑投资我公司的事实，以及贵公司收到的有关我公司、业务和项目的信息，再加上贵公司在参与或已参与投资流程，或更一般地说贵公司在考虑投资我公司。

7. 除本协议中明确规定意外，贵公司不获授权对保密信息行使任何权利。贵公司切实承认，在投资流程之前、期间或与投资流程相关的情况下向其披露的保密信息或其他文件，以及提供给贵公司的任何请他文件、信函或口头信息，不得构成任何涉及我公司的交易意向。贵公司进一步确认此等保密信息将不构成任何投资决策或协议的基础，除非和我公司达成明确的书面同意。

8. 本协议不构成与我公司谈判有关的任何意向、邀请、协议或责任。我公司保留在任何时间无须提前通知，终止与贵公司就投资我公司业务和项目的讨论或谈判的自行裁量权。贵公司明确承认我公司或我公司之直接或间接股东没有任何义务接受或回应贵公司在投资过程中提出的报价或建议，无论该等报价或建议的具体内容为何。贵公司就投资过程也将不会获得任何形式的排他性权利。我公司将不会因贵公司可能投资我公司而受到限制，我公司也无任何义务同贵公司举行任何协商（排他性的），除非该等安排已获贵我双方以书面形式清晰表述并签署同意。

9. 贵公司将无权要求我公司、其股东或任何董事、员工、代表或外部顾问（"免责人"）就保密信息中包含的任何信息的完整性或准确性或由免责人或代表其所做口头或书面陈述承担任何责任。

10. 如果投资流程不会导致最终的投资协议，无论未达成投资协议的原因是什么，贵公司将不要求任何免责人士对该结果负责，包括但不限于发生的成本或任何损失。

11. 所有包含机密信息的材料或复印件，无论以何种形式，在我公司首次提出要求时，贵公司应立即返还给我公司，并且贵公司不得保存该等文件的复印件。本协议失效后或在我公司首次提出要求时，贵公司根据保密信息所做的分析、汇编、预测及其他文件应予以销毁。贵公司将在该等事件发生时，应以书面的形式向本公司确认上述销毁确已发生。

12. 对于贵公司违反本协议项下的任何义务所引起的任何性质的损失、索赔、要求、责任、收费及开支，贵公司应给予赔偿，并将豁免免责人士的责任。

除非我公司清晰地书面告知贵公司，我公司在任何情况下都不会主动放弃与本协议相关的任何权利或抗辩。

贵公司特此放弃任何撤销或废止本协议中约定事项的权利。

贵公司承认并同意，我公司是一家新成立的公司，贵公司违反本协议项下任何义务的行为将对我公司或其他任何免责人士所开展的活动造成重大损失。

本协议有效期三年。为避免疑问，在投资流程终止时，本协议中的条款和条件将继续保持完全有效，直到［数字］年到期为止。

如果本协议的任何条款被有管辖权的法院或仲裁庭认定无效或不可执行，则本协议中规定的条款应是可分割的，其他条款应在法律允许的最大范围内保持全面的约束力。

本协议遵守及符合［国家／管辖地］法律。由本函引发或与本函相关的，以及任何由此产生的函件和／或协议的争议，将最终接受［城市／管辖地］法院裁决。

如果贵公司同意上述内容，请签署协议各页并将副本返回我公司，本函所述内容将构成双方关于本函主题的协议。

您诚挚的，

我公司

［签名］

贵公司知悉并批准：

公司

———————————————————

（姓名）

———————————————————

（职位）

———————————————————

（地点和日期）

———————————————————

文件模板 6（公司）

商业计划书

注：本文件模板只供示意和说明，不用于且不能替代此类文件的专业建议。本文件来自澳大利亚私募股权与创业投资协会（Australian Private Equity & Venture Capital Association）提供的模板，见（http://www.avcal.com.au/looking-for-capital-preparing-a-business-plan）。该网站还提供了做电梯演示的建议。◯

商业计划书是一份重要的文件，用于说服投资人（他们每年审查数百份这类文件）相信你的公司和管理团队有能力在符合投资人要求的特定时间内实现目标。这份文件应该说明：

- 业务的本质；
- 管理层想达到的目标；
- 公司打算如何达成目标。

公司管理层制订商业计划书，其中应该设定雄心勃勃但可以实现的目标。

商业计划书的篇幅从 30 页到 100 多页不等，应该面向非常广泛的公众投资者、企业高管（当前的或未来的）、利益相关者（包括潜在的银行、贷款公司等），因此要让受过教育但非专业的公众看得懂。商业计划书应避免使用专业术语和毫无根据的陈述（即所有肯定性的说法都应基于事实和数据）。

商业计划书应该定期更新，以反映公司的实际进展、遇到的障碍，以及公司新的目标。这些更新周期让管理团队有机会反思过去的预测和目标，并从目标和实际完成的差距中吸取经验教训以制定更准确目标，进而

◯ 电梯内演示是一种 3～5 分钟长的介绍性演讲，用来为听众简明扼要地介绍项目并引出稍后更详尽的讨论。

以更大的信心达成目标。

商业计划书中应该包括以下要素：

执行摘要

本节有可能是最为重要的，它是商业计划书提纲挈领的部分，置于开篇是为了突出最重要的观点，以此传递商业计划书的核心内容，并引导读者往下阅读。因此，本节最好放在最后再写，值得付出更多努力、思考和时间。实际上，投资人会根据商业计划书的这一节内容过滤掉大多数的项目。

执行摘要不仅是事实陈述，而且要写得非常清楚，直截了当而且有说服力。它是一个销售推介（强调产品和市场需求）和基础论证（强调运营、流程和公司建设）之间保持平衡的例子。

执行摘要的篇幅通常是两三页纸（几乎完全是文字）。

公司背景介绍

每家公司都有起点，哪怕还没有创立。这一节应该提供公司的起源和过往情况介绍、当前的状况、业务（包括过去、现在和计划中的），以及管理层对公司未来的预期。

产品或服务

公司是做什么的？描述其产品或服务很重要，不仅要详细，也要使用能让受过教育（但非专业）的读者可以理解的文字。不管产品或服务的技术复杂度如何，在写这一节时不应使用专业术语和技术性语言。

除了描述，这一节应该强调产品或服务的竞争优势是什么（相对于当前和未来的竞争对手），以及该产品或服务的实际和预期需求是什么（所以要将其与有支付能力的需求联系起来）。

这一节还应该准确描述每种产品或服务当前所处的研发阶段（例如，创意、原型、小规模测试/试产、进入市场、产业化、作为消费电子产品出口）。事实上，融资类型与公司及其产品的研发阶段有关，因为需要投资人提供给不同的专业技能、技术诀窍、人脉和资金规模。要如实说明公司每种产品线或服务的情况。

同样重要的是，不仅要强调将要做什么，或者现在做了什么，而且要强调到目前为止已经做了什么（包括试验／错误、改变方向、过去的产品和服务），这有助于投资人确定当前论证的力度，并评估产品或服务的动态、脆弱性、淘汰速度以及在价值链上的位置。

因此，这一节还要包含知识产权及其保护的内容，特别是专利（和现状）、专有技术、品牌和其他保护要素。

图表：

■ 甘特图；

■ 规划表。

这些都是建议，因为它们有助于展示管理层的专业程度，以及它们有能力按计划达成阶段性目标。

在创业投资中，这一点至关重要，因为每轮资金注入都是为了公司能够实现下一个阶段性目标。延迟可能会危及公司或者影响已经完成的投资（特别是如果下一轮是为了应付危机的"降价融资"的话，公司当前的估值会被大幅调低，导致原有投资人的利益被严重摊薄）。因此，投资人不得不评估公司发展规划的现实性。

客户需求、市场规模、客户基础

一种产品／服务如果没有一个足够大且有购买能力的市场，那它就是无用的。这一节应该结合基于事实的描述和分析，以确定：

■ 需要产品／服务回答什么问题。先对公司所处的行业领域进行说明，然后做竞争分析。市场规模应该用事实数据以及过去、现在和未来的发展趋势加以估算。市场成熟程度也必须进行评估，并与下一节的内容结合起来（特别是针对的市场细分领域以及如何去做）。

- 客户是谁？这个问题会引出一个清晰和坚实的市场细分，其中应该包括销售渠道、购买行为、购买周期，以及购买者、付款者与使用者（他们可能是不同的个体）的身份；购买者支付能力的细节（包括产品在其购买清单上的位置/重要程度，以及产品/服务被接受的速度和对价格的敏感性）；延迟支付（包括拖欠的统计数据）和其他事实数据，以便在下一节清晰评估市场策略的。

- 对已确认的需求（至少是部分），竞争对手之间的反应如何？这应该包括任何替代方案，包括免费/自制产品或服务。竞争对手可以是当前的，也可以是潜在的（注意，有些潜在的竞争对手可能是投资人会支持的公司的买家）。竞争对手的优势和劣势有哪些？这个市场进入/退出的门槛是什么？主要竞争对手的市场份额有多大？谁来决定市场的价格结构（通常是市场领导者）？

- 当前的市场参与者过去在满足客户需求方面面临的主要障碍是什么？市场是怎样解决这些问题的（如果有）？

- 当前影响你的业务和行业的风险、问题和顾虑是什么？

图表：

- 一个典型的波特SWOT（优势、劣势、机会、挑战）分析会有帮助。

- 定产品或服务在营销"S形曲线"上的定位可能非常有助于与投资人探讨并说服他们。

- 市场研究、发展前景和销售数据等。

- 公司和市场的预测。

市场营销

公司如何触达未来客户和抓住机遇？

- 销售和分销策略是怎样的？竞争对手如何销售和分销？如何建立直接/间接销售团队？他们的训练周期是什么？有多高的期望成功率？不成功的销售人员的更换率是怎样的？什么是典型的销售周期

（包括售前和售后管）？

- 公司如何应对不同的细分市场？品牌和传播策略是什么？谁是市场风向标以及公司打算如何与他们合作？
- 国外市场与你们的市场有何区别？你们针对国外市场的计划是怎样的？
- 定价策略是什么？是怎样确定的？与竞争对手相比，公司是怎样为产品／服务定位的？产品的利润率是多少？
- 有哪些传播、广告、公关和促销计划？

运营

公司如何组织、运营，产品是怎样制造的，或者服务是怎样提供的？

- 生产周期是怎样的？公司在行业价值链中的定位是什么？相对于供应商的谈判力如何？相对客户的谈判力如何？公司如何管理和他们的关系？如何处理与竞争对手的关系？如何处理与利益相关方（包括企业联合会、工会、游说团体、监管机构）的关系？
- 公司的运营需要哪些物力、财力和人力资源？获得这些资源的成本是多少？有哪些替代方案（外包、租赁等）以及相应的成本和刚性如何？需要监控的转折点（重新分配资源或转换到合理的生产模式）是什么？
- 公司的研发是怎样组织的？预期的可交付成果是什么？时间表是怎样的？

管理团队

这一节应证明管理层有能力将商业计划转变为现实。额外的经验是必要的（战略、财务、市场营销、运营等），也需要不同类型的经验（大企业、实验室、创业公司）。

- 应明确每个管理成员的职责，以及每个人能给公司带来什么。
- 当前和潜在的技能差距：有哪些差距，管理层打算如何解决？投资人有时可以帮助填补这些缺口。

- 管理层和员工的业绩考核指标、薪酬机制（包括股票期权）、控制措施和其他已执行或即将执行的机制？
- 公司有哪些服务提供商（外包功能等）？

图表：

- 每位管理团队成员的简要简历（包括成就）。
- 每位管理成员的背景推荐人名单。
- 当前和未来的组织架构图。

财务预测

财务预测应该与上面几节提到的内容相吻合，特别是收入和利润的预测以及员工招募预测。这些预测应该雄心勃勃，但要具有现实性并建立在事实基础之上。现实主义应该放在乐观主义和进取心之前。

支持销售额、成本（固定和可变）以及其他利润表要素的假设条件是什么的？经营资本有多大？其局限在哪里？如何将其优化？

- 影响现金流的基本趋势和要素有哪些？最差情境是怎样的？在出问题时，纠正现金流方向的触发因素有哪些？有什么解决方案？
- 过去、现时和预测的利润表和现金流量表是怎样的？提供过去和当前的资产负债表。
- 解释毛利润是如何实现的，对定价的敏感性如何，对于竞争和其他收入波动（原材料）的敏感性如何。
- 公司当前的有形和无形资产是怎样的？是否有实际的市场价值（评定的清算价值）？
- 公司有负债吗？如有，负债的结构是怎样的？期限和利率如何？抵押品是什么？负债的优先级情况？
- 提供成本细节，以及变化和对业务的重要性。
- 销售价格（或收费）如何？有争议吗？如有，与谁有争议、什么原因以及有多严重？

- 提供与投资人进一步讨论和分析的关键比率数据。
- 提供最佳、基本和最差情境、触发因素、应对最差情境的计划，在此情况下产生的延迟以及监测指标。
- 公司过去资本增加（日期、数额、估值，诸如期权的特别权利）是怎样的？当前的资本需要（如有）和条件是怎样的？未来需要的资金（如有）是多少？同样的问题也适用于负债。
- 融资前后的资本结构表（资本化表），包括期权和触发摊薄的条件是什么？

图表：

- 资本结构表（当前及未来）。
- 财务报表（历史、现在及未来）。

退出

投资人的不同的退出方式（类型、期限）及预期收益是怎样的？提供当前的估值方法和结果，解释未来的收益如何实现。

图表：

- 公司的估值表。

文件模板 7（公司）

条款清单

注：本模板仅供只供示意和说明，不用于且不能替代此类文件的专业建议。本文件来自瑞士私募股权和企业融资协会（Swiss Private Equity and Corporate Finance Association）提供的模板（http://www.seca.ch/sec/jiles/legal_and_tax/modal_documents/SECA_Term_Sheet_2011223.doc）.

建议投资

[公司名称]（"公司"）

本条款清单总结了公司的潜在投资（"X 轮投资"）的主要条款，公司是一家位于[注册地址，国家]的股份公司。本条款清单仅供讨论之用，除非下文有特别说明，否则在各方签署正式协议并提交各方之前，本条款清单对谈判各方都不具有法律约束力。本条款清单不构成出售或购买公司股份的意向或要约。

公司 / 发行人	[公司名称]
投资额	[金额]
投资人	[投资者 1][金额][币种] [投资者 2][金额][币种] [投资者 3][金额][币种] 合计 [金额][币种]
证券类型	新发行[**数额**][X 轮优先 / 普通]股，每股票面价值[金额][币种]（"[X 轮优先 / 普通]股"）
每股发行价 [X 轮优先股 / 普通股]	[金额][币种]
投资前估值	[金额][币种] 完全稀释的投资前估值（包括向公司的期权、权证和其他可转换证券持有人发行股票带来的摊薄效应，如有）
投资前股东结构	[创始人][数字]股，占发行股本金的 [ ]% [其他股东][数字]股，占发行股本金的 [ ]% [管理层][数字]股，占发行股本金的 [ ]% 合计 [**金额**][币种]

（续）

公司／发行人	［公司名称］
员工参与／期权池	［现有员工参与／股权池的信息，如有，以及参与 X 轮融资的员工和股权池信息］
投资后股东结构	公司在完成 X 轮融资后，公司已发行的股份有［数字］［币种］，分为［数字］普通股和［数字］［优先股／普通股］，票面价格为每股［金额］［币种］，公司的股权结构［在完全稀释的基础上］以及各股东在相应类别股份中的持股应如［附录 1］所示
资金使用	［所有用于公司目的／活动的资金均符合商业计划书］
优先级	公司最多有［普通股／优先股］在公司清算和分红时被列为［＿＿＿高等级股和／或＿＿＿低等级股］
［X 轮优先股］数量	［X 轮优先股］数量指的是以下的总和：（i）［X 轮优先股］股持有人支付的总的发行价；（ii）每年为发行价支付［　］% 的利息（基于支付的发行价中未被优先股分红抵消的那部分计算），从开始支付发行价到全部支付完优先股总值
分红	当董事会提出分红建议时，股东可获得分红。分红将先按优先股持有的比例发放给优先股股东。优先股分红的最大数额不超过优先股总额减去优先股股东从公司清算或出售中获得的收益。 其他红利应支付给所有股东，在优先股金额发放后，按照他们所持股数占公司总发行股数的比例发放
清算优先权	在自愿或不自愿的清算中，会发生公司的解散、关闭或出售。由此产生的收益应如下分配： 优先将金额的优先股红利，按照优先股持股比例发放给优先股股东。 优先股分红的最大数额不超过优先股总额减去优先股股东从公司之前的出售得到的收益和之前获得优先股红利。 第二优先，在优先股股东获得金额优先股红利后，向所有股东按其持股比例发放。 "出售"意指在一次或系列相关交易中将公司股份移交、出售或进行其他处理，结果是公司控制权变化或者［全部］［大部分］公司资产被出售
转换权	自愿转换： X 轮优先股持有人可以在任何时间按照［比率］的比率将其优先股转换为普通股。 强制转换： 在以下条件下，每一份［X 轮优先股］按照适用的比率转换为公司的普通股：i．IPO 发行新股时，承诺承销商／全球协调人的总发行价超出［金额］［币种］；或者 ii．出售时公司估值超过［金额］［币种］；或者 iii．［每个投资方董事］／［大多数投资方董事］／［持有超过［　］% 优先股的投资人确认投票］同意
反稀释权	［加权平均／完全棘轮］［无条件转换股份］［以名义价格发行股票］
投票权	每一股［X 轮优先股］有一份投票权，即拥有与每一股普通股同样的投票权

（续）

公司 / 发行人	［公司名称］
合格的多数股份	［附录2］列出的股东重要事项需符合以下批准要求：ⅰ.公司三分之二的股东投票权［和绝对多数已发行股份］和ⅱ.A类优先股持有人的三分之二投票权。 ［附录2］列出的董事会重要事项需符合以下批准要求：除了参加会议的大多数董事同意之外，需要投资人推举［每位］/［至少__位］董事同意
董事会组成	董事会最多包括名董事。每位投资人有权推举［数量］名董事，由［每一］/［占投资人绝对多数投票权］任命［，如果［该投资人］/［所有投资人］合计股份数达到或超过［　　］%公司已发行股份］（"投资方董事"）。 ［创始人］/［其他股东］有权推举［数量］名董事，由［每一］/［占投资人绝对多数投票权］任命［，如果［该投资人］/［所有投资人］合计普通股股份数达到或超过［　　］%公司已发行股份］（"普通股东方董事"）。 ［董事会］/［由绝大多数投票权的股东推举的股东］可以推举［数量］独立董事（"独立董事"）
信息权	每位［投资者］/［持有____%［X轮优先股］股的股东］将会收到下列信息，且有权ⅰ.和公司讨论任何与公司或公司投资相关的事宜；ⅱ.定期检查公司账簿、记录和设施。 在财年结束的［90天内］经审计的财务报表； 在财季结束的［30天内］未审计的财务报表［以及未来12个月的滚动预测］； 每个月结束的［20天内］月度管理层报告（即资产负债表、损益表、现金流表）；以及在每个财年结束前［60天内］下一个财年的预算 ［其他：投资者有权获得通常的财务或其他信息。］
优先认购权	在员工股份参与计划之外，任何［X轮优先股］股持有人有［优先］权以该等发行所规定的同等条件认购新发行的股份或公司提供的股份相关的证券，即［在不违反每位持有［优先股］股东反稀释保护的情况下］新股票或股票相关的证券应全部提供给［X轮优先股］股持有人
股份转让限制	除了符合类股东协议中相关限制条件的转让之外，不允许其他转让
优先认购权	除了投资者向其下属机构转让股份之外，股东想向别的股东或第三方转让股份时，投资者有第一优先认购权，公司有第二顺位的认购权，其他股东拥有第三顺位认购权
共同转让权	每位股东有权在同等条件和按比例基础上参与其他股东转让或出售股份，假设该等转让或出售涉及［全部股份的____%］/［所有［优先股］股的____%］/［控制权改变］

（续）

公司／发行人	［公司名称］
领售权	当［＿＿股优先股持有人］／［超过［50%］［X 轮优先股］股一组持有人］／［［X 轮优先股］股所有持有人］希望在一次或一系列交易中，向愿意以善意方式收购公司股份的特定收购方（或另一股东）转让其／他们持有的全部的公司股份时，［该［优先股］股持有人］／［超过［50%］X 轮优先股］股一组持有人］／［［优先股］股所有持有人］（"相关出售股东"）将［遵照惯例排除］有权（但无义务）要求其他股东出售，而其他股东因此必须同意以同等价格向该收购方出售其所有股份，或者以同等条件将其股份出售予"相关出售股东"
购买权	每位［股东］／［＿＿股［X 轮优先股］持有人］在发生［X 轮股东协议规定的事件并根据该协议共同协商同意的条款］／［以下事件］时，有权［按该股东持股名义价值的比例购买］［按该股东持有［X 轮优先股］股的比例］购买其股份： ⅰ. 该股东死亡或无法行使其在类股东协议下的权利和义务时； ⅱ. 该股东破产或因债权人保全请求而受到法庭或其他权力机构追索，或者接到清算人、信托或其他主管人员的通知； ⅲ. 该股东构成犯罪，侵犯了其他股东、公司或其下属机构的利益； ⅳ. 该股东明显违反了系列股东协议（除非该行为及其造成的结果可以在一定时间内完全消除）或 ⅴ. 或者该股东与公司在董事席位、雇佣或咨询方面的协议被终止； 除了 ⅰ 和上述 ⅴ 中较好的情况，收购价应该低于公平市场价值和股份的名义价值
相关方交易	公司与股东和／或高管人员之间的所有交易应反映出市场条件和公平原则
保密	本条款清单本身及其条款属于机密，不得泄露，除非事前得到参与各方的同意
排他性	在本条款清单日期直至［日期］，或投资者与公司书面同意结束有关本条款清单的讨论之较早日期，公司［及其高管人员］／［和创始人］将不得直接或间接联系或参与任何人（其他投资者或其代表）所进行的任何方式的谈判，或有意向该等人员提供涉及对该公司潜在债权或股权投资的信息（"备选意向"），也不得尝试达成其他"备选意向"
文件	对公司所做的投资应该遵守以下征询了［投资者］／［公司］之后起草的协议或文件： X 轮优先股投资和认购协议（该等协议包括但不限于此类交易的常规性担保和保证条款，免责条款以及投资者提出的其他合理事项）； X 轮优先股类股东协议； X 轮优先股章程； 董事会条例
交割条件	本条款清单中预期的 X 轮投资的完成取决于满意的尽职调查结果和投资人批准和签署有关的投资文件。

（续）

公司 / 发行人	[公司名称]
法律费用	公司将为投资者报销或按其要求支付投资者咨询支出的合理法律费用，在投资完成时支付该等费用不超过［币种］［金额］。 如果投资未能完成，各方应各自承担其成本。［投资者同意共同分担法律咨询和尽职调查费用和成本。］
不竞争条款	［如果需要，此处为创始人和管理人员之间不得竞争的条款］
时间表	尽职调查：［日期］ 谈判：［日期］ 签字：［日期］ 交割：［日期］ 排他期结束：［日期］
条款清单生效	各方同意，除了在标题［保密、排他性、时间表、法律费用、条款清单生效、管辖法律］之下申明的义务对各方具有法律约束力之外，本条款清单的其他条款在各方签订最终有法律效力的协议之前不具有法律约束力。
管辖法律	被条款清单以及 X 轮投资及认购协议和 X 轮股东协议接受［国家］法律管辖，可提交［地点］法院审理或按照［国家］商务委员会国家仲裁法规提请仲裁。

［签署］

签字方：＿＿＿＿＿＿＿

姓名：＿＿＿＿＿＿＿＿

职位：＿＿＿＿＿＿＿＿

科罗顿教育公司

商业案例由本书作者和拉法叶·萨索（Rafael Sasso）写于 2013 年 1 月。[一]

2009 年 6 月 24 日，圣保罗的一个繁忙的清晨。埃德温国际（Advent International）刚刚宣布将投资一家主要的上市企业：科罗顿教育公司（Kroton Educacional SA）。报纸的头条新闻报道了股票交易所对此的反应：这是一个勇敢的行动，巨大的收益和高风险并存。

市场的反应是巴西的教育市场正处于一场大变革的边缘。教育产业一直都在高速成长，受到经济增长和对高技能人才需求的推动。私有公司发展迅速，其中一些已经成功上市，市场明显在朝着远程教育方向快速发展。与此同时，竞争也在加剧。

尽管科罗顿教育公司是一项有前途的投资，但上市教育公司的股价却一直落后于巴西证券交易所的主要指数（BM & F Bovespa）。埃德温国际现在不得不推动这家新投资的公司的变革，而且在私募股权投资方面，不止一个投资理念面临风险。哪一种选择可以让其将科罗顿改造为巴西教育市场的领军企业呢？

巴西教育市场

巴西私营教育市场的真正起飞是在 1997 ～ 1999 年期间。一项法规修改奠定了私营营利性教育机构的发展之路。伴随这一变化，市场在 25 年中连续以两位数的速度增长，然而利润率却非常低，不同机构之间爆发了严峻的价格战。而且由于缺乏专业精神和无法做大规模也影响了很

多企业。

由于价格战、低利润率和激烈的竞争，教育行业的业绩比巴西证券交易所指数低 35%（见图 BC-1）。

巴西教育行业是高度分散的。私营教育市场有 2472 所学校，其中仅有 58 所学校的学生超过 10 000 名，有 711 所学校的学生数超过 1000 名。前 20 所学校的注册学生数仅占在册学生总数的 20%。2009 年可能是变革的催化剂，对于这个行业而言，这是一个坏年景，尤其是由于注册人数偏低和学费拖欠（要拖后 6 个月），收入在下降。

巴西的私营教育市场由两部分组成：K-12$^{\ominus}$和研究生。

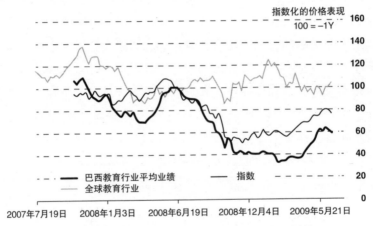

图 BC-1　巴西教育行业的表现低于 Bovespa 指数

资料来源：2009 年摩根史丹利。

K-12 市场

巴西政府在过去几年一直非常支持中小学教育，使得国民受教育比例出现大幅提升（15 ～ 24 岁年龄组的受教育比例高于平均水平）。这反过来提升了可能接受大中专教育的人口比例。教育设施的使用有两种方式：白天用作 K-12 学生的学校，晚上用于远程教育。

科罗顿教育公司的基础和中学教育服务覆盖了全国市场。其教育网络

$\ominus$　指从幼儿园到 12 年级的儿童教育。——译者注

包括大约 600 所学校（200 000 名学生），以"毕达哥拉斯"（Pitagoras）品牌运营（见附表 9）。

大中专教育市场

私营教育的加速成长发生在 1996 年 LDB[○] 批准之后（见图 BC-2）。从 1980 年到 2000 年，学生注册人数翻番，2000 ～ 2008 年又翻了一番。

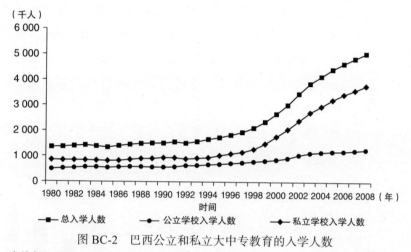

图 BC-2　巴西公立和私立大中专教育的入学人数

资料来源：Strauss and Borenstein-Analyzing the Brazilian Higher Education System using System Dynamics（2010）。

2009 年有 2250 所公立高等教育机构和 244 所私立高等教育机构，但是由于公立系统无法满足需求，私立高等教育占到了大学入学率的大约 75%。公立高校选择了高端精英路线，只提供了 12% 的学位。每年有 1 770 000 名学生被排除在公立高等教育系统之外。私营高等教育每年能够吸收大约 825 000 名支付得起学费的学生，还有 945 000 名学生无法入学。两者合计有 7 000 000 名学生被挡在高等教育大门外面：即只有不到 14% 的 18 ～ 24 岁青年能获得高等教育的机会，使得巴西在教育方面成为 OCDE 成员中表现最差的一个。

○　法规 9.394/1996（巴西教育指引和基础）于 1995 被采纳，有助于企业进入高等教育市场，特别是改变了开立课程和组建教育机构的规定。私营机构促进了高等教育的快速成长。

私营学校每月标准学费是 457 雷亚尔左右。公立大学的学生每年花费国家近 27 400 雷亚尔（和发达国家的水平差不多）。2003～2008 年，公立大学学生数量从 281 000 名跃升到 330 000 名。同一时期，私营高等教育机构的入学人数从近 1 700 000 名增加到超过 2 500 000 名。

从 1997 到 2003 年，私营教育机构发展迅猛（平均每年 16.8%，这期间增长超过 154%）。但是在 2003 年和 2004 年，增长率分别下降到 7.7% 和 2%。巴西政府后来启动了 ProUni 计划（见下文），增长率在 2005 年恢复到了 9.1%（有 80 000 名学生受益于 ProUni 计划）。即便如此，教育市场的增长率仍在 2006 年和 2007 年下跌了（分别为 3.8% 和 2.8%）。

另外，与这个走势相反的是，大多数分析师希望实业界未来几年对熟练雇员的需求，能够成为营利性教育公司在高等教育领域增长的主要驱动力。例如摩根士丹利在 2007 年 6 月预期高等教育的入学人数在 2007～2010 年间的年复合增长率将达到 9.1%（见图 BC-3）。

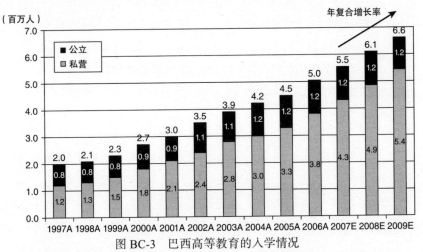

图 BC-3 巴西高等教育的入学情况

注：1999A 表示 1999 年的实际数据；2007E 表示 2007 年的预估数据。
资料来源：2007 年公司数据和摩根史丹利。

根据国民教育计划（National Education Plan，PNE），巴西政府的目标是在 2020 年达到 50% 的总入学率（2009 年为 30% 左右，见图 BC-4）。根据胡柏教育（Hoper Educational）的统计，高等学校毕业生的工资收入也提高了，平均增加了 171%（美国是 62%）。

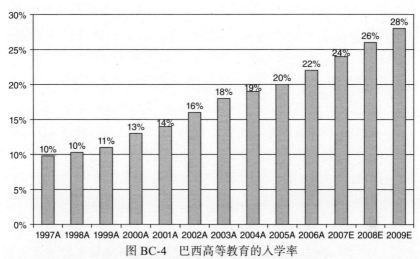

图 BC-4　巴西高等教育的入学率

注：1999A 表示 1999 年的实际数据；2007E 表示 2007 年的预估数据。

资料来源：2007 年公司数据和摩根史丹利。

在 2009 年，大多数巴西的高校学生无法得到公共或私营贷款（与美国的营利性教育机构的学生不同）。巴西学生因此只能靠自己每月筹集资金完成高等教育。因此高等教育领域对于宏观经济数据很敏感，诸如失业率、有工作的成年人对于未来和自身经济状况的敏感度以及获得贷款资助学业的途径。与很多发达国家相比，巴西的入学率很低（24% vs. 70%），主要是因为许多家庭无法负担私营教育的费用。贷款因此成为一个关键因素。科罗顿教育曾提供过一个融资计划（INED⊖计划），学生可以获得24 ～ 30 个月的教育资助，最多分 36 次分期偿还。

学费融资机制

针对高等教育的其他融资方式包括：

- 从 2006 开始，理想投资公司（Ideal Invest SA）开始管理专门投向教育的基金，向学生提供贷款以缴纳学费（通过证券化在资本市场融资）。

⊖　见附表 9，科罗顿教育的品牌划分。

■ PRAVALER 是巴西一个资助大学教育的主要私募计划。作为公共计划的替代，该计划联合了 260 多个教育机构作为合作伙伴。该计划的股东提供资金，建立的一只由维多利亚资本（Victoria Capital Partners）和国际金融公司（IFC）管理的基金，一只由 EOS 投资和伊塔乌银行（Itaú Bank）管理的基金。该计划资助了 12 500 门课程，月利率 0% 到 1.99% 不等。

为了让中等和低收入的学生（有工作的成年人）接受高等教育，政府启动了一些大幅提升学生入学数量的计划，让年轻、有工作的成年人能得到更好的薪酬和就业机会。主要项目有 ProUni（人人享有的大学计划）和 FIES（高等教育学生融资计划）。

(a) ProUni 计划：全民大学计划

这个计划于 2005 年启动（见表 BC-1），对于为低收入学生提供奖学金的教育机构，政府免除了它们的一些联邦税项。为了加入该计划，教育机构必须：

■ 签订一份为期十年的协议（可以续期十年），制订在每个项目、校区和课程中提供的奖学金数量；

■ 适用于最新的税务规定；

■ 为低收入家庭学生提供奖学金（至少按照前一学年底入学的学生人数，每 10.7 名常规缴费学生提供一份全额奖学金；或者全部收入的 8.5%；或者为参加大专和相关项目的每 22 名常规付费学生提供一份全额奖学金，前提是这些项目提供 25% 或 50% 的部分奖学金，这些奖学金的总额应等于该机构年收入的 8.5%）。

表 BC-1　ProUni 计划提供的助学金

年份	部分助学金	全额助学金	总计
2005	40 370	71 905	112 275
2006	39 970	98 698	138 668
2007	97 631	66 223	163 854
2008	99 495	125 510	225 005

资料来源：2011 年 Sesu/MEC, Financiamento estudiantil no ensino superior, Andrés。

(b) FIES 计划

1999 年，巴西教育部启动了针对高等教育学生的融资计划（FIES），为在私营机构接受高等教育的学生提供融资。对于加入该计划的教育机构，FIES 可以为在该机构接受高等教育的学生提供融资，最高额度为学费的 100%。超过 500 000 名学生已经从中获益，参加该计划的学生人数持续上升。从 2005 年起，FIES 也开始支持参与 ProUni 计划的学生，使得这些学生的另外 50% 学费也能得到金融的支持。很多学生同时申请了两个计划。

现在有很多有关改变 FIES 计划和 ProUni 计划的讨论。巴西教育部（MEC）正在评估学生在进入大学前在任意时间申请 FIES 的可能性，以及在没有担保人的情况下有更长的贷款偿还时间。另一个可能性是让银行参与到计划中来。

巴西的现状

就业

2008 年 8 月的失业率为 7.5%，2009 年初达到了 9%。复苏的迹象出现了，失业率看上去已经稳定了。

高等教育市场

关于这个行业的讨论，短期是关于成熟的供给带来的利润率的正常化。成本管理排在了首位。长期而言，有无贷款支持、规模经济性、品牌和定价权是核心主题。每个人都在谈论的远程学习有望成为增长的主要发力点。

私募股权投资

支离破碎的巴西高等教育市场吸引了私募股权基金的注意力。教育机构看上去合适的投资机会，特别是由于它们的增长前景，而且这是一个需求不断增长的市场。2007 年，Patria 投资公司推动 Anhanguera 上市，为其他机构跟进上市起到了榜样作用。2008 年 5 月，GP 投资公司获得了一家重要的教育类上市公司 Estacio 的 20% 股份。这家投资机构实施的是通过收购和改善经营来实现迅猛成长的战略。

科罗顿教育公司面临的竞争

在 2009 年初，巴西教育市场上主要有四家主要的竞争者（包括科罗顿，见附表 5）。它们都已经在巴西证券交易所（BM & F Bovespa）上市，是这个领域最大的公司。

安杭古艾拉教育公司（Anhanguera Educacional，AESA）

AESA 由四家机构于 2003 年共同创立，当年在圣保罗州的 6 个城市的 7 个校区有近 8848 名学生就读。广告传播高等研究所（ISCP）和安亨比·莫伦比大学（Universidade Anhembi Morumbi）的控股公司是两大股东，他们为校园建设提供资金支持（有 10 个校区于 2005 年底开放使用），并为 AESA 带来了专业和市场经验。2005 年，私募股权投资机构 Patria 投资了 AESA。同时，ISCP 将其在 AESA 的股份卖给了巴西教育基金会（FEBR），后者向 AESA 注入了新资金。FEBR 还为 AESA 从国际金融公司（IFC）获得了 1200 万美元的信用贷款，并成为 AESA 的控股股东。截至 2009 年，AESA 是巴西最大的营利性教育机构，拥有 54 个校区，450 个在线教育中心，650 个教育中心（根据公司资料）。

该公司的战略建立在一个统一的宣传平台和多运营模式基础上（为 AESA 提供了扩展能力和规模效应）。在大多数情况下，公司提供的价格是市场上最低。其教学单元一般是中小型的（能容纳 2000 到 7000 名学生），坐落在易于搭乘公共交通工具的地点。学生主要是来自 D 类和 C 类[⊖]的寻求事业发展的年轻工作者。

Estacio

Estacio 创立于 1970 年，起初是 Estacio 集团的法学院。1972 年，增加了更多的本科课程之后，变成了一所综合性学院，1988 年成为大学。1992 年在里约热内卢市开始扩张，1996 年在里约热内卢州扩张。1998 年，开始全国扩张，并在圣保罗州、米纳斯吉拉斯州（Minas Gerais）、圣

⊖ 见附表 10 中 A、B、C、D 的分类。

灵州（Espirito Santo）、圣卡特里娜州（Santa Catarina）、南马托格罗索州（Mato Grosso du Sul）、巴伊亚州（Bahia）、伯南布哥州（Pernambuco）、帕拉州（Para）和塞阿腊州（Ceara）建设新校区和教学中心（出现了第一所私立医学院），2004年开始在哥亚斯州（Goias）建新校区和教学中心。2000年，这所大学被批准可以提供研究生课程（硕士和博士）。

2006年，开展了国际学术计划（与洛桑酒店学院和Alain Ducasse基金会合作），同时成了微软公司的学术合作机构。2007年启动了将集团改变为营利性机构的程序。2008年，莫艾纳合伙机构（Moena Participagoes S.A.）和私募股权基金管理人GP投资公司（通过GP资本合伙Ⅳ）收购了Estacio的20%股份，并获得了该公司的控制权。2009年，该集团启动了一个数字化教学计划并推出了一个共享服务中心（CSC），具有大学的行政、财务、会计和IT功能。

Estacio的面授或远程的本科生和研究生教育的入学人数超过了241 000人，分布在29个校区和51个网络教学中心。Estacio现在的战略是聚焦于管理的专业化、后台服务活动的集中化、远程教育扩张以及收购。

SEB

巴西教育系统（SEB）于1963年创立于里贝朗普雷图[⊖]（Ribeirao Preto）地区，是教育领域的一所学校和一位参与者。通过其C.O.C品牌，该公司成为一家拥有美誉度的教育材料生产商。在1990～2000年间，公司主要是在里贝朗普雷图地区建造教育设施，开发了一套全面的教学方法论并引进学龄前教育。1999年，SEB开始运作其高等教育业务UNICOC，并于2001年创立了"居家C.O.C"，这是一个提供初等教育、中等教育和高等教育内容和通信工具的互联网门户网站。2006年，该公司启动了远程教师（Tele Sala）和未来课堂（Future Class），通过远程教育的方式拓展其高等教育业务。（见表BC-2）。

⊖　是圣保罗州的一个富裕地区，以产糖蔗出名。

表 BC-2　SEB 的远程教育（本科生项目）

		收入分解（%）				
		2006 年	2007 年	2008 年	2008 年第一季度	2009 年第一季度
K-12	自有学校	47	46	42	38	40
	教学系统	35	34	31	37	30
大中专教育	自有学校	17	16	18	18	17
	教学系统	1	4	9	7	13

资料来源：2009 年第一季度 SEB 报告。

通过 46 年的经营，SEB 通过合作（既有私营又有公立）拓展了其网络，开发了监督其巴西全国各地的校区甚至海外教学点的工具和系统，确保了一定水平的效率和质素。现在，SEB 以垂直整合和系统化的方式在巴西教育行业的主要领域经营，提供的服务：

- 在自有学校提供初级和中等教育；
- 初级和中等教学系统（教育方法、内容、师资培训，以及为所属私营学校和市镇提供教育服务）；
- 在自有校区提供本科和研究生高等教育项目。

SEB 当前的战略是聚焦于拓展其远程教育服务，在区域中心地区提供和扩大高等教育课程，继续投资教育领域的技术，提升产品的可扩展性和复制性，继续与公立机构合作。

科罗顿教育公司

科罗顿教育公司是一家巴西营利性机构，致力于私营教育，即 K-12 和高等教育。

科罗顿教育公司在巴西圣保罗证券交易所（Bovespa）的"二板"上市⊖，这意味着优先股股东在某些情况下拥有特殊权利，包括：在出现控制权转变时具有完全的跟随权；在收购、并购或拆分时的否决权，以及对相关方交易协议的批准权。

⊖　科罗顿教育公司在 2012 年 12 月 5 日转移到 Novo Mercado 平台，现在的代码是 KROT3。

自从该公司 2007 年底在巴西圣保罗证券交易所挂牌上市（代码：KROT11）以来，尽管其财务表现强劲（见附表 1），而且入学人数也在增长（见附表 7），但其股价一直萎靡不振（见附表 2）。2009 年 6 月公司的市值是 5.02 亿雷亚尔（2.557 亿美元），有 31.5 亿流通股，公众持股占 39%。

科罗顿教育公司的商业模式

科罗顿教育公司的业务可以分解为以下几项不同的活动：

- 学前、初级、中等和预科学校（K-12）的管理；
- 提供更高的、职业和研究所教育；
- 提供免费课程和相关教育活动；
- 教科书、杂志和教育出版物的批发、零售、分销、进出口。

科罗顿教育公司最初的商业模式是在 20 世纪 80 年代为 K-12 教育开发和完善的。其服务内容更具有灵活性且适应不同地区的需求，同时确保提供的内容保持一定的质量水平。这种发展方式是科罗顿教育公司成功的关键，而且也是渗透高等教育市场的成功之源。科罗顿教育公司获得了竞争优势并受益于此，其发展更顺畅且更迅速了。

标准化平台让科罗顿教育公司获得了规模经济，同时确保了新增加的学校或校区保持一定的质量水平（无论是现有的还是新增加的）。为了保持高质量，科罗顿教育公司密切跟踪和监督每个合作伙伴或校区，并且向教职员工提供高质量的培训。规模经济源自增加新学校和校区，因为对平台的要求很少或无须改动。由于教学计划是标准化的，有助于当地职员在计划和协调方面节省时间，因此科罗顿开发的网络在不增加边际成本的情况下，可以保持教育质量。

到目前为止，科罗顿已经能够复制这个模式，并成功将其应用在 25 个校区。该公司被视为一家高质量的基础和中等教育提供机构。基于高性价比基础上的高效销售推广，该公司已经成功地将教学系统出售给了和多私营学校。结果是，毕达哥拉斯（Pitagoras）⊖教学系统产品和服务已经达到了 98% 更新率，如果根据学生人数排名，克罗顿已经成为一家龙头教

⊖ 见附表 9 科罗顿的品牌划分。

育公司（见图 BC-5）。尽管如此，与 2008 年 2 月相比，收购次数实际上在 2009 年第一季度减少了（见附表 7）。

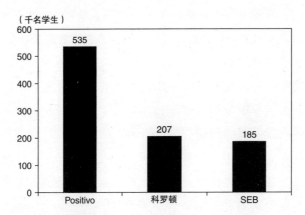

图 BC-5　科罗顿作为私营教育领域教学系统提供商的定位

资料来源：2009 年摩根士丹利。

科罗顿教育的战略

到目前为止，科罗顿教育公司一直是依靠有机成长（通过新开校区或购买执照开办）。这使得该公司与竞争对手相比，成本低很多（见图 BC-6），它专注于收购现有的校区并加以改善。

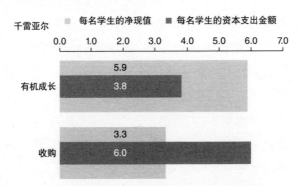

图 BC-6　有机成长和外部增长的经济性比较

资料来源：2009 年摩根士丹利的估计。

1. 挑战。

科罗顿面临的一个问题是能否在教育行业的另一个领域里推行其平

台，例如公立学校、高等教育和远程教育领域。远程教育是一个特别困难的领域，竞争已经非常激烈了。

国家教育发展规划（PDE）对公立学校（其中52%是市属学校）设定的预算有所增加，预期质量也相应提高了。私营教育系统将帮助公立学校达到学术要求。SEB声称有145 000名在读学生，鉴于公立学校的教学内容与私立学校相同，该公司已经开始积极地营销这类客户。如果那个市场领域可以有助于科罗顿分摊一部分成本的话，那将意味着可以采取更激进的定价策略，以获得市场份额。

2. 期望。

科罗顿教育公司在巴西的教育领域是增长率最高的公司之一。它之前一直是靠自己的有机增长，走的是开发（改进）学校和校区的路径。这条路与建立在并购基础上的战略相比，代表了成本优势。根据摩根士丹利的观点，科罗顿教育公司的高等教育入学人数应在2012年底达到137 000名，意味着这一阶段的增长率超过400%，即年复合增长率为39%。同时，科罗顿教育公司的5年期EBITDA年复合增长率应该达到57%（2007～2012年）。

3. 金融分析师对科罗顿教育公司的资产评价。

金融分析师指出，科罗顿教育公司的资产负债表非常强健，可以支持其增长。而且，随着它将高等教育业务和K-12结合起来（主要通过其教学系统），其平台正在变得越来越多元化。通过在公立学校和远程教学中应用教学系统，公司还会有更大的增长空间。

4. 金融分析师列出的科罗顿教育公司的风险。

金融分析师列出该公司的如下风险：

- 竞争加剧；
- 整合被收购公司失败；
- 更严格的监管（主要是在远程教育方面）；
- 疲弱的宏观环境导致需求缓慢下降和退学率高；
- 在执行商业计划时出现融资空档；

- 收购造成大量现金需求的压力；

- 巴西就业恢复的形势可能比预期时间更长。

科罗顿教育公司的成长空间面临着监管上的不确定性（教育部批准一所新校区可能耗时 3 年），也面临着在新的城市吸收新的生源的不确定性。

埃德温国际：私募股权先驱

埃德温国际的历史

埃德温国际是一家私募股权机构，由彼得·布鲁克（Peter Brooke）于 1984 年创立于美国波士顿，起初是从 TA Associates 剥离而来。该机构与以美国为中心的大多数私募股权机构的做法迥异，从一开始就秉持"国际化投资理念"。例如，在创立当年，该机构联合创立了第一家关注于东南亚地区的风险投资机构 SEAVI。

1987 年，埃德温为其首只机构基金——国际网络基金（international Network Fund）募集了 2.25 亿美元，这是私募股权行业的第一只全球基金。1989 年，埃德温募集了规模 2.31 亿美元的欧洲特殊状况基金（European Special Situations Fund），这是"首只一体化的泛欧基金"。埃德温国际 1989 年在伦敦开设了办公室，1991 年又在法兰克福和米兰开设了办公室。

1994 年，埃德温国际募集了全球私募（GPE）II 基金（4.15 亿美元），还合并了英国的三一资本（Trinity Capital Partners）。同一年，募集了其首只中东欧私募股权（ACEE）基金（5800 万美元）。

1996 年，该机构募集了 GPE III 基金（12 亿美元），同年在巴黎开设了办公室。ACEE II 基金于 1998 年募集完成（1.82 亿美元），继 2000 年在布达佩斯之后，又开设了华沙办公室。GPE IV 基金（19 亿美元）于 2001 年募集完成，2002 年开设了马德里办公室。2005 年募集了 ACEE III 基金（3.3 亿欧元）和 GPE V 基金（25 亿欧元）。

2007 年，布拉格和基辅办公室开业，仅仅一年之后，GPE VI 基金（最大的中间市场杠杆收购基金，募集了 66 亿欧元）和 ACEE IV 基金（10

亿欧元）启动。2009 年开设了孟买办公室。

截至 2011 年，埃德温国际聚焦于"中间和中上市场的杠杆收购"业务，在 29 个国家有大约 170 名专业投资经理。该机构宣布已经 41 个国家投资了 600 多家公司，其中有 140 家已经上市。

LAPEF 项目

1996 年，埃德温国际分别开设了布宜诺斯艾利斯和墨西哥城办公室，募集了拉丁美洲私募股权基金（LAPEF，2.3 亿美元）。1997 年开设了圣保罗办公室。LAPEF Ⅱ 基金（2.65 亿美元）于 2002 年募集。LAPEF Ⅲ 基金（3.75 亿美元）于 2005 年募集。LAPEF Ⅳ 基金是有史以来最大的专注拉美的私募股权基金，于 2007 年募集了 13 亿美元。LAPEF Ⅴ 基金于 2010 年募集了 16.5 亿美元，该机构同年开设了纽约和伊斯坦布尔办公室，次年开设了波哥大办公室。

LAPEF 项目专注于能产生现金的服务类企业的成长型收购，重点地区是巴西、墨西哥、阿根廷和其他几个精心选择的拉美国家。典型的股权投资是 5000 万~2 亿美元，所投资的企业价值通常为 5000 万~7.5 亿美元（甚至更高）。

LAPEF 项目瞄准的行业是商业服务（包括机场服务和外包）、金融服务、零售、消费和娱乐。其他投资领域包括医疗健康、工业、技术、传媒和通讯（TMT）。

其投资方法是全面获得控制权，但是如果被投资公司有良好的企业治理，埃德温国际也可以考虑参股。收购是主要的投资策略（股份来源是公司当前的所有者，包括公司、家族、创始人，或者通过公司退市）。扩张投资是另一个投资策略，为公司的有机成长或市场整合提供资金。

价值和投资理念

埃德温国际自诩依靠一个整合的团队在工作，所有决策都是建立在"分析研究、公开讨论和达成共识"的基础上。埃德温国际宣称的投资理念是"通过积极获得所有权，聚焦于价值创造"。除了开始时就确立的国际化特色之外，一个主要的差异化因素是关注成长（内生的，外部的）以及运营改善，而"不是依靠金融工程手段"。埃德温国际高度重视其专业人员的运营和咨询背景，以及 60 个"特定行业的运营合作伙伴"。

埃德温国际的运营合伙人扮演的是独立顾问的角色，他们都是原 C 级的企业高管，与埃德温国际投资团队一起为投资组合公司的发展提供帮助。这些运营合伙人可以提供深厚的行业知识、运营技巧、管理经验和人脉网络。他们可以在被投资公司里担任董事长或董事职位，甚至有时可以任职中级管理人员。

投资决策由各区域投资咨询委员会负责做出，"由其评估潜在的投资机会，并监督投资组合公司的运营"。这些委员会由所在区域的专业人员和来自另一个地区的合伙人组成，以便"提供全球投资流程的连续性和一致性"。

圣保罗办公室

由董事总经理胡安·帕布罗·祖奇尼（Juan Pablo Zucchini）和管理合伙人帕特里斯·艾特林（Patrice Etlin）领导，埃德温国际的巴西办公室有 19 名员工（其中有 13 名专业投资人）。比较其他分部，墨西哥办公室有 19 名员工（14 名专业投资人），波哥大有 11 名员工（8 名专业投资人），布宜诺斯艾利斯有 6 名员工（4 名专业投资人）。埃德温国际荣获了《私募股权国际》(Private Equity International) 2005 年、2006 年、2007 年、2008 年、2009 年和 2011 年评选的"拉丁美洲私募股权年度机构"的奖项。表 BC-3 提供了圣保罗办公室投资的项目情况。

表 BC-3　埃德温国际巴西办公室投资项目

公司名称	说明	行业领域
Terminal de Conteineres de Paranagua	巴西第三大集装箱码头	商业服务
CETIP	最大的中央登记和交易平台（柜台交易和私募固定收益证券）	金融服务
科罗顿教育公司	私营教育	商业服务技术
Frango Assado	高速公路酒店	消费和娱乐
Quero-Quero	住房改善贷款，信用卡发行人和消费金融服务	消费金融服务

（续）

公司名称	说明	行业领域
Viena	领先的休闲餐饮连锁企业	消费和娱乐
Grupo RA	最大的机场廉价酒店运营商	消费和娱乐
Parana Banco	消费信贷银行	金融服务
International Meat Company	拉美领先的多品牌，廉价休闲连锁酒店	消费和娱乐
Brasif Duty Free	领先的旅游运营商	零售
Proservvi	领先的金融机构后台流程服务提供商	商业服务 金融服务
J. Malucelli Seguradora	最大的担保债券供应商	金融服务
Atmosfera	拉美最大的纺织服务提供商	商业服务
Atrium Telecomunicacacoes	中央建筑局域交换服务商	通信业
Microsiga	最大的 ERP 软件供应商	技术
Asta Medica	药品业务拓展，授权经营和分销	保健医药生产商
CSU	最大的独立信用卡管理服务商	金融服务 商业服务

交易

2009 年 6 月 24 日（见附表 6），科罗顿教育公司和埃德温国际宣布后者将投资 2.8 亿雷亚尔（每股 16.2 雷亚尔，比前一交易日价格高 1.3%，比最近 60 个交易日平均价格高 19%），获得 PAP（Pitagoras Adm. e Part.）50% 的股份。PAP 是科罗顿的控制人（见附表 4），持有 55% 股份。埃德温将为此私募发行 1.0198 亿股普通股和 2093 万股优先股。

投资完成之后，PAP 将以每股 12.53 雷亚尔的价格为科罗顿增加资本金 2.2 亿雷亚尔（认购比例为 1.016∶1，每股 12.53 雷亚尔，较之前 60 个交易日股票价格下跌 7.7%，较前一交易日收盘价下跌 22%）。小股东可以通过优先认购权获益，这可以让权益增加了 3.87 亿雷亚尔。如果他们不参与认购，就意味着其股份将被摊薄 36%。公众持股比例将从 39% 下降到 25%。最终增加的资本金为 3.87 亿雷亚尔（100% 认购）。

埃德温国际最终获得了公司董事会 3 个席位（总共有 9 席，见附表 8），而且将担任人力资源和金融 / 并购委员会主席。学术和审计委员会由其他专家掌管。

案例问题

ⅰ.你将如何说明埃德温国际对科罗顿教育公司的投资？这是一起典型的私募股权投资吗？它与典型的私募股权投资有何不同？

ⅱ.埃德温国际对科罗顿投资的理由是什么？科罗顿当前的战略是什么？埃德温的投资将如何改变这个战略？

ⅲ.科罗顿面临的主要挑战是什么？它用什么资产来迎接挑战？（回答这个问题可能要用到 SWOT 分析。）

ⅳ.如何解释埃德温国际在投资时支付/获得的溢价和折扣？是否是合理的？

ⅴ.用现金流折现（DCF）和其他方法对科罗顿估值，比较科罗顿现在的股价（每股 16 雷亚尔）和埃德温国际支付的价格（见附表 3）。你得出的结论是什么？

附表部分

附表 1　科罗顿教育公司财务报表

资产负债表（百万雷亚尔）	2009-12-31	2008-12-31	2007-12-31
资产			
现金和短期投资	410.38	124.22	325.28
应收账款（净值）	75.62	72.04	40.49
总库存	17.86	25.18	12.87
预付费用	0.37	0.45	0.29
其他流动资产	3.00	2.49	1.89
流动资产：总计	507.24	224.37	380.82
长期应收账款	0.25	1.01	0.21
固定资产、厂房和设备：净值	167.65	133.74	38.93
固定资产、厂房和设备：总值	203.70	159.17	53.56
土地	14.15	14.15	N/A
建筑物	41.63	26.55	0.55
固定资产、厂房和设备：其他	110.39	79.82	39.27
累积折旧	36.04	25.44	14.64
其他资产	189.17	168.29	70.37
总资产	864.31	527.41	490.32
负债和股东权益			
应付账款	9.90	22.53	7.72
短期贷款和长期贷款的当前份额	5.17	5.45	1.43
累积应付薪酬	16.36	16.31	9.88
应付所得税	1.78	1.89	5.78
应付红利	0.00	12.95	0.00
其他流动负债	16.17	19.05	16.86
流动负债：总计	49.37	78.18	41.67
长期贷款	9.70	12.00	15.63
风险和费用拨备	5.27	0.99	0.02
递延税项	−5.91	−9.25	−13.08
其他负债	10.78	11.52	8.62
总负债	69.21	93.44	52.85
股东权益	0.02	−0.04	0.01
少数股东权益	0.00	0.00	0.00
优先股	795.07	434.01	437.47
普通股	821.02	454.40	454.40
其他储备金	14.96	0.68	N/A
留存收益	−19.47	N/A	−16.93

（续）

资产负债表（百万雷亚尔）	2009-12-31	2008-12-31	2007-12-31
库存股票	21.44	21.07	0.00
总负债与股东权益	864.31	527.41	490.32

a)

利润表（百万雷亚尔）	2009-12-31	2008-12-31	2007-12-31
净销售额或收入	352.94	279.56	87.54
销售成本	215.02	170.58	52.47
折旧摊销	16.45	19.54	4.47
毛收入	121.47	89.44	30.60
运营成本：总值	359.12	252.90	113.71
经营收入	−6.18	26.66	−26.17
特别贷款：税前	0.00	0.00	0.00
特别费用：税前	1.43	0.00	0.00
非经营利息收入	23.67	26.64	17.73
其他收入 / 费用：净值	−14.65	−2.05	−3.74
息税前收入（EBIT）	1.41	51.24	−12.18
贷款付息	2.80	10.66	3.84
税前收入	−1.40	40.58	−16.03
所得税	6.65	10.08	0.56
当期国内收入税	4.37	6.84	−0.33
当期国外收入税	0.00	0.00	0.00
递延国内收入税	2.28	3.24	0.89
额外项目 / 优先股息前的净收入	−8.10	30.56	−16.58
优先股息发放前净收入	−8.10	30.56	−16.58
优先股息	0.00	0.00	0.00
普通股股东的净收入	−8.10	30.56	−16.58

财务比率

b)

盈利能力	2009-12-31	2008-12-31	2007-12-31
总股本收益率	−1.32	7.01	−7.06
再投资比率	−3.28	7.01	N/A
资产收益率	−0.76	7.58	−4.56
投资资本收益率	−0.84	8.52	−4.90
股本现金收益	2.79	13.84	1.84
现金流与销售额之比	4.85	21.57	4.95
销售成本与销售额之比	60.92	61.02	59.94

（续）

盈利能力	2009-12-31	2008-12-31	2007-12-31
毛利润率	34.42	31.99	34.95
经营利润率	−1.75	9.54	−29.90
税前利润率	−0.40	14.52	−18.31
净利润率	−2.30	10.93	−18.94

c）

资产使用	2009-12-31	2008-12-31	2007-12-31
资产周转率	0.41	0.53	0.18
库存周转率	9.99	8.97	4.94
净销售额与总固定资产之比	1.73	1.76	1.63
净销售额占营运资本百分比	0.77	1.91	0.26
资本支出占固定资产百分比	23.77	146.16	43.63
资本支出占总资产百分比	7.17	15.97	16.45
资本支出占销售额百分比	10.72	28.00	12.89

d）

杠杆情况	2009-12-31	2008-12-31	2007-12-31
总贷款占普通股权益百分比	1.87	4.02	3.90
长期贷款占普通股权益百分比	1.22	2.76	3.57
小股东权益占总资本百分比	0.00	−0.01	0.00
总贷款占总资本和短期贷款百分比	1.84	3.87	3.75
长期贷款占总资本百分比	1.21	2.69	3.45
权益占总资本百分比	98.79	97.32	96.55
优先股占总资本百分比	0.00	0.00	0.00
总贷款占总资产百分比	1.72	3.31	3.48
普通股权益占总资产百分比	91.99	82.29	89.22
总资本占总资产百分比	93.12	84.56	92.41
固定费用覆盖率	0.50	4.81	−3.17
固定资产占普通股权益百分比	21.09	30.81	8.90
营运资本占总资本百分比	56.89	32.78	74.85

e）

流动性	2009-12-31	2008-12-31	2007-12-31
速动比率	9.84	2.51	8.78
流动比率	10.27	2.87	9.14
现金比率	80.91	55.36	85.42
应收款占流动资产百分比	14.91	32.11	10.63
库存占流动资产百分比	3.52	11.22	3.38
应收账期（天数）	76.35	73.46	115.45
库存账期（天数）	36.53	40.70	73.93

f）

资料来源：Worldscope & ThomsonOne Banker。

附表 2 科罗顿教育公司股票（BOVESPA 代码：KROT11）2007 年 7 月 23 日～2009 年 6 月 25 日价格走势

资料来源：Yahoo Finance。

附表 3 科罗顿教育公司的同行比较

公司	市值 （百万 美元）	市盈率			企业价值/EBITDA			市账率		
		2008 年	2009 年 （预估）	2010 年 （预估）	2008 年	2009 年 （预估）	2010 年 （预估）	2008 年	2009 年 （预估）	2010 年 （预估）
科罗顿教育公司	256	22.3	12.7	10.1	18.7	6.6	6.6	2.1	1.0	1.0
Anhanguera	1 210	27.4	15.3	12.1	17.6	10.8	9.0	2.2	2.0	1.8
Estacio	845	21.8	14.2	10.1	12.4	9.0	6.7	3.4	2.8	2.3
SEB	316	14.0	12.3	12.1	9.0	9.3	8.0	2.2	1.9	1.7
行业平均值（巴西）	656	21.4	13.6	11.1	14.4	8.9	7.6	2.5	1.9	1.7
美国平均值	1 919	29.7	27.7	22.5	18.4	10.2	7.9	10.9	8.0	5.7
中国平均值	1 229	35.1	50.6	42.7	25.5	27.8	13.8	4.4	3.7	3.7
其他国家平均值	2 038	23.7	21.9	25.0	10.5	9.7	7.3	3.6	3.2	2.6

资料来源：FactSet，公司数据，摩根士丹利研究（2009 年 6 月）。

附表 4　科罗顿教育公司的股权结构

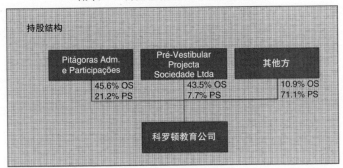

注：OS 指有投票权股票，PS 指无投票权股票。
资料来源：公司数据。

附表 5　巴西教育行业的历史

科罗顿教育公司

1966 年：在米纳斯吉拉斯州创立"毕达哥拉斯"品牌的课程。

1971 年：创立 Colegios Pitagoras（初等教育 / 中等教育）。

1980 年：开始复制其商业模式，在其他州和海外开拓业务。

1997 年：推出可以出售给私营学校的教育和管理技术。

2001 年：阿波罗国际（Apollo International，一家美国的私募股权机构）投资科罗顿教育公司。科罗顿教育公司进入高等教育市场。

2005 年：使用 INED 品牌提供高等教育服务。

2006 年：毕达哥拉斯的创始人买回阿波罗持有科罗顿教育公司股权。

2007 年：科罗顿教育公司在巴西挂牌上市，收购 Divinopolis（3 100 名学生），Vitoria（550 名学生），Londrina（3 080 名学生），Jundiai（945 名学生）。

2008 年：收购 Guarapari（1 200 名学生）。

2008 年：收购 NABEC（Nova Associagao Brasileira de Educagao e Cultura Ltda）。

2008 年：收购 Faculdade Uniminas（3 632 名学生）。

2008 年：收购 SUESC（3 500 名学生）。

2008 年：收购 Faculdade Unilinhares（2 547 名学生）。

2008 年：收购 Faculdade CBTA（802 名学生）。

2008 年：收购 FATEC-Londrina CEPEO（Centro de Ensino e Pesquisa Odonto-logica）。

2008 年：收购 FACTEF-Teixeira de Freitas（1 600 名学生）。

Anhanguera 教育公司

2006 年：收购哥亚斯州和圣保罗州的两个校区，在圣保罗州自行开发第三个校区。

2006 年：准备在 2007 年上市，AESA 的股东采用特殊目的公司收购了 Anhanguera Educacional Participações S.A 的 100% 股份。Aesa Participações，此前叫作 Mehir 控股公司，是一家在巴西证券交易委员（CVM）注册的上市公司。

（续）

2006 年：FEBR 参与 Aesa Participações 增资，将其持有的 Aesa Participações 股票与个人股东持有的 AESA 股票交换。FEBR 发起了第二轮对 Aesa Participações 增资，与近期收购的 AESA 股份合并计算，控制了 AESA 所有股份。

2007 年：AESA 上市，以每股 18 雷亚尔发行 2 000 万股，募集资金 3.6 亿雷亚尔。

2007 年：进行了 13 次收购，增加了 18 个新校区，扩大了在巴西中西部、南部和西南部的业务。另外自建校区增加了 5 个。

2008 年：从其他教育机构收购了 15 个校区，自建了 6 个新校区。

2008 年：通过证券交易所配股，募集了 5.08 亿雷亚尔。

2008 年：进行了两项重要的收购，拓展了销售和课程来源：收购 30% Editora Microlins Brasil S.A. 股份（后来将其名称改为 Escola de Profissoes S.A.）；收购 LFG（Rede LFG 的控股公司），包括 LFG，Prima，Rede Pro 和 Premier 品牌，囊括了在 62 门课程和 322 个教学中心注册 70 000 名学生。

Estacio

2007 年：Estacio 上市（19 864 000 股，每股售价 22.50 雷亚尔）。

2007 年：收购 IREP，Sociedad de Ensino Superior，Medio et Fundamental Ltda 和 Faculdade Radial De Curitiba Sociedade Ltda，收购总额 51.52 亿雷亚尔，获得 19 100 名学生，业务扩展到圣保罗和帕拉纳。

2008 年：以 22.34 亿雷亚尔收购 Faculdade de Brasilia de Sao Paulo；以 62.96 亿雷亚尔收购 Sociedade Interlagos de Educagao e Cultura；以 83.52 亿雷亚尔收购 Sociedade Abaete de Educagao e Cultura。

2008 年：以 43.43 亿雷亚尔收购 Uniao Cultural e Educacional Magister Ltda。

2008 年：以 23.37 亿雷亚尔从有 2 100 名学生的巴拉圭 Assumssion 公司收购 Sociedad de Ensenanza Superior S.A.（SESSA），Universidad de La Integracion de Las Americas（UNIDA）。

2008 年：通过增资 154.66 亿雷亚尔，收购 SESSE，SESAI，UNEC e SESAP（阿拉哥阿斯州），Sergipe 和 Amapa 的控股股份，它们分别拥有 2 900 名、4 000 名、1 600 名和 1 500 名学生。

2008 年：以 102.88 亿雷亚尔收购 Montessori，Cotia e Unissori 在圣保罗、柯提亚和伊布拉的校区。

SEB

2005 年：收购 Salvador de Bahia 拥有约 1 800 名学生的 Colegio Sartre 学校，第一次实现了在圣保罗州以外的业务扩张。SEB 建立了一个共享管理中心（Ribeirao Preto），将所有运营集中处理，并提供诸如 IT、人力资源、会计、管理等支持活动。

2006 年：在圣埃斯皮里图州启动小学和中学教育机构。

2007 年：为准备上市进行集团重组。10 月 18 日，在圣保罗证券交易所上市，代码 SF.BB11，股价为 33.00 雷亚尔。

2007 年：收购 Salvador de Bahia 的中小学教育集团 Nobel de Educagac Basica（794 名学生）。以 480 万雷亚尔收购一家高等教育机构 Instituto de Ensino Superior de Salvador Ltda'（ESAMCX）95% 股份（350 名学生）。

2007 年：以 1 000 万雷亚尔收购贝洛奥里藏特（米纳斯吉拉斯州）高等教育机构 Faculdade Metropolitana，获得 2 700 名学生。

2008 年：以 9 450 万雷亚尔收购 Dom Bosco 集团（库里蒂巴，巴拉纳州），这是巴西最大及最受认可的教育集团之一，广泛分布于南部地区。其中小学教育业务每年约有 8 000 名学生入读，其教学系统服务约 500 所下属机构的 105 000 名学生。在高等教育方面，该集团经营的 Faculdades Dom Bosco，在收购时有约 3 000 名学生。

（续）

2008 年：以 230 万雷亚尔收购巴西利亚（联邦区）的 Associaqao Brasiliense de Educagao Integral（ABEDI），包含约 600 名学生。

2008 年：以 470 万雷亚尔收购玛赛伊（阿拉哥阿斯州）的 AssociaCao Alagoana de Educagao Integral（ALEDI），包含 1 850 名学生。

2008 年：以 250 万雷亚尔收购 Instituto Dinatos Ltda，它是巴西利亚一家大学入学考试预备课程教育机构，包含 550 名学生。

2008 年：以 1 120 万雷亚尔收购 Piraetorium-Instituto de Ensino, Pesquisa e Atividades de Extensao em Direito Ltda，该机构位于贝洛奥里藏特，提供领先的法律考试和法律系统居民服务考试的预备课程，以及法律研究生课程（1 900 名在校生，有 117 家连锁教学点，向另外 3 000 名学生提供远程教学服务）。

2009 年：以 390 万雷亚尔收购贝洛奥里藏特的 Efigenia Vidigal 教育集团，这是一家中小学教育机构，有 1 100 名学生。

2009 年：以 196 万雷亚尔收购 Empresa de Comunicagao Multinudia S.A.（"Unyca"），该公司专业提供远程教育课程和培训项目，以及开发企业电视节目的规划、管理和制作工具。

2009 年：以 330 万雷亚尔收购 Klick 网，该网站向约 241 230 个用户提供小学、中学和学前教育内容。

2009 年：以 4 150 万雷亚尔收购 Pueri Domus 集团，这是一家在圣保罗市经营了 40 年之久的机构，在 K-12 领域经营多种业务，学生超过 48 000 人（直接注册或者在合作学校入学）。

2009 年：以 124 万雷亚尔收购 Salvador de Bahia 市的 Co1ogios Monet 机构，包含 416 名学生

资料来源：公司网站。

附表 6　埃德温国际投资科罗顿教育公司的新闻稿

科罗顿教育公司获得埃德温国际的投资

埃德温国际作为科罗顿的控股公司，将注资 2.2 亿雷亚尔，以支持公司的扩张计划。

科罗顿教育公司（Bovespa 代码：KROT11），以下称为"科罗顿"或"该公司"，是巴西最大的私营教育公司之一。埃德温国际，一家全球性私募股权机构，今日宣布达成一项协议：PAP（Pitagoras Administragao e Participagao S.A.），持有科罗顿 55% 股份的控股公司，将接受埃德温国际注资 2.8 亿雷亚尔，其中 2.2 亿雷亚尔将用于增加科罗顿的资本金，这是通过一次私募发行总计不超过价值 3.879 亿雷亚尔的公司股票完成的。交易完成之后，埃德温国际将持有 50% 的 PAP 股份，并间接持有科罗顿约 28% 的股份。

科罗顿是埃德温国际自 1997 年开业以来，在巴西投资的第 15 个项目。支付本次交易的资金来自成立于 2007 年的 LAPEF Ⅳ（拉美私募股权基金Ⅳ），该基金规模为 13 亿美元。自从该基金募集以来，埃德温国际已经投资了四家巴西公司：Viena（巴西领先的休闲餐饮连锁饭店），Frango Assado（巴西领先的高速公路连锁饭店），Quero-Quero（巴西南部的住房改善贷款机构），CFTIP（拉丁美洲最大的私募固定收益证券和柜台衍生品中央登记公司）。

成立于 1966 的科罗顿在巴西各地提供中小学和高等教育项目。在 K-12 领域（幼儿园到高中），该公司在巴西有 654 所学校，使用的是该公司自己的毕达哥拉斯教学系统。

在高等教育领域，该公司有 28 个校区（17 个采用毕达哥拉斯系统，提供 4～5 年大学和 1 年研究生教育，11 所采用 INED 系统，提供 2.5～3 年的专科教育）。科罗顿有超过 43 000 名高等教育学生和 226 000 名 K-12 学生。

（续）

　　自从 2007 年 7 月科罗顿通过在圣保罗证券交易所上市，募集了 4.558 亿雷亚尔（2.45 亿美元），公司已经启动了积极扩张计划，包括进行了收购 12 个学院和新建校区。今天，科罗顿已经是巴西成长速度最快的教育公司，2008 年的净收入达到 2.796 亿雷亚尔，EBITDA 为 5 150 万雷亚尔。2009 年第一季度，公司净收入 1.075 亿雷亚尔，EBITDA 为 3 570 万雷亚尔，比前一年同比分别提高了 51.4% 和 37.6%。

　　"科罗顿拥有高质量的教育服务，经过实践证明的内生和并购增长和技能高超的管理层。我们相信公司可以提供一个强大的平台，整合巴西的教育行业，而且我们期望和管理团队一起加速业务扩张"，埃德温国际圣保罗办公室的董事总经理胡安·帕布罗·祖基尼如是说。祖基尼领导了对科罗顿的投资。

　　"这是一个非常分散的市场，还有很多机遇等着我们，"祖奇尼先生补充道。"巴西教育行业在过去十年里一直保持着年 10% 的复合增长率，而且仍然只有很少学生获得了高等教育学位，这一数字甚至比其他拉美国家还低。"

资料来源：埃德温国际公司，2009 年 6 月 25 日（网站，最后一次访问时间：2012 年 11 月）。

附表 7　科罗顿教育公司的入学人数

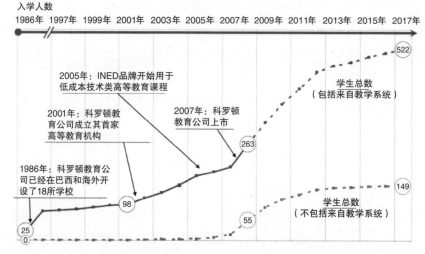

资料来源：摩根士丹利（2008 年）。

附表 8　科罗顿教育公司的管理层和董事会成员简介（截至 2009 年 6 月 24 日）

　　瓦尔弗雷多·西尔维诺·多斯·马雷斯·吉雅·内托（Walfrido Silvino dos Mares Guia Neto），68 岁，公司董事。1966 年，他从米纳斯吉拉斯州立大学工程学院（UFMG）获得了化学工程学士学位，1973 年从 FUMEC 贝洛奥里藏特校区经济学院获得行政与会计工商管理学位。他于 1966 年作为创始合伙人之一加入公司，他还担任过众多公共职务，最近曾担任卢拉内阁的旅游部长（2003～2007 年），和总统办公室机构关系主管（2007 年）。

（续）

路易斯·安巴尔·德·利马·费尔南德斯（Luiz Ambal de Lima Fernandes），67 岁，公司董事会独立董事。于 1965 年从米纳斯吉拉斯州立大学工程学院（UFMG）获得机械和电气工程学士学位。他曾在许多公司的董事会、咨询委员会和财务委员会任职，如 Acesita 公司和 Cemig 以及 Light 公司。1982 年，他获得了米纳斯吉拉斯州颁赠的"Incofidencia"荣誉奖章。从 1979 年到 1983 年，担任米纳斯吉拉斯州发展银行（BDMG）总裁，从 1995 年到 2005 年，担任 Acesita 公司（阿赛洛集团）的 CEO。

艾万多·胡塞·内伊瓦（Evando Jose Neiva），63 岁，公司董事长。获得米纳斯吉拉斯州立大学（UFMG）电气工程学士学位，以银质奖章的优异成绩从该校毕业。他还获得了美国加利福尼亚州旧金山大学的教育领导和学校管理硕士学位。他曾是 UFMG 的物理学教授和米纳斯吉拉斯州制造商联盟（FIEMG）教育委员会主席。他于 1966 年作为创始人之一加入公司，从 1994 年到 1999 年担任集团的 CEO。目前他是毕达哥拉斯基金会总裁，以及米纳斯吉拉斯商业协会（ACMinas）教育委员会和米纳斯吉拉斯基金会联盟（Fundamig）主席。

胡里奥·费尔南多·卡比祖卡（Julio Fernando Cabizuca），68 岁，公司董事。他获得了米纳斯吉拉斯州立大学（UFMG）机械和电气工程学士学位，于 1966 年加入公司，是公司创始合伙人之一。他曾担任数学教授和科罗顿教育公司在贝洛奥里藏特几个校区的总监，以及毕达哥拉斯在伊拉克校区的总监。此前他曾担任科罗顿运营总管，副 CEO 和 CEO。

雷奥纳多·安里奇·多斯·马雷斯·吉雅（Leonardo Emrich dos Mares Guia），32 岁，公司董事。获得巴西伊莎贝拉恩德里斯研究所（贝洛奥里藏特）工商管理学士学位，曾在英国牛津圣克莱尔学院研修国际宗教礼仪，2007 年加入公司，担任董事一职。

阿克西娅·玛利亚·格罗斯·费加罗·宾艾伊罗（Akcia Maria Gross Figueiro Pinheiro），44 岁，执行副总裁和投资关系总监。获得米纳斯吉拉斯天主教大学（PUC-MG）会计专业工商管理学士学位，并获得巴西米纳斯吉拉斯 Fundaçao Dom Cabral 的财务管理研究生学历。她毕业后加入安达信咨询公司（Arthur Andersen Consulting）工作，于 1988 年加入本公司。

沃尔特·路易斯·迪尼斯·布拉加（Walter Luiz Diniz Braga），53 岁，自从 2007 年 6 月起担任公司 CEO。他于 1980 年加入科罗顿教育公司，担任数学讲师和巴西各地一些校区的经理，以及学校运营总管。他在巴西和国外担任过数学教师，教育机构主管和教育项目的顾问。他从 2007 年 5 月开始担任科罗顿教育公司董事。布拉加先生拥有 Newton Paiva Ferreira 文化学院的数学学士学位，ICNP 颁发的营销学研究生学历，以及美国宾夕法尼亚州立大学的质量体系专业学位。

附表 9　科罗顿教育公司的品牌划分

教育	品牌	项目	前景
K-12	Pitagoras	基础教育（学前、初等、中等）、初高中	中层
高等教育	Pitagoras	本科（4～5 年）	上中层、中层
高等教育	INED	大专（2～2.5 年）	中层、工薪层

资料来源：科罗顿教育公司。

附表 10   巴西社会等级区间，以家庭月收入（雷亚尔）为标准

等级	最低	最高
等级 A	9 050.00	—
等级 B	6 941.00	9 050.00
等级 C	1 610.00	6 941.00
等级 D	1 008.00	1 610.00
等级 E	—	1 008.00

资料来源：PNAD。

术语表

100 天计划（100-Day plan） 一家公司通过杠杆收购（见 LBO）后预计执行的一系列措施和处置行为。这一系列措施包括在原计划未能实现预期结果的情况下的备用措施。

A

放弃交易的成本（aborted deal cost） 见"失败交易成本"（broken deal cost）。

加速监控费（accelerated monitoring fee） 在投资时，杠杆收购基金管理人决定按预期持有期向投资组合公司收取的年度监控费。如果投资组合公司被提前出售或上市，则杠杆收购基金管理人会在退出前一次性收取剩余的到期金额，即加速监控费。

加速器（accelerator） 也称为"初创公司加速器"。这是一个为期 6～18个月的项目，致力于为创业者在其公司启动之初提供支持。加速器通常会提供讲座、研讨会、创业指导和创业活动，旨在支持初创公司的融资。大多数加速器项目最终都是以一场活动来结束，初创公司可以在活动上向潜在投资人做融资推销（见 pitch）自己。

合格投资者（accredited investor） 被认为是具备了足够知识和经验，能够从良好的投资知识中获取收益的投资者，因而能够处理不受股票交易规则保护的私募市场的投资项目。在美国，这种身份在 1940 年的投资公司法（Investment Company Act）中有定义。

收购方尽职调查（acquiror due diligence） 也称为"买方尽职调查"。见"尽职调查"（due diligence）。

收购（acquisition） 指投资组合公司的控制权被另一家实业公司或金融公司获得。

积极所有权（active ownership） 对股东而言，包括尽责行使权利及履行所有相关职责，以及积极向公司的管理层提供意见。如果股东是公司的董事会成员，还包括行使董事会成员的权利和义务。

积极行动主义（activism） 在金融领域，指支持一项活动的一系列行动，旨在使公司在管理和治理上产生重大变化。一位积极行动的投资人通常会收购一家上市公司的少数股权，发起一场宣传活动，希望因此能赢得支持去争取一个或多个董事会席位。其目的是通过说服或改变公司的管理层，决定性地改变公司的战略。积极行动的投资人的收益来自其持有股份价格的上升或实现分红。

附加交易（add-on transaction） 私募股权基金直接或间接收购一家公司，并将其进一步合并或关联到该基金投资组合中的另一家公司，即平台，见"平台交易"（platform deal）。

逆向选择（adverse selection） 投资人在与消息更灵通的一方打交道时，由于其处于不利地位而经常获得质量较低或潜在收益较低的投资机会的情况。

咨询委员会（advisory board） 由基金投资者或第三方组成的群体，为特定基金的基金管理人提供建议。咨询委员会的权力仅限于为资产估值及解决利益冲突等议题提供简单意见。

咨询委员会（advisory committee） 就特定问题给基金管理人提供建议的非正式个人群体。

代理理论（agency theory） 经济学理论的一个分支，研究资产所有者及其代理人的问题。当所有者向代理人支付报酬以代替他做出决策时，代理关系就形成了。为了确保代理人为所有者的最佳利益行事，合同发挥着重要作用。合同成本高且难以执行的事实证明了代理成本的存在，代理成本包括结构成本、管理成本以及具有不同利益的不同代理人之间使用多份合同。

AIFMD 见"另类投资基金管理人指令"（alternative investment fund manager directive）。

利益一致（alignment of interest） 通常是指代理人与委托人之间的一种约

定，相比于试图使自己单一结果最大化，代理人会从与委托人的合作中受益更多。

另类资产（alternative asset）如果传统投资是指上市股票、上市债券和现金，则另类资产是指非传统投资。该类别资产主要包括私募市场投资、对冲基金、商品及衍生品。

另类投资基金管理人指令（alternative investment fund manager directive）这是 2011 年引入的欧盟范围内适用的法规，为专门从事非传统资产的基金（即对冲基金和私募市场基金）管理人提供了一种通用制度。为了在欧盟内部进行基金销售，另类投资基金管理人必须获得至少一个欧盟国家监管机构的授权。该授权是在遵守透明度和投资者保护规定的情况下获得的。

美式瀑布分成（American waterfall）基金管理人绩效费分配方式的一种变体（"业绩报酬"，见 carried interest）。根据此分配方式，每当基金以盈利的方式出售了一项投资并给基金投资者支付了"最低收益率"（见 hurdle rate）之后，其业绩报酬（如果有的话）就分配给基金管理人。如果该基金亏本出售其投资项目，则必须根据"回拨条款"（见 clawback clause）收回分配给基金管理人的部分或全部业绩报酬，以补偿投资者的损失。

锚定投资者（anchor investor）见"基石投资者"（cornerstone investor）。

天使投资人（angel investor）参与创业投资的高净值个人，给被投公司提供帮助，让其从他的经验、人脉及技能上获益。也称为商业天使。

反稀释条款（anti-dilution clause）股东协议（通常指初创公司）中的一个条款，允许投资者在公司后续的融资轮次中通过购买公司额外的股份来保持他们在公司的所有权比例。如果公司下一轮融资的估值低于当前这一轮（"降价融资轮"，见 down round），投资者将获得额外的股份补偿，以维持其所有权比例。

资产配置（asset allocation）将投资组合分解为不同类别的资产。对机构投资者而言，这通常涉及上市股票、上市债券、当地货币和外币、对冲基金、大宗商品、黄金和私募市场投资。对基金管理人来说，这通常涉及不同领域的公司、可能还包括不同地域的公司。

资产剥离（asset stripping） 出售一家公司的一部分，希望出售所得能高于公司整体出售所得。

资产管理规模（assets under management） 从事私募市场交易的投资团队所管理的所有资产（也就是说，那些可用于投资和已经被投资的资产）总值。

信息不对称（asymmetry of information） 一个经济主体比另一个经济主体拥有更多信息，使后者与前者相比在选择投资时处于不利的地位的情况。例如，创业者比公司的投资人拥有更多的信息，并可以从中获益。创业者从他的日常运营活动中获得了这些信息，而投资人的信息依赖于创业者提供的概要。公司的当前投资人也受益于比潜在投资人更多的信息，这就是后者要对公司进行尽职调查（见 due diligence）以减少或消除信息不对称的原因。

拍卖（auction） 涉及多位潜在竞争性买家的公司出售过程。其目的通常是使卖方的收益最大化。

AUM 见"资产管理规模"assets under management。

B

资产负债表（balance sheet） 公司在一个特定时点的整体财务状况。资产负债表综合了公司资产、负债和资本的价值。

平衡基金（balanced fund） 私募股权的一种投资策略，旨在为处于不同发展阶段（创业投资、成长资本及杠杆收购）的公司建立一个投资组合。

破产（bankruptcy） 公司处于由一个特别法院宣布的法律地位，根据这一地位，该公司要么已经是资不抵债，要么已经长期（通常为 2 年）遭受超过其总资本的累计损失，公司由一个独立的第三方进行管理和监督。公司的债务（利息和本金）偿还在破产程序期间（通常为 6 ～ 18 个月）暂停，破产程序通常以公司的重组或清算结束。

BDC 见"企业发展公司"（Business Development Company）。

选美比赛（beauty contest） 公司／资产的每位潜在买家都试图说服卖家（及其代理人）并胜过其他潜在买家的竞争过程。这个过程可以与拍卖进行比较，但决策因素不仅是所提供的价格，还包括诸如信誉、资质或过往经历等其他因素。

基准（benchmark） 基金或公司的业绩、风险和流动性的度量标准，以支持与同行群体（见 peer group）进行比较。

盲池（blind pool） 基金的一种特征，根据该特征，投资者在投资时不知道将收购哪些资产，并且对这些资产的选择也没有任何影响。投资者通常至少知道该基金所采用的详细投资策略，即诸如地理区域、所采用的投资策略的类型、资产的大小和类型以及聚焦行业领域的时间之类的标准。

中转机构（blocker） 在特定国家／地区设立的基金架构，为位于另一个国家／地区的基金汇集承诺资金。见"联接基金"（feeder fund）。

锁接交易（bolt-on transaction） 见"附加交易"（add-on transaction）。

账面值（book value） 使用公司的资产负债表，其计算方式为资产总值（折旧后）减去未偿还债务。

最低四分位数（bottom quartile） 根据特定的标准（例如业绩指标），样本中排名最低的 25%。

自下而上（bottom-up） 从分析过程的最低（或最细粒度）到最高（或最粗粒度）级别。在资产配置中，这包括分析资产的微观经济因素，以得出具体结论并依据此分析建立投资组合。这种方法的积极方面是，它可以凭经验进行验证，并且可以具体应用；不利方面是，它依赖于可观察的样本，因此可能缺乏系统性。一种补充方法是"自上而下"（见 top-down）。

终止费（break-up fee） 杠杆收购交易中的卖方在退出交易时必须支付的财务制裁。如果是潜在买家退出交易，那么这笔费用被称为"反向终止费"。

过桥融资（bridge financing） 通常是为未来 6 ～ 12 个月即将启动融资活动（IPO 或后续轮次融资）的公司提供的短期融资。过桥融资通常结合了债权和股权的特点。在公司发生流动性事件时，这些债权工具通常会转换为公司的股份。

过桥贷款（bridge loan） 见"过桥融资"（bridge financing）。

失败拍卖（broken auction） 公司的竞争性出售过程未能有效地转化为有效的收购。

失败交易成本（broken deal cost） 见"失败交易费"（broken deal fee）。

失败交易费（broken deal fee） 针对未实现有效投资的投资机会进行分析所产生的相关买方费用。这些费用由潜在买家支付，没有相关的投资来弥补。

棕地（brownfield） 指已经开发且当前尚未使用的实物资产，例如房地产或基础设施。底层土地可能受到污染，尤其是环境污染。

期终一次性偿还（bullet payment） 贷款的一种特征，根据该特征，通常在贷款到期时立即偿还本金和累计利息。

资金消耗率（burn rate） 初创公司在给定时间区间（通常每月）上所花费的净现金的量度。此指标主要用于评估初创公司在资金用尽之前（并因此计划进行新一轮融资）可以运营多少个月。

商业天使投资人（business angel） 见"天使投资人"（angel investor）。

企业发展公司（Business Development Company，BDC） 根据 1940 年《投资公司法》修正案，于 1980 年创建的美国上市的封闭式投资工具。如果一家公司选择成为企业发展公司，并且符合标准，则该公司几乎不缴纳企业所得税，因为它是一种穿透的税收结构。

商业计划书（business plan） 由公司管理层在顾问帮助下准备的文件，详细描述了公司历史、现在和未来的预期业绩及经营情况。该文件不仅包括了公司人力、财务和实物资源的详尽分析，还包括了公司历史，其竞争地位和定价策略，以及未来 3 ～ 5 年的财务预测。商业计划书详细制定了公司的战略，明确公司的目标，并用于监督公司未来的业绩表现。

收购并建设（buy-and-build）一种杠杆收购策略，即基金从特定领域收购一些公司，目的是将它们进行合并，并利用它们的协同作用。最初的一笔交易称为"平台交易"（platform transaction），随后的交易称为"附加交易"（add-on transaction）。

外来投资者收购（buy-in）见"外来投资者杠杆收购"（leveraged buy-in）。

外来投资者与管理层联合收购（buy-in management buy-out，BIMBO）指包括当前管理层和外来管理层的一项杠杆收购。

收购（buy-out）见"杠杆收购"（leveraged buy-out）。

买方尽职调查（buy-side due diligence）见"尽职调查"（due diligence）。

C

资本账户（capital account）有关私募市场基金投资者所持头寸的报告，包括承诺出资、实缴出资、投资项目、估值及变现。

资金催缴（capital call）基金收取有限合伙人的部分承诺出资，用于向投资组合公司投资及支付基金的开支（特别是管理费）。

增资（capital increase）投资者以现金或实物向公司提供额外资源以换取股份，这样会导致公司的权益增加。

资本结构表（capitalisation table）当前及未来公司的股东名单，通常详细说明所有股东的所有权百分比、股份数量和股票期权数量。

专属基金管理人（captive manager）指全职或部分时间在一家大型集团或金融机构担任私募市场基金管理人。

业绩报酬（carried interest）由基金管理人创造的归属于投资团队（普通合伙人）而不属于基金的那部分收益。通常是基金实现收益的 20%（基金总体业绩报酬，也称为"欧式瀑布分成"），或者有时是按照基金的单个投资项目分别计算（单项目业绩报酬，也称为"美式瀑布分成"）。

分割（carve-out）将公司的一项活动、一项业务或一个部门转换为一家独立的公司，然后母公司可以将这些独立的公司进行出售。

追赶额（catch-up）基金管理人按照基金投资者已收取的最低收益率（见hurdle rate），等比例追赶之前业绩报酬的差额部分。

摘桃子（cherry picking）从可选的机会中仅挑选最佳的。

首席投资官（chief investment officer）机构投资者（或家族办公室）的董事会级别的高管，负责监督资产配置（见 asset allocation）、投资筛选、监控和报告。

CIO 见"首席投资官"（chief investment officer）。

回拨条款（clawback clause）要求基金管理人向基金投资者返还已分配收益。此规定与按照美式瀑布分成（见 American waterfall）模式向基金管理人提前分配业绩报酬（见 carried interest）有关。如果基金后续的退出项目未能产生足够的收益以将资本返还给投资者（并达到最低收益率），则之前项目成功变现后所分配的业绩报酬可能会被回拨。如果某只基金执行的是单项目分成，并在初期获得了非常成功的退出，而且之后的退出较弱，则该条款可以确保基金投资者最终会根据基金约定收回属于他们的款项。

CLO 见"担保贷款凭证"（collateralised loan obligation）。

封闭式（closed-end）在预定的特定日期创立和解散的一种基金属性。因此，基金的寿命期一开始就确定了。基金募集期结束后，不针对新投资者开放，并且在基金解散之前，投资者没有赎回权。

封闭式基金（closed-end fund）见"封闭式"（closed-end）。

封闭式基金（closed-ended）见"封闭式"（closed-end）。

交割（closing）在创建一只基金时，基金管理人积累了一批有兴趣的投资者的承诺出资，之后在有效收集关键承诺出资额及签署合伙协议（见limited partnership agreement）的认购文件之后完成交割。基金募集可能持续一年或更久的时间，基金管理人可以采取多次交割（首次、中间、最终）来表示募集的进展、开始基金运作以及尽快启动投资。

此条目也适用于投资组合公司中的一项投资的变现。交割是指签订文件移交所有权（杠杆收购）或增加资本（创业投资或成长资本）。

俱乐部交易（club deal）由多只私募股权基金参与的杠杆收购。

融资集群（cluster of financing）创业投资机构按地域集聚达到一定的密集度时，可以吸引公司和创业者，并建立起行业专长。最具标志性的融资集群是针对硅谷的信息科技。

联合投资（co-investment）与私募市场基金一起对某家公司或某项资产进行直接投资的机会或权利。投资者通常自己也投资了私募市场基金，可以选择是否增加在某家公司或某项资产上的投资比重。

联合投资基金（co-investment fund）私募市场基金与基金管理人管理的其他投资工具一起投资于投资组合公司或资产。该基金通常只向特定的投资者开放，收取更低的费用和业绩报酬。

联合领投人（co-lead investor）准投资人（通常是针对初创公司）与另一人（领投人）共同协商初创公司的增资条款，通常与公司管理层（代表当前投资人）进行协商。

抵押物（collateral）为保证偿还或退还债务或有价证券而用来作为保证的一项借款人资产。该资产可能与特定债务或一系列交易相关。例如，创业者有时必须要为其公司获得贷款提供个人抵押物。

担保贷款凭证（collateralised loan obligation，CLO）证券化工具，通常由独立机构进行评估，将大量贷款汇集在一起，并根据不同的级别（以及相应的风险）进行分层。然后将这些分层的贷款出售给投资者，投资者有权获得利息和还本金。利率根据给定层级中投资者所承受的风险而变化。

综合基金（commingled fund）从不同来源收集资金并将其融合在一起的投资工具。私募市场母基金（见 private market funds of fund）是混合基金，而不是投资委托（见 mandate）。

承诺资本（committed capital）见"基金规模"（fund size）。

出资承诺（commitment）指投资者向基金提供一定数额资本金的义务，

即基金或母基金的投资者承诺投入的资金额，包括已承诺金额但还尚未缴付的资金。所有投资者承诺的资金总额就是基金规模。

普通权益（common equity）见"普通股"（common share）。

普通股（common share）代表公司所有权的一组证券，每一股普通股包含一个投票权和一个分红权。如果有些证券拥有更多的权利，任何背离这一规则的行为都将被视为"优先股"（见 preferred share）。普通股通常由创业者和公司员工持有。

伴随基金（companion fund）见"平行基金"（parallel fund）。

一致行动（concerted action）股东根据一项（正式或非正式的）收购公司股份协议一致行动，以获得、保持或提高对该公司的控制。

利益冲突（conflict of interest）经济代理人具有相互竞争的专业或个人动机，导致不道德或不当行为风险。

咨询费（consulting fee）向投资组合公司的服务提供商支付的报酬。

转换权（conversion right）附在债权融资工具上的期权或金融权利，特别是夹层债权。在特定的预先谈判条件下，它保证该融资工具的所有者将获得公司的股权，从而分享公司利润。在这方面，与其他债权提供者相比，次级债权提供者可以为其承担的更高风险获得报酬。

可转债（convertible debt）通常是次级债权，这类债权可以在一定条件下或某些事件（或根据债权人意愿）发生时，可以转换（可选转换）或者必须转换（强制性转换）成一家特定公司的股份。

咨询师（consultant）机构投资者的代理人，提供资产配置和基金挑选服务。如果咨询师专门从事基金挑选，并有自由裁量权，那么他就是"看门人"（见 gatekeeper）。

核心型（core）适用于私募房地产和私募基础设施领域的保守投资策略，本质上旨在向投资者提供收入，并可能获得资本收益。这种策略的特点是风险－收益水平很低。资产稳定、位置优越、完全出租，并持有相当长的一段时间，对投资者的管理要求很低或没有要求，通常被描述为质量很高。租户长期租赁这些资产，其质量通常很高。用于收购这些资产的债务水平是 30% ~ 40%。

核心增益型（core-plus）适用于私募房地产和私募基础设施领域的低至中等风险的投资策略，旨在向投资者提供收入和资本收益的组合。资产持有时间较长、质量较高，但需要轻微改进，或提高管理效率，或提高租户质量。与核心型策略类似，租户长期租赁的这些资产，并且其质量通常较高。用于收购这些资产的债务水平是 40% ~ 60%。

基石投资者（cornerstone investor）金融机构（有时是家族办公室）通过对一只私募市场基金承诺出资相当大的比例来支持一位基金管理人的募资。这位投资者经常支持基金管理人，特别是在品牌、介绍其他投资者甚至运营支持方面。基石投资者因此获得基金的咨询委员会席位，并可能获得其他权利，比如联合投资权。

企业治理（corporate governance）公司的所有者对公司进行指导和管理控制的原则、机制和流程。所有者的权利和责任通常由法律和合同规定，在后一种情况下是由股东协议（见 shareholders' agreement）规定。公司治理的目的是减少和消除公司所有者之间以及公司所有者与管理层之间的利益冲突。在私募市场，公司治理在投资者为其控制的资产创造价值方面发挥着核心作用。

企业创业投资（corporate venture capital）见"企业创业投资"（corporate venturing）。

企业创业投资（corporate venturing）大型企业可以买入小公司的股权或共同建立合资公司，帮助其开发新产品或服务，并从中获得一定的协同效应。大型企业可以提供的不仅仅是资金，还有经理人和市场资源。企业创业投资也可以支持拆分（见 spin-off）流程。

资本成本（cost of capital）是公司股东预期获得的收益率。通常用 CAPM 模型计算，资本成本等于无风险利率加上根据系统风险而变的溢价（无法通过组合的构建而分散）和风险的市场价格（贝塔约为 6.5%）。

贷款成本（cost of debt）银行要求公司承担的利率。

负债成本（cost of liability）指不同种类融资的期望收益率。负债的总成本是公司采用的所有融资渠道的复合平均收益率。

轻契约（covenant-light）适用于合同中保护贷款人的条款数量少于普通合同的贷款。借款人因此受益于更高的灵活性，通常不会导致更高的利率。这种灵活性包括还款时间表、签订额外债务合同的能力、投资、支付股息、放弃和积累一定时期的利息支付，或通常受到限制或禁止的任何其他形式的灵活事项。

轻契约（covenant-lite）见"轻契约"（covenant-light）。

契约宽松（covenant-loose）适用于合同中保护贷款人的条款数量很少（通常只有一两条）的贷款，为借款人提供了很高的灵活性。

契约条款（covenant）贷款方对借款人提出的限制条件。通常要求在一个杠杆收购中要维持一定数额的现金，或者一定比例或一定水平的投资。

信贷额度（credit line）见"股权过桥融资"（equity bridge financing）。

交叉投资（cross investment）由同一位基金管理人管理的两支基金投资于同一标的资产的过程。如果两只基金有不同的时间跨度，交叉投资可能会给基金管理人带来利益冲突（例如，一只基金可能必须提前出售其资产）。

众筹（crowdfunding）将多位潜在投资人（经常是个人或天使投资人）与公司的资金募集相匹配的机制，特别是通过互联网，从而使私募市场投资的过程去中介化。公司可以筹集资本（股权众筹）、债务（债权众筹），或者以捐赠或产品/服务的方式筹集资金。

债权众筹（crowdlending）见"众筹"（crowdfunding）。

托管人（custodian）专门证明基金现金流流动情况的专业机构。它作为可信任的第三方，保证基金管理人以特定的方式处理私募市场基金的现金流。

D

资料分享（data room）一家公司的卖方收集的大量详细文件，为一家或多家潜在卖方的尽职调查做准备。

单项目业绩报酬（deal-by-deal carried interest）见"美式瀑布分成"（American waterfall）。

项目源（deal flow）金融机构接触到的投资机会。

交易型债权（debt-for-trading）对冲基金通常采用的不良债权投资策略，包括折价收购困境公司的上市债券或贷款。一旦公司解决了问题，债券或贷款就会恢复价值，投资者就可以出售并获利。见"不良债权投资"（distressed debt investing）。

十分位数（decile）代表连续 10% 的样本段。因此，100 只基金中的前 10 只是前（头部）十分位数，后 10 只是后（底部）十分位数。

违约（default）违反履行金融义务（如偿还贷款或回应资金催缴）的事件。

违约投资者（defaulting investor）没有响应资金催缴的基金投资者。

退市（delisting）一项私募股权交易，意味着对上市公司的全部资本进行私有化。

发展基金（development fund）专注于后期创业公司的创业投资基金。见"扩张资本"（expansion capital）。

摊薄（dilution）通过发行新股的方式降低投资人在公司的占有比例。

直接 Alpha（direct alpha）见"公开市场等价物"（public market equivalent）。

直接投资（direct investment）没有中间投资工具的公司增资或收购。直接投资可以是"联合投资"（co-investment）或"单独投资"（solo investment）。

直接借贷（direct lending）类似于传统银行贷款的私人债权策略。贷款人向借款人提供一定数量的债权，这些债权将逐步偿还，同时还将按尚未偿还的金额计算利息。也称为高级借贷。

直接二级市场（direct secondary）见"二级市场投资"（secondary investing）。

折现率（discount rate）时间的价值，用于确定未来现金流的现值。VA = $VF_t/(1 + K)^t$，其中 VA 是现值，FV_t 是 t 年末的未来价值，而 K 是资本成本。

折现现金流（discounted cash flows，DCF）将一家公司的未来现金流折算为实际价值的投资估值方法。当需要决定是否投资某个项目时，该项目的未来现金流要进行折现，得出项目启动时的价值。折现率是投资者的期望收益率。理论上，如果未来现金流的实际价值高于投资金额，应该进行这项投资。

基金的解散（dissolution of a fund）基金生命周期中的一个时点，此时它的资产已全部出售，没有任何担保或义务，可以有效地结束。

不良债权投资（distressed debt investing）折价收购陷入财务困境的公司的部分债权。这种策略是对冲基金和私募债权基金活动重叠的一种情况。不良债权对冲基金收购债权并持有，直到其价值增加（"交易型债权"）。专注于不良债权的私募债权基金收购这些债权，并将其部分或全部转换为股份。他们对公司进行重组，并在公司重回正轨后将其出售（"控制型债权"）。

收益分配（distribution）基金向其有限合伙人支付收益，通常是现金。否则，就是股份分配（见 distressed debt investing）。

股份分配（distribution in kind）尽管受到严格限制或完全禁止，但一些基金法规允许向基金投资者分配股份，而不是现金。这些股份通常在有组织、有监管的金融市场上交易，该市场有最低的流动性门槛。如果这些股份是在"首次公开发行"（见 initial public offering）之后发行的，它们可能有一个"锁定期"（见 lock-up period）。

收益分配比已缴资本（distribution to paid-in，DPI）基金分配的收益（由投资退出获得的收益）与全部已缴付的资本金额之比。

瀑布型业绩报酬（distribution waterfall）基金管理人业绩费（业绩报酬）

分配计划。通常有两种变体：美国瀑布分成（见 American waterfall）和欧洲瀑布分成（见 European waterfall）。每个变体都可以包含不同的特征，例如美国变体中的回拨额（见 clawback clause），或者欧洲变体中追赶额（见 catch-up clause）。

投资退出（divestment） 通过并购出售或者首次公开发行部分或整体出售一项投资。见"（项目）退出"［exit（of an investment）］。

投资退出期（divestment period） 退出期在投资期之后，是指基金开发、出售或上市其投资项目的 5～12 年时间。如有必要且基金规定允许，这一期限可以延长 1～3 年。在退出期结束时，该基金应该已经出售了所有的持股，并且不存在任何的担保。否则，基金管理人可以选择在二级市场上出售资产，见"直接二级市场"（direct secondary）或出售给其他投资人，将这些资产转移到新的基金中，见"GP 主导的重组"（GP-led restructuring），或将基金的寿命期延长超过初始计划。

红利资本化（dividend recapitalisation） 由于控股平台支付特别红利，对杠杆收购注入资本的部分或全部偿还。这种红利通常来源于债务增加所产生的收益，或者偶尔的情况下，来自投资组合公司资产的处置。

降价融资轮（down round） 指创业投资的轮次，公司在该轮的估值低于前一轮估值水平。

下游（downstream） 在石油和天然气产业中，一般指原油的提炼、天然气加工与净化，以及衍生产品的分销。

DPI 见"收益分配比已缴资本"（distribution to paid-in）。

强售权（drag along clause） 股东协议的条款，根据该条款，大股东可以迫使小股东以与他／她的股份相同的价格出售给第三方，除非小股东按该第三方提供的价格购买他／她的股票。

动用资金（drawdown） 见"资金催缴"（capital call）。

干粉（dry powder） 在基金层面，指基金规模中还没有被催缴的部分。在私募市场行业方面，指所有资本承诺中尚未部署的部分。

尽职调查（due diligence）是由投资人进行或为投资人所做的对于特定公司的一项独立和详细分析过程。其中包括对于商品计划书的详尽分析，以及查阅大量事实证据（客户账户、合同、票据等）和意见。应用于基金时，包括确定其投资策略的吸引力、风险和问题、过往业绩以及基金和团队的设置。

基金期限（duration of a fund）见"基金生命期"lifespan of a fund。

投资项目期限（duration of an investment）见"持有期"（holding period）。

E

早期融资（early stage financing）包括公司种子期及最初几轮融资。

息税前利润（earnings before interest and tax，EBIT）这个指标可以由公司的损益报表计算得出。根据会计方法，从收入中减去销售产品或服务的成本：工资、市场营销、一般管理费用和折旧摊销。参见 EBITDA。

息税折旧摊销前利润（earnings before interest，tax，depreciation and amortization，EBITDA）这个指标可以由公司的损益报表计算得出。根据会计方法，从收入中减去销售产品或服务的成本：工资、市场营销和一般管理费用。依据财务结构和公司业务，这个指标可能与使用 EBIT（或对电信公司是 EBITA）或 EBITDA 的一个倍数或者其他财务计量工具（航空公司采用 EBITDAR，R 代表飞机租金）是相关的。

盈利能力支付条款（earn-out clause）收购方最终支付给出售方的价格要根据商业计划的实现效果。为了让谈判更容易，买卖双方可以设定一项临时价格，同时谈好对卖方将来根据盈利能力支付的金额（the earn-out）。这笔给予卖方的补偿性支付的触发条件是公司达成了特定结果。这些结果是卖方在交易之前已经开始启动，但是要在收购完成之后才能实现的归属买方的成果。由于在公司出售之时很难评估这个成果，得益于这种机制的帮助，卖方可以为其付出的努力和达成的结果，稍后从公司获得一定的收益。

员工收购（employee buy-out，EBO）指员工有机会收购公司很大一部分股份的杠杆收购。

员工股票期权计划（employee stock-option plan，ESOP）让机构的员工能够成为其所有者的计划，此计划作为已完成工作的补偿。

捐赠（endowment）将资产所有权转移到非营利机构的过程。从广义上来说，它指定了一种节税架构，在这种架构中，资产被转移给受益的所有人，受益所有人可以是一家机构（例如大学）。资产可以是现金，也可以是公司股份。捐赠基金是独立管理的，并尽可能投资这些资产。捐赠基金可以花掉这些投资的收益，而且只能花这些。遗赠给捐赠基金的资产不能使用。为了保持免税待遇，捐赠基金必须尊重特定的规则。

企业价值（enterprise value，EV）一家机构股权价值与净债权之和。

投资倍数（entry multiple）当投资人收购或投资一家公司或一项资产时，所设定的估值比率（以下简称"投入"）。计算方法通常是将进入公司或资产的企业价值除以损益表或现金流量表中的一项小计（比如 EBIT，见此条目）。

环境、社会和治理标准（environmental，social and governance（ESG）criteria）投资人用来筛选投资项目和公司机会的一套非正式标准。环境标准支持对公司或资产管理自然的情况进行分析；社会标准支持分析公司或资产与其运营所在社区的关系，如员工、供应商、客户、合作伙伴和利益相关者；治理标准支持对公司或资产所有权框架的分析，包括管理控制和制裁，以及所有者的权利和义务。

均衡机制（equalisation mechanism）在不同的截止日期加入基金名册的投资者之间建立严格平等的过程。第一次交割后加入的投资者必须补偿初始投资者，通常是向初始投资者支付利息。利息实际上由基金管理人收取，并在第一次交割时按比例支付给投资者。

股本权益（equity）指股东提供的全部资本金和未分配的利润。

股权过桥融资（equity bridge financing）这些融资工具也被称为"信贷额

度""认购额度工具"或"资本催缴工具",是向私募市场基金提供的短期（少于 365 天）贷款,这些基金获得了基金投资者的出资承诺。之后,随着相关 IRR 的计算开始,资本催缴可以被延迟。收益分配也是可以预期的,从而影响 IRR 的计算。

股权众筹（equity crowdfunding）参见"众筹"（crowdfunding）。

准权益条件（equity kicker）参见"转换权"（conversion right）。

寿命结束（end of life）封闭式基金到达其最长合同期限的时间点。

ESG 参见"环境、社会和治理标准"environmental, social and governance criteria。

ESOP 参见"员工股票期权计划"employee stock-option plan。

欧洲瀑布分成（European waterfall）基金管理人业绩费分配计划的变体（"业绩报酬",参见 carried interest）。据此,只有在基金的资本已经返还给投资者,并且已经支付了"最低收益率"（参见 hurdle rate）和"追赶额"（参见 catch-up）的情况下,才把业绩报酬（如有）分配给基金管理人。

EV 参见"企业价值"（enterprise value）。

长青投资工具（evergreen vehicle）一个非封闭式私募股权投资工具（经常是控股公司）,通常在股票交易所挂牌交易。一个长青投资工具可以是基金、基金管理公司,或两者的结合。

退出（exit, exit of an investment）指投资某家公司的投资人出售其部分或全部股份。常见退出方式是首次公开发行或者并购出售给一家实业集团。其他的方式,如二级市场杠杆收购变得越来越常见了。参见"投资退出"（divestment）。

退出倍数（exit multiple）投资人出售或剥离公司或资产时设定的估值比率（"退出"）。计算方法通常是将公司或资产的企业价值除以损益表或现金流量表的一项小计数额（如 EBIT,参见此条目）。

退出流程（exit process）公司首次公开发行、并购出售给一家企业、金融二级市场出售给一家投资集团、将股份出售给管理层或对公司进行清算

（注销）的一系列步骤。因此，不包括红利资本重组。

扩张资本（expansion capital）在初创公司发展的后期向其提供的融资。

F

公允市场价值（fair market value）采用买方在公开市场购买一项资产（或一组资产，如私募市场基金的投资组合公司）的支付金额为假设，来估算基金的资产净值。

公允价值（fair value）在交易日，在有序交易中由自愿的市场参与者商定的公司或资产价格。

公平意见（fairness opinion）由可以信赖的第三方对一个投资组合或一家投资组合公司的情况和价值给出的评估结果。这项服务经常被用于有限合伙人认为普通合伙人对于投资组合给出的估值存在潜在利益冲突之时。

家族办公室（family office）独立和专业管理的私人组织，致力于管理超级"高净值个人"（参见此条目）或家族的财富。

农地（farmland）私募实物资产投资的子类别，指用于种植作物或饲养牲畜的农业空间。

费用补偿机制（fee offset mechanism）投资组合公司分配的收益（如分红、服务费、董事会出席费）如果直接支付给基金则在税务处理方面较麻烦。尽管如此，由于普通合伙人已经获得管理费（用于管理基金和投资组合），理论上不应直接支付给他们。建立这个机制就可以直接向普通合伙人分配收益，而且可以从管理费中抵扣这部分收益。

联接基金（feeder fund）有限合伙人用来参与基金投资的一种地区性合法组织，通常是出于税收或者监管目的。

发现者基金（finder's fund）有限合伙人用于寻找投资机会的小型基金，投资者通常直接为投资项目或收购融资。

首次交割（first closing）由基金管理人处理的操作，实现了基金的创建并启动投资期。在基金启动募资后，在 12 ～ 18 个月的时间内，通常可以有一个单一的交割（首次和最终）或多个后续的交割。

第一顺位债权（first lien）在借款人违约的情况下，对贷款抵押品最高级别的法律强制索取。

首轮融资（first round of financing）由外部专业投资人进行的第一轮投资。

首只基金（first-time fund）由现有的或新兴的基金管理人推出的一系列初始投资工具。基金管理人通常利用现有的投资业绩（比如在之前的投资机构中完成）。

追加投资（follow-on investment）创业投资机构对一家现有的投资组合公司再次投资。

风险共同基金（Fonds Commun de Placement a Risque，FCPR）相当于法国法律中的有限合伙。FCPR 由一家"管理公司"（相当于普通合伙人）管理，可以经法国金融市场管理局（AMF，监管法国的金融市场）授权，也可以向 AMF 报备，或者只是按照合约进行管理。风险共同基金的管理公司需经 AMF 授权才可设立这类基金（并因此获得承诺资金的优先税率优惠）。

创新共同基金（Fonds Commun de Placement dans l'Innovation，FCPI）法国面向创业投资和个人投资者的风险共同基金（参见 FCPR），是一家创新型共同基金，期限为 8 年，其有限合伙人投入该基金的资金（到一定的额度）可以在此期间免税。

代理投资基金（Fonds d'Investissement de Proximité，FIP）法国的风险共同基金（参见 FCPR），面向区域性私募股权投资和个人投资者。FIP 成立期为 8 年，其有限合伙人投入该基金的资金（最高一定的额度）可以在此期间免税。

专业创业投资基金（Fonds Professionnel de Capital Investissement，FPCI）相当于法国法律中的有限合伙，由一家"管理公司"（相当于基金管理人）管理。FPCI 是合约性的，不需要得到法国监管机构（AMF）的授权。然而，其管理公司必须得到 AMF 的正式授权才能创建此类基金。

终止条件（for cause） 事先确定的终止基金管理人协议的条件。这些条件通常指的是某种程度的失职或关键人条款（见 key man clause）。

基金会（foundation） 通常指为支持特定事业而创建的非营利组织。基金会可以募资，也可以投资。在后一种情况下，部分或全部收益被用于慈善目的。基金会可以通过捐赠或出于自己的慈善目的，利用其财务资源支持其他组织。这种法律实体可以享受税收优惠。

基金（fund） 私募市场基金是一种用来集聚投资者的资金的投资工具，投资不同公司或资产的股权或债权。基金可以是在主管机构登记的工具（主要出于税收目的），例如法国的 FCPR；或者非登记的工具，例如有限合伙。

基金行政管理人（fund administrator） 负责基金管理中运营方面的服务提供商，比如处理现金流入及流出、计算管理费及业绩报酬，以及撰写基金报告。

基金投资者（fund investor） 私募市场基金的投资者。基金投资者对私募市场基金的投资只限于其最初的承诺，不超过此数额。有限合伙企业的投资者被称为"有限合伙人"（LP）。

基金管理公司（fund management company） 参见"基金管理人"（fund manager）。

基金管理人（fund manager） 管理基金或母基金的一组投资总监（参见 principle），以及为这些投资总监工作的员工。如果基金是有限合伙的架构，基金管理人被称为"普通合伙人"（GP）。基金管理人负责投资的寻找、架构、执行和监控。其他职责包括基金的运营管理、向基金投资者报告及与其沟通。

母基金（fund of fund） 一个金融工具，目的是在私募市场基金中占有一定的份额。主要投资于新发起基金的是初级母基金，主要收购现有基金份额的是二级份额母基金，结合初级和二级份额的是平衡母基金。

基金条例（fund regulation）投资者与私募基金管理人之间的合同协议。本协议规定了管理基金的规则、基金与投资者之间的关系以及基金管理人的权利和义务。基金条例是基金活动的手册，因为它们描述了投资者和基金管理人商定的所有法律要素、费用、结构和其他要素。基金条例有时可以通过补充协议（参见 side letter）的方式进行修改和补充。基金条例的一个例子是有限合伙协议（参见 limited partnership agreement）。

基金二级市场（fund secondary）参见"二级市场投资"（secondary investing）。

基金规模（fund size）基金的所有投资者承诺的资金总额。

基金发起人（fund sponsor）参见"发起人"（sponsor）。

基金募资（fundraising）基金管理人收集基金投资者承诺资金以设立私募市场基金的过程。这些基金的资金来自私募投资者、机构和公司，他（它）们将成为基金的投资者，基金的投资由基金管理人负责。

募资期（fundraising period）指私募市场基金启动营销到完成最终交割的时间区间，可以短至数周，也可以长至 12 ~ 18 个月。

G

看门人（gatekeeper）基金投资者的咨询师，致力于为其挑选私募市场基金。看门人通常拥有自主决策的投资委托（参见 mandate）。

普通合伙人（general partner）参见"基金管理人"（fund manager）。

商誉（goodwill）指在特定时点，一项资产的收购价格与其市场净值之间的差价。

政府机构（government agency）由立法或行政权力建立的负责特定职能的永久性或半永久性公共组织。它们的自主权、独立性和问责制可能有很大差异。它们的职能通常是行政性的，必要时包括资助那些支持其目标的外部机构或组织。

基金管理人主导的重组（GP-led restructuring）私募市场基金的管理人在

基金生命周期即将结束时对其进行主动清算。这涉及将待清算基金的剩余资产转移到由同一管理人管理的新基金。这只新基金不允许进行新的投资，纯粹只是为了管理现有资产。

绿地（greenfield）指在未开发的土地上建造新的实物资产，比如基础设施或房地产。

成长资本（growth capital）由基金向已经在市场中存在的公司提供的融资，这些公司需要额外的融资来利用增长机会。

H

参与型/非参与型投资者（hands on/hands off）根据私募市场基金投资者在管理投资组合公司中的参与度，可将其分为参与型或非参与型投资者。参与型投资者一般会担任所投公司的非执行董事，非参与型投资者在所投公司管理中的参与度较低。欧洲大陆法对于私募股权投资者在所投公司中的参与程度有限制（严格规定不跨越管理线）。

收获期（harvesting period）参见"投资退出期"（divestment period）。

对冲基金（hedge fund）一种另类投资工具，采用策略和工具向投资者提供特定的风险敞口。管理人经常使用衍生品来积极寻求绝对或相对的高收益。合格投资者可以投资对冲基金，对冲基金的监管比共同基金更少，而且通常会杠杆化。

高净值个人（high net worth individual，HNWI）净资产超过100万美元的自然人（不包括其主要住所的价值）。另一种定义包括净资产较低但年收入至少为20万美元的自然人。极高净值个人（VHNWI）通常指其中净资产至少为500万美元的一个子集。超高净值个人（UHNWI）是指其中净资产至少为3000万美元的另一个子集。高净值人士被视为合格投资者，能够参与私募市场基金的投资。

历史成本（historical cost）公司财务报表显示的资产价值，不一定反映出这些资产的市场价值。

HNWI 参见 "高净值个人"（high net worth individual）。

持有期（holding period） 一家投资组合公司被私募市场基金持续持有的时间。

最低收益率（hurdle rate） 参见 "优先收益率"（preferred rate of return）。

I

ICM 参见 "指数比较法"（index comparison method）。

影响力投资（impact investing） 将财务业绩与其他目标相结合的投资理念，比如社会、环境或其他目标。因此，影响力投资的财务业绩通常低于传统投资的业绩。

孵化器（incubator） 支持创业者或初创公司努力开展业务的组织。他们通常以低成本或零成本向刚起步的公司提供运营资源，比如办公设施。它们还提供建立人脉网络的机会、分享经验，有时还能获得资金来源。有些孵化器需要初创公司用现金或股份来支付这些服务。

免责（indemnification） 基金投资者与基金管理人签订的协议，为合伙企业存续期间可能出现的意外情况提供安全、保护或补偿。

指数比较法（index comparison method） 由奥斯汀·朗（Austin M. Long）和克雷格·尼克尔斯（Craig J. Nickels）于 1996 年提出，这种业绩基准方法包括将私募市场投资或基金与指数进行比较。另请参见 "公共市场等价物"（public market equivalent）。

基础设施（infrastructure） 支持生产活动的固定有形资产，如道路、高速公路、桥梁、机场、港口或网络（电信、水、下水道系统）。有时，这个定义被延伸到所谓的 "社会基础设施"，如监狱和学校系统。

首次公开发行（initial public offering，IPO） 一家私有公司的新股份或存量股份首次在一家股票交易所挂牌。

机构杠杆收购（institutional buy-out，IBO） 一家机构投资者参与的杠杆收购。

机构投资者（**institutional investor**）通常管理着大量资产的投资者，诸如投资公司、保险集团、银行、养老基金、捐赠基金或基金会等，受益于其丰富的投资经验。在很多国家，机构投资者不像小投资者那样受到证券交易规则的保护，因为机构投资者应该具备更深入的金融知识，能够更好地保护自己。

内部收益率（**internal rate of return，IRR**）指的是使一个项目初始投资等于其未来现金流的贴现率。也就是说，使一个项目的资产净值等于零的贴现率，它将投资的年化收益用百分比表示。计算时会考虑投资额、收益额和持续时间的影响。此指标可以是净收益率或毛收益率。

国际私募股权与创业投资估值指南（**International Private Equity and Venture Capital Valuation Guidelines**）由一大批国际、地区、国家和地方性的私募股权协会发布的一套建议，旨在支持其成员对私募市场投资项目的估值。

被投资公司（**investee company**）参见"投资组合公司"（portfolio company）。

投资委员会（**investment committee**）当针对基金管理人时，指的是代表私募市场基金决定投资私有公司或资产的一批高管。当针对机构投资者时，指的是决定投资私募市场基金的一批高管。

投资期（**investment period**）基金获准进行新投资的最初 3～5 年。如果基金条例允许，在需要的时候这一期限可以延长，通常延长 1 年。投资期结束后，基金不得进行新的投资，但如果需要，并且基金条例允许，可以对现有的投资组合公司进行再投资。

投资策略（**investment strategy**）旨在支持投资者选择资产的规则和流程，通常遵循潜在收益、风险和流动性（或期限）的维度。从广义上讲，是指与其他规则和流程明显不同的独特规则和流程，比如创业投资（参见 venture capital）和杠杆收购（参见 leveraged buy-out）。投资策略通常会因额外的因素而有所改进，比如基础资产的成熟度、行业领域、地理位置以及为创造价值和利润而应用的预期计划类型。

投资者保护（investor protection）旨在防止资本提供者在选择资产的过程中被误导，帮助他们预防财务损失的规则和流程。从防止欺诈到提供经认证的信息，可以包括担保、保证或保险计划。

投资者（investor）参见"有限合伙人"（limited partner）。

IPEV 参见"国际私募股权与创业投资估值指南"（International Private Equity and Venture Capital Valuation Guidelines）。

IPO 参见"首次公开发行"（initial public offering）。

IRR 参见"内部收益率"（internal rate of return）。

J

J 形曲线（J-Curve）在追踪一家私募市场基金从基金开始运作到清算期间的现金流时，可以得到类似 J 形的曲线。开始的下行走势的原因是从初始缴付的资金中支付了管理费和开办费，但还未实现投资盈利。这表明基金开始时的业绩为负，当第一次分配收益时，该曲线将转变方向。4～7 年之后，基金通常可以实现盈亏平衡，并开始出现净的正向累计现金流。

初级债权（Junior debt）一种次级债的形式。其本金和利息的支付仅次于优先债权。可以有担保也可以没有。优先于夹层债权等次级债权。通常不可转换为股权。

K

关键人条款（key man clause）是基金条例中的一个条款，规定了某些特意注明的基金管理人员必须参与基金的管理，如果这些基金管理人员因故不能参与，则禁止基金进行新的投资，逐步收缩直至关闭基金。

核心人条款（key person clause）参见"关键人条款"（key man clause）。

L

后期投资（later-stage investing）初创公司实现一定数量的里程碑后，为促进其发展而进行的创业投资，特别是帮助其在海外发展，或推出新产品/服务或收购竞争对手。

LBI 参见"外来投资者杠杆收购"（leveraged buy-in）。

LBO 参见"杠杆收购"（leveraged buy-out）。

LBU 参见"杠杆培育"（leveraged build-up）。

领投方（lead investor）在联合投资中，指负责确定投资和设计投资结构，并在条款谈判中承担主要角色的投资人。大型杠杆收购可以包括一位股权领投方和一名债权领投方。

保密函（letter of confidentiality）参见"保密协议"（non-disclosure agreement）。

意向函（letter of intent，LOI）由投资人发出的函件，表明有兴趣、意向或意愿进行交易。通常之后会展开对全面协议的谈判，该函件一般不具有法律约束力。

杠杆培育（leveraged build-up，LBU）对一家控股公司提供资金，以便先收购一家公司（"平台交易"），然后再收购其他公司（"附加交易"）的操作。这是某些行业的整合手法。

外来投资者杠杆收购（leveraged buy-in，LBI）一位投资者或一组投资者通过杠杆收购（参见 LBO）为公司引入新管理层的操作。

杠杆收购（leveraged buy-out，LBO）一位投资者或一组投资者收购一家公司，使用特定的结构（控股公司）和大量的借贷资金（一般至少达到总额的 70%）。这笔并购负债之后将由被收购公司产生的现金流或资产出售进行偿还。杠杆收购一般通过所谓的"垃圾债券"进行融资。通常目标公司的资产被用于充当收购方贷款的抵押物。这个结构也可以被公司管理层用于获得公司的控制权（管理层杠杆收购，参见 management buy-out）。

杠杆贷款（leveraged loan）一种用于杠杆收购中高度杠杆化接管的贷款类型。被认为比大多数信贷工具的风险更大。杠杆贷款通常在多位贷款人之间分割和持有（因此是银团式的）。

杠杆资本化（leveraged recapitalisation）参见"红利资本化"（dividend recapitalisation）。

加杠杆（leveraging）通过举债来收购一家公司或一项资产的操作，以提高同时用于这种收购的资本的业绩，因而导致资本投资的风险增加。

基金生命期（lifespan of a fund）对于封闭式基金（参见 closed-end），私募市场基金生命周期的开始取决于其首次或最后一次交割，具体取决于基金条例。基金生命周期的结束通常也由基金条例决定，包括延期。有时，封闭式私募市场基金的生命周期可能会超出基金条例的规划。对于常青基金（参见 evergreen），生命周期是无限的，开始于该投资结构的创建。

有限合伙人（limited partner）参见"基金投资者"（fund investor）。

有限合伙制（limited partnership）是被大多数私募市场投资工具所采用的一种法律结构。有限合伙制有一定的存续期限，由普通合伙人（承担无限责任的基金管理人）提供咨询服务，普通合伙人根据有限合伙协议（LPA）中约定的政策管理有限合伙企业。有限合伙人是承担有限责任的投资者，不会涉足有限合伙企业的日常活动。

有限合伙协议（limited partnership agreement，LPA）是基金条例（参见 fund regulation）的形式，有限合伙协议定义了有限合伙人之间、普通合伙人与有限合伙人之间的关系。

清算优先权（liquidation preference）股东在退出一项私募市场投资时可能拥有的优先权，有一类股东可能比任何其他类别的股东更有优先权要求收回资本，有时这种要求还要满足最低资本收益率。

清算（liquidity）在不对资产价格产生负面影响的情况下，将私募市场资产出售给第三方的快速程度。

上市私募市场基金（listed private market fund）在证券交易所上市的投

资结构，大多时候是常青基金（参见 evergreen）。这种结构专用于私募市场（参见 private equity）的投资，通常只有有限的或没有组织费用。这些结构中的投资者理论上可以获得这些投资产生的收益（资本利得或红利）。上市私募市场基金的一个例子是业主有限合伙企业（参见 master limited partnership）。

上市私募市场基金管理人（listed private market fund manager） 在证券交易所上市的私募市场基金管理人，理论上为其投资者提供的是管理基金所获得的现金流和其他费用，以及团队获得的业绩报酬。大多数上市的私募市场基金管理人不持有私募市场资产，因此无法获得资本利得（只有上市或非上市的基金才能获得资本利得）。

活死人公司（living dead company） 参见"僵尸公司"（zombie company）。

贷款换所有权（loan-to-own） 参见"不良债权投资"（distressed debt investing）。

贷款价值比（loan-to-value） 一种风险度量方法，向贷款人提供贷款总额除以贷款抵押品价值的比率。

锁定期（lock-up period） 指一家公司的股东同意不使用出售其持有上市公司股份的权利的一段期间。主持首次公开上市的投资银行通常坚持主要股东（持有股份不低于 1%）的锁定期至少为 180 天。

LOI 参见"意向函"（letter of intent）。

LP 二级市场（LP secondary） 参见"二级市场投资"（secondary investing）。

LPA 参见"有限合伙协议"（limited partnership agreement）。

路易斯安那太平洋公司（LPX） 一系列上市另类投资工具指数的发起人，引申指其编制的指数，如 LPX 50。它实质上是一个上市金融机构的指数，与通常的上市股票指数高度相关。

M

多数所有权（Majority ownership） 在多数控制所有权的情况下，一位投资者或一组投资者共同拥有一家公司一半以上的权力（投票权）。在简单多数或约定多数的情况下，一位投资者或一组投资者共同达到公司中预先设定的权力门槛。此门槛通常由股东协议的具体约定来设定。

外来管理团队收购（management buy-In，MBI） 在公司转让时，由以前从未在公司工作过的新管理层获得控制权，新管理层不必有相关经验。这类交易通常意味着新管理层和其财务支持者收购了公司的一部分。

管理层收购（management buy-out，MBO） 公司由当前的所有者转移给一组新的所有者，当前公司的管理层和员工在其中担任了积极角色。在大型杠杆收购中，由于规模太大，管理层很少有机会在其中担任次要角色。如果向所有员工开放，则变成员工杠杆收购。

管理公司（management company） 参见"基金管理人"（fund manager）。

管理费（management fee） 基金管理人提供服务的财务报酬，通常由基金按季度支付给基金管理人。基金管理人使用管理费来支付其运营成本，比如工资、办公室租金和其他费用。母基金管理人的管理费通常为0.5%～1%，私募股权基金管理人为1.25%～2.5%，私人债权基金管理人为0.4%～2%，私人实物资产基金管理人为0.8%～2%。管理费主要由募集基金的规模、基金管理人的规模、投资策略和基金管理人所在的地区决定。宏观经济条件以及基金管理人和基金投资者在募资过程中的相对议价能力也影响收费水平。管理费可以通过"费用抵消机制"（参见 fee offset mechanism）来降低。

管理团队（management team） 负责公司（比如一家初创公司）运营的一组经理人，他们可以主动与一家或多家基金管理人联系，促进私募股权的合作。

投资委托（mandate） 投资者委托看门人根据投资者的偏好和目标，定义并投资一定数量的私募市场基金。

市场价值（market value） 资产在当前价格下重新评估所得的价值。

基金的营销（marketing of a fund） 参见"基金募资"（fundraising）。

业主有限合伙企业（master limited partnership，MLP） 在证券交易所上

市的私募市场投资结构，它结合了私募市场基金税收透明度的好处和上市带来的流动性。这种结构最常用于能源行业，例如投资石油和天然气管道运营商，也可以用于房地产行业。

MBI 参见 "外来管理层团队收购"（management buy-in）。

MBO 参见 "管理层收购"（management buy-out）。

夹层债权（mezzanine debt） 最次级的债权形式，可以转换为股权。就偿还次序而言，它排在股权之前，但排在所有其他形式的债权之后。其利息可以资本化并最终一次性偿还（参见 bullet payment），也可以定期分配。夹层债权的形式各不相同，从较不灵活因而较便宜的高级夹层债权，到较灵活的初级夹层债权，例如不定期支付利息的债权。

MFN 参见 "最惠国待遇条款"（most favoured nation clause）。

中游（midstream） 指在石油和天然气行业中，向炼油厂运输（通过任何方式）、储存和处理原油和未提炼的天然气。

里程碑（milestone） 为公司预先设定的发展目标，以便启动新一轮融资或发放当前融资轮的分阶段投资款。

最低承诺额（minimum commitment） 私募市场基金接受投资者的最低投资门槛。

少数所有权（minority ownership） 任何没有达到51%持股门槛的投资者。可以区分不同级别的少数股权，比如重大少数股权或阻碍性少数股权，这种所有者在股东协议中享有特殊权利。

少数股东保护权（minority protection right） 保护少数股东的一套法律和合同条款。合同条款基本体现在股东协议中，明确规定了少数股东的信息、监控、控制和行动权利。这些权利旨在处理与其他股东（无论是少数股东还是多数股东）的关系，以及与他们所投资的管理层的关系。

MLP 参见 "业主有限合伙企业"（master limited partnership）。

MOIC 参见 "投资资金收益倍数"（multiple of invested capital）。

监控（monitoring） 投资人跟踪投资组合公司管理层的流程，旨在实现预设目标，比如销售、现金状况和偿债/还款的行动（如适用）。监测方法包括出席董事会、定期报告和会议。这为投资人提供一种早期发现问题并迅速采取纠正措施的方法，也让管理层可以接触到新的想法、业务合同以及投资人一定的帮助。

监控费（monitoring fee） 为了监控投资组合公司，杠杆收购基金管理人可以决定向其收取年费。该费用可以归属于基金管理人、基金投资者，也可以由基金管理人和基金投资者共享。

最惠国待遇条款（most favoured nation clause） 基金管理人同意自动向每位基金投资者提供由基金中任何其他投资者协商获得的最佳条款，包括通过补充协议（参见 side letter）的方式与基金管理人直接协商。

成长倍数（multiple expansion） 私募市场基金业绩增长的来源之一。它是投资倍数（参见 entry multiple）和退出倍数（参见 exit multiple）之间的差异，因此可以为正或为负。

投资资金收益倍数（multiple of invested capital，MOIC） 指投资已实现的收益与投资金额之比。

N

自然资源（natural resource） 为获利而提取和利用的原料或物质。

NAV 参见"资产净值"（net asset value）。

NDA 参见"保密协议"（non-disclosure agreement）。

资产净值（net asset value，NAV） 私募市场基金持有的公司或资产的估值。

净现金流（net cash flow） 指公司在一段时间内的进、出的现金流之差。在杠杆收购交易中，现金流是比评估公司向贷款方还债能力更好的指标。

净负债（net debt） 公司的总负债减去公司的现金及现金等价物。

净现值（net present value） 一项投资的未来现金流的实际价值减去初始投资。理论上，如果资产净值是正值，则应进行这项投资。

非过失分割条款（**no fault divorce clause**）有限合伙协议（参见 limited partnership agreement）的条款，允许基金投资者更换基金管理人，即便后者在管理基金时并无过失。

保密协议（**non-disclosure agreement，NDA，也称为保密函**）两个经济代理人之间有法律约束力的文件，双方同意不披露或者防止泄露有关信息和保守秘密。该文件通常由潜在的被投资公司与一家创业投资机构／成长基金管理人之间签署，或者是由一家公司的股东与一只杠杆收购基金管理人之间签署。

不良贷款（**non-performing loan**）借款人未偿还或未支付利息的到期金额，该债务已违约或接近违约。

NPL 参见"不良贷款"（non-performing loan）。

O

开放（**open-end**）参见"常青"（evergreen）。

开放的（**open-ended**）参见"常青"（evergreen）。

开放基金（**open-end fund**）参见"常青"（evergreen）。

运营合伙人（**operating partner**）由基金管理人支付薪酬的高管，其职责是与投资组合公司合作以提升其价值。

运营成本（**operational cost**）运营私募市场基金的相关成本，例如审计、会计、公允意见和其他管理费未涵盖的其他费用，比如托管费和终止交易的费用。

运营改善（**operational improvement**）投资组合公司努力提高其销售效率或盈利能力。

机会型策略（**opportunistic**）理论上，这是应用于私募房地产和私募基础设施领域风险最大的投资策略，本质上是为了给投资者带来资本利得。资产需要重大改进，有时需要完全重新开发或重新定位。用于收购这些资产的债务比例达到 70% 或以上。

超额承诺（over-commitment）基金投资者承诺向私募市场基金提供高于其有效规划的金额。预期结果是帮助基金投资者在净值基础上配置更多资本，如果可能的话，接近规划目标金额。因此，超额承诺的目的是补偿基金的早期分配，以达到更高的净敞口水平。

超额认购（over-subscription）投资者的需求大大超过金融工具（比如私募市场基金）的供给的情况。

所有者杠杆收购（owner buy-out，OBO）由公司当前所有者操作的杠杆收购，目的是获得全面控制（联合所有者退出），或者准备将所有权转给同行。

P

P2P 参见"私有化交易"（public-to-private transaction）。

已缴资本（paid-In）私募市场基金已催缴的资金总额。

平行基金（parallel fund）为满足特定法律或税收需求的投资者而设立的投资工具。他们通常与所模拟的主基金在同等权利（参见 *pari passu*）的基础上运作。有些平行基金是为基金管理人的员工或存在密切业务关系的人所设立的，通常比主基金的条款更优惠。

同等权利（*pari passu*）来自拉丁语，指双方权利平等。在信贷方面，享有同等地位的贷款人应平等收取任何的偿还额，包括在破产的情况下。

部分退出（partial exit）投资人从投资项目的退出中获得收益，但仍保留部分的投资。例如，在红利资本重组（见 dividend recapitalisation）期间，或者当投资人出售其在投资组合公司的部分股份，但同时保留一部分股份时，就会发生这种情况。

合伙人（partner）指一家基金管理公司（见 fund management company）或基金管理人（见 fund manager）的持有人。

股份支付（payment in kind）一种贷款的特征，这种贷款的利息通常与本金一起资本化和支付，不是用现金，而是用证券。

同行群体（peer group）投资策略（包括目标到期日和规模）、地理范围、行业专业化（如有）、设立年份等特征相似的基金样本。

养老基金（pension fund/plan）组织向雇主或雇员收取的供款，然后进行投资，并将这些供款和最终的投资收益在雇员退休时或退休期间分配给雇员。

业绩费用（performance fee）参见"业绩报酬"（carried interest）。

业绩的持久性（persistence of performance）指的是私募市场基金管理人的能力，他要么在一个特定的同行群体中有所表现，要么在特定阈值之上或之下持续表现。

融资推销（pitch）指投资商业化的一种相当简短和浓缩的形式。

募资代理人（placement agent）为想募集私募市场基金的管理人提供支持和专业服务的中介机构。其服务在一些司法管辖区可能受到监管（甚至在某些地区被禁止）。

平台交易（platform transaction）在收购并建设（参见此条目）策略的背景下，指的是通过附加交易（参见此条目）创建更大公司的一系列投资中的第一笔或最大的一笔投资。

承诺式基金（pledge fund）一种投资工具，其设计是为了让基金投资者能够按照与基金管理人预先商定的路线为特定项目提供融资。投资者必须同意这笔交易。

PME 参见"公开市场等价物"（public market equivalent）。

PME+ 参见"公开市场等价物"（public market equivalent）。

投资组合公司（portfolio company，也称为被投资公司）一家基金直接投资的公司或实体。

投后估值（post-money value）在最近一轮融资后的公司估值。这个估值由总股份数乘以最近一轮融资后的每股价格得出。

PPM 参见"私募备忘录"（private placement memorandum）。

PPP 参见"公私合营"（public-private partnership）。

优先购买权（pre-emption right）股东有权通过在发行新股时按比例买入股份而保持一定比例的所有权。在现有股东出售股份的情况下，在其公开向第三方出售之前，现有其他股东也有同样的权利。

预路演（pre-marketing）在没有实际基金募集或不会立刻启动基金募集的情况下，基金管理人所采取的一系列行动，旨在测试和评估向投资者筹集新基金的想法。这通常意味着广而言之地描述新基金的策略、目标和运作模式。这项活动可以在特定的司法管辖区进行管理。

投前估值（pre-money value）在预计的资本注入之前的公司估值。

优先权益（preferred equity）在基金二级份额市场，介于债务和权益之间融资份额。该工具由第三方提供给现有基金投资者，该投资者不能或不愿意履行当前和即将到来的资金催缴义务。第三方提供资金来完成该等缴付，并获得提供给此基金投资者的部分收益。对基金投资者来说，好处是保留投资，并可能保留对同一基金管理人后续基金再投资的机会。为了消除歧义，另请参见"优先股"。

优先收益率（preferred rate of return）指私募市场基金投资者可以接受的最低年收益率，通常设定为所投入资金的8%。因此被计算为IRR（参见此条目）。此收益必须在基金管理人获得业绩报酬（参见carried interest）之前支付给基金投资者。

优先股（preferred share）与普通股不同，是包含特定权利的一类股份，例如拥有按照投资额的一定倍数的优先购买权。

投资总监（principal）基金管理人中的关键管理人员，执行投资策略并且可以获得一定的业绩报酬。

私募债权投资（private debt investing）不是由银行向公司提供的机构贷款。这种投资策略的目的是借出、收回或重组公司的债务，以产生利息或资本利得。这种投资策略包括直接贷款（也称为优先贷款）、风险债权、混合债权、夹层融资、不良债权、不良贷款投资和其他细分领域，比如诉讼融资和贸易融资等。

私募股权投资（private equity investing） 向一家公司注入资本或转让其所有权，目的是让该公司实施一项计划，以增加其价值并最终出售，通常在3～7年后有可观的利润。这个计划是在创业者/公司管理层的全力支持下制定的。这种投资策略包括创业投资、成长资本、杠杆收购、重振资本和其他细分领域，比如上市股权的私募投资。

上市股权的私募投资（private investment in public equity，PIPE） 可以用与公开价格相比有一定折扣的价格获得上市公司的股份。此类股份的持有人可以。上市公司的大量股份通过私募（参见 private placement）的方式出售，通常涉及上市公司的资本注入。这一操作导致公司以公开价格的折扣出售股票。这种折扣是合理的，因为该股份的持有人承诺持有一段最短的时间作为补偿，通常至少为24～36个月。

私募（private placement） 以公平的方式在证券交易所之外出售证券。

私募备忘录（private placement memorandum，PPM） 总结拟设立的私募基金特征的说明书，该份销售文件主要包括执行摘要、详细的投资策略、对基金管理人运营能力的描述、其业绩记录（如果有）、差异性因素以及基金的关键条款。

私募实物资产投资（private real-assets investing） 对私人资产的股权或债务投资，无论是有形资产还是无形资产，固定资产还是非固定资产，范围从特许权到机场。这种投资策略的目的是开发、构建或重组资产，以产生红利和资本利得。持有期限通常为3～12年，甚至15年。这一投资战略包括私募房地产、私募基础设施、油气价值链、林地和农地，以及其他细分领域，比如知识产权和特许权融资、采矿或租赁。

私有化（privatisation） 一位或一群私人收购一家国有公司或一项国有资产。

收益（proceed） 从投资活动中产生及获得的现金。

专有项目源（proprietary deal flow） 潜在买家是第一个也是唯一一个寻找该投资机会的投资人。

谨慎人规则（prudent man rule）是美国法律原则，根据这一原则，管理客户资产的代理人应该应用个人寻求合理收入和保护资本的哲学。

谨慎人原则（prudent person principle）参见"谨慎人规则"（prudent man rule）。

审慎比率（prudential ratio）是一个监管比率，规定了银行必须持有的资本金数额以覆盖其承诺风险。

公开市场等价物（public market equivalent）业绩基准方法，用于比较私募市场投资或基金与指数的业绩。存在不同的变体，例如ICM（也称为"PME"或"LN-PME"），其本质上通过指数模拟了私募市场基金的现金流模式。这种方法支持基金与具有同等投资的指数进行业绩比较。这种方法有一个缺点：如果现金分配金额较大，指数业绩可能是负的。Christophe Rouvinez的PME+和剑桥联合公司的mPME通过计算调整基金资产净值的因子（PME+）或基金中分配的权重（mPME）来调节分配。围绕这三种方法的其他变化，如Steve Kaplan和Antoinettee Schoar的KS-PME，旨在确定一个单一数字的直接业绩指标。Oleg Gredil、Barry E. Grif ths和Rüdiger Stucke的直接Alpha是这种方法的另一种变体。

公私合营（public-private partnership）一个或多个政府部门与私营领域公司之间的协议，导致公司或资产的创建、改进或再生。

私有化交易（public-to-private transaction）一位私人所有者（或一组私人所有者）收购一家上市公司或一项资产，并随后将其退市。

Q

合格投资者（qualified investor）在证券市场可以进行大额投资的实体或个人，其谈判条件更好，佣金更低。与小投资者相比，因为由于他们的机构或专业属性，监管规则通常为他们提供的保护水平较低，因为他们有足够的知识和经验来评估自己承担的风险并做出自己的投资决定。合格投资者被认为是机构投资者（银行和储蓄银行、保险公司、投资基金管理公司、养老基金管理实体、基金和投资公司等），以及符合特定标准、要求被视为合格投资者的小型公司和个人。他们获准投资私募市场基金。

四分位数（quartile） 代表连续 1/4（25%）的样本段。所以，40 只基金中的前 10 只就是前（最高）四分位数，后 10 只就是后（最低）四分位数。

准股权（quasi-equity） 指股东贷款、优先股等工具。这些工具没有抵押物提供担保，退出时可以转换成普通股。

<h1 style="text-align:center">R</h1>

限制性替代投资基金（RAIF） 是卢森堡的一种合法形式，可用于创建快速灵活的私募市场基金，可在欧盟范围进行营销。基金管理人受 AIFMD（参见此条目）的监管。

RCF 参见"循环信贷服务"（revolving credit facility）。

实物资产（real asset） 因其实质或特征而具有独立价值的有形财产（以及对有形资产的无形主张）。这一类别主要包括房地产、基础设施和自然资源。

资本重整（recapitalization） 改变一项杠杆收购的初始融资结构，重新规划债务清偿或因为没有充足的收益偿还并购贷款或因为需要做进一步投资而进行资本化。另外，资本重整可以让初始投资人退出一个成功的杠杆收购，以便让管理团队能够在不进行 IPO 或并购出售的情况下继续经营。

循环分配（recycling of distribution） 参见"分配再投资"（reinvestment of distributions）。

回购（redemption） 投资者退出基金，基金向投资者偿还资本（并分配与之相关的最终损失或利润）。

分配再投资（reinvestment of distribution） 只要基金处于投资期，基金管理人就可以对早期的分配额进行再投资。这样做的目的是让基金管理人能够有效地投资高达 100% 的基金规模，从而补偿基金支付的费用。

基金管理人更换（removal of fund manager） 基金条例中导致管理人因故

或无故更换条款。

重置资本（replacement capital）基金为收购一位或多位股东的股份而提供的融资。这种方式可以让家族企业的股东卖掉手中的股份而不必逼迫失去控制权。

报告（reporting）由投资者的代理人为其定期和持续提供信息的流程。就私募市场基金而言，报告通常是每季度一次，是基金管理人向基金投资者提交的书面报告。在私有公司或资产的情况下，报告是由管理层提交给投资人，可以是每月、每季度或更低的频率。

声明（representation）一系列的合同条款，通常在特定公司或资产的所有权发生转移时使用（例如在私募股权的杠杆收购交易中）。它允许公司的买方确保公司经营所必需的手段属于后者。但是，这并不包括公司的估值过高或过低。它经常与"保证"结合使用。

余值（residual value）截止日时，私募市场基金持有的所有资产的净值总和。

余值与已缴资本之比（residual value to paid-in，RVPI）基金净资产值（余值）与已缴付给基金的总资本（已缴资本）的比率。

责任投资（responsible investing）见"环境、社会和治理标准"［environmental, social and governance（ESG）criteria］。

重启（restart）从一家失败公司的废墟中创办一家新公司的过程。

重构（restructuring）由公司管理层为显著或彻底改善其财务或运营状况而采取的一系列行动组成的流程。

零售投资者（retail investor）为自己的个人账户购买金融工具的非专业、非合格或非认证的投资者。

再投资（re-up）基金投资者决定投资同一基金管理人发行的下一只策略相同的基金。

反向分手费（reverse break-up fee）参见"终止费"（break-up fee）。

循环信贷服务（revolving credit facility）银行提供的永久信贷额度。

融资轮（round of financing）是对创业投资支持（或商业天使支持）的公司增加资本金的操作，通常是为了支持其下阶段的发展，一般称为 A 轮、B 轮、C 轮……直到公司能够盈利。由于成长资本不按照阶段进行投资，因此也没有融资轮的说法。

RVPI 参见"余值与已缴资本之比"（residual value to paid-in）。

S

出售回租（sale-and-leaseback）一种金融交易，其中一项资产（如一台机器或一栋建筑物）被出售并立即长期租回。卖家不再是其所有人但可以继续使用。

规模化（scale up）指的是一家初创公司在其产品或服务推出后的成长阶段（也称为"面市"里程），包括大规模商业化、国际化、收购竞争对手，甚至推出更多产品或服务。

协议安排（scheme of arrangement）经破产法院批准的公司与其债权人之间的协议。这种安排通常是为了显著改变公司的结构及其债权人的权利。例如，它可以用来重新安排债务，修改债权人的优先权或他们对公司资产的主张。

搜索基金（search fund）参见"发现者基金"（finder's fund）。

第二顺位债权（second lien）在优先债务（第一顺位债权）之后偿还的次级债权，但无转换权。它通常以与优先债权相同的担保物作为担保，但该担保物只能在第一顺位债权不存在的情况下才能得到。

二级市场卖出 / 买进（secondary buy-out/buy-in）最初的专业投资者可以通过出售给另一位专业投资者来实现全部或部分投资退出的途径。

二级市场投资（secondary investing）对已有资产的投资。这可能导致基金收购投资组合公司的现有股份（"直接二级市场"），或基金投资者收购私募市场基金的现有份额（"基金二级市场"）。直接二级市场投资不同于直接一级市场投资，因为在其中没有创造新的工具（在直接创业投资二级市场投资的情况下没有发行新的股份）。

证券化（securitisation） 将资产捆绑到基金工具中，然后以票据或债券的形式提供给投资者，这些票据或债券通常由独立的信用评级机构进行评级。

种子期投资（seed investing） 公司的最初资金，用于概念验证，最终用于开发产品或服务的原型，并启动正式或非正式的市场研究。

独立账户（segregated accounts） 单一投资者持有的投资渠道，该账户可以由第三方通过全权委托管理，也可以非全权委托管理。

半专属基金管理人（semi-captive） 参见"专属基金管理人"（captive manager）。

高级债权（senior debt） 用于为公司杠杆收购融资的贷款，在公司违约或收购结构失败的情况下，该贷款享有优先权。通常以公司股权为抵押。

基金开办费（set-up cost） 由私募市场基金承担的设立成本。它们通常包括律师费、募资代理费以及与初始操作相关的额外费用，金额为基金规模的 0.5% ~ 3%。

股东协议（shareholder' agreement） 公司股东之间明确共同和各自权利及义务的合同。特别是，协议中必须确定保护少数持有人免受多数持有人采取的不利于少数持有人利益的行动的影响。该文件是契约性的，并随着公司的所有权结构而演变。

风险资本投资公司（Societe d'Investissement en Capital Risque，SICAR） 卢森堡的一种私募股权投资工具，将一只基金和一家基金管理公司组合成一个实体，该实体可以发放红利。

补充协议（side letter） 基金管理人与基金投资者在基金条例之外签订的协议，通常不涉及对基金条例的任何重大变更，但会增加精确度，例如确保符合特定的税务条例。由于"最惠国待遇"（参见 most favoured nation' clause）条款，补充协议通常被推广到特定基金的所有投资者。

边车基金（sidecar fund） 与主基金一起运作的投资工具，但条件不同。这种类型的投资工具通常是为基金管理人的员工和特定合作伙伴保留的，并且可以不支付管理费或业绩报酬。

特别投资基金（specialized investment fund，SIF）是卢森堡投资基金，专门进行私募股权投资，会分配资本利得。

有限合伙组织（société de libre partenariat，SLP）法国的有限合伙结构。

独立投资（solo investment）投资者单独行动的直接投资形式。

偿债能力比率（solvency ratio）是一个监管比率，定义了一家保险公司必须持有的资本金，以覆盖其风险承诺。

主权财富基金（sovereign wealth fund）由国家或政府机构拥有和运营的投资工具。资本的来源往往与自然资源的开采、巨额外汇储备或公共储蓄的构成有关。

特殊目的收购公司（special purpose acquisition company，SPAC）由管理人创建投资信托，目的是投资私人公司。管理人确定一个目标，信托持有人对项目进行投票，如果投票结果是肯定的，该信托就启动收购，并转换为上市的特殊目的收购公司。

特殊目的公司（special purpose vehicle，SPV）为特定功能而设立的法律实体，比如持有一项作为贷款抵押品的资产。

专项基金（specialized fund）一种私募股权投资策略，用于打造一系列专门面向特定行业或某些地区的投资组合公司。

拆分（spin off）一个集团分离出一个业务单元，但仍保持这家公司的控股权。这种情况发生在存在强大的商业关系或之前的业务单元研发出了让集团产生兴趣的新产品之时。

发起人（sponsor）在募集私募市场基金的情况下，指持有基金管理人的大多数或全部股权的机构。发起人也是基石投资者（参见 cornerstone interest）。

有发起人的 LBO（sponsored LBO）涉及基金或金融机构的私有公司所有权的转让。无发起人的 LBO 是指在没有基金或金融机构参与的情况下转让私有公司的所有权，比如纯粹的管理层收购。

SPV 参见 "特殊目的公司"（special purpose vehicle）。

大宗融资（staple financing） 一种二级市场投资（参见 secondary investing）的形式，将收购基金份额与同一基金管理人的下一只基金（后继基金，参见 successor fund）的投资承诺相结合。

初创公司（start-up） 公司发展的阶段，在开发其产品或服务，达到原型阶段并最终开始销售产品或服务。公司通常已经设立，或者只在较短的时间（一年或更短时间）活跃。总的来说，公司招聘了核心的管理层，制订了商业计划，并吸引了一些种子资金。初创公司一般设立时间是 5 年或 5 年以内。

架构（structuring） 建立金融交易、工具或投资工具的过程。

次级债权（subordinated debt） 公司的信贷，其还款和利息支付取决于更高级别的信贷的提前还款。次级债权持有人对抵押品的主张也取决于优先债权持有人的主张。次级债权的概念因不同国家的法律制度而异。

认购协议（subscription agreement） 投资者签署的承诺参与基金投资的法律文件。

后续交割（subsequent closing） 资金募资过程中的临时步骤，让未参与首次交割（参见此条目）的基金投资者参与基金投资。

后续基金（successor fund） 基金管理人募集的致力于特定投资策略的后续系列基金。后续基金的募集权会受基金当前运营的基金条例的约束。比如，基金条例可以规定，如果当前基金已完成的投资规模未达到其基金总规模的 70% 以上，则不能募集后续基金。

汗水股权（sweat equity） 给予公司管理层或员工的股份，以换取他们的工作或知识产权。

辛迪加（syndicate/syndication） 一种为公司提供融资的方式，目的是将风险在多位投资人之间分摊。在大型杠杆收购项目中，不同形式的融资工具（股权或债权）可以有多个辛迪加。

T

跟随权（tag along）股东协议中保护少数股东的条款，以防控股股东出售其在公司中的股份。少数股东有权在与多数股东相同的条件下出售其股份。

缴款（take down）参见"资金催缴"（capital call）。

私有化（take private）参见"私有化"（public-to-private）。

目标公司（target company）将由私募股权基金直接或间接收购的公司。

基金期限（term of a fund）私募市场基金的结束日期。对于封闭式基金，这一期限从 8 年到 15 年不等，开放式基金没有期限。

投资条款清单（term sheet）投资者提出的持有公司权益的一些主要条件汇总。

条款和条件（terms and condition）指对基金投资者的权利和基金管理人责任的说明。

代理理论（theory of agency）参见"代理理论"（agency theory）。

林地（timberland）覆盖有可销售木材的地理区域。

自上而下（top-down）从分析层级的最高（或最小精细度）级别发展到最低（或最大精细度）级别。在资产配置方面，包括分析宏观经济因素以得出一般性结论，并根据这一分析构建投资组合。这种方法好的一面是，它是系统的，理论上是合理的。这种方法不好的一面是，它可能不适用于特定投资类别中缺乏实际资产的情况。一种互补的方法是"自下而上"（参见 bottom-up）。

收入增长（top-line growth）一家公司的营业收入的增长。

最高四分位数（top quartile）根据特定标准（比如业绩指标）排名，最高的 25% 样本。

总价值与已缴资本之比（total value to paid-in）参见 TVPI。

历史记录（track record）一家私募市场基金管理人的过往业绩，其中主要包括投资收益倍数（TVPI）和内部收益率（IRR），有时还包括公司市场等价物（PME）。

股权和债权级别（tranche of equity or debt）定义了证券持有人被偿付的优先顺序。一家公司的资本结构可能既有一些债权类证券，也有股权类证券。

交易费（transaction fee）由私募市场基金承担的与投资或退出相关的费用。

重振资本（turn-around capital）通过专业基金收购境况不佳的公司，目的是通过改变其商业模式、财务结构、资本、管理或产品或服务来重振这些公司。这种投资是在公司破产前进行的。

总价值与已缴资本之比（total value to paid-in，TVPI）指某个私募市场基金投资组合的总价值（即已分配收益加上组合资产净值）与已缴付的资本金（已缴资本）的比值。

U

未缴资本（undrawn capital）私募市场基金尚未催缴的资本，也称为"干粉"（dry powder）。

混合债权（unitranche debt）结合了从高级到次级的多层债权的混合贷款结构。

未实现价值（unrealised value）参见"余值"（residual value）。

无发起人的 LBO（unsponsored LBO）参见"有发起人 LBO"（sponsored LBO）。

上游（upstream）也被称为"勘探和生产"，指寻找原油和天然气田、钻井和运营油井。

V

估值（valuation）对公司或资产当前或预计价值的分析过程。

估值日（valuation date）对一项投资进行估值的日期。

增益型投资（value add）适用于私募房地产和私募基础设施中、高风险的投资策略，主要目的是为投资者带来资本利得，并可能带来收入。资产需要投资人进行大量的管理，解决空置问题、维护或运营问题、重大升级或翻新以及租户质量问题。用于收购这些资产的债务比例最高为60%～75%。

风险价值（value-at-risk）用于衡量在设定时间内投资损失的概率及其程度一种方法。

价值创造（value creation）为增加公司或资产的价值而采取的一系列行动的结果。

VCT 参见"创业投资信托"（Venture Capital Trust）。

买方尽职调查（vendor due diligence）卖方向潜在买方提供的关于公司或资产的详细报告。

买方融资（vendor financing）公司的卖方接受买方延期付款的融资。

创业投资（venture capital）以新兴业务，特别是具有强劲增长潜力的初创公司为主要对象的基金提供的融资。创业投资人在提供资金的同时，也提供人脉资源、专业知识和其他的经验。

创业投资信托（venture capital trust，VCT）是一种英国的投资工具，可以让个人投资者参与到创业投资中来。此投资工具上市后，对于该投资工具的出资将获得税收优惠。

风险债权（venture debt）通过可转换债券的形式提供给中后期公司的融资，补充其股权融资。由于大多数初创公司通常没有债务，这种类型的贷款实际上是优先和有抵押。

风险租赁（venture leasing）与技术型初创公司的设备或其他固定资产租赁有关联的私募股权投资。与传统租赁合同（通常不会提供给初创公司）相比，风险租赁意味着要对承担风险的出租方提供一些准权益条件。

公益创投（venture philanthropy）属于影响力投资或 ESG 投资的子集，

旨在投资于新兴项目或公司，以实现慈善目标，通常导致投资收益较低或没有收益。这种策略会应用创业投资技术和标准来选择与投资项目、公司。

（业绩报酬）兑现（vesting <carried interest>）将分配给基金管理人的业绩报酬发放给投资总监的程序。可以即时发放也可以陆续发放。

基金成立年份（vintage year）设立基金和第一次催缴资金的（有时是基金最终交割）年份，或者第一笔投资发生的年份。也是同一年设立的基金进行业绩对比的参考点。

秃鹫投资（vulture investing）这种策略通常与不良债权投资或重振投资相混淆，会控制境况不佳的公司，其明确目标是关闭它们并出售其资产。因此，秃鹫投资不同于其他针对陷入困境公司的策略，因为它的唯一目的是清算。

W

保证（warranty）一系列的合同条款，通常在特定公司或资产的所有权发生转移时使用（例如，在私募股权的杠杆收购交易中）。它让公司的买方确认公司没有隐藏的负债（或者至少买方不会支持过去负债的财务后果）。但是，这不包括公司估值过高或过低的情况。它可以与"声明"结合使用。

清洗（wash-out）在不良债权投资的背景下，清洗是指将当前股东从股权结构表中完全剔除。在更一般的增资情况下，清洗是指公司的创业者和管理层失去对公司的控制。

瀑布型收益分配（waterfall distribution）私募市场基金将产生的现金根据优先顺序返还给利益相关方的机制（比如退还基金投资者和基金管理人的初始承诺资金，然后是分配最低保证收益，再然后是追赶额以及利润和业绩报酬的分配）。

基金关闭（winding down of a fund）完全终止私募市场投资工具运营的过

程，包括清算任何剩余资产、清算托管账户和处理任何未决权利或义务，比如一项保证。

减记（write down）一种财务会计和报告做法，以反映被投资公司资产减值情况。

冲销（write-off）将资产或被投资公司的价值变成零的处理方式。

Z

僵尸公司（zombie company）在创业投资和成长资本投资中，这些实现了盈亏平衡的投资组合公司，但无法展示出有吸引力的前景以实现被潜在买家收购或上市的目标。在杠杆收购和私募债权投资中，这些公司可以产生足够现金流来开展日常活动的投资组合公司，但无法偿还债务。

推荐阅读

序号	书号	书名	作者	定价
1	30250	江恩华尔街45年（珍藏版）	（美）威廉 D. 江恩	36.00
2	30248	如何从商品期货贸易中获利（珍藏版）	（美）威廉 D. 江恩	58.00
3	30247	漫步华尔街（原书第9版）（珍藏版）	（美）伯顿 G. 马尔基尔	48.00
4	30244	股市晴雨表（珍藏版）	（美）威廉·彼得·汉密尔顿	38.00
5	30251	以交易为生（珍藏版）	（美）亚历山大·埃尔德	36.00
6	30246	专业投机原理（珍藏版）	（美）维克托·斯波朗迪	68.00
7	30242	与天为敌：风险探索传奇（珍藏版）	（美）彼得 L. 伯恩斯坦	45.00
8	30243	投机与骗局（珍藏版）	（美）马丁 S. 弗里德森	36.00
9	30245	客户的游艇在哪里（珍藏版）	（美）小弗雷德·施韦德	25.00
10	30249	彼得·林奇的成功投资（珍藏版）	（美）彼得·林奇	38.00
11	30252	战胜华尔街（珍藏版）	（美）彼得·林奇	48.00
12	30604	投资新革命（珍藏版）	（美）彼得 L. 伯恩斯坦	36.00
13	30632	投资者的未来（珍藏版）	（美）杰里米 J.西格尔	42.00
14	30633	超级金钱（珍藏版）	（美）亚当·史密斯	36.00
15	30630	华尔街50年（珍藏版）	（美）亨利·克卢斯	38.00
16	30631	短线交易秘诀（珍藏版）	（美）拉里·威廉斯	38.00
17	30629	股市心理博弈（原书第2版）（珍藏版）	（美）约翰·迈吉	58.00
18	30835	赢得输家的游戏（原书第5版）	（美）查尔斯 D.埃利斯	36.00
19	30978	恐慌与机会	（美）史蒂芬·韦恩斯	36.00
20	30606	股市趋势技术分析（原书第9版）（珍藏版）	（美）罗伯特 D. 爱德华兹	78.00
21	31016	艾略特波浪理论：市场行为的关键（珍藏版）	（美）小罗伯特 R. 普莱切特	38.00
22	31377	解读华尔街（原书第5版）	（美）杰弗里 B. 利特尔	48.00
23	30635	蜡烛图方法：从入门到精通（珍藏版）	（美）斯蒂芬 W. 比加洛	32.00
24	29194	期权投资策略（原书第4版）	（美）劳伦斯 G. 麦克米伦	128.00
25	30628	通向财务自由之路（珍藏版）	（美）范 K. 撒普	48.00
26	32473	向最伟大的股票作手学习	（美）约翰·波伊克	36.00
27	32872	向格雷厄姆学思考，向巴菲特学投资	（美）劳伦斯 A. 坎宁安	38.00
28	33175	艾略特名著集（珍藏版）	（美）小罗伯特 R. 普莱切特	32.00
29	35212	技术分析（原书第4版）	（美）马丁 J. 普林格	65.00
30	28405	彼得·林奇教你理财	（美）彼得·林奇	36.00
31	29374	笑傲股市（原书第4版）	（美）威廉·欧奈尔	58.00
32	30024	安东尼·波顿的成功投资	（英）安东尼·波顿	28.00
33	35411	日本蜡烛图技术新解	（美）史蒂夫·尼森	38.00
34	35651	麦克米伦谈期权（珍藏版）	（美）劳伦斯 G. 麦克米伦	80.00
35	35883	股市长线法宝（原书第4版）（珍藏版）	（美）杰里米 J. 西格尔	48.00
36	37812	漫步华尔街（原书第10版）	（美）伯顿 G. 马尔基尔	56.00
37	38436	约翰·聂夫的成功投资（珍藏版）	（美）约翰·聂夫	39.00

推荐阅读

序号	书号	书名	作者	定价
38	38520	经典技术分析（上册）	（美）小查尔斯 D. 柯克帕特里克	69.00
39	38519	经典技术分析（下册）	（美）小查尔斯 D. 柯克帕特里克	69.00
40	38433	在股市大崩溃前抛出的人：巴鲁克自传（珍藏版）	（美）伯纳德·巴鲁克	56.00
41	38839	投资思想史	（美）马克·鲁宾斯坦	59.00
42	41880	超级强势股：如何投资小盘价值成长股	（美）肯尼思 L. 费雪	39.00
43	39516	股市获利倍增术（珍藏版）	（美）杰森·凯利	39.00
44	40302	投资交易心理分析	（美）布雷特 N. 斯蒂恩博格	59.00
45	40430	短线交易秘诀（原书第2版）	（美）拉里·威廉斯	49.00
46	41001	有效资产管理	（美）威廉 J. 伯恩斯坦	39.00
47	38073	股票大作手利弗莫尔回忆录	（美）埃德温·勒菲弗	39.80
48	38542	股票大作手利弗莫尔谈如何操盘	（美）杰西 L. 利弗莫尔	25.00
49	41474	逆向投资策略	（美）大卫·德雷曼	59.00
50	42022	外汇交易的10堂必修课	（美）贾里德 F. 马丁内斯	39.00
51	41935	对冲基金奇才：常胜交易员的秘籍	（美）杰克·施瓦格	80.00
52	42615	股票投资的24堂必修课	（美）威廉·欧奈尔	35.00
53	42750	投资在第二个失去的十年	（美）马丁 J. 普林格	49.00
54	44059	期权入门与精通（原书第2版）	（美）爱德华·奥姆斯特德	49.00
55	43956	以交易为生II：卖出的艺术	（美）亚历山大·埃尔德	55.00
56	43501	投资心理学（原书第5版）	（美）约翰 R. 诺夫辛格	49.00
57	44062	马丁·惠特曼的价值投资方法：回归基本面	（美）马丁·惠特曼	49.00
58	44156	巴菲特的投资组合（珍藏版）	（美）罗伯特·哈格斯特朗	35.00
59	44711	黄金屋：宏观对冲基金顶尖交易者的掘金之道	（美）史蒂文·卓布尼	59.00
60	45046	蜡烛图精解（原书第3版）	（美）格里高里·莫里斯、赖安·里奇菲尔德	60.00
61	45030	投资策略实战分析	（美）詹姆斯·奥肖内西	129.00
62	44995	走进我的交易室	（美）亚历山大·埃尔德	55.00
63	46567	证券混沌操作法	（美）比尔·威廉斯、贾丝廷·格雷戈里–威廉斯	49.00
64	47508	驾驭交易（原书第2版）	（美）约翰 F. 卡特	75.00
65	47906	赢得输家的游戏	（美）查尔斯·埃利斯	45.00
66	48513	简易期权	（美）盖伊·科恩	59.00
67	48693	跨市场交易策略	（美）约翰 J. 墨菲	49.00
68	48840	股市长线法宝	（美）杰里米 J. 西格尔	59.00
69	49259	实证技术分析	（美）戴维·阿伦森	75.00
70	49716	金融怪杰：华尔街的顶级交易员	（美）杰克 D. 施瓦格	59.00
71	49893	现代证券分析	（美）马丁 J. 惠特曼、费尔南多·迪兹	80.00
72	52433	缺口技术分析：让缺口变为股票的盈利	（美）朱丽叶 R. 达尔奎斯特、小理查德 J. 鲍尔	59.00
73	52601	技术分析（原书第5版）	（美）马丁 J. 普林格	100.00
74	54332	择时与选股	（美）拉里·威廉斯	45.00
75	54670	交易择时技术分析：RSI、波浪理论、斐波纳契预测及复合指标的综合运用（原书第2版）	（美）康斯坦丝 M. 布朗	59.00
	13303	巴菲特致股东的信		